검열관들

Censors At Work: How States Shaped Literature
Robert Darnton

검열관들

국가는 어떻게 출판을 통제해왔는가

**CENSORS
AT
WORK**

로버트 단턴 지음

박영록 옮김

**ROBERT
DARNTON**

현대의 지성 175

국가는 어떻게 출판을 통제해왔는가

문학과지성사

현대의 지성 175

검열관들
국가는 어떻게 출판을 통제해왔는가

제1판 제1쇄 2021년 7월 1일

지은이   로버트 단턴
옮긴이   박영록
펴낸이   이광호
주간   이근혜
편집   최대연 김현주
펴낸곳   ㈜문학과지성사
등록번호 제1993-000098호
주소   04034 서울 마포구 잔다리로7길 18(서교동 377-20)
전화   02)338-7224
팩스   02)323-4180(편집) 02)338-7221(영업)
전자우편 moonji@moonji.com
홈페이지 www.moonji.com

ISBN 978-89-320-3868-1 93900

† 책 뒤편에 있는 주석은 원저자의 것이며, 본문 하단의 각주는
 독자의 이해를 돕기 위해 옮긴이가 덧붙인 것입니다.

차례

서론

사이버 공간에서는 어느 방향이 북쪽인가? 우리는 구텐베르크 은하계 너머, 지도에도 나오지 않는 공간에 나침반도 없이 서 있다. 이 공간에서 방향을 잡기가 어려운 건 단지 지도나 기술 탓은 아니다. 도덕과 정치의 문제이기 때문에 어려운 것이다. 인터넷 시대 초기에는 사이버 공간이 자유롭고 개방된 듯 보였다. 하지만 이제 그 공간에서 싸우고, 분열하고, 보호벽을 세워 정보를 차단하는 일이 벌어지고 있다.[1] 사고방식이 자유로운 사람들은 전자 커뮤니케이션이 아무런 장애 없이 이뤄질 거라고 상상했겠지만, 그건 순진한 생각이었다. 이메일 계정에 암호를 설정하지 않으려는 사람, 아이들이 포르노물에 노출되지 않도록 하는 차단 프로그램을 거부하는 사람, 또 자신의 나라가 사이버 공격에 속수무책 당하도록 내버려 두려는 사람이 어디 있겠는가? 그런데 중국의 만리방화벽*이나 미국 국가안보국 National Security Agency의 무차별적인 사찰 등을 통해 알 수 있듯이 정부는 개인의 권리를 침해하더라도 자국의 이익을 지키려는 경향을 보인다. 현대 과학기술이 정부의 역할과 국민의 권리 사이에 불균형을 초래하는, 새로운 종류의 힘을 형성한 것일까? 그럴지도 모른다. 하지만 우리는 오늘날 존재하는 힘의 균형이 과거에는 없었을 거라고 쉽게 가정해서는 안 된다. 최근의 상황을 통찰하기 위해 우리는 정부에서 커뮤니케이션 통제를 시도했던 과거 사례를 살펴볼 수 있다. 이 책에서는 그러한 시도가 어떻게 이뤄졌는지 그 사례를 제시하고자 한다. 모든 시공간을 확인할 수는 없으니, 상세하게 살펴볼 수 있는 특정한 시대와 국가에 집중할 것이다. 밀실에서 비밀리에 진행된 임무 수행에 대해 살펴보는 만큼 이면사裏面史를 다룬다고 할 수 있겠다. 정부 관리들은 밀실에서 글을 검토해 출판을 허용하거나 금했고, 책의 형태로 나온 다음에도 정부의 판단에 따라 유통을 막을 때도 있었다.

책의 역사나 책을 통제하에 두려는 시도의 역사로부터 디지털 커뮤니케이션 관련 정책에 곧바로 적용 가능한 결론을 끌어낼 수는 없을 것이다. 그 역사들은 다른 이유에서 중요하다. 검열관들의 활동을 살펴봄으로써 우리는 정책 입안자들이 어떤 식으로 사고했는지, 정부가 그 독점적 권력에 위협이 되는 것을 상대로 어떠한 정책을 마련했는지, 또한 그러한 위협에 어떻게 대처했는지 알게 될 것이다. 인쇄물이 지닌 위력도 사이버 전쟁처럼 위협적일 수 있었다. 정부 관리들은 그에 대해 어떻게 생각하고 있었을까, 그리고 그들의 생각은 어

---

* 중국의 강력한 인터넷 통제 시스템을 만리장성에 빗대어 '만리방화벽Great Firewall'이라고도 한다.

떠한 행동으로 이어졌을까? 어떤 역사학자도 죽은 사람의 머릿속에 들어갈 수는 없다 — 살아 있는 사람의 경우에도 현대사 연구를 위해 인터뷰할 수는 있겠지만 그의 머릿속에 들어갈 수는 없다. 그래도 관련 기록이 충분하다면 생각이나 행동의 패턴을 읽어낼 수는 있다. 다만 검열은 비밀리에 이뤄진 데다 비밀은 은폐되거나 폐기되기 일쑤여서 관련 기록이 충분히 남아 있는 경우는 거의 없다. 그럼에도 의미 있는 단서를 충분히 찾아낸다면 인쇄물 단속 책임을 맡았던 검열관들의 기본적인 입장과 그들의 비밀 활동에 대해 파악할 수 있다. 그런 다음에는 기록을 통해 계속해서 실마리를 풀어나가는 게 가능하다. 검열관이 원고를 검열한 방식 그대로 한 줄 한 줄 자세히 검토할 수도 있다. 또한 합법과 불법의 경계를 그어가며 금서를 추적했던 경찰의 자취를 따라가볼 수도 있다. 그런데 합법과 불법의 경계선 자체가 대개 불확실하고 늘 유동적이었기 때문에 지도에 표시해볼 필요가 있다. 크리슈나 신이 우유 짜는 소녀들을 희롱하는 이야기와 음란해서 수용되지 못한 벵골 문학 사이에서 경계는 어디인가? 또 공산주의 동독에서 사회주의 리얼리즘과 '후기 부르주아' 문학 사이의 경계는? 개념상의 지도는 그 자체로도 흥미롭지만, 실제 행위를 결정하기 때문에 중요하다. 책에 대한 탄압 — '출판 사후 검열' 범주에서 해당하는 모든 종류의 제재 —을 살펴보면 정부가 구체적인 현실 속에서 출판물에 어떻게 대응해왔는지를 알 수 있다. 또한 법의 테두리 밖에서 출판 관련 일을 했던, 대담하거나 질이 좋지 않은 인물들의 사건 기록을 읽다 보면 그들의 삶도 엿볼 수 있다.

이 지점에서 연구는 완전히 흥미로운 추적으로 전환된다. 왜냐하면 경찰 —혹은 정부의 특성에 따라 경찰과 같은 역할을 하는 조직 ─ 은 역사책에 거의 등장하지 않는 유형의 인물들과 부딪히기 때문이나. 떠돌이 음유시인, 교활한 행상, 선동적인 선교사, 상인 모험가, 모든 종류의 저자 ─ 유명 저자도 무명 저자도 있으며, 가짜 스와미*와 스캔들을 팔아먹는 시녀도 있다 ─ 를 비롯해서 심지어 때로는 자신들이 체포한 자의 일에 가담하는 경찰까지 앞으로 이어질 내용에 등장할 것이다. 물론 온갖 유형의 검열관도 나온다. 이러한 인간 희극은 그 자체로 자세히 서술되어야 할 가치가 있다고 생각한다. 하지만 이 책에서 나는 부풀리지 않고 기록에 충실하여 최대한 정확하게 이 이야기들을 전할 것이다. 그렇게 해서 비교사적·민족지적 측면을 둘 다 지닌 새로운 실마리를 바탕으로 검열의 역사를 정리할 수 있기를 희망한다.

마르크 블로크Marc Bloch 같은 거장을 제외하면 대부분의 역사가들은 비교사적 연구를 선호하더라도 실제로 수행하는 경우는 드물다.[2] 비교사적 연구를 하려면 다른 언어로 된 다른 분야의 연구까지 섭렵해야 할 뿐 아니라, 비교한다는 것 자체에 어려움이 내재되어 있어서 쉽지 않은 작업이기 때문이다. 사과와 오렌지를 혼동하지 않는 건 쉬운 일이겠지만, 비슷해 보이는 제도나 이름은 같지만 기능은 다른 제도는 어떻게 연구해야 할까? 한 체제에서 검열관이라고 불리는 사람은 다른 체제에서 검열관으로 간주되는 사람과는 전혀 다른 게임 규칙에 따라 행동할 것이다. 게임 자체가 다르다. 어떤 사회에서는 출판물의 영향력이 매우 큰 것으로 인식되지만, 다른 사회에서는 그런 인식을 상상하기 힘들다. 알렉산드르 솔제니친Aleksandr Solzhenitsyn에 따

---

* swami: 힌두교의 학자나 종교인에 대한 존칭.

르면 소비에트 러시아에서는 출판물의 힘이 "역사를 가속화할"[3] 정도로 강력했다. 반면 대부분의 미국인에게 출판물은 프로스포츠보다 중요하지 않다. 그런데 미국인들의 태도도 시간이 지나면서 크게 달라져왔다. 300년 전에는 출판물의 영향력이 컸다. 『성경』(특히 대부분 윌리엄 틴들William Tyndale의 번역본을 개역해 만든 제네바 성경)이 생활방식에까지 엄청난 영향을 미쳤던 것이다. 사실 당시 청교도들에게 '출판물'이라는 단어는 적절치 않을지도 모른다. 18세기까지만 해도 흔히 쓰이는 단어가 아니었기 때문이다. '종교'나 '신성' 쪽이 더 적합했을 것이다. 종교나 신화를 문화예술과 명확히 구분할 수 없었던 인도 등의 많은 고대 문화권에서도 마찬가지였다. 나는 용어에 집중하기보다는, 당대 쓰였던 언어의 의미를 포착해내고 싶다. 다시 말해 한 문화 체제의 기저에 깔린 분위기와, 그 체제 내에서 행위에 영향을 미치던 잠재적인 사고방식이나 암묵적인 가치관을 이해하고 싶은 것이다. 비교는 체제를 대상으로 할 때 가장 효과적이라고 생각한다. 그런 이유로 나는 18세기 부르봉 왕조의 프랑스, 19세기 영국이 통치한 인도, 20세기 공산주의 독재하의 동독 등 세 곳의 권위주의 체제에서 검열이 이뤄진 방식을 재구성하려고 노력해왔다. 이 세 체제는 그 자체로 따로 연구할 만한 충분한 가치가 있지만, 함께 모아서 비교할 경우 검열의 역사를 전반적으로 재고할 수 있게 해준다.

'검열이란 무엇인가'라는 질문으로 시작하는 것이 가장 좋을 듯하다. 내가 가르치는 학생들에게 검열의 사례를 제시해달라고 했더니, 다음과 같은 답변이 나왔다(히틀러나 스탈린 치하의 탄압 같은 명백한 사례는 제외했다).

성적 부여

교수를 '교수님'이라고 부르는 것

정치적 올바름

동료 평가

모든 종류의 비평

편집 및 출판

총기 불법화

국기에 대한 맹세 실시 또는 거부

운전면허증 신청 또는 발급

미국 국가안보국의 감시

미국영화협회의 영화등급제

아동 인터넷 보호법

카메라를 활용한 과속운전 단속

제한속도 준수

국가안보 관련 문서 기밀 취급

모든 기밀 취급

알고리즘에 따른 관련 정보 순위화

표준 대명사로 '그he' 대신 '그녀she' 사용

넥타이 착용 혹은 미착용

예의

침묵

이 목록은 끝없이 늘어날 수 있다. 법률적·비법률적 제재, 심리적·
기술적 필터링, 그리고 국가기관, 민간단체, 동료 그룹뿐 아니라 자기 내면의 비밀을 스스로 점검하는 개인 등이 취하는 모든 종류의 행위를 포괄할 수 있다. 학생들이 제시한 사례가 타당한지 아닌지 여부를 떠나 그것들은 검열을 넓게 정의하면 무엇이든 포괄할 수 있음을 시사한다. 어느 곳에든 검열이 존재한다고 여겨질 수 있다는 뜻이다. 하지만 모든 곳에 존재한다면 그 어디에도 존재하지 않는다고 봐야 한다. 왜냐하면 모든 것을 포괄하도록 광범위하게 정의할 경우 구별되는 특징을 전혀 담아내지 못하기 때문이다. 그러한 정의는 의미가 없다. 검열을 모든 종류의 제약과 동일시하는 것은 검열을 대수롭지 않은 것으로 보이게 만든다.

나는 정의에서 시작해 그에 부합하는 사례를 찾기보다는 검열관들에게 직접 정보를 얻는 방식으로 연구를 진행했다. 그들과 인터뷰를 할 수는 없지만(제3부에서 다룬 동독 검열관은 아주 드문 예외다), 문서 보관소의 기록을 통해 그들의 목소리를 되찾고, 문서를 하나하나 살펴보면서 그 해석을 검토해 다시 내리는 과정을 통해 그들에게 질문을 던질 수 있다. 개별적인 문서 몇 건만으로는 충분치 않다. 적어도 수백 건의 문서가 필요하다. 검열관들이 어떤 식으로 평범한 일상 업무를 수행했는지를 밝히려면 충분히 많은 양의 단서를 찾아야 하는 것이다. 그들에게 물어야 할 적절한 질문은 다음과 같다. 그들은 어떻게 일했고, 자신들의 일을 어떻게 이해하고 있었는가? 단서가 충분하다면, 검열관들 사이에서 그리고 그들의 주변 환경에서 벌어진 행동 — 편집자가 원고를 선별하는 일부터 경찰이 서적을 몰수하는 일까지 — 의 패턴을 밝혀내는 게 가능할까? 각자가 맡았던 역할은 소속된 기관에 따라 달랐을 것이고, 그 기관의 기능은 사회·정치 체제의 성격에 따라 달랐을 것이다. 따라서 정권을 공격했던 모든 출판이 같은 길을 걸었을 거라고, 같은 방식으로 억압됐을 거라고 예상하는 건 잘못된 생각이다. 일반적인 모델은 없었다.

하지만 지난 100년간 검열이 연구된 방식에는 일반적인 경향이 있었다.[4] 지나친 단순화를 무릅쓰고 그 두 가지 경향에 대해 얘기하고자 한다. 한편에는 정치 조직이나 종교 단체에서 표현의 자유를 억압하고자 하는 데 맞섰던 투쟁사가 있고, 다른 한편에는 의사소통을 방해하는 모든 종류의 제약에 관한 설명이 있다. 이 두 가지 경향이 사뭇 다르기 때문에 나는 각 견해에 대해 말해야 할 것이 매우 많다고 생각한다.

첫번째 경향은 이분법적 속성을 띤다. 그것은 빛의 자식을 어둠의 자식과 맞서게 하고, 특정한 진리만을 자명한 것이라 여기는 모든 민주주의 수호자에게 호소력을 갖는다.[5] 그 진리들은 논리적 또는 인식론적 가치와 상관없이 추상적인 영역뿐만 아니라 정치적 실천의 영역에서도 제1원리로 작용한다. 너무나도 훌륭한 단 한 문장으로 이뤄진 미국 수정헌법 제1조[6]는 "표현의 자유나 출판의 자유"의 의미를 결정하고 그 한계를 설정해온 법과 법원 판결이 비롯된 출발점이다. 냉소적인 이들은 "수정헌법 제1조의 절대성"[7]을 비웃을지 모르지만, 권리장전*에 언급된 자유는 종교로 여겨질 만큼[8] 신성한 정치문화에 속한다. 수백만 명의 국민이 지난 2세기가 넘는 세월 동안 진화해온 이 종교를 독실하게 따르고 있다. 미국 국민들은 수정헌법 제1조를 철저히 따름으로써 특정한 종류의 현실에 대해 이해한다. 그

---

* Bill of Rights: 미국 수정헌법의 제1조에서 제10조까지를 가리킨다. 1789년에서 1791년 사이에 발효되었으며, 정부의 권력으로부터 개인의 권리를 보호하기 위한 내용이 담겨 있다.

들은 법에 따라 행동하고, 갈등이 생기면 사건을 법원에 가져간다. 법원에서는 법을 어떻게 실제 현실에 적용할지를 결정한다.

철학자들은 기본권을 논할 때 추상적 개념을 사용하지만, 그것이 대체로 권력과 의사소통 체계에 뿌리를 두고 있다는 점을 이해하고 있다. 자연권 이론으로 유명한 철학자 존 로크John Locke는 영국 의회에서 출판 허가법Licensing Act* 연장을 거부함으로써 그 법에 따라 실시되던 출판 사전 검열이 중단되었을 때 표현의 자유를 거론하지 않았다. 대신 출판업자 조합의 서적상들을 상대로 거둔 승리라며 환영의 뜻을 표했을 뿐이다. 그는 독점 관행과 조악한 출판물 때문에 조합 서적상들을 경멸하고 있었다.[9] 밀턴John Milton 역시 출판의 자유에 관해 영어로 쓰인 가장 중요한 선언문 —— 훌륭하지만, 한계는 있었다 ("가톨릭"과 "공개적 미신"에 대해서는 관용을 베풀지 말아야 한다고 주장했다) —— 인 『아레오파지티카Areopagitica』를 통해 출판업자 조합을 비난했다.[10] 이러한 사례들이나 또 여기서 언급될 수 있는 다른 사례(예를 들어 디드로Denis Diderot[11])들에서 이 철학자들이 표현의 자유를 원칙의 문제로 옹호하지 않았다고 단정 지을 수는 없다. 단, 그들이 표현의 자유를 경제적 이해관계와 정치적 로비의 현실 세계에서 보호해야 할 이상 정도로 이해하고 있었다는 사실은 확인된다. 그들에게 자유는 천상의 규범이 아니라, 17세기와 18세기 유럽에서 일어난 현실을 사회적으로 재구성하는 데 토대가 된 정치 담론의 중요한 원칙이었다. 우리 가운데 다수는 그들이 창조한 세계, 즉 시민의 권리와 공

---

* 1643년 6월 14일에 영국 의회에서는 검열관의 사전 허가를 받은 서적에 한해서만 출판할 수 있도록 규정한 출판 허가법을 공포했다. 의회 내 출판위원회의 명령에 따라 이 법의 집행을 맡은 곳이 바로 출판업자 조합이었다.

유된 가치가 있는 세계에서 살고 있다. 인터넷 시대에도 그러한 도덕 체계가 진부하다고 치부할 수는 없다. 고대인들로부터 밀턴과 로크를 거쳐 수정헌법 제1조와 세계인권선언에 이르는 전통을 무시하면서 검열에 반대하는 주장을 펼치는 것보다 자멸적인 경우는 없을 것이다.

이러한 주장이 의심스러울 만큼 고상한 소리로 들릴지도 모르겠다. 휘그주의적인 요소도 있고, 극단적 자유주의의 징후가 엿보일 수도 있다.[12] 여기서 내가 자유주의에 공감을 느끼며, 이제껏 읽은 책 가운데 『아레오파지티카』를 가장 인상적인 논쟁작 중 하나로 꼽는다는 점을 고백해야겠다. 하지만 나는 첫번째 접근 방식을 위축시킴에도 검열에 관한 두번째 접근 방식에 대해서도 역시 공감하고 있음을 인정해야 할 것이다. 말이든 글이든 언어는 힘을 행사한다. 사실 발화의 힘은 일상 세계의 평범한 행위와 근본적으로 다르지 않은 방식으로 작용한다. 언어철학자들이 파악한 대로, 발화 행위는 주변 환경에 영향을 미치는 것을 목표로 한다. 그리고 그 행위가 글이라는 형식을 취할 때, 그걸 오직 출판물하고만 연관 지을 이유는 없다. 일부 문학 이론가들은 헌법 규정에 의해 신성시되고 보호되는 '표현의 자유'라는 범주를 구분하는 것은 무의미하다고까지 주장한다. 스탠리 피시Stanley Fish가 도발적인 에세이를 통해 선언했듯이, "표현의 자유 같은 건 존재하지 않는다 ─ 그리고 그건 좋은 것이다."[13]

이 같은 견해를 뒷받침하기 위해 한때 포스트모더니즘[14]이라고 알려진 다른 경향들을 인용해보는 것도 가능하다. 검열을 권리 침해로 보는 이들과 달리, 사회 현실 도처에 만연해 있는 요소로 이해하는 이론가도 많다. 그들이 볼 때 검열은 언제 어디서나, 개인의 마음과 집단의 심리에서 작동한다. 앞서 학생들이 제시한 사례에서 봤듯이, 검열은 모든 종류의 제약과 구별할 수 없을 정도로 어느 곳에나 편재해 있다. 그렇게 되면 검열의 역사는 한 가지 어려운 문제를 마주해야 한다. 제한적 정의로 주제를 한정하는 데 반대하는 것도 타당하지만, 그 주제를 모든 한계 너머로 확장하는 것도 가능하다. 우리는 두 가지 상반된 견해에 직면하고 있다. 하나는 규범적인 것이고, 다른 하나는 상대적인 것이다. 내 입장에서 볼 때, 나는 두 가지 견해를 모두 수용해 절충함으로써 또 다른 차원의 분석을 이끌어낼 수 있다고 믿는다. 나는 이를 인류학적 분석이라 부르고자 한다. 그러한 주장을 위해 나는 서로 매우 다른 세 가지 정치 체제에서 검열이 실제로 어떻게 작동했는지에 대한 '두꺼운 묘사thick description'를 제시할 것이다.[15]

이러한 종류의 역사학을 하려면 문서 자료에 몰두해야 한다. 역사학자에게 이 작업은 인류학자의 현장 작업과 같다. 나는 이미 수십 년 전에 바스티유 기록 보관소와 프랑스 국립도서관 내 아니송-뒤페롱Anisson-Duperron 컬렉션과 샹브르 생디칼Chambre syndicale 컬렉션에 있는 문서들을 뒤지기 시작했다. 운 좋은 상황이 이어지면서 나는 1989년부터 1990년까지 1년간 베를린 지식연구소Wissenschaftskolleg zu Berlin에서 지낼 수 있었다. 그리고 베를린 장벽 붕괴 직후, 동독의 검열관 몇 명을 알게 되었다. 1993년부터 1994년까지 또 다른 1년 동안에는 지식연구소 특별 연구원 자격으로 그들이 제공한 정보에 대해 더 알아볼 수 있었다. 나는 동독 공산당(통일사회당) 문서에 대해 몇 차례 후속 연구를 진행하며 계속해서 이 주제에 천착했다. 18세기와 20세기의 매우 다른 두 체제에서 시행되었던 검열을 연구하며 19세기 자료는 비서구 지역에서 찾아야겠다고 결심했다. 나는 대영 도서관에서 인도싱India Office 관련 서고와 기록을 관리하고 있던 그레이엄 쇼Graham Shaw의 도움을 받아 방대한 양의 인도 행정청 문서를 연구하며 두 번의 여름을 보낼 수 있었다.

그렇게 많은 문서를 수없이 검토한 끝에 이 다양한 자료를 어떻게 한 권의 책으로 만들까 하는 문제에 부딪히게 되었다. 이 풍부한 정보를 온전히 전하려면 책을 세 권쯤은 써야 했을 것이다. 하지만 나는 독자들이 일반적인 문제들을 다른 맥락에서 비교하고 고민할 수 있도록 연구 결과를 한 권으로 압축하고 싶었다. 3세기에 걸쳐 세 곳의 나라에서 나타난 개념상·맥락상의 문제들을 선별하는 것은 버거운 일처럼 보일지도 모른다. 하지만 나는 이 책이 압축한 내용 그대로 일반 독자들에게 흥미를 자아내고, 두 가지 종류의 힘 ― 끝없이 그 범위가 확장되는 국가의 힘과, 기술의 발전에 따라 끊임없이 증가하는 커뮤니케이션의 힘 ― 이 집중되면서 제기되는 문제에 대해 깊이 생각해볼 계기가 되기를 희망한다. 이 책에서 살펴본 검열 체계가 시사해주듯, 출판 분야에 대한 국가의 개입은 원고를 수정하고 삭제하는 수준을 훨씬 넘어서 있었다. 그것은 사회 체제 전반에서 작동하는 힘으로서 출판의 틀 자체를 짤 정도였다. 인쇄 시대에 국가가 그 정도의 힘을 행사했다면, 인터넷 시대인 오늘날에는 그러한 힘의 남용을 어떻게 막을 수 있을 것인가?

제1부　부르봉 왕조 프랑스:

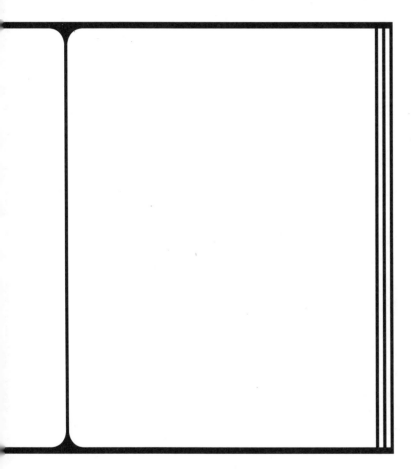

절대왕정의 등불

검열에 대한 이분법적 관점은 계몽주의 시대를 상정하면 특별한 매력을 갖는다. 계몽주의라는 게 단순히 보면 어둠에 맞서는 빛의 싸움이기 때문이다. 이 근본적인 대조로부터 계몽주의 옹호자들은 몽매주의에 맞서는 이성, 탄압에 맞서는 자유, 편협함에 맞서는 관용 등의 또 다른 이분법적 구도를 끌어냈다. 그들은 사회적·정치적 영역에서 대립하는 두 힘이 작동하고 있다고 봤다. 한편에는 계몽사상가들에 의해 형성된 여론이, 다른 한편에는 교회와 국가의 권력이 있었다. 물론 계몽주의 역사를 그렇게 단순화할 수는 없다. 그 역사를 보면 모순과 모호성이 드러나는데, 어떤 제도나 사건에 대한 추상적인 생각과 관련될 때 특히 그러하다. 그런데 검열이라는 주제로 넘어오면, 역사적 해석들은 대체로 행정 관리들의 억압 행위를 표현의 자유를 지키려는 작가들의 시도와 대립시킨다. 가장 극적인 예를 프랑스에서 찾을 수 있다. 그곳에서는 책을 태우고, 작가를 구금하고, 가장 중요한 출판물을 불법화하는 일이 벌어졌다. 대표적으로 볼테르 Voltaire와 루소Jean-Jacques Rousseau의 저작들, 그리고 『백과전서Encyclopédie』가 금서가 되었다. 이 책들의 출판 역사는 국가와 교회의 속박으로부터 벗어나려는 지식 투쟁의 전형적인 예라 할 수 있다.[1]

고전적 자유주의나 인권 옹호라는 명분의 관점에서 본다면, 다시 말해 계몽주의에서 유래한 현대적인 관점에서 본다면 그러한 해석은 충분히 타당하다. 하지만 역사적 객관성에 가치 판단을 개입시키는 그러한 해석이 타당한 것인지 여부와는 관계없이, 실제로 검열이 어떻게 작동했는지 연구하는 데 토대로 삼기에는 부족한 면이 있다. 검열관은 무슨 일을 했고, 자신들의 임무에 대해 어떻게 이해하고 있었을까? 그리고 그들의 활동은 어떻게 해서 당시 사회적·정치적 질서에 부합했던 것일까?[2]

활판 인쇄와 그 법적인 측면

18세기에 출간된 평범한 책인 『아메리카의 섬으로 떠나는 새로운 여행Nouveau voyage aux isles de l'Amérique』(파리, 1722) 표제지title page의 예를 살펴보자. 오늘날 기준에서는 표제지라기보다 표지에 가까워 보인다. 실제로 표지와 유사한 기능을 했다. 흥미를 가질 만한 독자에게 책 내용을 요약해서 알리고 있는 것이다. 그런데 요즘 독자들에게는 의아하게 여겨질 만큼 기본적인 요소 한 가지가 누락되어 있다. 바로 저자 이름이 나와 있지 않은 것이다. 저자가 스스로 신분을 숨기려 한 건 아니다. 책 속의 전문前文을 살펴보면 저자 이름을 알 수 있

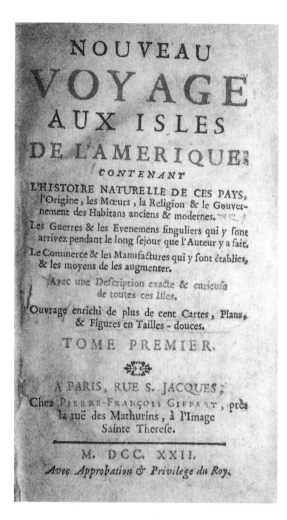

NOUVEAU
VOYAGE
AUX ISLES
DE L'AMERIQUE.
CONTENANT
L'HISTOIRE NATURELLE DE CES PAYS,
l'Origine, les Mœurs, la Religion & le Gouvernement des Habitans anciens & modernes.
Les Guerres & les Evenemens singuliers qui y sont arrivez pendant le long sejour que l'Auteur y a fait.
Le Commerce & les Manufactures qui y sont établies, & les moyens de les augmenter.
Avec une Description exacte & curieuse de toutes ces Isles.
Ouvrage enrichi de plus de cent Cartes, Plans, & Figures en Tailles - douces.

TOME PREMIER.

A PARIS, RUE S. JACQUES,
Chez PIERRE-FRANÇOIS GIFFART, près la ruë des Mathurins, à l'Image Sainte Therese.

M. DCC. XXII.
Avec Approbation & Privilege du Roy.

검열받은 서적의 전형적인 표제지. 『아메리카의 섬으로 떠나는 새로운 여행』(1722).

다. 대신 표제지에는 책에 관해 실제로 책임져야 하는 사람, 법적·재정적 의무를 맡은 사람의 이름이 주소와 함께 페이지 하단에 눈에 띄게 적혀 있다. "파리, 생자크 거리, 피에르-프랑수아 지파르 상점, 마튀랭 거리 주변, 성 테레사 성상聖像이 그려진 곳." 지파르는 서적상 libraire이었다. 많은 서적상이 그랬듯이 그는 발행인(요즘 말로 발행인, 편집인으로, 당시에는 이런 표현이 일반적으로 쓰이지 않았다)으로도 활동했다. 저자들에게 원고를 구입하여, 인쇄 작업을 조율하고, 완성된 책을 자신의 서점에서 판매한 것이다. 1275년 이래 서적상들은 대학에 부속되어 있었기 때문에 서점은 카르티에 라탱*에서 운영되어야 했다. 서점들은 특히 생자크 거리에 밀집해 있었다. 그 거리에는 서점마다 내건 연철로 된 돌출 간판들이 숲의 나뭇가지처럼 허공에서 흔들리고 있었다(그중 한 간판에 성 테레사 성상이 그려져 있었던 것이다). 복음 전도자 성 요한을 기리는 인쇄업자와 서적상 단체는 소르본 대학 인근, 마튀랭 거리에 있는 마튀랭 교회에서 모임을 가졌다. 또한 소르본의 신학 교수들은 때때로 출판된 원고의 정통성 여부를 판단하곤 했다. 따라서 이 책에 적힌 주소지는 국가 공인 출판계의 중심부였다고 할 수 있다. 그리고 표제지 맨 아래 "왕의 허가와 특허를 받음"이라는 문구가 인쇄되어 있는 한, 책의 초법적인 지위는 어떤 경우에도 확실히 보장되었다.

우리는 이 부분에서 검열이 이뤄졌음을 확인할 수 있다. 왜냐하면 허가라는 게 왕실 검열관들이 공식적으로 내리는 출판 승인이었기

---

* Quartier latin: 파리 중심부에 위치한 대학가. 프랑스혁명 전까지 대학 수업이 라틴어로 이뤄진 까닭에 '카르티에 라탱'이라는 명칭이 붙었다. 오늘날에도 소르본 대학을 비롯한 파리의 유명 대학들이 밀집해 있다.

때문이다. 이 책의 경우, 원고를 승인한 검열관들이 작성한 허가문 네 편이 앞부분에 인쇄되어 있다. 소르본 대학 교수인 한 검열관은 허가문에 이렇게 썼다. "즐거운 독서였다. 이 책에는 매혹적인 요소가 가득하다." 또 다른 검열관이자 식물학과 약학을 가르치는 교수는 이 책이 여행자, 상인, 자연사 전공 학생 들에게 유용할 거라고 강조하면서, 특히 문체를 높이 평가했다. 세번째 검열관인 신학자는 이책이 좋은 읽을거리라고 단언했다. 책을 도저히 내려놓을 수 없었다며, 독자들의 "달콤하고도 열렬한 호기심을 자극하여 계속 읽고 싶게 한다"는 것이었다. 이런 표현을 검열관들이 썼다고? 자연스럽게 의문이 들 것이다. 이 의문을 어빙 고프먼Erving Goffman이 모든 사회학연구의 출발점으로 삼았다고 알려진 질문으로 바꿔보자: 여기서 대체 무슨 일이 벌어진 거야?

이 질문에 대한 답의 실마리는 허가문 뒤에 인쇄된, 왕의 특허 내용을 적시한 글에서 찾을 수 있다. 이 특허문은 왕이 관리들에게 보내는 서신 형태를 취한다. 왕이 책의 저자를 승인했음을 관리들에게 알리는 글인 것이다. 여기서 처음으로 저자 이름이 언급된다. 또한 책을 복제해 서적상 조합guild의 중개인을 통해 판매할 수 있는 독점적 권리도 부여한다. 특허문은 복잡한 내용의 긴 글로, 해당 책의 물리적 특성에 대한 여러 조건을 제시한다. "양질의 종이에 아름다운 활자로, 출판업계 규정을 준수하여" 인쇄해야 한다는 식이다. 출판업계 규정은 책의 물리적 특성에 대한 기준을 상세히 정해두고 있었다. 예를 들면 "종이는 정해진 등급의 천으로 만들어야 한다" "활자에서 'm' 자의 너비는 정확히 'l' 자 세 개를 나열한 것과 일치하도록 해야 한다" 같은 기준이었다. 이는 장-바티스트 콜베르의 지휘하에

『아메리카의 섬으로 떠나는 새로운 여행』서문 뒤에 인쇄되어 있는 허가문과 특허문. 특허문 (여기에는 그 첫 부분만 나와 있다) 뒤로 이어지는 글들은 이 원고의 상업화를 위한 법적인 조치에 관한 것이다. 1. 이 책은 파리 서적상과 인쇄업자 조합에서 관리하는 공식 등록부에 등재되었다. 2. 저자인 F. J.-B. 라바는 자신에게 주어진 특권을 지파르와 카벨리에 피스라는 서적상 두 사람에게 양도했다. (앞서 언급했듯 서적상과 인쇄업자만이 서적 판매 허가를 받을 수 있었다.) 3. 지파르와 카벨리에 피스는 특권을 네 개의 몫으로 나눴다는 걸 보증했다. 그 두 사람이 그중 하나씩 가졌고, 다른 하나는 카벨리에의 아버지에게, 또 하나는 테오도르 르 그라에게 양도했다. 그들 역시 서적상이었다.

고안된, 완벽한 콜베르주의―상품 품질 기준을 정하고, 관세 보호 장벽으로 각 조합을 보호하는 등 상업을 활성화하기 위해 국가가 적극 개입하는 것―였다. 특허문은 왕의 다른 칙령과 마찬가지로 "그렇게 하는 것이 우리의 기쁨이다"라는 문구로 마무리된다. 법적으로 책은 왕의 기쁨을 위해 존재했던 것이다. 책은 왕이 내리는 '은총'의 산물이었다. 출판업과 관련된 주요한 칙령에는 은총grâce이라는 단어가 빠지지 않았다. 사실 출판업을 관장하는 왕립 행정기관이었던 서적출판행정청Direction de la librairie은 두 부서로 나뉘어 있었다. 하나는 분쟁을 조정하기 위한 '분쟁 조정 부서'였고, 다른 하나는 특허를 내리기 위한 '은총 부서'였다. 끝으로 특허문 뒤에는 해당 특허가 서적상 조합 등록부에 등재되어 분할된 뒤, 서적상 네 곳에 판매되었다는 내용의 글이 이어져 있다.

현대적 관점에서 볼 때, 이 모든 것은 좀 이상해 보인다. 이단을 단속하는 게 아니라 책의 문체와 가독성을 칭찬하는 검열관이며, 책에 은총을 내리는 왕이며, 은총을 마치 재산의 한 형태인 것처럼 나눠서 판매하는 서적상 조합이라니. 정말로 무슨 일이 어떻게 돌아갔던 걸까?

이 수수께끼를 풀 한 가지 방법은 18세기 도서를 영국의 잼 통이나 비스킷 상자와 비슷한 물건으로 생각해보는 것이다. 영국에는 "왕실 조달 특별 허가를 받은" 잼 통이나 비스킷 상자가 있어서 외국인들의 호기심을 자아내곤 한다. 이 책 역시 그러한 질 좋은 제품으로 왕실의 승인을 얻었고, 그 과정에서 검열관들은 그 제품의 전반적인 우수성을 보증하는 증인이 되었던 것이다. 당시 검열은 단순히 이단을 금하려는 게 아니었다. 그것은 **긍정적인** 것 ― 해당 도서에 대한 왕실의 보증이자 그 책을 읽으라는 공식적인 권유 — 이었다.

이 체계에서 핵심적인 요소는 '특허privilege'(어원은 '사법私法, private law')다. 특허란 일반적으로 프랑스뿐 아니라 유럽 대부분 국가에서 앙시앵레짐의 조직 원리였다. 당시 법은 만인에 평등한 것이 아니었다. 인간이란 (여성은 말할 것도 없고 남성까지) 애초에 불평등한 상태로 태어난다고, 또 신분제는 신이 정해놓은 본래적인 것이라고 믿던 시대였다. 일부 철학자를 제외하곤, 유럽인 대부분이 법 앞에 평등이라는 개념을 상상조차 하지 못했다. 법은 전통이나 왕의 은총에 의해서 특정 개인이나 집단에 주어지는 특별한 하사품 같은 것이었다. 태생이 좋은 '우수한 사람'이 특권을 누릴 수 있었던 것처럼, 양질의 도서도 그러했다. 사실, 출판계에서 특허는 세 가지 층위로 시행되었다. 첫째, 책 자체가 특허를 받는 방식(잉글랜드 외의 다른 나라에는 현대적인 저작권 개념이 존재하지 않았다). 둘째, 서적상이 특허를 받는 방식(조합원으로서 서적상은 출판업에 대한 독점적인 권한을 누렸다). 셋째, 조합이 특허를 받는 방식(조합은 독점적인 단체로서 면세 등의 특정한 혜택을 받았다). 요약하자면, 부르봉 왕가는 인쇄물이 지닌 위력을 제어할 수 있는 정교한 체계를 만들었던 것이다. 서적은 그 체계의 산물로서 앙시앵레짐 전체를 축약해서 보여주는 사례였다.

검열관의 관점

이런 것들이 구체제의 출판 체계가 지녔던 형식적인 특징들이다.

그런데 이 시기에 벌어진 일들을 표제지와 특허문의 이면에서, 다시 말해 검열관들의 관점에서 살핀다면 이 체계는 어떻게 보일까? 다행히도 프랑스 국립도서관에는 1750~60년대 검열관들이 어떤 식으로 작업을 수행했는지에 대해 많은 정보가 담긴 문서가 다수 남아 있다. 그들이 서적출판행정총감인 C. G. 드 라무아뇽 드 말제르브*에게 보낸 수백 통의 서신과 보고서를 보면 업무 수행 방식이 잘 드러나 있는데, 특히 특허 신청을 받아들이거나 거부한 사유도 확인할 수 있다.[3]

보고서는 말제르브에게 보내는 기밀문서라 공식적인 허가문에는 기입할 수 없는 책에 대한 솔직한 평가가 담겨 있었다. 때로 원고에 종교, 도덕, 국가 — 검열관들이 주의를 기울이는 전통적인 주제 범주 — 를 모욕하는 표현이 없다는 정도의 내용만 적힌 보고서도 있었다. 하지만 많은 경우 문체나 내용에 대한 긍정적인 보증이 포함되어 있었다. 심지어 고작 한두 줄로 작성된 보고서의 경우에도 마찬가지였다. 특허를 추천하는 전형적인 보고서는 이런 식이었다. "저는 대법관님의 지시로 『라 리비에르 씨 서간집Lettres de M. de la Rivière』을 읽었습니다. 잘 쓰였고, 이치에 맞으면서도 교훈적인 생각으로 가득 찬 글인 것 같습니다."[4] 검열관들은 원고가 맘에 드는 경우에는 칭찬을 늘어놓았다. 영국 제도British Isles에 대한 책의 보고서에는 특허를 받아야 하는 이유가 자세히 쓰여 있었다. 주제에 대해 완벽하게 정리했으며, 역사서로서도 최상이고 지리서로서도 정확한 내용을 담고 있으니, 한마디로 독자의 호기심을 충족하는 책이라는 식이었다.[5] 다른

---

* Chrétien Guillaume de Lamoignon de Malesherbes(1721~1794): 프랑스의 법률가, 정치인.

검열관은 윤리학에 관한 책을 승인했는데, 그 이유는 무엇보다 책의 미직 수준 때문이었다. 비록 수려한 문체로 쓰이지는 않았지만, 이해하기 쉽고 논리가 탄탄하며 흥미로운 일화로 가득하고 독자의 관심을 사로잡는 방식으로 서술되어 있으며, 그러면서 독자들에게 선행의 미덕을 깨닫게 해준다는 것이었다.[6] 일부 긍정적인 보고서는 서평으로 읽힐 만큼 분량이 많았다.[7] 어떤 검열관은 한 여행서를 읽고 흥분해서 찬사를 늘어놓다가 자제하며 "언론인의 영역을 침범하지 않기 위해"[8] 간결하게 추천의 글을 쓰겠다고 적기도 했다. 이렇듯 검열관들의 글은 사상 검증과는 거리가 멀어 보였다. 오히려 그들은 문인처럼 글을 썼다. 보고서를 문학의 한 형태로 볼 수 있을 정도였다.

그들의 문학적인 관심은 부정적인 내용의 보고서에서 더욱 도드라진다. 부정적인 보고서인 만큼 이단성을 지적하는 데 집중되었을 거라고 예상되지만, 실제로는 그렇지 않았다. 예를 들어 한 검열관은 우주학에 관한 어떤 논문에 대해 "가벼운 농담조로 쓰였다"고 비난했다.[9] 또 다른 검열관은 선지자 무함마드 전기에 대해 신학적인 이유로는 이의를 제기하지 않았지만, 내용이 피상적이고 고증이 충분치 못하다는 점을 지적했다.[10] 문제에 대한 설명이 충분치 않고, 또 어떤 합산의 제곱이나 세제곱에 대한 설명이 잘못되었다는 이유로 한 수학 교과서의 추천을 거부한 검열관도 있었다.[11] 또 다른 검열관은 어떤 법학 논문에 대해 부정확한 용어를 사용하고 있고, 인용된 문서 중에 작성일이 잘못 표기된 게 있으며, 기본 원칙의 의미를 잘못 해석하고 있고, 틀린 철자가 지나치게 많다는 이유로 기각했다.[12] 프리드리히 2세의 활동에 관한 원고는 한 검열관의 심기를 건드렸는데, 프랑스 외교 정책을 무시하는 내용이 있어서라기보다는 "감식력과 안목이 결여된 편서"[13]라는 게 그 이유였다. 자유사상가의 공세에 맞서 정통 신앙을 옹호하는 글을, 내용이 엉성하다는 이유로 기각한 검열관도 있었다.

이건 책도 아닙니다. 다 읽기 전까지는 저자가 무슨 얘기를 하려는 건지 알 수가 없습니다. 저자는 한 방향으로 논리를 전개하다 갑자기 정반대로 나아갑니다. 저자의 주장은 근거가 빈약하고 피상적입니다. 경쾌한 문체로 쓰려고 시도한 듯하지만 그저 오만하게만 느껴질 뿐입니다. […] 깔끔한 표현을 위해 노력했지만, 멍청하고 어리석어 보이는 부분이 많습니다.[14]

물론 이런 보고서에는 이단적인 사상을 단속하는 내용도 다수 포함되어 있다. 검열관들이 교회와 왕을 비호하는 건 당연한 일이었다. 하지만 그들은 허가란 책에 대한 확실한 보증이고, 특허란 왕의 인가를 의미한다는 가정하에 일을 했다. 한 검열관이 적은 대로 그들은 "프랑스 문학의 명예"를 지키고자 문인으로서 허가문을 작성했다.[15] 때로는 위대한 세기*에 걸맞지 않은 작품을 업신여기며 거만을 떨기도 했다. 한 검열관은 단조로운 문체 말고는 문제될 만한 내용이 전혀 없는 연감의 허가를 거부하며, 17세기 가장 날카로운 비평가 니콜라 부알로Nicolas Boileau라도 된 양 "문체가 끔찍하다"[16]고 신랄하게 지적했다. 또 다른 검열관은 그저 "잘못 쓰였다"[17]는 이유로 감상적인 연애소설을 반려했다. 순전히 지루하다는 이유로, 번역된 영국 소설

———
* Grand Siècle: 17세기 프랑스를 가리키는 말. 프랑스 역사상 특히 번영했던 시기 중 하나다.

에 부적격 판정을 내린 검열관도 있었다. "지겨운 설교조의 책일 뿐입니다. 평범한 모험담, 지루한 농담, 특색 없는 묘사, 재미없는 설명이 즐비합니다. […] 이런 책은 허가받을 가치가 없습니다."[18]

이런 식의 검열은 다음과 같은 문제를 낳았다. 원고에 악의가 없을 뿐 아니라 왕의 승인 도장을 받을 가치가 있음에도, 단지 문학적인 성취를 이루지 못했다면? 위에 언급한 소설을 맡았던 검열관은 이러한 난제에 대해 전통적인 방식을 취했다.

> [이 작품은] 단점이 있고 평범하기는 하지만, 위험하거나 비난받아 마땅한 요소는 없습니다. 한마디로 종교, 윤리 또는 국가에 해가 되지는 않습니다. 그러니 이 작품의 인쇄를 용인해줘도, 또 묵인하에 출판하게 해줘도 큰 문제는 없을 것입니다. 다만 대중은 이 정도 수준의 책을 달가워하지 않을 것입니다.[19]

윗글에서 보다시피, 프랑스 왕정의 법체계에는 빈틈이 있었다. '묵인' '용인' '단순 허가' '경찰 허가' 등 출판업을 담당하는 관리는 공식 허가를 받지 않고도 출판을 허용하는 데 쓸 수 있는 일련의 범주를 마련해두고 있었다. 특허 체계의 속성상 서적출판행정청 관리들에게는 불가피한 일이었다. 그렇지 않으면 당대의 저작물 대부분에 전쟁을 선포할 수밖에 없었기 때문이다. 말제르브는 서적출판행정총감으로 지낸 날들을 회고하며 "정해진 법에 따라 정부에서 확실히 허가해준 책만 읽은 사람은 동시대인들에 비해 한 세기가량 뒤처졌을 것"[20]이라고 적었다. 그는 이전 총감들보다 묵인permission tacite을 폭넓게 활용했다. 묵인이란 해당 도서가 시장에서 회수해야 할 정도로 심각한 추문을 불러일으키지 않을 경우, 판매를 적당히 허용하는 것으로서 흔히 경찰의 방조하에 이뤄졌다. 특허와 달리 묵인은 출판 독점권까지 주지는 않았지만, 검열관의 승인 후 등록부에 등재되는 과정이 요구되었다. 책에서 검열관의 이름 같은 허가의 흔적은 찾을 수 없었다. 때로는 프랑스 국경 밖에서 출판되었다고 암시하기 위해 표제지에 가짜 주소가 적혀 있기도 했다. 특별한 문제가 있는 경우라면 검열관들은 '단순 허가simples tolérances'를 추천할 수 있었다. 단순 허가란 해당 도서를 매대 아래서 또는 "망토 안에서" 판매해도 눈감아주겠다는 서적출판행정총감의 비공식적인 허락이었다. '경찰 허가permissions de police'는 치안총감이 수명이 짧은 유행성 작품을 대상으로 집행하는 것으로, 마찬가지로 위법행위를 초래할 경우 언제든 취소되었다.

이는 검열관들이 새로운 원고를 접할 때 적법한 영역 안에서도 세 가지 선택권을 가지고 있었음을 의미한다. 첫째, 서적출판행정총감을 통해 대법관에게 특허를 내려주도록 추천할 수 있었다. 추천이 받아들여질 경우, 그 원고는 허가문과 함께 검열관의 이름이 실려 출판되었다. 둘째, 묵인을 추천할 수 있었다. 이 경우 공식적인 허가 절차 없이 마치 해외에서 수입된 책인 것처럼 출간되었다. 끝으로 원고 허가를 거부할 수도 있었다. 이 경우 그 원고는 불법으로 출판되거나 폐기되었다.[21] 검열관은 이 선택을 위해 복잡하면서도 때로는 모순되는 요소들을 따져봐야 했다. 예를 들어 원고가 종교, 정치, 도덕의 전통적인 기준에 어긋남이 없는지, 문학이나 지식 분야에 기여할 만한 내용이 있는지, 미학적으로 또는 상업적으로 가치가 있는지, 시사 문제에 영향을 미칠 가능성은 없는지, 그리고 '사교계le monde'—가문,

부, 재능이 뒷받침되어 프랑스의 공적 생활을 지배했던 상류층 사회 — 내 친목과 빈목의 관계망에 미칠 효과는 어떠한지 등의 요소가 있었다. 두 가지 사례를 살펴보자.

첫번째로 성공담이다. 얼치기 소설가이면서 때로 경찰의 첩자 노릇을 했던 슈발리에 드 무이는 재능도 돈도 별로 없는 인물이었다. 하지만 그는 '보호protection' — '사교계'를 돌아가게 했던, 상류층의 부적절한 영향력 행사를 가리키는 18세기 용어 — 라는 형태의 자본을 축적하고 있었다. 1751년에 무이는 순문학적인 에세이를 몇 편 묶어서 『연극에 대한 서판들Tablettes dramatiques』이라는 제목으로 출판하는 데 그간 모아둔 카드 중 하나를 활용했다. 샤르트르 공작의 상담역 가운데 한 사람이었던 슈발리에 드 퐁스에게 청탁을 했던 것이다. 퐁스는 생클루성에서 공작을 알현하는 시간에 무이가 원고를 공작에게 소개할 수 있도록 해주었다. 공작은 원고를 흘깃 본 뒤 책으로 출판되는 걸 보고 싶다는 취지의 의견을 냈다. 무이는 자신의 다락방으로 돌아와 공작에게 바칠 헌정사를 과장스럽게 작성했다. 그중 아첨하는 내용의 문장을 여러 차례 손본 뒤, 공작이 그 헌정사를 받아들이도록 설득해달라고 퐁스를 재촉했다. 다음으로 무이는 원고가 검열을 통과하도록 만드는 작업에 착수했다. 문인들과 아카데미 프랑세즈Académie française에 관한 불손한 표현이 일부 있었기 때문에 쉽지는 않은 일이었다. 일이 수월히 진행되도록, 그는 두번째 카드를 활용했다. 바로 군사령관인 벨일 원수의 보호였다. 벨일은 말제르브의 장인인 라 레니에르에게 자신이 무이를 보호하고 있는데 마찬가지로 그렇게 해주면 기쁘겠다는 내용의 편지를 썼다. 무이도 직접 라 레니에르에게 편지를 보냈다. 헌정사와 이중의 보호에 대해 언급하면서, 상업적인 이유로 최대한 빨리 책을 시장에 내놓아야 하므로 특허 과정을 조속히 진행하는 게 중요하다고 강조하는 내용이었다. 라 레니에르는 말제르브에게 편지를 써 그 내용을 전했고, 말제르브는 장인의 청을 받아들여 이를 도와줄 검열관으로 F.-A. 파라디 드 몽크리프F.-A. Paradis de Moncrif를 임명했다. 극작가이자 시인인 몽크리프는 아카데미 프랑세즈 회원으로, 매력적인 태도와 위트 덕분에 '사교계'와 긴밀히 연결된 인물이었다. 그는 자신에게 무엇을 바라는지 잘 알고 있었다. 말제르브가 지시서를 보내면서 프랑스 최고 권력자 중 한 사람인 벨일 원수가 이 일에 관심을 가지고 있다고 언급했던 것이다.

여기까진 좋았지만, 몽크리프가 받은 건 읽기도 힘들 만큼 휘갈겨 쓴 엉망진창의 원고였다. 통상의 절차에 따라 페이지마다 원고를 승인한다는 의미로 이니셜을 적어야 했는데, 그 작업에 엄청난 시간과 노력이 필요했다. 빠른 진행을 원했던 무이는 몽크리프를 설득해 서적출판행정청에서 있을 말제르브의 다음 면담 때 원고가 허가되었음을 등재할 수 있게 일단 승인한 부분부터 넘기도록 했다. 이런 방식으로 인쇄업자는 원고의 승인된 부분부터 작업할 수 있었다. 그동안 몽크리프는 남은 부분을 계속 검열했다. 잘못될 건 없었다. 몽크리프는 나중에 자신의 이니셜을 적은 원고와 교정쇄를 대조할 수 있을 터였다. 뿐만 아니라 무이는 몽크리프에게 문제의 소지가 있는 부분이 있다면 어디든 마음대로 삭제하라는 재량권도 주었다. 원고에 그런 부분이 있을 리 없다고 몽크리프를 안심시키면서 말이다. 그런데 몽크리프가 받게 된 건 교정쇄가 아니었다. 이제 막 인쇄된 책 한 권과 인쇄업자가 작업에 사용한 새로운 원고 사본이었다. 그 사본에는 몽크리프가 승인한 원고에는 없던 단락이 다수 포함되어 있었다. 심지어 76쪽에는 몽크리프의 아카데미 프랑세즈 동료 회원들이 화낼 게 분명한 언급도 실려 있었다. 몽크리프는 초판본을 받은 서점들로 황급히 달려가 76쪽을 찢어버린 뒤, 무이에게 책을 서점에 대량 배본하기 전에 해당 부분을 교체하라고 요구했다. 그렇게 해서 검열관은 동료들 사이에서 신망을 잃지 않을 수 있었다. 그리고 작가는 한 페이지를 제외하곤 자신이 원하는 대로 책을 낼 수 있었다. 관료들을 상대로 뻔뻔하게 밀어붙이고 연줄을 동원할 수 있었던 그의 능력 덕분이었다.[22]

두번째 사례는 이보다는 덜 행복하게 마무리되었다. 법률가이자 문학자인 기욤 퐁세 드 라 그라브Guillaume Poncet de la Grave는 슈발리에 드 무이보다 훨씬 더 실력이 있는 인물이었다. 하지만 그는 직접 검열관을 맡은 적이 있음에도 무이와 달리 자신을 후원해줄 인사들을 제대로 확보하지 못했다. 1753년에 그는 공공장소를 새로 디자인함으로써 파리를 아름답게 만들자고 제안하는 원고 『파리의 시내와 교외 미화 계획Projet des embellissements de la ville et des faubourgs de Paris』을 책 한 권 분량으로 완성했다. 검열관은 무이 때와 마찬가지로 몽크리프였다. 몽크리프는 미술과 관련된 원고를 전문으로 담당했다. 퐁세도 영향력 있는 후원자의 지원하에 책을 출간하려고 시도했다. 그래서 퐁파두르 부인의 동생이자 왕실 건축 계획을 맡고 있는 핵심 관료인 마리니 후작에게 바치는 헌정사를 책에 넣겠다며 허가를 구했다. 하지만 아무런 성과도 얻지 못했다. 마리니가 단호히 거절하고, 바로 헌정사 초안을 돌려보냈던 것이다. 마리니는 이유를 설명해달라는 요구에 "헌정사를 받아들인다는 건 그 책에 공식 허가를 내주는 것과 다름없습니다"라고 답했다. 또한 퐁세가 퐁파두르 부인에게 이 문제를 거론하지도 못하게 했다. "누님이 너무 바쁘셔서 언제 당신을 누님께 소개할 수 있을지 모르겠습니다."[23] 헌정사를 넣는 데 실패한 건 허가를 받는 일에도 걸림돌이 되었다. 검열관이 베르사유에 적을 만들고 싶어 하지 않았기 때문이다.[24] 퐁세와 몽크리프는 튀일리궁에서 만나 이 어려운 상황에 대해 오랫동안 논의했다. 퐁세에 따르면, 몽크리프는 이 원고가 허가받을 가치가 충분하기 때문에 "검열관으로서의 의무"를 다하려면 승인해야 하지만 마리니의 뜻을 거스를 수는 없다고 속사정을 밝혔다.[25] 마리니로서는 건축 계획과 관련해서 자신만의 확고한 생각이 있었기 때문에 다른 안에 관심을 갖는 모습을 보이고 싶어 하지 않았다. 특히 그 안이 증세를 필요로 할 경우에는 더욱 그러했다. 베르사유에는 늘 그렇듯이 현금이 부족했다. 하지만 왜 그러한 사정이 왕의 신민이 책을 출판하는 데 걸림돌이 되어야 하는가? 한 고관 후작의 기호에 맞지 않을 뿐 교회나 왕은 물론 그 어떤 것도 모욕하지 않는 책인데 말이다.

당황한 퐁세는 말제르브에게 호소해서 몽크리프의 생각을 바꾸려고 했다. "프랑스에서 작가가 이렇게 심한 어려움을 겪기도 쉽지 않을 겁니다." 그는 편지를 보냈다. "전 궁정 문화를 잘 모릅니다. 그래서 아주 불리합니다." 그런데 그다음에 서신에 쓰인 언어야말로 궁정식이었다. "총감께서 공정한 분이라는 사실을 몰랐다면 도리아크 님이라든지 카스타니에 님과 저희 집안 간의 유대 관계에 의지해 제 입장을 내세웠을 겁니다. 전 그분들과 자주 어울리지는 않지만, 그분들은 제가 누구인지 확실히 알고 계시죠. 제 이름도 잘 알고 계시고요. […] 명문가 사이에서 핏줄은 결코 배신하지 않는 법이지 않습니까."[26] 말제르브는 몽크리프에게 의견을 물었다. 몽크리프는 유력 인사들 사이에서 피해를 보고 싶지 않다며, 이 일에서 자신을 빼달라고 요청했다. 그는 퐁세에게도 이 일로 말제르브의 눈 밖에 났다며 항의하는 분노의 편지를 보냈다. 결국 검열관이 교체되었고, 퐁세의 책에는 묵인 결정이 내려졌다. 1년 뒤 마침내 그의 책이 특허와 허가 없이 나왔을 때, 처음에 예견되었던 것과 정확히 일치하는 운명을 맞게 되었다. 그 책 때문에 모욕감을 느낀 사람은 아무도 없었던 것이다. 그리고 그 책에 주목한 이도 아무도 없었다.

이 두 일화는 계몽주의 저술의 억압에 관한 유명한 사건들보다 일상에서 실제로 검열이 어떻게 이뤄졌는지를 더욱 잘 보여준다. 사실 작가와 검열관은 중간 지대에서 함께 일했다. 그곳에서 합법은 점점 불법으로 변질되었다. 그들은 같은 전제와 가치를 공유했다. 놀랄 만한 일도 아닌 게, 그들은 대개 같은 사회적 배경을 지니고 있었다.[27] 검열관은 대부분 작가이기도 했고, 그중에는 퐁트넬, 콩디야크, 크레비용 피스, 쉬아르 등 계몽사상가도 있었다. 백과전서파와 마찬가지로 그들도 교수나 학자, 성직자, 전문직 계층, 왕실 관료의 세계에 몸담고 있었다.[28] 그들은 검열 일을 통해 생계를 꾸린 게 아니라 교수, 박사, 변호사 같은 직종이나 다양한 공직에서 경력을 쌓고 있었다. 그들에게 검열은 부업이었고, 대부분 보수를 받지 않고 일했다. 1764년 검열관 128명 중에 33명은 연 400리브르의 소소한 보수를, 1명은 600리브르를 받았으며, 나머지는 아무것도 받지 않았다.[29] 오랫동안 성실히 봉사하면 연금 수령을 기대할 수는 있었다. 1764년 국가에서는 은퇴한 검열관들에게 지급할 연금 몫으로 1만 5천 리브르를 확보해두었다. 하지만 대부분의 검열관에게 보상이란 좋은 평판과 후원받을 수 있는 가능성으로 주어졌다. '왕의 검열관Censeur du Roi'

으로서 『왕실 연감Almanach royal』에 이름을 올리는 건 중요한 관직을 차지한다는 의미였으며, 이를 통해 더 출세할 수 있는 직책으로 나아갈 수도 있었다. 한 검열관은 자신의 후원자가 출세를 도와줄 거라는 계산으로 검열관직을 맡았는데, 후원자가 사망하는 바람에 더는 원고를 심사하는 데 관심이 없다고 말제르브에게 통보하기도 했다.[30] '왕의 검열관'이라는 자리의 지위를 그 인원수로 가늠해볼 수 있다고 한다면, 그 지위는 100년간 전혀 낮아지지 않았다. 숫자가 꾸준히 증가했던 것이다 — 1660년에 약 10명이었던 게, 1700년에는 60명으로, 1750년에는 70명으로, 1760년에는 120명으로 늘어났고, 1789년에는 거의 180명에 달했다.[31] 물론 이 숫자의 증가는 출판업이 크게 성장한 데 따른 것이기도 했다. 실제로 18세기 내내 서적 출판을 위한 공식 허가 요청 건수는 해마다 늘어났다 — 1700년에는 300건이었던 게, 1750년에는 500건이 되었고, 1780년에는 1천 건을 넘어섰다.[32] 이 성장하는 산업에는 저자, 출판업자, 검열관이 모두 참여하고 있었다. 그런데 그중에서 검열관이 얻는 이익이 가장 적었다.

그럼에도 왜 그렇게 많은 문인이 검열 일을 맡고 싶어 했을까? 그들 중 다수는 원칙주의자이기도 했다. 오늘날에 제시되는 식으로 '직무 설명'을 해보면 전혀 끌리지 않는 자리로 보인다. 보수는 적거나 아예 없었고, 책상도 사무실도 없었으며, 정부로부터 파란색 연필* 한 자루도 받지 못했다. 대신 지루한 노동을 해야 했고, 본의 아니게 유력 인사들을 모욕하게 될지도 모르며 심지어 대중으로부터 맹비난을 받을 수도 있다는 불안에 떨어야 했다. 그런데 대중의 비난을 우

* 원고 내용을 수정하거나 삭제할 때 사용하는 필기구.

려 했다고 한다면 그건 시대를 혼동한 것이다. 연극 「피가로의 결혼Le Mariage de Figaro」[33]에서 피가로가 분노를 표출한 건 유명하지만, 그건 매우 드문 경우였다.* 검열관을 향한 분노는 1789년 이후의 시대에 본격화되었다. 그 이후에야 일반 시민들 사이에서 표현의 자유가 개인에게 주어진 자연권이라는 인식이 자리 잡았던 것이다. 다른 원칙에 따라 돌아가던 그전까지의 세상에서는 검열이 존중받는 제도였다. 이 점을 어떻게 이해해야 할까?

일상적인 활동

검열과 국가 발전 사이의 관계를 고려해보는 것에서 이야기를 시작해보자. 리슐리외** 시대 이후 프랑스에는 엄청난 발전의 계기들이 만들어져왔다. 말제르브 시대가 되었을 즈음, 이전의 절대군주제는 새로운 현상으로 변화를 맞고 있었다. 그 현상이란 막스 베버Max Weber가 말한 대로 전반적으로 근대사회를 형성하게 한 관료화였다. '관료제'라는 용어는 1750년대에 등장했는데, 문서 작업 및 인쇄된 양식 활용, 업무 수행에 합리적인 절차 도입, 서기와 필경사에서 '일등 서기관'과 '부서장'까지 이르는 관리들의 위계질서 확립 같은 특징을 보였다.[34] 물론 많은 관청은 앙시앵레짐이 끝날 때까지 여전히

---

* 프랑스의 극작가 보마르셰Pierre-Augustin Caron de Beaumarchais(1732~1799)는 검열을 통과하기 위해 「피가로의 결혼」 희곡을 무려 3년 동안 수정해야 했다.
** Armand Jean du Plessis de Richelieu(1585~1642): 프랑스 정치가. 루이 13세 때 재상으로, 대내적으로는 국왕을 중심으로 한 중앙집권제를 확립하고, 대외적으로는 식민지를 개척해 프랑스 절대주의의 기초를 쌓았다.

부패해 있었고, 정부는 독단적이고 비논리적인 방식으로 재정과 법에 관련된 일을 처리했다. 이는 1789년에 왕정이 무너지는 주요 원인이 되었다.[35] 상서국Chancellerie 내의 한 부처로 오늘날 우리가 법무부라고 부르는 국가기관 산하에 속해 있던 서적출판행정청은 현대의 관료 조직과는 전혀 다른 방식으로 운영되었다. 심지어 사무실조차 없었다. 말제르브는 라 푀야드 거리 근처 뇌브 데 프티 샹 거리에 위치한 자신의 타운하우스에서 일했다. 그 지역은 방돔 광장에서 가까운 파리의 부촌이었다. 그는 검열 업무 ─ 그리고 출판업과 관련된 광범위하고 다양한 업무 ─ 를 맡던 시기에 '집무실bureau'이라고 알려진 방에서 일했다. 그 방은 '면담'을 위한 곳이었다. 그는 그곳에서 귀족적인 방식으로 신청자와 민원인을 맞았다. 이는 그에게 어울리는 방식이었는데, 그가 법복귀족인 위대한 라무아뇽 가문 출신이었기 때문이다. 그는 세금 문제를 다루는 소비세 재판소Cour des Aides에 '수석 재판장' 사무실도 소유하고 있었고, 그의 아버지는 프랑스 왕국에서 가장 높은 관직인 대법관을 맡고 있었다.[36] 말제르브 수하에서 일하는 검열관에게는 따로 사무실이 배정되지 않았다. 그들은 각자의 집이나 본업을 하는 곳에서 원고를 심사했다. 그러니 '관료bureaucrate' '계원buraliste' 또는 '사무원paperasseur' 같은 18세기 신조어로 그들을 묘사하는 건 잘못된 것이다.[37]

하지만 그들이 남긴 문서에는 업무를 처리하는 데 있어 관료적인 방식의 징후로 볼 수 있는 절차상 형식과 자의식이 드러나 있다. 물론 파리 서적상과 인쇄업자 공동체Communauté des libraires et des imprimeurs de Paris라는 조합이 출판업을 장악하던 시기인 만큼 그 특유의 낡은 업무 방식도 뒤섞여 있었다. 조합원이어야만 했던 서적상들은 말제르브의 면담실을 자주 방문했다. 매주 목요일에는 특허를 받으려는 원고를 제출하기 위한 자리가 있어서 면담실이 북적댔다.[38] 말제르브는 원고를 검열관에게 할당하고, 위탁증renvoi이라고도 알려진 검열 지시서billet de censure를 발급했다. 인쇄된 양식이었던 검열 지시서가 검열관들에게 발송되었는데, 다음과 같은 표준 문안이 있었다.

○○○ 님,

원고에 대한 빠른 판단을 대법관님께 전달하기 위해서 최대한 집중해서 성실한 자세로 이 원고를 검토하는 수고를 해주시겠습니까?

말제르브의 비서는 검열관 이름과 원고 제목, 날짜를 적고, 페이지 좌측 상단에 접수 번호를 기입했다. 해당 정보와 함께 이 접수 번호는 서적 출판업 장부livre sur la librairie라고 불리던 등록부에 등재되었다. 검열 지시서와 원고를 받은 검열관은 글을 검토해나가면서 읽은 페이지마다 이니셜을 적었고(원고를 반려하기로 결정하면 이니셜은 표시할 필요가 없었다), 수정이 필요하다고 판단되면 그 내용을 적었다. 그리고 승인을 내린 간단한 원고의 경우 때로는 검열 지시서 하단에 자신의 '판단'을 적어 말제르브에게 돌려보냈다. 다음은 긍정적으로 판단한 경우의 전형이다.

헤르쿨라네움*의 그림들에 대해 쓴 이 짧은 원고에는 품격 있고 논

---

* Herculaneum: 이탈리아의 베수비오산 기슭에 있었던 고대 도시. 79년에 베수비오산의 분화로 폼페이 등과 함께 매몰되었다. 1709년 유적이 발굴되면서, 회화 등의 출토품이 나왔다.

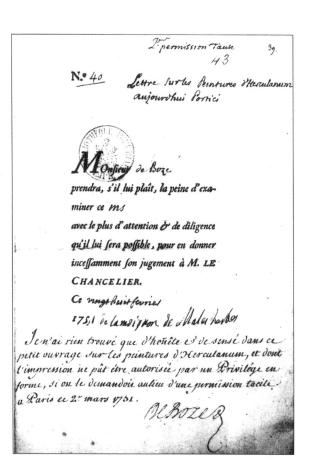

인쇄된 '검열 지시서.' 1751년 2월 28일에 작성되었으며, 말제르브의 서명이 있다. 검열관 보즈에게 『헤르쿨라네움 회화에 관한 편지Lettre sur les peintures d'Herculanum』라는 원고를 검토하라고 지시하고 있다. 하단에는 보즈가 1751년 3월 2일 자로 이 원고는 묵인 또는 특허를 받을 가치가 있다고 자신의 '판단'을 적어두었다. 상단에 기록된 것은 이 원고가 묵인을 받을 예정이라는 표시이며, 상단 좌측의 숫자는 '검열관 판단 기록 대장'에 등록하기 위해 부여된 번호다.

리적인 내용뿐입니다. 요청이 있다면, 묵인보다는 정식 특허로 인쇄를 허가해도 무방하다고 판단됩니다.[39]

좀더 복잡한 원고의 경우, 검열관은 말제르브에게 서신 형태로 판단 의견을 보내곤 했다. 또한 '목요일 근무 시간'이라고 알려진 검열관들과의 실무 회의 때 말제르브에게 구두로 의견을 전달하고 함께 상세히 논의하기도 했다. 이 역시 장소는 말제르브의 타운하우스였다.

어떤 경우든 검열관의 판단은 말제르브에게 은밀히 전달되었다. 때로는 구어체 문장으로 상당한 분량을 작성하기도 했다. 반대로 허가문은 특허 요청에 대해 정식으로 승인하는 글로서, 보통 책 안에 특허문과 나란히 인쇄되어 실렸다. 검열관들은 허가문을 쓸 때 좀더 신중하고 간결한 언어를 구사하는 경향이 있었다. 그들은 통상 허가문을 자신의 의견과 함께 말제르브의 집으로 보냈다. 그 집에서는 말제르브의 직원(그는 비서, 서기, 필경사만을 두었다)들이 그 과정의 다음 단계를 관리했다.[40] 그들은 허가문을 두 부 만들어 한 부는 기록용으로 보관하고, 푀유feuille(종잇장)라고 알려진 다른 한 부는 국새경에게 보냈다. 국새경은 허가문에 '국새grand sceau'를 날인하고 이 글 서두에서 인용한 것과 같은 특허문을 발행함으로써 허가문이 법적으로 완벽한 효력을 갖도록 했다. 그러고는 날인된 허가문을 특허문과 함께 총감의 집무실로 돌려보냈다. 그 문서는 목요일 면담 시간에 서적상에게, 또는 1777년 이후에는 저자에게 전달되었다(저자가 자신들의 이름으로 직접 특허를 갖는 일은 그 이전에도 종종 있었지만 명시적으로 허용된 것은 1777년 8월 30일 내려진 출판업에 관한 칙령을 통해서였다). 서적상은 36리브르 12수* —— 이는 당시 미숙련 노동자의 한 달치

임금 정도 되는 상당히 큰 액수였다——의 비용을 지불해야 했다. 그리고 서적상은 날인된 허가문과 특허문을 파리 서적상 조합 사무실로 들고 가 등록 절차를 밟았다. 조합 직원이 등록부에 특허문 전문을 옮겨 적으면, 비로소 서적상은 특정 기간 동안 그 원고를 복제할 수 있는 독점적 권한을 갖게 되었다. 그 기간은 대개 최소 10년이었다. 그러면 그는 원고 인쇄를 인쇄업자 조합에 맡길 수도 있었고(원칙적으로 파리에서는 40명의 인쇄업자에게만 인쇄가 허용되었다), 직접할 수도 있었다(서적상이라는 공식적인 지위 외에 인쇄업자 자격도 함께 주어졌을 때만 가능했다). 교정쇄가 나오면, 검열관은 이 과정에서 자신들의 마지막 역할을 수행했다. 교정쇄를 검토하며 자신의 이니셜이 표시된 원고와 일치하는지 일일이 확인한 뒤 페이지마다 또다시 이니셜을 적는 일이었다.

이 체계에는 원고를 뒤섞거나 바꿔치기해서 실수나 부정행위를 저지를 가능성이 충분히 있었다. 무이가 검열관의 눈을 피해 아카데미 프랑세즈 회원들을 공격하는 문장을 이니셜 없는 교정쇄에 끼워 넣었던 앞의 사례에서 보았듯이 말이다. 하지만 표준 절차를 보면 원고 상태에서 인쇄로 진행되는 복잡한 검열 과정에 합리적인 체계를 갖추려고 했다는 사실을 알 수 있다. 인쇄된 양식 작성, 문서 번호 부여, 서류 추적, 사본 제작에서 등록과 밀봉, 이니셜 표시까지, 이 모든 걸 성숙된 관료화의 징후로 간주할 수 있을까? 엄밀한 의미에서의 베버식 관료화는 아니었다. 서적출판행정청은 관료 없는 관료제

---

* livre: 프랑스 왕국의 통화 단위. 프랑스 왕국의 모태인 서프랑크 왕국 시절 781년부터 1794년까지 사용되었다. 보조 통화로 수sou 등이 있었는데, 1리브르는 20수였다.

로 이해하는 게 가장 정확할 것이다. 베버식 관료화 과정의 중간 단계쯤에 있었던 셈이다. 왕실로 대표되는 바로크적인 국가에 널리 퍼져 있는 특허와 보호 체계를 포기하지 않은 채 더 효율적으로 업무를 처리하려는 앙시앵레짐의 노력이 낳은 결과다.

검열관들은 이렇게 현대 관료제의 원형을 띠면서도 동시에 바로크 시대의 특징을 지닌 관료제의 압박과 모순에 최선을 다해 대처해야 했다. 말제르브는 대체로 검열관들의 전문 분야에 따라 일을 할당했는데, 검열관의 이름과 전문 분야는 『왕실 연감』의 기준표 아래 적혀 있었다. 전문 분야는 신학, 법학, 자연사·의학·화학, 의술, 수학 순으로 나오다 순문학·역사 및 그와 관련된 주제는 그저 '기타'로 표시되었고, 이어서 지리학·항해학·여행기, 건축술로 구분되어 있었다. 업무량은 과도할 지경이었다. 일부 검열관은 1년에 겨우 한두 편의 원고만 심사했지만, 나머지 대부분에게는 일이 끊임없이 밀려들어 자신들의 본업에 써야 할 시간을 빼앗길 정도였다. 일 중독자들조차 압박감을 느꼈다. 예를 들어 기독교 교리 관련 도서를 검열하던 뷔레 신부는 1762년 7월에 심한 부담감에 휩싸였다. 철학에 관한 책 한 권과 신학에 관한 책 한 권을 열심히 검토하는 와중에, 예정된 휴가를 불과 13일 앞둔 상황에서 성 아우구스티누스의 번역서 한 권과 교회 행정에 관한 두꺼운 책 한 권까지 맡게 된 것이다. 그는 시골에 있는 가족들을 방문하고 원래 직업인 성직을 수행할 수 있도록 일을 줄여달라고 간청했다.[41] 라 빌 신부는 역사와 관련된 평범한 소논문을 하도 많이 읽어서 원고를 받을 때 처음 읽는 원고인지 아니면 이미 한 번 읽었던 걸 수정해 온 것인지조차도 알기 힘들 정도라고 불평했다. 그는 책상 위에 쌓여 있는 원고에 "짧고 피상적인 관심"밖에

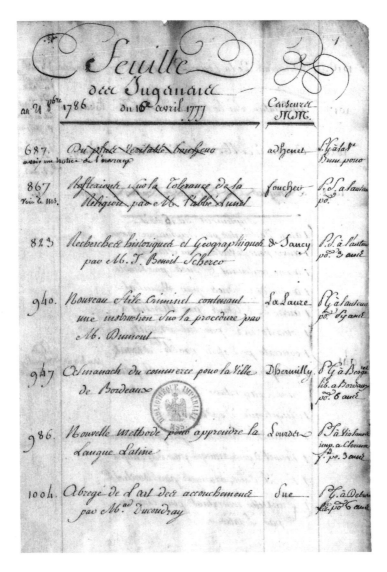

'검열관 판단 기록 대장' 중 한 페이지. '검열 지시서'의 번호와 함께 검열관의 판단 내용, 도서 제목, 검열관 이름, 허가의 성격에 관한 결정 사항(특허, 묵인, 단순 허가 등), 허가 유효기간 등을 적시하고 있다.

줄 수 없다고 고백했다.[42] 푸셰 신부는 신학서보다 더 지루한 것은 없다고 강변했다. 그는 영혼에 대한 논문을 힘들게 수정, 삭제한 뒤에 한숨을 내쉬며 외쳤다. "역사책과 선집 만세!"[43]

검열관은 대부분 자신의 일을 진지하게 받아들이고 열심히 일했던 듯하다. 한 검열관은 무역과 환율에 대한 논문을 검토하면서 철자를 수정하고 숫자 계산도 상당 부분 다시 했다.[44] 그 밖에도 검열관들은 사실 오류 목록을 작성하고, 문법적으로 잘못된 표현을 고치고, 문체상의 문제를 지적하고, 불쾌감을 유발할 수 있는 인용문을 세심하게 확인했다. 또한 거친 어조에 반대하고, 절제와 예의범절bienséances이라는 이상을 옹호했다.[45] 이런 내용은 개선 제안 항목에 적어두었다. 수정 사항을 기입할 수 있도록 행 사이 공간을 훨씬 넓게 하여 전체 원고를 다시 써 오라고 요구한 검열관도 있었다.[46] 검열이 오늘날 출판사에서 원고 작업을 하는 방식과 유사하게 이루어졌던 것이다.

이렇듯 손이 많이 가고 고되면서도 책임이 따르는 작업이었기 때문에 저자와 검열관은 가까운 관계를 형성하곤 했고, 협업까지 하는 경우도 종종 있었다. 검열관 선택은 출판총감에게 달려 있었지만, 총감은 저자와 상의해서 검열관을 결정하기도 하고, 특별한 요청이 있을 경우 받아들이기도 했다. 말제르브는 당대의 중요한 작가를 모두 알고 있었고, 때로는 막다른 길이나 잘못된 방향으로 들어선 그들의 원고를 특허 또는 묵인을 받을 수 있는 길로 인도하기 위해 개입하기도 했다. 저명한 작가들은 특별 대우를 기대했다. 서로 존중하고 뒤를 봐주는 건 사교계의 관행이었다. 볼테르는 말제르브뿐만 아니라 대신들, 치안총감, 영향력 있는 사교계 인사 등 그의 저술 허가 문제를 해결해줄 수 있는 사람 모두에게 언제나 특별한 도움을 달라고 요청했다. 물론 합법적인 저술에 한해서였다. 그는 비합법적인 소논문은 법의 테두리 밖에서 익명으로 또는 반대자들의 이름으로 출판했다.[47] 루소의 핵심 저술인 『신엘로이즈*La Nouvelle Héloïse*』와 『에밀*Emile*』 등의 출판을 사실상 조율한 건 그와 길고도 복잡한 인연을 맺었던 말제르브였다. 루소만큼 유명하진 않더라도 그처럼 인맥이 좋았던 작가들은 때때로 정식 검열관이 아닌 사람에게 원고를 허가받는 꼼수를 쓰기도 했다. 말제르브가 특별한 경우라며 검열 지시서를 발행해 줄 수 있었기 때문이다. 말제르브는 오베르라는 유력한 변호사로부터 법과 관련된 논문을 신속히 처리해달라는 부탁을 받았을 때는 그에게 백지 검열 지시서를 보내고, 알아서 검열관 이름을 채워 넣으라고 하기도 했다.[48] 이런 식의 술책이 있었다는 건 친구나 동료끼리 서로의 원고를 검열해주기도 했음을 의미한다. 퐁트넬은 자신의 동료 검열관이자 아카데미 프랑세즈의 동료 회원인 몽크리프의 『잡문집*Oeuvres diverses*』을 허가해주었다.[49] 심지어 세쿠스라는 한 검열관은 자신이 엮은 법률 선집을 직접 승인하기도 했다.[50] 때로는 무명작가들도 이러한 혜택을 누릴 수 있었는데, 말제르브가 그들의 청원이 확실히 일리 있다고 여긴 덕분이었다. 『부르고뉴 의회의 젊은이들을 위한 공공기관 계획*Plan général d'institution publique pour la jeunesse du ressort du parlement de Bourgogne*』을 집필한 한 신부는 말제르브에게 자신의 친구인 미쇼라는 검열관을 배정해달라고 요청했다. 그는 미쇼가 "진정성 있고 강직할 뿐만 아니라 출판할 가치가 없는 원고에는 눈길도 주지 않을 만큼 학문의 영광을 위해 헌신하는 인물"이기 때문에 편파적인 검열이 있을 위험은 없다고 강조했다. 그러면서 "저는 그의 지적 능력을 전적으로 신뢰하기 때문에 그가 검열한 내용은 무엇이든 이의 없이 수용하

고 그의 덕을 보았다고 생각하겠습니다"라고 덧붙였다. 말제르브는 이에 동의했다.[51]

원칙적으로 검열관의 신분이 작가에게 노출되어서는 안 되었다. 실제로도 이 원칙은 대부분 지켜졌다. 검열관들은 때때로 자신의 이름을 숨겨줄 것을 일을 맡는 조건으로 내걸기도 했다. 몽크리프는 문화예술계뿐만 아니라 사회 고위층과 두터운 인맥을 쌓고 있었다. 그래서 자신이 원고 심사를 맡았음을 해당 저자가 알게 되면 제대로 일을 할 수 없을 거라고 생각했다.[52] 하지만 때로는 신분이 노출되어 몽크리프를 포함한 검열관들을 경악케 하는 경우도 있었다.[53] 특히 예민한 검열관은 저자가 자신이 쓴 부정적인 보고서를 볼 수 있다는 걸 알게 되자 자신의 서명이 적힌 페이지 하단을 잘라내달라고 요구하기도 했다.[54] 심지어 긍정적인 보고서가 문제를 일으킬 때도 있었다. 책에 실린 허가문이나 특허문에 검열관의 이름이 인쇄되어 나오면 저자와 연관이 있다는 인상을 주어 반대자들의 분노를 살 수 있었던 것이다. 한 문학 담당 검열관은 볼테르를 비판하는 보수적인 원고에 '묵인'만 내주자고 말제르브에게 간청했다. 자신의 이름이 허가문과 함께 나올 경우 볼테르 지지자들의 공격 대상이 될까 봐 두려웠던 것이다.[55] 볼테르와 달랑베르는 자신들의 저술에는 관용을 베풀어주길 요구했지만, 반대자들의 저술은 말제르브가 억압해주길 바랐다. 말제르브는 이를 거절했다.[56] 그는 원칙에 따라 자유로운 토론을 선호했다.[57] 하지만 그의 검열관들은 양 진영의 공격에 대처해야 할 때가 많았다. 전형적인 공격의 예로, 한 검열관이 바롱이라는 의사가 쓴 『화학 강의Cours de chimie』라는 책을 허가하는 과정에서 생긴 일화를 들 수 있다. 바롱의 책은 어느 익명의 저자가 뉴턴 학설에 반대하는 입장에서 쓴 소책자를 비판하는 내용이었다. 그런데 불행히도 그 소책자의 저자는 왕의 주치의이자 의학계의 거물인 장-바티스트 세나크였다. 세나크는 말제르브에게 분노로 가득 찬 편지를 보내, 그 책을 승인한 검열관은 "저자와 마찬가지로 유죄"라며 그를 처벌하라고 요구했다. 말제르브는 검열관의 허가문도 바롱의 책도, 인물이 아닌 생각에 관한 것이라고 답장을 썼다. 사실 검열관은 그 소책자를 쓴 익명의 저자가 세나크인 줄 몰랐다. 하지만 바롱은 세나크의 반응을 전해 듣자마자 공황 상태에 빠졌다. 그는 베르사유로부터 내려질 처벌을 막기 위해 말제르브에게 절박한 편지를 보냈다. 자신의 책은 단지 과학 이론을 다뤘을 뿐이라고 항변했다. 지성계에서 어떤 생각에 대해 자유롭게 토론하는 것이 모두가 누리던 기본권이 아니었던 걸까? 바롱은 이렇게 덧붙였다. "어떻게 감히 제가 총감님께서 베풀어주신 후의를 악용해 아무렇지도 않게 전하의 주치의인 분의 기분을 상하게 하겠습니까? 그건 저 자신을 저의 적으로 돌리는 일입니다." 결국 이 사건으로 아무 일도 벌어지진 않았지만 앙시앵레짐의 문화예술 체계 중심에 놓인 모순적인 요소를 노출시켰다. 한편으로는 자유롭고 열려 있는 문화예술계라는 이상을 표방했지만, 다른 한편으로는 권력과 보호라는 현실에 부딪히고 있었던 것이다. 저자와 마찬가지로 검열관들도 이런 모순이 일상적으로 드러나는 환경에서 작업을 수행해야만 했다.[58]

검열관들은 자신들의 활동에 개입할 수 있는 권력의 뜻에 맞추려고 애쓰면서, 그와 동시에 원고를 개선하려는 노력도 기울였다. 그 과정에서 자신이 검토하는 원고를 쓴 사람에게 공감을 느끼는 경우가 많았다. 허가를 받기 전까지는 작가들이 자신의 원고를 검열하는 사람이 누구인지 알아서는 안 되었지만, 검열관들은 작가들과 편지를 주고받거나 심지어 만남을 갖기도 했다. 한 검열관은 성육신에 관한 논문을 쓴 신학자에게 비판적인 메모를 몇 번 보냈다가 그와 교리를 둘러싸고 정교한 논쟁을 벌이는 데 푹 빠지고 말았다.[59] 미묘한 지점을 설명하기 위해 작가와의 만남을 계획한 검열관도 있었다. 원고는 훌륭했지만, 과도하게 격렬한 어조가 논지를 흐리는 게 안타까워 작가에게 글을 쓸 때 지켜야 할 예의를 가르쳐주려 했던 것이다.[60] 또 다른 검열관은 라로셸의 역사에 관한 한 원고를 허가했지만 과장된 문체를 받아들일 수 없었다. 그는 교정 편집자처럼 연필로 원고를 다듬고, 심하게 공격적인 단락들을 들어내고, 작가에게 그런 부분을 다시 집필하겠다는 동의를 받아냈다.[61] 작가들이 수정을 거부해 검열관들이 그들과의 작업을 중단하는 경우도 있었다. 그러면 말제르브가 다른 검열관을 배정했는데, 가끔은 기존 검열관의 추천을 따르기도 했다.[62] 그래도 그보다는 작가가 "기꺼이" 지적을 받아들여 검열관이 감탄할 수준으로 새로 쓰는 경우가 많았다.[63] 검열관이 작가를 동정해서 융통성을 발휘하는 경우도 있었다. 단지 먹고살기 위해 형편없는 수준의 잡문을 제출한 "불쌍한 글쟁이"들을 마주할 땐 규정을 어기기도 했다.[64] 물론 그들을 대할 땐 거들먹거리는 자세를 취했다. 대신 유명한 작가들이나 유력한 후원자를 둔 작가들의 원고를 대할 때는 공손한 태도를 유지했다. 하지만 어느 쪽이든 그들은 책을 만드는 과정에서 마치 그 원고에 책임이 있는 것처럼 적극적인 역할을 수행했다. 한 검열관은 시간이 부족해서 원고의 표현 방식을 개선할 수 없었던 게 안타깝다는 메모를 말제르브에게 보냈다. 출판 뒤에 책이 비판받는다면 작업을 재촉한 작가에게 모든 책임이 있다고도 적었

다.[65]

물론 협력이 좋지 않은 결과를 빚기도 했다. 검열관들은 다시 쓰라는 자신들의 제안을 작가가 거부할 경우, 그들과는 더 이상 어떤 작업도 하지 않겠다고 몽니를 부리기도 했다.[66] 원고에 대한 논쟁이 싸움으로 확대되는 경우도 있었다. 검열관들은 원고에 대해, 작가들은 일정 지연에 대해 불평했다.[67] 퇴역한 한 해군 장교는 자신의 시 일부를 삭제하라는 지시를 받고 본인 스스로 더욱 많은 부분을 들어냈지만, 여전히 더 많은 부분을 삭제해야 한다는 요구를 받자 큰 상처를 받았다.[68] 또한 자신이 원의 면적을 구하는 공식을 알아냈다고 믿던 한 수학자는 원고가 거부되자 분개했다. 그 원고에 교회, 국가, 도덕에 반하는 내용은 전혀 없었다. 하지만 검열관은 자신이 소속되어 있는 과학 아카데미와 문제를 일으키길 원하지 않는다는 이유로 원고 허가를 거부했다(과학 아카데미는 그 주제에 대한 논문을 더 이상 받아들이려 하지 않았던 것이다).

그렇다면 그것이 이제껏 그 어떤 기하학자가 수행한 것보다 중요하며, 가장 고통스럽고 가장 힘겨운 엄청난 작업에 대한 보상이란 말입니까? 과연 우리에게 열정과 경쟁심을 북돋우는 보상이라 할 만하겠군요! 아니, 정확히 말해서, 우리가 살고 있는 세상에 기여할 기회를 공평하게 부여받지 못한다는 것은 혐오감과 좌절감만 낳을 뿐입니다.[69]

때때로 논쟁이 벌어지긴 했지만, 통상적으로 검열은 작가와 검열관의 관계를 멀어지게 하기보다는 결속시켰다. 보통은 가혹한 탄압이 아닌 다양한 수준의 협력이 이뤄졌던 것이다. 허가 거부율을 계산해보면 10퍼센트 정도로 낮은 수치였을 것이다.[70] 물론 교회나 국가에 심각하게 도전하는 원고는 아예 서적출판행정청에 검열 신청조차 하지 않았을 것이다. 그런 원고들은 프랑스 국경 밖에 위치한 인쇄소로 넘어갔다. 프랑스 국경 밖에는 암스테르담을 시작으로 브뤼셀, 리에주, 라인란트를 지나 스위스를 통과해 교황령 아비뇽까지 이어지는 출판사의 비옥한 초승달 지대*가 형성되어 있었다. 이처럼 명백히 불법적인 출판물은 거대한 해적판 유통 시장에 흘러들어 해외 출판업자들이 큰 사업을 벌이도록 해주었다. 그들은 그 출판물을 방대한 밀반입과 지하 유통 체계를 통해 프랑스에서 판매했다.[71] 그로 인한 프랑스 경제의 손실이 막대해지자 서적출판행정총감, 특히 말제르브와 그의 후임인 앙투안 드 사르틴Antoine de Sartine은 묵인, 단순 허가, 용인 등을 통해 합법의 범위를 넓히고, 자국 내 생산을 유도하는 여러 방책을 제시하는 등 가능한 모든 조치를 취하고자 했다. 검열 기관에 있어 경제는 정치나 종교만큼이나 중요했던 것이다.[72]

하지만 총감에게는 재량권이 없었다. 파리에서는 베르사유의 반응을 고려하지 않고는 그 어떤 중요한 결정도 내릴 수 없었다. 민감한 문제가 발생할 때마다 말제르브는 검열관들의 생각을 살피고, 내각과 궁정의 핵심 인사들과 상의했다. 군사 요새에 관한 논문은 출판이 가능한가? 원고는 국방대신에게 전달되었다. 국제 교역에 관한 연구는? 재무총감이 결정해야 했다. 전쟁과 외교 문제에 특히 집중해서

---

* fertile crescent: 원래는 메소포타미아 문명의 발상지를 가리키는 말이다. 이집트 나일강 유역에서 메소포타미아까지 이르는 지역의 모양이 초승달을 닮았다는 이유로 그렇게 불렸다.

쓴 아일랜드 역사 원고는? 검열관이 배정되기 전에 외무대신의 승인을 받아야 했다. 파리에 새로운 병원을 지을 필요성에 대한 책은? 검열관이 허가했다고 해도, 그 책의 운명은 '파리 지역'을 책임지는 대신의 손에 달려 있었다.[73] 헌정사에도 세심한 주의를 기울여야 했다. 유명 인사가 어떤 책의 헌정사를 받아들였다면 그건 암묵적으로 그 책을 보증한다는 의미였기 때문이다. 작가들은 헌정이 곧 후원으로 연결될 거라는 희망으로 귀족에게 책을 헌정하려고 늘 애썼다. 하지만 귀족을 만나보지도 못하고 그들의 비서 선에서 거절당하는 경우가 다반사였다. 때로는 허락 없이 헌정사를 실어 먼저 출판한 뒤, 특별 장정본을 잠재적 후원자에게 선물하는 우회 전략을 시도하기도 했다. 말제르브는 이런 금지된 행위를 방지해야 했다. 그는 작가가 해당 귀족에게 허락을 받았음을 증명하는 서신을 보여주지 않는 한 헌정사 수록을 허락하지 않았고, 헌정사 문안을 심사하는 검열관을 두었다.[74]

이 지점에서 논의를 좀 정리할 필요가 있을 듯하다. 검열관들은 책의 수준을 보증하는 역할을 맡았다. 그들은 종교, 국가, 도덕에 대한 위협보다는 실질적이고 미학적인 문제에 집중했다. 때로는 작가들에게 공감해 그들을 만나고, 심지어 원고 작업에 협력하기도 했다. 출판물을 억압하는 대신에 출판이 이뤄지도록 했던 것이다. 그런데 흔히 검열이라면 연상되는 이데올로기 단속 업무는 하지 않았던 것일까?

문제 사례

검열을 바람직하게 보이도록 만드는 사례만 골라서 그에 대한 긍정적인 측면을 부각하는 것도 가능하다. 이제까지 검열관들의 활동을 설명하면서 나는 사례들을 최대한 공평하게 평가해왔다. 하지만 검열 작업의 일상적인 면에 집중함으로써 역사학자 다수의 관심을 끌어왔던 극적인 일화들은 다루지 않았으며, 검열관들이 명시적으로 이데올로기 문제를 다뤘던 사례들에 대해서도 논의하지 않았다. 18세기 중반은 정치적 동요의 시대였다. 사실 말제르브가 서적출판 행정총감으로 재임한 1750~63년은 『백과전서』(집필 계획은 1750년에 처음 나왔고, 1765년에 본문 책 마지막 열 권이 한꺼번에 출판되었다)에서 루소의 『에밀』과 『사회계약론*Du Contrat Social*』(둘 다 1762년에 출판되었다)까지 가장 중요한 계몽주의 저술이 출판된 시기와 거의 일치한다. 말제르브는 계몽사상가들의 벗이었으며, 그의 임기는 표현의 자유와 계몽주의의 역사에서 하나의 전환점으로 해석되어왔다. 그런데 만약 그의 수하에서 일한 검열관들의 일상적인 노동이라는 관점에서 이 시기를 바라본다면 어떻게 보일까?

1750년부터 1763년까지 검열관들이 남긴 모든 보고서, 서신, 메모를 자세히 살펴봐도 계몽사상가들의 저술에 대한 관심은 거의 눈에 띄지 않는다. 일반적으로 철학 관련 저술 때문에 불안해할 일은 별로 없었던 것이다. 한 검열관은 라이프니츠 형이상학에 우호적인 책에 대한 보고서에서 그러한 주제의 중요성을 무시하는 발언을 한다. "우리 중 대다수의 철학자는 이러한 철학적 원리가 진실이라고 생각지 않으며, 그로부터 파생된 결과가 종교에 위험한 영향을 미칠 거라고 주장합니다. 그런데 그런 문제를 유발할 수 있다고 해도 기껏해야 철학적 논쟁에 불과하기 때문에 원고의 유통을 막아야 할 적절한 이유가 된다고는 생각지 않습니다."[75] 이따금씩 볼테르류의 이신론이 부상하는 것에 대해 우려를 표명하는 검열관들도 있었다. 하지만 서적출판행정청에 회람되는 메모 중에 볼테르의 이름이 직접 언급된 경우는 드물었다.[76] 그건 전혀 놀라운 일이 아니었다. 왜냐하면 앞서 설명한 대로 앙시앵레짐의 전통적인 가치에 공개적으로 도전하는 원고가 허가나 왕실의 특허, 또는 묵인을 받기 위해 제출되는 경우는 없었기 때문이다. 그런 원고는 암스테르담의 마르크-미셸 레, 제네바의 가브리엘 크라메르를 비롯하여 프랑스 법이 미치지 않는 곳에 있는 출판업자들에게 보내졌다. 검열관들의 책상에 도착한 원고 중에 그들을 가장 어렵게 하는 건 주로 종교서였다. 가톨릭 교리를 다루면서도 정통 교리와 미묘한 차이를 보이는 책도 있었고 프로테스탄트 교리에 관련된 책도 있었지만, 무엇보다 얀선주의를 다룬 책이 문제였다. 코르넬리위스 얀선Cornelius Jansen의 저술을 바탕으로 한, 아우구스티누스 사상 계열의 이 엄격한 교리는 교황이 여러 차례 내린 칙령에 따라 이단으로 비난받고 있었다.[77] 얀선주의를 다룬 책의 저자와 출판업자 들은 이 교리가 정통 가톨릭 교리에 부합한다는 신념 하에 검열을 받기 위해 책을 보냈다. 검열관들은 그런 책들을 반드시 걸러내야만 했다.

그 업무를 맡고 있던 검열관 중 다수는 소르본 대학의 신학 교수였다. 그들은 격렬한 논쟁을 불러일으키지 않을 것 같은 프로테스탄트 책에 대해서는 충분히 융통성 있는 결정을 내렸다. 예를 들어 교화적인 성격이 있을 경우 기도서에서 하나님을 지칭할 때 가톨릭에서 선호하는 존칭 '부vous' 대신 비칭 '튀tu'라는 단어를 써도 문제 삼지 않았다.[78] 또한 프로테스탄트 작가들이 쓴 비종교적인 원고에도 묵인을 내줬다. 심지어 결혼의 속성과 같은 민감한 주제를 다뤄서 우려가 되는 원고도 별 문제가 되지 않았다.[79] 하지만 얀선주의적인 내용이 조금이라도 있으면 단호히 거부했다. 효과 은총efficacious grace 같은 논쟁적인 주제를 다룬 원고도 그 주제가 얀선주의자들의 토론에서 제기되었다는 이유로 용납되지 않았다.[80] 심지어 얀선주의에 반대하는 원고 ─ 예를 들어 시스테롱의 주교가 쓴 철저한 정통 신학 원고 ─ 도 허가해주지 않았다. 얀선주의와 관련된 원고를 굳이 허가해줘서 "논란을 부추길"[81] 필요가 없다는 게 그 이유였다. 검열관들은 정통 신학을 옹호하는 원고도 다수 심사했지만, 그 원고에 충분한 설득력이 없을 경우에는 허가를 내주길 주저했다. 한 검열관은 논리가 빈약하다는 이유로 이신론을 반박하는 독실한 원고도 허가를 거부했다. "종교를 옹호하는 논리가 빈약한 책을 낸다는 건 은연중에 종교의 권위를 폄훼하는 격입니다."[82] 종교 서적은 이단적인 내용이 없어야 함은 물론이고, 논증과 문체에서 특별히 높은 기준을 충족해야만 했다. 그러지 않으면 오히려 교리의 논거가 약화될 뿐이므로 출판이 불가능했다.[83]

같은 식의 논리가 정치적인 원고에도 적용되었다. 검열관들은 왕에 대한 공격은 걱정하지 않았다. 애초에 그런 원고가 허가를 받기 위해 제출될 리 없었던 것이다. 대신 왕을 제대로 찬양하지 못한 원고들 때문에 긴장했다. 한 검열관에 따르면, 어떤 오페라 대본은 저자가 서막 부분을 삭제할 경우에만 출판할 수 있었다. 서막에 나오는 루이 15세에 대한 찬사가 미흡했기 때문이다.[84] 18세기 프랑스인 대부분이 마찬가지였지만, 검열관들에게 '정치'란 공개적으로 논의할 수 없었던 정부 내 권력투쟁이 아니라 외교 문제를 가리키는 말이었다. 외무성의 일등 서기관이었던 장-피에르 테르시에Jean-Pierre Tercier는 당시 외교 정책 노선에서 벗어나는 언급을 하는 원고가 있는지 확인하는 역할을 맡았다.[85] 프로이센을 경멸하는 언급은 프리드리히 2세가 프랑스와 싸운 7년 전쟁(1756~63년) 기간에는 용인되었지만, 그가 프랑스와 동맹을 맺은 오스트리아 왕위 계승 전쟁(1740~48년) 기간에는 용인되지 않았다.[86] 유사한 예로, 아일랜드사에 관한 책 1권에서 자코바이트에 우호적인 언급은, 프랑스가 젊은 왕위 요구자 Young Pretender(찰스 에드워드 스튜어트, 이후 보니 프린스 찰리로 알려졌다)의 영국 왕위 요구를 지지하던 시절에는 받아들여졌지만, 그다음 권들이 허가를 받기 위해 제출되었을 때는 거부되었다. 오스트리아 왕위 계승 전쟁이 끝난 시기에 프랑스는 더 이상 자코바이트의 주장을 받아들이지 않았고, 아일랜드의 역사도 다르게 쓰여야 했던 것이다. 이 경우는 외무대신의 결정에 따라야 했다.[87] 국방대신은 7년 전쟁 기간 동안 군사 관련 논문의 출판을 모두 불허했다. 심지어 탄도학과 관련된 기술적인 논문도 예외가 아니었다.[88] 재무총감은 1749년 새롭고 더 공정한 '20분의 1' 세제를 도입하려는 자신의 시도가 위기에 빠지자, 조세와 관련된 모든 책의 출판을 막으려고 했다.[89] 파리 고등법원은 끊임없이 세제 개혁에 반대하고, 특히 얀선주의 논쟁과 관련하여 왕의 절대적인 권위에 도전하고 있었다. 하지만 검열관들이 고등법원의 주장을 다룬 원고를 심사하는 경우는 드물었다. 아마도 논쟁적인 주제를 다룬 원고는 허가를 받기 위해 제출되지 않았기 때문일 것이다.[90] 시사 문제를 다룬 원고는 무엇이든 상위 기관의 승인을 받아야만 했지만 검열관들이 그런 원고를 받는 경우는 거의 없었다.

대신 그들은 역사 원고를 많이 심사했다. 또 다른 종류의 이념적인 질문을 제기하는 원고들이었다. 이 경우 검열관들은 매우 관대한 결과를 내놓기도 했다. 프랑스인 수도사가 쓴 잉글랜드 역사에 관한 다음 보고서에서 그 예를 살펴볼 수 있다.

이 책은 가장 과격한 휘그파 잉글랜드인을 위한 잉글랜드 역사서라고 할 수 있습니다. [……] 사제와 수도사를 비판하면서 격노하는 부분에서는 흡사 볼테르를 읽고 있다는 착각까지 들 정도입니다. 이 책의 저자는 볼테르식의 어조와 표현을 종종 사용합니다. 또한 서두에서 잉글랜드인들의 국가는 자신들이 원하는 대로 왕을 선택할 힘을 갖고 있다고 말하기도 합니다. 그가 그렇게 쓴 이유는 제임스 2세의 폐위가 정당했음을 주장하기 위해서입니다. [……] 가장 혐오스러운 문단들을 삭제했음에도 [……] 원고는 여전히 잉글랜드식 허식으로 가득 차 있습니다. 그러므로 저자에게 이 책을 인쇄할 수 있는 특허를 내줄 수는 없습니다. 그럼에도 만약 말제르브 경이 그에게 묵인을 내주길 원하신다면, 그리고 이 책이 런던에서 인쇄된 걸로 소개할 수 있다면, 독자들은 큰 불편함 없이 이 책을 받아들일 것이며, 저자가 프랑스 베네딕트회 수도사라는 사실은 짐작조차 하지 못할 것입니다.[91]

말제르브를 비롯해 당시 출판에 대해 언급한 여러 사람에 따르면, 집중적인 관찰을 요했던 마지막 분야는 일반적인 도덕의 기준을 넘어서는 — 오늘날 흔히 포르노그래피라고 불리는 — 문학이었다.

18세기에 포르노그래피라는 말은 존재하지 않았지만, 그 시기에 에로틱한 문학은 — 수도사, 수녀, 왕가의 여성이 등장인물로 나오지 않는 한 — 큰 사회적 우려를 낳지 않은 채 꽃을 피웠다. 그런 책들은 지하 유통 시장에서 놀랄 만큼 잘 팔렸지만, 검열을 받기 위해 제출되는 경우는 없었다. 외설적인 소설 일부가 검열관들의 주목을 끌었지만, 대개는 용인되었다.[92] 내가 검열관들의 보고서에서 찾은 유일한 승인 거부 사례는 『처녀막의 신비, 또는 진홍색 벨벳 안락의자 *Mystères de l'hymen, ou la bergère de velours cramoisy*』라는 책과 관련된 것이었다. 검열관은 이 지독하게 외설적인 작품을 두고 역겨운 성도착증이 드러나 있다고 일축했다.[93]

검열관들이 작성한 수백 건의 보고서와 메모를 검토하다 보면 전혀 생각지도 않았던 문제와 마주하게 된다. 얀선주의나 외교 문제 같은 특별한 경우를 제외하고 검열관들이 반종교적 또는 선동적인 문제에 집중하지 않았다면, 그들은 도대체 어디에서 위험의 징후를 느꼈을까? 언뜻 계몽사상가 진영이 떠오르지만, 그쪽은 아니었다. 그 대신 그들은 궁정을 걱정했다. 더 정확히는 앙시앵레짐하에서 실제 권력이 움직이던, 보호와 피보호의 복잡한 그물망에 얽혀드는 것을 두려워했다. 1750년 즈음에는 출판 시장이 비약적으로 발전하고 있었고 새로운 종류의 권력이 시장으로 이동하고 있었지만, 왕실 검열관들은 여전히 르네상스 시대 귀족들이 만들어놓은 세계에 머물렀던 것이다. 그 세계에서는 사소한 실수만 저질러도 신분 높은 귀족들로부터 큰 피해와 제재를 당할 수 있었다.

이러한 측면에서 볼 때, 검열관들에게 위험 요소란 어떠한 생각이 아니라 사람 — 무례하거나 부주의한 언급 때문에 기분이 상할 수 있는 유력 인사 — 이었다. 한 검열관은 한 역사서에서 권세를 누리던 노아유 가문의 일원이 16세기에 저지른 비행에 대한 언급을 삭제했다. 그런 일이 없었다는 게 아니라 "노아유 가문에서 그 일이 다시 언급되는 것에 불만을 가질 수 있다"[94]는 이유에서였다. 또 다른 검열관은 완벽할 만큼 정확한 가문 계보 연구를 허가하지 않았다. 중요한 가문 일부가 누락될 경우 그들이 모욕감을 느낄 수 있다는 게 이유였다.[95] 프랑스와 오스만 정부의 관계를 해석한 글에 대해 허가를 거부한 검열관도 있었다. "존경받는 가문과 관련된 자세한 정보"가 포함되어 있다는 이유에서였다. 구체적으로 콘스탄티노플에서 대사로 근무하던 중 미쳐버린 한 귀족과, 궁정에서 기피하는 별난 장모를 둔 탓에 대사직에 임명되지 못한 또 다른 귀족에 대한 이야기를 다룬 게 문제였다.[96] 검열관들은 중요한 인물들에 대해 넌지시 언급한 내용을 행여라도 찾아내지 못할까 봐 두려움에 떨었다. 리옹에서는 지역 내 주요 인사에게 모욕감을 준 에세이집을 처리하기 위해 특별 조사가 이뤄져야 했다.[97] 그 자신이 명문가 출신인 말제르브는 믿을 만한 정보원들과 함께 꾸준히 원고를 검토하며, 사회적 지위가 낮은 검열관들이 놓치기 쉬운 암시들을 찾아냈다. 이런 게 귀족들이 기대하는 행정이었다. 예를 들어 오를레앙 공작은 "그[공작]에게 알려주기 전에는 그의 부친에 관한 원고를 출판할 수 없도록"[98] 조치해준 데 대해 대리인을 통해 말제르브에게 감사를 전해왔다.

검열관의 영혼까지 공포에 질리게 한 장르는 실화 소설*이었다.

---

* roman à clé: 실존 인물의 이름을 바꿔서 쓴 소설을 가리킨다. 17세기에 프랑스를 중심으로 큰 인기를 끌었다.

검열관들은 원고를 읽을 때 실화에 기반한 것인지 모르는 경우가 많았다. 사교계에 대해 아는 게 많지 않았기 때문이다. 한 예로 세상 물정에 어두웠던 검열관 기루아 신부는 말제르브에게 자신이 맡은 소설을 다른 검열관에게 넘겨달라고 요청했다. 그 소설이 작가들만을 풍자한 게 아니라 — 그 정도는 용인할 수 있었다 — 더 높은 고위층까지 겨냥하고 있었기 때문이다. "암시가 두렵습니다. 암시가 자주 나오는데, 전 그것들을 책임질 자신이 없습니다. 암시의 내용을 이해할 수 있다면 걱정할 필요도 없겠지요. 하지만 전 도저히 누굴 가리키는 건지 모르겠습니다."[99] 다른 순진한 검열관은 그와 똑같은 위험을 감지하자 원고가 다른 모든 면에서 대단히 훌륭했음에도 허가해주지 않으려 했다. "정밀하고 교묘한 솜씨를 발휘해 성스러운 이름으로 위장한 풍자로 보입니다. 궁정에서 벌어진 이야기들의 악의적 차용일 수도 있습니다. 이런 이유 때문에 저는 이 왕국에서 이 책의 출판을 허가해주는 건 위험하다고 판단했습니다. 묵인도 마찬가지입니다."[100] 말제르브는 수하에서 일하는 검열관들의 곤란한 처지에 공감했다. 결국 그들은 지위가 높지 않았기에 더 높은 계층 사람들에게는 너무나도 명백한 암시를 알아채지 못할 가능성이 있었다. 더욱이 그들은 소심했다. 괜히 허가해줬다가 내내 불안에 떠느니 허가 거부를 선택하고자 했다.[101] 허가를 거부한 이유로 '차용application'에 대한 두려움을 드는 경우가 많았다. 이 용어는 검열관뿐 아니라 경찰의 문서에서도 자주 발견된다.[102] 그것은 책, 노래, 경구, 재치 있는 대사 등에서 일반적으로 모욕을 하거나 명예를 훼손하는 정보를 암호화해 간접적으로 언급하는 것을 가리킨다. 평범한 독자들은 어떤 내용이 '차용'된 건지 모르고 넘어갔지만, 명문가 사이에서는 심각한 문제를

야기할 수 있었다. 평판, 이름, '얼굴'(아름다운 외모bella figura)이 곧 정치적 영향력이 될 수도 있고 잠재적인 취약점이 될 수도 있는 명문가 사회에서는 자신들의 권력을 활용해 그에 대한 감시를 강력히 요구했다. 300년 전 이탈리아 궁정에서 그랬던 것처럼 말이다.

스캔들과 계몽주의

검열관들의 문서에서 르네상스의 영향을 발견하는 게 가능하다면, 프랑스혁명 발발의 조짐도 감지할 수 있을까? 전혀 그렇지 않다. 1750년부터 1763년 사이의 검열을 연구함으로써 얻을 수 있는 이점 중 하나는 앙시앵레짐 마지막 시기의 모든 일이 1789년의 폭발로 이어진다는 관점에서 벗어날 수 있다는 것이다. 하지만 이러한 목적론적 설명은 차치하고서라도, 책의 세계에 상당히 파괴적인 힘이 있었음을 인정하는 것은 중요하다. 그 사례로 계몽주의 서적을 들 수 있다. 계몽사상가들은 아주 대담한 작업물을 출판할 때는 프랑스 밖으로 내보냈지만, 때로 왕국 내에서 출판하기 위해 검열을 받고자 원고를 제출하는 경우도 있었다. 예외적으로 검열관들이 이를 허가해주는 일도 있었다. 그 원고들은 스캔들을 유발하기도 했다. 그로 인해 검열관들도 곤란을 겪었지만, 그보다 출판 사후 검열을 통해 직접 이데올로기 통제를 하고 싶어 하는 외부 세력에게 국가기관을 공격할 빌미를 제공할 수 있다는 점이 더욱 문제였다. 실제로 여러 책에 대해 다방면에 걸쳐서 ── 파리 대학(특히 소르본의 신학 교수들), 고등법원(최상급 법원으로 관할 지역의 질서가 혼란해질 경우 개입할 수 있었다), 성직자 총회(5년마다 열리는 회의에서 여러 책에 대한 비난을 쏟아내곤 했다), 그리고 프랑스 주교, 바티칸 등의 다른 종교 권력 — 공격이 들어왔다. 이런 모든 기관은 자체 검열을 시행할 권리를 주장했다. 하지만 국가에서는 그런 주장을 받아들이지 않고, 인쇄물에 대한 독점적인 통제권을 유지하려고 했다.

통제권을 독점적으로 행사하게 된 게 오래된 일은 아니었다. 중세에는 출판업에 대한 감독 권한이 왕이 아닌 파리 대학에 있었다. 대학의 주요 관심사는 원고 필사의 정확성을 유지하는 일이었다. 종교 개혁 이후에도 소르본 대학은 원고 심사를 계속했지만, 쏟아지는 프로테스탄트 원고를 봉쇄할 수 없었다. 1535년에 왕은 무엇이든 마음대로 인쇄하는 자는 모조리 교수형에 처하겠다는 법령을 공포함으로써 이 문제를 해결하고자 했다. 하지만 소용이 없었다. 이후 150년 동안 정부에서는 기관을 설치해 국가의 통제권을 키우고, 교회의 통제권은 제한했다. 물랭 칙령(1566)으로 서적 출판 전에 왕실의 특허를 받아야 한다는 점을 분명히 했고, 미쇼 법령(1629)으로 상서국의 지휘하에 왕실 검열관들이 검열하는 체계를 구축했다. 17세기 말에는 출판 산업에 대한 국가의 권한을 강화했고, 그 과정에서 대학은 더 이상 큰 역할을 맡지 못하게 되었다. 하지만 주교들과 고등법원은 계속해서 (주교의) 교서mandements와 (고등법원의) 명령서arrêtés를 발행해 이미 출판된 책들에 대한 판단을 멈추지 않았다. 물론 그런 문서는 별 효력이 없었다 — 단, 위기 상황 시에는 강력한 효과를 발휘했다.[103]

가장 큰 위기는 1758년에 클로드-아드리앵 엘베시우스Claude-Adrien Helvétius가 쓴 『정신론De l'Esprit』의 출판을 둘러싸고 일어났다.[104] 직접 검열하고 싶어 한 자들로부터 이보다 더 많은 질책을 받은 책은 없었다. 파리 고등법원에서는 포고문을 발표했고, 성직자 총회에서는 결의안을 채택했으며, 파리 대주교는 교서를 내렸고, 다른 주교들도 비슷한 방식으로 분노를 표출했다. 또한 소르본에서도 비난이 쏟아졌고, 교황이 서한을 보냈으며, 국왕 참사회는 훈령을 내렸다. 전통적인 원칙을 고수하려는 입장에서 보면 『정신론』에 비난을 쏟아낼 만한 요소 ─ 유물론 철학, 공리주의 윤리학, 파격적인 정치학 ─ 가 있는 건 분명했다. 하지만 경쟁적으로 가해진 비난은 도가 지나칠 정도였다. 이 책을 향한 각각의 공격은 국가 권위를 무너뜨린 뒤 그 상황을 이용하려는 시도였다. 물론 그 이전에도 논란이 될 만한 책들은 있었지만, 모두 지하에서 유통되었다. 『정신론』은 왕실의 특허와 허가를 받고 공개적으로 판매되었다는 점에서 차이가 있었다.

검열관은 외무부의 최고위급 관료인 장-피에르 테르시에였다. 테르시에는 7년 전쟁과 관련된 외교적 혼란에 신경 쓰느라 관념철학에 할애할 시간도 없었고, 그걸 이해할 능력도 부족했다. 그는 보통 역사와 국제관계에 관한 원고를 맡아왔다. 원고가 차례대로 정리되지 않은 채 여러 묶음으로 나뉘어 전달된 것도 그의 혼란을 가중하는 원인이 되었다. 엘베시우스의 논리 전개를 따라잡기가 어려워졌던 것이다. 또한 엘베시우스 부인의 독촉에 일을 서두르게 된 것도 문제였다. 굉장한 미인이었던 엘베시우스 부인이 한 저녁 파티 장소에서 테르시에에게 매력을 발산하며 자신과 남편이 곧 시골 저택으로 떠나야 한다며 그 전에 작업을 마무리해달라고 간청했던 것이다. 결국 테르시에는 그 원고에 완전한 허가를 내주었고, 허가문이 왕실의 특허문과 함께 인쇄되었다. 무신론적인 내용을 담은 원고가 왕의 승인 도장을 받다니! 이는 관료가 저지른 서투른 실수로 넘어가지 않고, 훨씬 더 심각한 사건으로 취급되었다. 검열은 너무나도 중요한 업무라 왕실의 검열관들에게만 맡길 수 없으니, 외부 기관에서 서적출판행정청에 대해 일정한 통제권을 가져야 한다는 주장이 제기되었다.

파리 고등법원은 이 상황을 이용하려고 각고의 노력을 기울였다. 법원의 검사는 테르시에에게 허가를 철회해야 한다고 강력히 요구했다. 허가에 대한 감독권이 말제르브에게 있었는데도, 그는 허가 철회가 대법관과 왕의 명의로 이루어져야 한다고 주장했다. 말제르브는 이 책에 대한 특허를 무효 처분하라는 국왕 참사회의 명령에 따라 일을 처리함으로써 이러한 위협에 대처했다. 엘베시우스는 관직에서 사임했고, 테르시에는 퐁파두르 부인과 충돌을 빚은 끝에 외무부에서 해고되었다. 하지만 고등법원은 공격을 멈추지 않았다. 엘베시우스에게 자신의 책을 부정하라고 강요하면서 잇달아 굴욕을 주는 한편, 『정신론』이외의 모든 계몽주의 서적에 대해서도 비난하고 나섰다. 볼테르의 『자연 종교, 시*La Religion naturelle, poème*』, 디드로의 『철학적 사색*Pensées philosophiques*』, J.-B. 드 부아예 아르장스 후작의 『상식의 철학 *La Philosophie du bon sens*』, 루이 드 보소브르의 『현인의 피론주의*Pyrrhonisme du sage*』, J.-B. 파스칼의 『슈발리에 드 ○○○이 콩트 드 ○○○에게 보낸 약간 철학적인 서한들*Lettres semi-philosophiques du chevalier de *** au comte de ****』, G.-B. 코아예의 『베르티에 신부가 쓴 유물론에 관한 서한*Lettre au R.-P. Berthier sur le matérialisme*』, 그리고 『백과전서』 1~7권이 그 대상이었다. 1759년 2월 10일, 『백과전서』를 제외한 이 모든 책이 고등법원 대형 계단 아래에서 사형 집행인에 의해 찢기고 불태워졌다. 그 정도 규모의 화형식은 계몽주의에 대한 전쟁 선언으로 보였다.

그 일이 벌어진 건 최악의 시기였다. 1757년 1월 5일 로베르-프랑수아 다미앵이 반미치광이 상태에서 루이 15세 암살을 시도한 이래, 파리와 베르사유에는 반란 선동 음모에 대한 허황된 소문이 돌고 있었다.[105] 고등법원과 왕 사이의 극적인 갈등 속에서 극단으로 치닫고 있던 얀선주의에 대한 과민 반응으로 보아 다미앵은 아마도 정신이상이었던 것으로 보인다. 그동안 경제도 7년 전쟁의 영향으로 휘청거리고 있었다. 국고가 바닥나 왕은 국민들에게 새로운 세금을 부과할 수밖에 없었다. 재앙 그 자체였던 전쟁은 1757년 11월 5일 프랑스와 오스트리아 연합군이 프리드리히 2세가 이끄는 프로이센군에 궤멸당한 로스바흐 전투를 끝으로 마무리되었다. 정부는 이런 재앙에 차분히 대처하지 못하고 공황 상태에 빠진 듯 보였다. 1757년 4월 16일, 국왕 참사회는 국민들의 감정을 뒤흔들 수 있는émouvoir les esprits 작품을 집필, 인쇄, 판매하는 자는 모조리 사형에 처하겠다는 법령을 제정했다.[106]

비슷한 시기에 『백과전서』가 큰 논란을 불러일으키며 계몽사상가들을 반대하는 이들이 이 문제를 집요하게 물고 늘어진 적이 있었다. 예수회 회원, 얀선주의자, 그리고 한 무리의 논객들이 『백과전서』1, 2권이 불경하고 이단적이라며 격렬한 비난을 쏟아냈던 것이다. 이에 국왕 참사회도 1752년에 그 책들의 부적절함을 지적하고 나섰다. 다만 3권 이후의 출판을 금지하지는 않았다. 그런 비난은 사실상 별 효과가 없었고, 오히려 판매를 늘리는 역할을 해 구독자가 4천 명으로 급증했다. 그에 따라 매출도 크게 늘어났다. 원래 구독료인 280리브르로 계산해도 112만 리브르에 달했다(결국에는 구독료가 980리브르로 상승했다. 이로써 『백과전서』는 프랑스의 19세기 이전 출판 역사에서 가장 비싸고, 짐작건대 가장 높은 수익을 올린 책이 되었다).[107] 말제르브는 출판 산업의 경제적 측면에 특히 민감했다.[108] 그는 자본이 프랑스 국경을 넘어 해외 출판사로 가는 걸 막기 위해 묵인을 즐겨 사용했다. 그의 보호 덕분에『백과전서』의 출판은 1757년 11월에 7권이 나올 때까지 꾸준히 계속되었다. 그로부터 8개월 뒤『정신론』을 둘러싸고 폭풍이 몰아쳤다. 엘베시우스는『백과전서』에 참여한 적이 없었지만 고등법원의 검사는 계몽주의 서적을 고발하는 기소장에서 교회와 왕위를 위태롭게 하려는 음모의 증거로 두 책을 묶었다. 고등법원은 검사의 공격적인 노선을 밀어붙였다. 비록 1759년 2월 10일 분서 대상에 포함시키지는 않았지만,『백과전서』의 판매를 전면 금지하고 책 내용을 검토하기 위한 위원회를 구성했던 것이다. 말제르브는 본인이 책임지고 책을 금하겠다고 함으로써 이러한 움직임을 막는 데 성공했다. 3월 8일 국왕 참사회는『백과전서』의 특허를 취소하라고 지시했다. 4개월 뒤에는 왕실로부터 출판사가 구독자들에게 72리브르씩 환불하라는 명령이 내려졌다. 말제르브는 경찰에 디드로의 사무실을 불시에 수색해서 이 거대한 기획과 관련된 모든 문서를 압수하라고 지시했다. 국가가 자신의 권위를 보호하는 과정에서 엄격한 출판 사후 검열을 선택했던 것으로 보인다.[109]

그런데 경찰이 급습하기 전에 말제르브는 디드로에게 문서를 안전한 곳으로 치우라고 경고해주었다. 급박한 연락을 받은 디드로는 이 많은 자료를 숨길 수 있는 장소를 못 찾겠다고 답장을 보냈다. 말제르브는 그중 상당량을 자신의 타운하우스에 숨기도록 도와주었다. 바깥세상에는『백과전서』가 모두 파쇄된 것으로 알려져 있었지만, 디드로는 달아나지 않고 남은 동료들과 함께 이후 6년간 비밀리에 편찬을 계속했다. 그리하여 뇌샤텔 출판사에서 나온 것으로 위장된, 마지막 열 권이 1765년에 한꺼번에 출간되었다. 그때쯤에 프랑스는 평화의 시기를 맞고 있었다. 얀선주의 논란이 사그라들고, 왕과 고등 법원의 갈등도 일시적이지만 진정되었으며, 비록 왕실의 특허는 없 었지만 계몽주의 서적도 꾸준히 출판되었다.[110]

서적 경찰

계몽주의는 『정신론』과 『백과전서』를 둘러싼 두 번의 스캔들에서 도 살아남았다. 앙시앵레짐하에서 가장 존립이 위태로웠던 순간이 었지만, 계속해서 독자들을 확보하는 데 성공했던 것이다. 이 일화도 중요하긴 하지만, 워낙 극적이라 이에 집중하다 보면 장기간에 걸쳐 도처에서 진행되어온 검열의 양상을 간과하게 될 수도 있다. 1757년 과 1759년 사이의 사건들을 보고 18세기 프랑스에서 이뤄진 검열의 역사를 계몽사상가와 그 반대자들 간의 투쟁 기록쯤으로 간주해서 는 안 된다. 그 시기 검열관들의 활동은 전형적인 검열이 아니었다. 말제르브와 그의 부하들이 수행한 검열은 출판 현실 — 바꿔 말해 저 자, 출판업자, 서적상, 궁정과 수도의 유력 인사가 모여 살고 있는 일 상 세계 — 의 일부였다고 이해하는 게 더 정확할 것이다. 그 세계는 말제르브가 『서적 출판업에 대한 회고Mémoires sur la librairie』(1759)에서 묘사한 대로 매우 잘 통제되었던 것으로 보인다. 하지만 앙시앵레짐 하의 많은 최고위 관료와 마찬가지로, 말제르브는 파리와 베르사유 이외의 지역에서 벌어지는 일들에 대해서는 어렴풋이 짐작만 하고 있었다. 심지어 서적 감독관이 얼마나 많은 도시에 있는지조차 몰랐고(파리 이외에는 리옹과 루앙 두 곳에만 있었다), 왕실의 법령을 집행할 능력을 갖춘 서적상 조합 사무실이 몇 군데 있는지도 알지 못했다(27개 도시에 조합이 있었는데, 조합 회원들은 도서를 판매할 수 있는 독점적 특권을 누렸다. 하지만 그중 15개 도시의 조합에만 도서 운송에 대한 감독 책임이 주어졌다). 불법 서적 산업이 지방에서 비약적으로 발전하고 있다는 사실은 알았지만, 그 실체는 전혀 파악하지 못했다.

말제르브의 후임인 앙투안 드 사르틴은 훨씬 더 유능한 관료였다. 그는 프랑스 내 서적상 현황을 조사하기 위해 지방관들의 협조를 구하는 등 출판업 현실을 파악하고자 애썼다. 167개 도시를 포괄하는 이 엄청난 실태 조사는 1764년에 마무리되었는데, 그 결과 국가의 출판 규제에 개의치 않고 운영되는 거대한 산업이 존재한다는 사실이 드러났다. 이에 1777년 국가에서는 새로운 규제를 만들어 일종의 체계를 잡고자 했지만, 대부분의 왕실 칙령과 마찬가지로 그 효과는 제한적이었다. 리옹, 루앙, 마르세유 같은 대도시뿐만 아니라 아방슈, 부르생탕데올, 샤토 — 앙뒤누아, 포르주레조, 강지, 주앵빌, 루 —, 몽타르지, 네그레펠리세, 타르브, 발랑스 같은 소도시까지, 지방의 서적상들은 파리의 시선이 머물지 않는 곳, 즉 법망이 허술한 곳에서 사업을 펼쳤다.[111] 1770년대에 대략 3천 명의 다양한 상인이 책을 판매했는데, 1781년 반半공식적으로 나온 『서적 출판업 연감Almanach de la librairie』에는 1,004명의 이름만 올라와 있었다. 대부분 허가를 받지 못한 이들이었다. (서점을 합법적으로 운영하려면 조합 회원이거나 최소한 서적상 면허brevet de libraire를 보유하고 있어야 했다.) 그 상인들은 판매할 도서 물량을 대부분 해외 출판사로부터 확보했다. 직거래를 하기도 하고 중간 상인을 통하기도 했는데, 상당한 물량이 해적판이거나 금서였다. 현재 그 비율을 가늠해볼 자료는 충분히 남아 있지 않지만, 어쨌든 간에 검열을 받은 책과 도서 판매 시장에서 실제 유통되던 책 사이에는 큰 차이가 있었다.[112]

당국에서도 완벽한 정보를 갖고 있진 않았지만, 그 차이는 확실히 인지하고 있었다. 파리 세관에서 그리고 지역으로 운송이 진행될 때 빈드시 받아야 하는 서적상 조합 검사에서 불법 도서를 압수하는 일이 잦았기 때문이다. 정보원들에게서 연락이 오면, 서점을 급습해 불법적인 물건을 몰수하고 상인들을 심문했다. 이 수색을 담당했던 이들은 서적 거래를 살피는 특별 임무를 맡은 경찰 감독관들이었다. 그들 중 가장 적극적이었던 조제프 데므리Joseph d'Hémery는 말제르브와 사르틴 지근거리에서 업무를 수행하면서, 출판 산업 전반에 대한 매우 가치 있는 정보 파일을 만들었다. 이런 모든 행위를 출판 사후 검열의 한 형태로 봐야 할까?[113]

18세기 프랑스인들은 출판 사후 검열을 경찰의 업무로 이해하고 있었다. 당시 '경찰 업무'란 가로등 관리, 위생 관리, 식량 공급 관리 등 도시 행정의 거의 모든 부분을 가리키는 광범위한 개념이었다.[114] 파리 경찰들은 가장 현대적이면서 매우 체계적인 서비스를 완벽히 제공한다는 명성을 누리고 있었다. 사실 파리 경찰의 행정은 워낙 발달되어 있어서 경찰 관련 논문에서도 본보기로 제시되어왔다. 계몽주의 작품에 기여한 바가 있다고 여겨질 정도였다. 볼테르는 문명화의 최고 단계에 도달한 사회질서를 가리켜 '경찰 사회sociétés policées'라고 지칭하기도 했다. 부르봉 왕조의 경찰을 생각하면서 전체주의 정권에서 탄압하는 경찰을 떠올리는 것만큼 지나친 오해는 없을 것이다. 하지만 그들이 계몽되었건 그렇지 않건 간에, 18세기 프랑스의 출판물 담당 경찰들은 계몽주의자들의 많은 작품을 몰수했다. 그 밖에도 문예사에 남을 정도로 유명하지는 않지만, 국가에 의한 탄압의 주요 대상이 되었던 더 많은 작품을 강제로 거둬들였다.

　이런 종류의 경찰 업무 전반을 제대로 다루려면 두꺼운 논문 한 권 분량이 필요할 것이다. 하지만 그것의 기본 성격은 서적 감독관들 inspecteurs de la librairie이 출판물을 감시하는 역할을 어떻게 수행했는지를 보여주는 몇몇 사례 연구를 통해서 이해해볼 수 있다. 그들은 카르티에 라탱의 대형 출판사와 서점 들도 조사했지만, 그보다 훨씬 자주 불법 도서를 찾기 위해 다락방, 뒷방, 비밀 인쇄소, 비밀 창고 등을 뒤졌다. 그들이 '나쁜 책mauvais livres'이라고 부르는 책들이 생산되고 유통되는 곳이었다. 경찰 당국의 입장에서 이런 책들은 너무 나쁘기 때문에 검열은 당연히 해야 할 일이었다. 그런 책들이 발견되면 압수되어 파쇄되었다. 법의 테두리를 완전히 벗어난 경우에는 그 책들을 만들거나 유통한 자들을 바스티유에 가두기도 했다.

하인 계층에 속해 있던 한 작가

　경찰들이 책들을 '감독'하다 보면 때로 유명 작가들을 만나게 되는 경우도 있었다. 하지만 대부분은 '나쁜 책' 중에서도 가장 나쁜 책을 쓴 무명의 삼류 작가를 뒤쫓는 데 시간을 쏟았다. 그중에서도 이번 사례는 가장 미천한 작가에 대한 것으로, 여기에서는 지하 출판을 뿌리 뽑으려는 경찰의 노력이 드러난다. 이 사건의 배경은 특별히 위험

한 곳이었다. 바로 베르사유에서 벌어진 사건이다.[115]

1745년 8월, 경찰은 왕의 애정 생활을 풍자하는 불경스러운 책이 『타나스테Tanastès』라는 제목의 소설로 얄팍하게 위장해서 은밀히 유통되고 있다는 사실을 알게 되었다. 그들은 그 책을 팔던 한 행상을 체포했는데, 그 행상은 뒤뷔송이라는 이름의 서적상이 소유한 베르사유의 비밀 창고에서 책을 구했다고 자백했다. 뒤뷔송은 즉시 바스티유로 끌려와 심문을 받았다. 그는 왕세자 보조 가정교사의 시종인 마즐랭이라는 사람에게 원고를 받았다고 진술했다. 또 마즐랭에게 원고를 준 사람은 이 책의 저자인 마리-마들렌 보나퐁Marie-Madeleine Bonafon으로, 몽토방 공주의 시녀라고 했다. 원고를 받은 대가로 마즐랭이 인쇄된 책 200부를 보나퐁에게 전해주었고, 인쇄는 루앙에 있는 과부 페랑의 인쇄소에서 자신이 진행했다고 했다.

한 무리의 경찰이 마즐랭과 보나퐁을 잡으러 베르사유로 갔고, 또 다른 무리는 루앙에 있다는 페랑의 인쇄소로 출발했다. 그사이에도 감독관들은 파리 거리에서 계속해서 행상들을 체포했다. 결국 바스티유에 21명이 수감되었다. 그들은 아는 바를 다 털어놓았고, 그 결과 지하 출판에 대한 많은 게 밝혀졌다. 가장 흥미로운 진술은 저자인 보나퐁에게서 나왔다. 독방에서 이틀 밤을 보낸 그녀는 8월 29일에 치안총감 클로드-앙리 페이도 드 마르빌Claude-Henri Feydeau de Marville 앞으로 끌려 나왔다.

치안총감은 당시 프랑스 최고위 관료 중 한 사람으로, 대략 오늘날 내무부 장관과 비슷한 역할을 했다. 그는 국가의 중대 사건이 아니면 바스티유에서 직접 수감자를 심문하지 않았다. 그런데 이 경우는 아무래도 뭔가 수상쩍은 점이 있다고 여겼다. 시녀가 그런 정치적인 소설을 썼을 리가 없다고 봤던 것이다. 사실 시녀들은 대부분 글도 쓸 줄 몰랐다. 그래서 마르빌은 신중하게 심문을 준비했다. 심문은 마치 쫓고 쫓기는 게임처럼 진행되었다. 마르빌이 덫을 놓으면, 보나퐁은 덫을 피하려고 애썼다. 문답 형식의 대화체로 쓰인 조서에는 그들의 밀고 당기기가 모두 기록되어 있고, 페이지마다 사실임을 인정한다는 의미로 보나퐁이 이니셜을 표시해두었다.[116]

마르빌은 빠르게 사전 절차부터 진행했다. "보나퐁 양은 진실만을 말할 것을 선서했고, 자신이 베르사유에 거주하는 28세 여성이며, 지난 5년간 몽토방 공주의 방을 청소해왔다고 신원을 확인해주었다." 그러고 나서 바로 핵심으로 들어갔다. "책을 써본 적이 있느냐?"

네, 그녀가 대답했다. "『타나스테』와 『○○○ 남작』 도입부, 그리고 희곡 한 편을 썼습니다. 희곡은 공연된 적은 없지만 현재 코메디 프랑세즈 극장의 아들 미네가 보관하고 있습니다." (나중에 그녀는 그 외에도 다른 희곡 두 편, 「재능Les Dons」 「사이비 학자Le Demi-Savant」를 비롯해 상당히 많은 시도 지었다고 진술했다.)

"어쩌다 글을 쓰는 취미를 갖게 되었느냐? 쓰고 싶은 내용을 글로 정리하는 법을 배우기 위해 책을 쓰는 데 능숙한 누군가에게 조언을 구한 적은 없느냐?"

"그런 적 없습니다. 많이 읽다 보니 쓰고 싶은 욕심이 생겼고, 더 나아가 글을 쓰면 푼돈이라도 벌 수 있지 않을까 기대했습니다. 연극의 원칙을 가르쳐준 사람은 없고, 희곡들을 읽으며 스스로 깨우쳤습니다. 사실 희곡 「운명Le Destin」을 쓸 때는 미네와 몇 차례 상의를 했지만, 이미 말씀드린 다른 소설은 모두 온전히 저 혼자 쓴 것입니다. 인쇄할 사람을 찾아줄 수 있을 것 같아서 마즐랭 씨에게 말한 것 말고는, 그 누구에게도 『타나스테』에 대해 이야기한 적이 없습니다."

여성 하인이 왕국 내에서 가장 힘 있는 남성 중 한 사람인 경찰의 수장에게 직접 말을 하다니, 이는 매우 보기 드문 상황이었다. 그녀는 단지 소설을 쓰고 싶어서 썼으며, 누구의 도움도 받지 않고 혼자서 썼다고 주장하고 있었다. 치안총감은 그 주장을 받아들일 수 없었다. "직접 상상해서 쓴 것이냐?" 그가 물었다. "누군가 써놓은 걸 읽고 그 내용을 소재로 쓴 것 아니냐? 누가 (그 글을) 네게 건네준 것이냐?" "어떠한 기록도 받은 적 없습니다. 저 혼자 썼고, 제 상상으로 지어낸 것입니다." 보나퐁이 이렇게 전면 부인을 해도 마르빌은 심문을 멈추지 않고, 그 책의 제작과 유통에 대한 정확한 정보를 요구했다. (여기서부터는 원문과 최대한 가까운 단어를 사용해 심문 내용을 쉽게 풀어 쓰고자 한다.)

그 책은 언제 집필했느냐?

1744년 12월, 1745년 1월과 3월에 썼습니다.

출판은 어떻게 진행했느냐?

마즐랭이 원고를 뒤뷔송에게 전달했습니다. 뒤뷔송은 그 대가로 200부를 제게 주기로 약속했습니다. 라틴어로 된 제사와 서문, 주석은 제가 쓴 게 아닙니다. 뒤뷔송 아니면 그의 직원이 덧붙인 게 분명합니다.

인쇄는 어디서 했느냐?

마즐랭이 루앙에서 했다고 들었습니다.

200부는 받아서 어떻게 처리했느냐?

소각했습니다.

언제?

　경찰이 뒤뷔송을 체포했다는 소식을 들은 직후입니다.

이 지점에서 심문은 위험한 영역으로 접어들게 된다. 보나퐁의 주장이 반박되기 시작했기 때문이다. 보나퐁은 자신이 『타나스테』의 저자라는 걸 부정하지는 못해도, 그 책이 그저 궁정의 흔한 뒷소문에서 막연하게 영감을 받아 악의 없이 쓴 연애소설이라고 포장하기 위해 애를 썼다. 반면 마르빌은 그 책이 왕의 추문에 대한 조롱임을 다 알고 썼음을 시인하게끔 유도했다. 마지막 순간까지 기다렸다가 책을 없앤 사실은 그녀에게 그 추문을 악용해 이익을 취하려는 의도가 있었음을 방증했다. 보나퐁은 진술이 일관되게끔 페어 맞추려 했고, 마르빌은 그 진술을 곱씹으며 취약한 부분을 겨냥해 질문을 던지려 했다.

　마즐랭이 처음 원고를 읽었을 때 최근 사건들과 위험할 정도로 비슷하거나 '악의적 차용'에 해당한다고 경고하지는 않았느냐?

　　경고했습니다. 하지만 그 소설은 그냥 이야기일 뿐이고, '차용' 하지 않고서도 그 정도 이야기는 매일 나올 정도로 흔하다고 마즐랭을 설득했습니다.

　마즐랭이 그 위험에 대해 경고했는데, 어째서 그 책을 출판하겠다고 고집을 부렸느냐?

　　잘못 생각했습니다. 하지만 그 '차용'에 악의가 있다고는 전혀 생각지 못했습니다. 그저 '[……] 돈 문제로 심한 압박을 받고 있어서' 출판을 진행했습니다.

그 소설에 해설문은 없었느냐? 네가 받은 책들에 딸려 있지 않았느냐?

그렇지 않습니다. 다만 3주 전에 본 적은 있습니다. 베르사유 뒤 뷔송의 매대에서 판매 중인 몇몇 책에 붙어 있는 글이었습니다. 하지만 전 그 해설문과는 아무런 관련이 없습니다.

이러한 언급은 보나퐁의 변론이 지닌 약점을 드러냈다. 마르빌은 곧바로 그 부분을 공략했다.

그랬구나! 책들을 태우기 훨씬 전부터 무언가 '차용'했다는 걸 완전히 알고 있었군. 그런데도 책을 판매하겠다는 계획을 고수했고. 뒤뷔송이 체포되지 않았다면 그 책들을 모두 팔았을 거 아니냐. '세상에서 가장 추잡한 책'을 만들어 퍼뜨렸으니 유죄다! 해설문은 직접 쓰지 않았다고 했느냐? 그럼 마즐랭이 쓴 거냐? 자신들이 저지른 짓을 감추려고 주의를 기울인 것 자체가 스스로 얼마나 사악한지 잘 알고 있었다는 증거다.

절대 그렇지 않습니다. 저자로 알려지고 싶지 않아 비밀을 유지하려 했던 것뿐입니다. 돈이 간절히 필요해서 어쩔 수 없이 그 책을 출판했던 것입니다. 해설문도 결코 제가 쓴 것이 아닙니다. 또한 마즐랭이 썼다고도 생각지 않습니다.

마르빌은 이 지점에서 심문을 멈췄다. 그는 보나퐁이 출판 관련 범죄에 가담했음을 증명하는 정보는 충분히 모았다고 판단했지만, 그녀가 인정한 것보다 더 많은 이야기가 남아 있을 거라는 의심을 거두지 않았다. 도대체 어찌된 일이기에 하인이, 그것도 시녀가 소설 쓰기에 연루된 걸까? 그는 이 사건의 내막을 알아내기 위해 바스티유의 다른 수감자들을 심문해야만 했다. 심문할 수감자가 꽤 많이 남아 있었다.

결국 치안총감과 그의 부하들은 수감자 21명을 모두 조사한 뒤, 혐의자 일부는 수감하고, 일부는 추방하고, 뜨내기 행상과 인쇄업자 들은 석방했다. 그 과정에서 루앙, 베르사유, 파리에 걸쳐 있는 지하 유통망을 완벽하게 파악할 수 있었다. 하지만 그들의 관심은 여전히 소설과 해설문의 원저자가 누구냐 하는 문제에 집중되어 있었다. 그래서 그들은 보나퐁을 더 파고들었다. 두 번에 걸친 심문이 이어졌고, 다시 덫을 놓았지만 그녀는 계속해서 잘 빠져나갔다. 하지만 그녀의 조력자들을 심문하는 과정에서 많은 진전이 있었다. 한 혐의자에게서 의심스러운 정보가 나오면, 잠시 판단을 보류한 뒤 다른 혐의자의 진술과 대조하여 거짓임을 밝혀냈다. 그럴 경우 그 혐의자에게서 자백을 끌어내기 위해 공범들의 진술을 이용해 압박했다. 또한 '대질'이라고 알려진 기술로 수감자들의 주장을 무너뜨리려고도 했다. 각각 다른 감방에 수감된 보나퐁과 마즐랭을 소환해 서로의 진술서를 읽어주었다. 서로에게 책임을 떠넘기도록 유도하기 위해서였다. 별다른 성과가 없자, 뒤뷔송을 소환해 같은 일을 반복했다. 뒤뷔송이 소설의 해설문에 대해 진술한 내용은 나머지 두 사람의 진술과 완전히 달랐다. 그런데도 자신의 진술이 거짓이라고 인정하는 사람은 아무도 없었다. 수사는 며칠간 정체되었다. 심문자들은 이 상황을 타개하기 위해 프리 후작의 관리인인 마야르를 잡아 왔다. 마야르는 자신이 파리에 있는 후작의 저택에서 비밀 창고를 운영해왔다고 시인했다. 그는 베르사유에서 물량을 확보해 파리의 행상들에게 공급했는데, 45부는 마즐랭에게, 25부는 보나퐁에게 받았다고 했다. 보나퐁은 한 부 팔릴 때마다 3리브르 투르누아*를 받기로 되어 있었다. (리브르는 가장 흔한 화폐 단위였으며, 1750년경 1리브르는 미숙련 노동자의 하루 임금 정도였다.) 보나퐁이 보내온 책 꾸러미에는 그녀가 직접 쓴 해설문도 들어 있었다.

마야르의 진술은 치안총감이 보나퐁을 세번째로 심문할 때 필요했던 정보였다. 그는 일단 그 내용을 숨긴 채 해설문에 대해 이전에 했던 질문을 반복했고 이전에 들었던 답변을 다시 들었다. 답변을 듣자마자 그는 거세게 몰아붙였다.

보나퐁 양은 프리 후작의 관리인인 마야르라는 자를 알고 있느냐?
베르사유에서 프리 부인과 있는 그 사람을 한 번 본 적이 있습니다.
마야르에게 편지를 보내거나 『타나스테』 책을 보낸 적이 있느냐?
없습니다.
거짓말이다. 네가 25부를 마야르에게 보냈고, 또 다른 45부를 보낸 일에도 연루되어 있다는 걸 잘 알고 있다. 한 부 팔릴 때마다 3리브르를 받길 바랐다지.

이 지점에서 보나퐁의 마지막 방어벽이 무너지고 말았다. 이젠 자

---

* livre tournois: 프랑스 투르에서 주조된 화폐. 13~18세기 프랑스에서 사용되었으며, 1795년 프랑이 유통되기 시작하면서 사라졌다.

백하는 것 말고는 방법이 없었다. 하지만 계속해서 최대한 정보를 숨기려고 애썼다.

> 인정합니다. 사실입니다. 제게 남아 있는 책들을 팔아 조금이라도 돈을 벌고자 했습니다. 콩스탕탱 왕자의 하인에게 책을 맡겼습니다. 그가 왕자의 마차에 실으면 어려움 없이 세관을 통과할 수 있었기 때문입니다.
>
> 짐 꾸러미에 해설문도 넣어 보냈느냐?
>
> 예, 부인하지 않겠습니다. 마야르가 책을 팔려면 해설문이 필요하다고 했습니다. 그래서 제가 직접 작성해 마야르에게 가져다주라고 마즐랭에게 건넸습니다. 하지만 마야르에게 필요한 정보를 제공하려던 것일 뿐, 책과 함께 유통해서는 안 된다는 조건을 걸었습니다.

마르빌은 수기로 쓴 종이 한 장을 꺼내 들었다.

> 이것이 해설문이냐?
>
> 맞습니다. 그게 바로 제가 작성해 마야르에게 보냈던 바로 그 문서입니다. 제가 드릴 수 있는 말씀은 그 책으로 번 돈은 한 푼도 없다는 것뿐입니다. 그 점을 헤아려주십시오.

마르빌은 그 간청을 묵살한 채 일장 연설을 늘어놓았다.

"구금된 이후 보나퐁은 자신에게 불리한 사실을 일부만 인정하고,

나머지는 부인하는 식으로 거짓된 논리를 만들어왔음이 밝혀졌다.”
가장 불경스럽고 위험한 종류의 출판물을 만들어 유통했으므로 보
나퐁은 유죄다. 보나퐁은 왕실의 명예를 훼손하여 돈을 벌고자 했
다. 따라서 왕실에서 은총을 베풀지 않는 한 감옥에 있어야 할 것
이다.

실제로 보나퐁은 바스티유에서 1년 2개월 정도만 머물렀다. 바스티
유 사령관의 보고서에 따르면, 그녀는 건강이 매우 악화되어 좀더 위
생적인 곳으로 옮기지 않으면 사망할 위험이 있었다. 그래서 물랭의
베르나르도 수녀원으로 옮겨져 면회와 서신 교환이 금지된 채 12년
간 갇혀 있어야 했다.
   바스티유 기록 보관소를 가득 채운 수백 건의 사건 중에서 이걸 고
른 이유는 무엇일까? 요즘 독자들에게 『타나스테』는 지루하게 느껴
질 것이다(원고를 직접 읽은 사람으로서의 추측이다. 지난 250년 동안 그
원고를 읽은 사람은 아마 나밖에 없을 것이다). 하지만 18세기 독자들에
게 해설문을 곁들인 그 소설은 큰 충격이었다. 루이 15세의 성생활과
그에 수반된 궁정 내 음모를 폭로한 첫번째 작품이었기 때문이다. 사
실 베르사유에서는 소문이 돌아 궁정 인사들은 왕의 불륜 관계에 대
해 잘 알고 있었다. 넬 후작의 세 딸과 왕의 쉽지 않았던 시작부터(그
중에서도 오스트리아 왕위 계승 전쟁 기간에 메스 전장까지 동행한 샤토
루 공작부인이 대중들에게 가장 많은 미움을 받았다), 퐁파두르 부인이
‘공식 애첩maîtresse en titre’ 자리에 오른 일까지 전부 알려져 있었다. 그
럼에도 『타나스테』의 문제는 이 모든 걸 인쇄물로 폭로했다는 데 있
었다. 해설문의 도움으로 ─ 타나스테는 루이 15세, 오로말은 플뢰리

추기경, 아마리엘은 수아송의 주교 등 ─ 독자들은 누구나 프랑스 왕국의 중심에서 권력과 성을 둘러싸고 무슨 일이 벌어지고 있는지 바로 이해할 수 있었다. 이것이 경찰이 그 책을 읽은 방식이었다. 경찰은 정부에 보낸 수사 보고서에 다음과 같이 적었다.

이 책은 전하와 왕비 마마, 샤토루 부인, 리슐리외 공작, 플뢰리 추기경, 그 밖에 궁정의 여러 귀족과 귀부인을 쉽게 떠올리게 해 모욕하는 우화입니다. 1744년 전하께서 메스에서 병을 앓으시는 동안 생긴 일, 전하께서 샤토루 부인을 돌려보냈다가 다시 불러들여 지위를 회복해주신 일, 샤토루 부인이 병을 앓다 사망한 일, 전하께서 퐁파두르 부인을 새로 선택하신 일을 설명하고 있습니다.[117]

그러니까 이건 출판물을 통한 불경죄lèse-majesté였다.

인쇄물을 통제하고자 했던 국가의 관점에서 봤을 때, 이 사건에서 더욱 주목해야 할 점은 이 모든 일이 하인 계층에서 이뤄졌다는 사실이다. 작가, 중개인(마즐랭), 밀반입자(콩스탕탱 왕자의 하인), 유통업자(마야르) 모두 다양한 자리에서 귀족을 섬기는 자들이었다. 뒤뷔송은 비밀 창고에 금서를 보관해두고 매대 아래서 또는 (속된 말로) "망토 안에서" 판매하는 베르사유의 많은 서적상 중 한 사람이었다. 베르사유 궁전 주변에 지하 출판물의 유통 경로가 사방으로 뻗어 있었던 것이다. 그리고 지하 출판업계의 종사자 중 일부는 여성이었다. 치안총감은 시녀가 그런 불온한 실화 소설을 썼다는 걸 믿을 수 없었다. 하지만 보나퐁은 소설뿐 아니라 시와 희곡까지 모든 작품을 직접 썼다. 더욱이 『타나스테』는 여성, 즉 루앙의 과부 페랑이 운영하는 인쇄소에서 제작되었다. 출판업계에 종사했던 많은 과부처럼 페랑도 남편이 사망한 뒤 그의 사업을 이어받은 것이었다. 출판물 담당 경찰이 마주해야 했던 건 이렇게 신분이 낮은 뜻밖의 인물들이었다. 이들은 서적 제작과 유통의 모든 단계에 광범위하게 참여하고 있었고, 이들과 이들이 만든 출판물은 문예사에 남은 그 어떤 위대한 사람이나 위대한 책보다 더욱 깊숙이 앙시앵레짐 사회 속으로 파고들고 있었다.

유통 체계, 그 모세혈관과 동맥

서적 '감독'은 대개 유통의 마지막 단계에서 시작되어 창고지기, 마부, 인쇄업자, 출판업자, 저자까지 역순으로 진행되었다. 불법 출판물을 근절하기 위한 단서를 찾으려면, 경찰은 모세혈관처럼 퍼져 있는 그 경로─뒷방, 행상이 다니는 길, 야외 가판대 등 출판계에서 가장 가난한 자들이 어렵게 생계를 꾸려나가는 장소─를 잘 알고 있어야 했다. 가난은 범죄로 이어지곤 했다. 가장 위험한 곳─불법 유통─에서 가장 큰 수익이 났기 때문이다. 경찰들은 가장 위험한 영역에서 활동한 소상인들을 체포했다. 수요에 공급을 맞추기 위해 고생한 이들이었다. 바스티유 기록 보관소에는 출판업계의 최하단에 위치한 이 '가난한 악마들pauvres diables'에 대한 이야기가 많이 남아 있다.

파리의 한 부키니스트bouquiniste(보통 야외에서 가판대를 펼쳐놓고 영업하는 소규모 서적상)와 관련된 서류에는 유통 체계 최하단에 대한 정보가 가장 많이 남아 있다. 업계에서 '라 피유 라 마르슈la fille

La Marche'(라 마르슈의 딸)로 알려진 루이즈 마니셀Louise Manichel은 파리 중심부, 즉 팔레-루아알Palais-Royal의 정원에서 리슐리외 거리로 연결되는 소로에서 가판대를 운영했다. 팔레-루아알은 발자크Honoré de Balzac가 『잃어버린 환상Les Illusions perdues』에서 그곳을 찬양하기 훨씬 전부터 출판 산업에서 중요한 매매 장소였다. 또한 앙시앵레짐 특유의 특허 체계가 지닌 또 다른 측면이 잘 드러나는 곳이기도 했다. 왕족인 오를레앙 공작 소유였던 팔레-루아알은 '특허받은 장소lieu privilégié'여서 경찰의 관할 밖에 있었던 것이다. 감독관과 그들의 정보원들은 정원 곳곳에 흩어져 있는 가판대에서 판매되는 상품을 조사할 수는 있었지만, 팔레-루아알 영주에게 사전 허가를 받지 않고 압수 수색이나 체포를 하는 건 불가능했다. 그리고 영주는 으레 범죄자들이 달아나기에 충분할 만큼 긴 시간 동안 지연해서 허가를 내주곤 했다. 그 결과 경내가 누구에게나 개방되어 있던 팔레-루아알은 범법 소지가 있는 모든 종류의 행위 ─ 성매매, 도박, 정치적 험담 유포, 불법 도서 판매 ─ 의 온상이 되었다. 라 피유 라 마르슈는 대신들의 음모, 왕족의 성생활, 그리고 철학적이든 성적이든 모든 형태의 자유사상에 관한 정보에 목말라 있는 대중들에게 정선된 상품을 제공했다.

그녀에게 그럴 권리는 없었다. 원칙적으로 모든 행상과 부키니스트는 경찰로부터 허가를 받아야 했고, 서적출판행정청에 등록되어 있어야 했다. 하지만 팔레-루아알은 특허받은 장소였기 때문에 그녀를 비롯한 몇몇 소매상에게 보호막이 되어주었다. 그들은 정원을 둘러싼 아케이드 아래에, 또 모든 연결 통로와 소로에 가판대를 설치했다. 필요한 경우 자기들끼리 거래하기도 했고, 서로 경쟁해서 가격을 낮추기도 했으며, 루브르나 팔레 드 쥐스티스* 같은 상대적으로 안전한 다른 구역의 소매상들과 협력 관계를 맺기도 했다. 그들은 주로 파리 주변부의 서적상들로부터 판매 물량을 확보했으며, 서적상들은 지방이나 해외의 비밀 창고와 인쇄소에서 물량을 조달했다. 라 마르슈는 서적 유통에 관한 모든 요령을 숙지하고 있었다. 어렸을 때부터 그 일을 해왔고, 1771년에 어머니가 사망하자 그때까지 어머니가 운영해온 노점을 물려받았던 것이다. 그녀의 아버지도 경찰에 "진짜 나쁜 책을 파는 나쁜 놈"[118]으로 알려진 인물로서 74세가 되어 쇠약해질 때까지 다른 구역에서 아주 작은 규모로 비슷한 사업을 했다. 그녀의 여동생도 1770년대 초 경찰에 체포되어 레베크 요새 감옥에 수감될 때까지 '나쁜 책'을 팔았다. 이 가족이 자신들이 팔던 책을 읽었던 것 같지는 않다. 라 마르슈는 문맹은 아니었지만, 바스티유에서 쓴 편지를 보면 글씨는 괴발개발인 데다 철자법도 엉망이어서 그 의미를 알아내려면 때로 소리 내어 읽어가며 유추해야 할 지경이었다.

  1774년 12월, 그녀에 관한 서류가 처음 작성될 때, 라 마르슈는 38세였다. 그녀는 생오노레 거리의 담배 가게가 있는 건물 뒤 아파트 6층 — 즉 저렴한 셋집 — 에서 종업원으로 채용한 과부와 함께 살았다. 당시 파리의 주거 환경에서는 경제적 차이가 수직적으로 나타났는데, 말하자면 가난한 세입자일수록 더 높은 층에 사는 경향이 있었다. 서적 감독관 피에르-오귀스트 구필Pierre-Auguste Goupil은 정보원에게 보고서를 받은 뒤 라 마르슈를 잡기 위한 덫을 놓았다. 그녀의 판

---

* Palais de Justice: 프랑스 파리의 중앙부인 시테섬에 자리한 건물로, 최고재판소인 파기원과 파리항소법원 등 주요 사법기관이 사용하고 있다.

매대에 빈번히 드나들며 불법 도서를 구입한 그 정보원은 당시 상황을 이렇게 묘사했다.

신간을 찾는 귀족, 신간을 배달시키려는 애서가, 신간을 화장대 위에 놓고 싶어 하는 여성 모두 이 여자에게 의존하고 있습니다.『공작과 그 동료 귀족에게 보낸 서한*Lettre à un duc et pair*』『소루에 경이 모푸 경에게 보낸 서한*Lettre du sieur de Sorhouet au sieur de Maupeou*』『뒤바리 부인의 생애에 대한 진본 회고록*Mémoires authentiques de la vie de Mme. du Barry*』『프로이센 왕의 저녁*Les soirées du Roi de Prusse*』 등, 이 여자는 그들의 호기심을 자극할 무언가를 늘 가지고 있습니다. 그녀에게는 없는 게 없고, 모든 걸 팔고 있습니다.[119]

제목들이 암시하듯이 라 마르슈는 정치적인 소책자와 추문을 소재로 한 작품을 대량으로 취급했는데, 그중 다수의 책은 대법관 르네-니콜라-샤를-오귀스탱 드 모푸*René-Nicolas-Charles-Augustin de Maupeou*를 겨냥하고 있었다. 모푸가 왕의 전제 권력을 강화하는 방향으로 사법체계를 재편했던 탓이었다. 그래서 1771년에서 1774년 사이에 저항적인 성격의 도서가 쏟아져 나왔다. 정부는 이런 종류의 출판을 억누르려고 가능한 모든 조치를 취했다. 심지어 1774년 5월 루이 16세가 등극하면서 모푸가 물러난 뒤에도 마찬가지였다. 정부에서 특별히 없애고 싶어 했던 소책자는『테레 신부가 튀르고 씨에게 보낸 서한*Lettre de M. l'abbé Terray à M. Turgot*』이었다. 이 소책자는 모푸에 대한 반감을 새롭게 임명된 안-로베르-자크 튀르고*Anne-Robert-Jacques Turgot* 내각에 대한 저항으로 이어지게 하려는 내용을 담고 있었다. 치안총감

장-샤를-피에르 르누아르Jean-Charles-Pierre Lenoir는 구필에게 이 소책자의 뒤를 캐내라고 지시했고, 구필은 정보원을 통해 라 마르슈의 노점에서 이 소책자 두 권을 구입했다. 그 뒤 구필은 라 마르슈의 사업에 대한 또 다른 보고서를 보냈다.

라 마르슈는 젊은 여성으로 팔레-루아얄에서 계속해서 『테레 신부가 튀르고 씨에게 보낸 서한』을 판매하고 있습니다. 사람들이 새로운 연극이라도 구경 가듯 그녀의 점포 앞으로 모여들고 있고, 세상이 떠들썩합니다. 게다가 이 소책자에 언급되어 명예를 더럽힌 분들에 대한 뒷이야기가 만들어지고 있습니다. 비교적 조악하게 쓰였지만, 소책자 전체에 퍼져 있는 사악한 악의가 자극적이어서 팔리고 또 읽히고 있습니다.[120]

경찰은 책의 배후를 캐내는 과정에서 그런 책들이 파리 대중에게 미치는 효과를 파악했다. 교묘하게 쓰인 소책자들과 전략적인 곳에 위치한 책 노점들이 여론의 흐름을 바람직하지 않은 방향으로 바꿔놓을 수 있었다. 라 마르슈는 고객들의 감정을 어떻게 다뤄야 하는지 잘 알고 있었다. 구필은 그녀가 다음과 같은 대화를 통해 자신의 비밀 요원에게 책을 구입하도록 유도했다고 적어놓았다.

그녀는 목소리를 낮추며 그에게 『뒤바리 부인의 생애』라는 책에 대해 들어본 적 있느냐고 물었습니다. "물론이죠. 왜요?" 그가 대답했습니다. "2주 전에 플랑드르에서 200권을 받아 왔는데 몇 권 남았거든요." 그 이후에도 그녀는 지분거리는 말투로 대화를 이어갔습니다. "이 새 책을 보신 적은 있나요? 『루앙 수사 신부들의 성무일도서 *Bréviaire des chanoines de Rouen*』예요. 역시 플랑드르에서 받아 왔죠." 그러더니 곧바로 판매대 밑에서 책을 꺼내며 가격으로 2리브르 8수를 제시했습니다. 그 책은 여기 동봉했습니다. 총감님, 짐작하셨겠지만 그건 도덕의 타락이라 할 만한 음란한 행위를 모아둔 책이었습니다.[121]

구필은 라 마르슈의 아파트를 압수 수색할 수 있게 허가해달라고 요청했다. 그는 그녀가 자신의 아파트에 금서들을 보관하고 있을 거라 믿었고, 그곳에서 그녀에게 책을 넘기는 공급책에 대한 단서를 발견할 수 있을 거라고 생각했다. 르누아르는 '철저한 수사'를 지시하며 그를 급파했다. 1775년 1월 23일 밤 10시, 구필은 피에르 셰농과 함께 라 마르슈의 집에 들어갔다. 셰농은 샤틀레 법원 관리로 서적 경찰과 자주 협력해온 사람이었다. 철저히 수색했지만 그들이 발견한 건 『테레 신부의 서한』세 권, 포르노그래피 책 『방탕한 자, 녹초가 되다*Le Volupteux hors de combat*』두 권과 조악한 회계장부가 전부였다. 이튿날 밤 11시, 그들은 체포 영장을 들고 다시 찾아가 그녀를 바스티유로 끌고 갔다.

라 마르슈는 바깥세상과의 모든 소통이 단절된 채 감방에 갇혔다. 이후 1월 27일, 셰농이 두 번에 걸친 심문 중 첫 심문을 맡았다. 이미 그녀와 비슷한 처지의 행상과 서적상 여럿을 상대로 치밀한 수사를 진행해둔 상황이었다. 셰농은 그들과 처음 대면했을 때는 심하게 몰아붙이지 않았다. 보강 수사로 드러난 증거를 토대로 다음 심문에서 그들을 옭아매려는 의도에서였다. 라 마르슈는 공급책에 대한 질문을 받자 어떤 남자가 짐 꾸러미를 들고 자신의 판매대 앞에 나타났다가 며칠 뒤에 수금하러 다시 오곤 했다며 모호한 대답을 늘어놓았다. 이름도 몰랐고, "중간 정도 되는 키"에 "약간 음울한 안색"이라는 묘사 말고는 다른 정보도 제시하지 못했다. 그러면서 자신은 단지 팔레-루아얄의 모든 부키니스트와 똑같은 책을 판매했을 뿐이며, 그 책들이 경찰의 용인을 받았을 거라 생각했다고 말했다. 또한 그 책들을 읽은 적이 없어서 내용에 대해 아는 바도 거의 없다고 했다. 『테레 신부의 서한』이 금서인지도 몰랐다. 고객들이 그 책을 찾는 상황에서, 신원을 알 수 없는 사람이 주머니에 십여 권을 들고 왔기에 구입했던 것뿐이다. 그가 이후에도 계속 찾아왔고, 책을 받아 팔다 보니 결과적으로 100권쯤 판매하게 되었다는 얘기였다. 셰농은 '책자' 500부라고 기입된 회계장부 내용을 지적하며 그녀를 궁지로 몰려고 했다. 하지만 라 마르슈는 '책자'란 그날 판매 실적을 정리할 때 사용한, 별 의미 없는 용어라고 대답했다. 그녀는 구체적이지 않은 그 표현이 어떤 책을 지칭하는지 기억할 수 없었다. 장부에 책 제목을 기록한 적은 없었다. 『뒤바리 백작부인의 생애』도 판매하지 않았느냐고 셰농이 물었다. 그녀는 단 두 권 팔았을 뿐이라고 대답했다. 한 고객에게 구입해서 가지고 있던 책이었다. 그가 와서 필요 없는 책이 몇 부 있다고 해서 사뒀다가 팔았던 것이다. 그녀는 그의 이름이나 주소도 몰랐고, 단지 50세 안팎의 신사로만 묘사할 뿐이었다.[122]

셰농은 그 지점에서 심문을 중단했다. 그는 수감자들이 처음에는 모든 걸 부인하려고 하지만, 습하고 우중충한 감방에 격리되고 방치된 채 어느 정도 시간을 보내고 나면 결국 무너지고 만다는 걸 경험을 통해 알고 있었다. 라 마르슈가 심문을 받았던 당일에 르누아르에게 쓴 편지를 보면 절박한 심정이 드러난다. 그녀는 가족 가운데 돈을 버는 사람은 자기 혼자라고 쓰고 있었다. 아버지는 투병 중이고, 동생은 몸도 제대로 가누지 못하며, 하인마저 아파서 모두가 자신에게만 의존하고 있는 상황인데, 사업이 망하게 될 거라는 내용이었다. 이해하려면 번역을 넘어서 문장 재구성이 필요한 수준의 그 편지를 통해 그녀의 마음 상태가 어떠했는지뿐만 아니라 읽고 쓰는 능력이 어느 정도였는지도 엿볼 수 있다.

La supliente in plor votre juistise vous prit de l'a regardé dun neuille de pitié je suis comme unemer de famille qui abesoins daitre ala taite de ses affair je un per de soisante e quinsans son et-tat nes pas sufisans pour le fair subsité et une seurs qui es dan la paine elle napoint dautre secour que de moy, je ... ne ces de vercé des larme de sens

(La suppliante implore votre justice [et] vous prie de la regarder d'un œil de pitié. Je suis comme une mère de famille qui a besoin d'être à la tête de ses affaires. J'ai un père de soixante et quinze ans. Son état n'est pas suffisant pour le faire subsister, et [j'ai] une sœur qui est dans la peine. Elle n'a point d'autre secours que moi. Je ... ne cesse de verser des larmes de sang.)

(본 탄원인은 총감님께 공정한 수사를 간청[하고] 저를 동정의 눈길로 봐주시길 빕니다. 전 한 가족의 어머니와 같은 존재로, 가정사를 책임져야만 하는 사람입니다. 제게는 75세의 아버지가 있습니다. 아버지가 하는 일로는 입에 풀칠하기도 어려울 지경이고, 병을 앓고 있는 동생도 [있습니다]. 동생이 의지할 수 있는 사람은 저밖에 없습니다. [……] 피눈물이 멈

추지 않고 계속 흐르고 있습니다.)[123]

그사이 경찰은 다른 단서들을 쫓고 있었다. 구필은 정보원과 부하 들의 도움으로 '라 팜 메키뇽la femme Mequignon'(메키뇽 부인)이 『테레 신부가 튀르고 씨에게 보낸 서한』을 유통했다는 사실을 알게 되었다. 메키뇽은 팔레 드 쥐스티스 경내의 쿠르 뒤 메Cour du Mai에서 책 판매대를 운영하는 부키니스트로 개인 살림집을 돌아다니며 그 책을 팔았고, 팔레-루아얄을 비롯한 다른 구역의 농료들에게 소량이지만 판매 물량을 공급하기도 했다. 그녀는 자신에게 책을 몇 권 구입한 구필의 정보원에게 그 책을 만든 인쇄업자와 비밀 거래를 했다고 털어놓았다. 그 인쇄업자가 수익을 나누는 조건으로 파리에서는 그녀에게만 책을 제공했다는 것이었다. 그녀는 이 비밀을 경찰뿐만 아니라 남편에게도 숨기려 했다. 돈을 벌고 있다는 걸 남편이 알면 본인의 몫을 요구할 것이 분명했기 때문이다.[124] 구필은 르누아르에게 보낸 보고서에서 그 인쇄업자가 유명 인사들의 명성을 더럽히려는 의도로 날조된 편지를 수록한 그 책의 재판을 찍고 있을 게 분명하다면서, 이 정보를 활용해 그의 위치를 알아내라고 조언했다.

동시에 경찰은 베르사유에 있는 상관들의 또 다른 걱정거리였던 책 『뒤바리 백작부인의 생애, 그녀가 교환했던 서신 및 육체적 관계와 정치적 음모에 대한 이야기를 덧붙였음Vie de Madame la comtesse du Barry, suivie de ses correspondances épistolaires et de ses intrigues galantes et politiques』에 대한 단서도 발견했다. 드소주 부자가 팀을 이뤄 은밀히 그 책을 판매해왔음을 알게 되었던 것이다. 그 부자는 수아르 거리에 있는 아파트에 살며, 프로망토 거리로 이어지는 루브르 광장 입구에서 작은 점포를 운영했다. 두 사람 모두 체포된 뒤 바스티유 감방에 분리되어 수감되었다. 역시 바깥세상과의 의사소통은 불가능했다. 안타깝게도 그들의 진술서는 찾을 수 없었지만(오직 셰농이 2월 2일 저녁 8시까지 아버지 드소주에 대한 마라톤 심문을 지휘했다는 기록만 있다),[125] 기록 보관소에는 그들이 주고받은 편지가 다수 남아 있었다. 셰농은 모든 증거를 토대로 수사를 진행한 끝에 라 마르슈의 주장을 무너뜨릴 수 있는 정보를 충분히 확보하게 되었다.

그는 『뒤바리 백작부인의 생애』에 관한 질문으로 라 마르슈에 대한 두번째 심문을 시작했다. 어떻게 판매 물량을 확보했는지 말해보거라. 지난번에 한 진술이 사실이냐? 사실입니다, 누군지 모르는 신사에게 구입했습니다. 그녀가 대답했다. 정확히 말해서 드소주라는 행상에게 구입한 게 아니냐? 셰농이 반박했다. 이 지점에서 라 마르슈는 더 이상 자신의 주장을 견지할 수 없다는 사실을 깨달았다. 그렇습니다. 그녀가 순순히 인정했다. "그를 고통에 빠뜨린다 해도 제 고통이 줄지 않을 터"이기에 그의 이름을 숨겼을 뿐입니다. 그녀는 아버지 드소주에게서 권당 5리브르를 주고 십여 권의 책을 구입해서, 권당 6리브르씩 받고 팔았다. 그럼 『테레 신부의 서한』은? 라 마르슈는 메키뇽에게 책을 받았다고 시인했다(그런데 '메키뇽 씨'라고 했다. 메키뇽 부인이 남편에게 수입을 숨기려고 한 시도가 실패로 끝난 게 분명했다). 이제 라 마르슈에게 더 들을 얘기는 없었다. 셰농은 그녀를 감방으로 돌려보냈다.

이 지점에서 수사는 파리의 영세 사업에서 더욱 큰 서적 유통의 세계로 확대되었다. 드소주의 아파트를 수색할 때 압수한 편지 수십 통 중에는, 33년간 행상으로 일한 아버지 드소주가 판매 물량 중 상당 부분을 라비네라는 베르사유의 상인에게서 구했음을 암시하는 편지가 몇 통 있었다. 드소주가 주문하면, 라비네가 지방의 도매상들, 특히 캉의 자크 마누리, 루앙의 아브라함 뤼카, 그리고 바이외에서 레코르셰라는 과부가 벌이는 사업을 총괄하고 있는 왈이라는 이름의 서적상으로부터 책을 받아 전달해주었던 것이다. 구필과 셰농은 1775년 2월 중순 노르망디를 향해 나섰다.

파리의 서적 경찰은 대규모로 위법행위가 저질러졌다는 증거가 축적되면, 혹은 정부에서 반정부적인 출판을 억압하라는 지시가 내려오면 지방으로 가 불시 수색을 실시했다.[126] 불시 수색을 위해서는 철저한 준비가 필요했다. 정보원을 통해 사전 조사를 하고, 지방관 및 그들의 대리인에게 협조를 구하고, 지역 경찰과 병력의 지원을 비롯해, 필요하다면 기병대 투입까지 조율해둬야 했다. 이 모든 것은 혐의자들이 눈치채지 못하도록 확실한 보안을 유지한 채 진행되어야 했다. 2월 20일, 구필과 셰농은 지역 경찰관 한 명을 대동하여 루앙의 케드 캉에 위치한 아브라함 뤼카의 서점에 도착했다. 서점은 생 뤼크 표지판 아래 있었다. 서점과 위층에 있던 살림집을 수색했지만, 의심스러운 그 무엇도 발견하지 못했다. 그들은 뤼카를 소환해 그가 금서를 대량 취급하고 있다는 걸 안다면서, 책을 어디에 숨겼는지 털어놓으라고 윽박질렀다. 65세의 산전수전 다 겪은 베테랑 상인이었던 뤼카는 겁먹지 않았다(그는 1771년에 바스티유에 수감된 적이 있었다). 하지만 그가 결백을 주장하는 사이, 그들은 꼭대기 층 천장에 구멍이 뚫려 있는 걸 발견했다. 뤼카는 종업원 침실로 사용하는 다락방으로 이어지는 구멍이라고 주장했다. 그들은 직접 확인하기로 했다. 사다리를 타고 올라가 보니 그곳에는 포르노그래피인 『샤르트뢰 수도원의 문지기, 동 B○○○의 이야기*Histoire de dom B..., portier des Chartreux*』
와 무신론적인 내용의 『기독교의 실상*Christianisme dévoilé*』 같은 심각한
불법 도서로 가득 찬 나무 궤짝이 있었다. 그들은 금서들과 함께 뤼
카의 장부와 편지를 모두 압수한 뒤, 그를 체포해서 경찰관의 호송하
에 바스티유로 데려가도록 했다.[127]

사흘 뒤 그들은 캉의 생소뵈르 광장에 위치한 자크 마누리의 서점
'학문의 근원A la Source des Sciences'을 급습했다. 한 경찰 간부가 밖을 지
키는 동안, 그들은 점포 안으로 들어가 『뒤바리 백작부인의 생애』를
비롯하여 정치적·외설적·반종교적 책을 다수 찾아냈다. 그들은 마
누리가 그 책들의 출판까지 진행했던 게 아닌지 의심했지만, 마누리
는 인쇄소와는 아무런 관련이 없다고 부인했다. 그는 34세밖에 안 되
었지만, 이미 오랜 세월 지하 유통 세계에 몸담아왔고, 1771년에는
반정부 책자를 출판한 죄로 바스티유에 4개월간 수감되었던 인물이
었다. 그는 이번에는 바스티유에 가두지 말아달라고 간청했다. 자신
과 아내가 아프다는 이유에서였다. 실제로 그의 아내는 죽음을 눈앞
에 두고 있었다. 그들이 침실에 들어갔을 때 마누리의 아내에게 약을
투여하고 있던 지역 의사가 이를 입증해주었다. 구필과 셰농은 마누
리에 대한 체포 명령을 유예해주기로 했다. 그들은 마누리의 서류를
압수하고 책들을 파리로 보낸 뒤, 다음 목표인 왈이 운영하는 서점을
향해 바이외로 출발했다.[128]

그 압수 수색에 대한 보고서는 기록 보관소에 남아 있지 않지만,
구필과 셰농이 유죄를 입증할 증거를 다수 찾아낸 것은 확실하다. 그
들이 무장 경찰과 함께 왈을 바스티유로 보냈기 때문이다. 한 지역
유지가 르누아르에게 관대한 처분을 요청하는 편지를 써 사태를 진

정시키려 한 흔적도 있었다. 그는 왈이 단지 점원일 뿐이고, 책에 대해 아무런 지식도 없으며, 가격을 어떻게 정하는지도 모르는 상황에서 도매상(사실상 주로 마누리)이 시키는 대로 판매했을 뿐이라고 주장했다. 왈은 점포를 물려받은 과부 레코르셰와 그녀의 여섯 아이들을 부양해야만 했다. 왈의 사업 재개가 허가되지 않는다면, 그들 일곱 사람의 생활은 극심한 곤궁에 처할 수밖에 없었다.[129] 하지만 경찰이 드소주의 아파트를 압수 수색할 때 발견한 왈과 드소주 사이에 주고받은 편지를 보면 그가 그렇게까지 죄가 없는 사람은 아닌 듯했다.[130] 구필과 셰농은 이 사건에 시간을 지체하지 않았다. 마누리를 심문하기 위해 서둘러 캉으로 돌아가야만 했기 때문이다.

그들은 2월 25일 캉에 도착해 숙소인 오베르주 뒤 팔레-루아얄에서 심문을 진행했다. 이 심문과 관련된 문서 중에 지금껏 남아 있는 건 그들이 마누리의 서점에서 압수한 도서 목록뿐이다.[131] 그 목록마저 심하게 찢겨져 있지만, 마누리가 모든 분야에 걸쳐 불법 도서를 대규모로 유통했다는 걸 확인하기에 충분할 만큼 많은 책 제목이 나열되어 있다. 일반적인 포르노그래피(『샤르트뢰 수도원의 문지기, 동 B○○○의 이야기』『계몽사상가 테레즈*Thérèse philosophe*』)와 함께 모푸 내각을 직접 겨냥한 저항적인 성격의 신간도 다수 포함되어 있었다.

『계몽사상가 테레즈』 14권

『하피들, 또는 모푸 나리에게 바치는 새해 선물들*Haquenettes ou étrennes au seigneur de Maupeou*』 65권

『양말 깁는 여인 마르고*Margot la ravaudeuse*』 3권

『복음에 관한 공정한 생각들*Réflexions impartiales sur l'Evangile*』 2권

『흔한 실수에 관한 논고*Traité des erreurs populaires*』1권

『볼테르 씨가 쓴 철학 서한*Lettres philosophiques par M. de Voltaire*』2권

『대부 마티외, 또는 사람 마음의 잡다한 특성*Le Compère Mathieu, ou les bigarrures de l'esprit humain*』7권

『행상인, 도덕적이고 비판적인 이야기*Le Colporteur, histoire morale et critique*』4권

『그리그리, 일본어로부터 번역한 실제 이야기*Grigri, histoire véritable traduite du japonais*』7권

『귀부인들의 아카데미, 또는 알루아시아의 음란한 이야기*L'Académie des dames, ou les entretiens galants d'Aloysia*』2권

『샤르트뢰 수도원의 문지기, 동 B○○○의 이야기』10권

『시테르의 신문, 또는 뒤바리 백작부인의 비밀 이야기*La Gazette de Cythère, ou histoire secrète de Mme la comtesse du Barry*』1권

『뒤바리 백작부인의 생애』4권

『[모푸가 설립한] 고등법원의 추도 연설*Oraison funèbre des conseils supérieurs*』92권

『이른바 루앙 고등법원의 전 고문 성직자인 페르셸 신부가 집전한 대미사*Haute messe célébrée par l'abbé Perchel, conseiller-clerc du ci-devant soidisant conseil supérieur de Rouen*』42권

『이른바 고등법원의 죽음*Derniers soupirs du soi-disant parlement*』118권

구필과 셰농은 마누리를 감옥으로 보내지 않았다. 아마도 마누리 자신의 병과 위중한 상태의 아내 때문이었을 것이다. 결국 뤼카와 왈 두 사람만이 라 마르슈와 드소주 부자가 수감되어 있던 바스티유로

보내졌다. 하지만 이들에게서 압수한 편지와 회계장부에는 경찰이 런던부터 세네바까지 포괄하는 사업망의 전체 윤곽을 그릴 수 있는 방대한 증거가 있었다.

이 사업망을 유지시킨 모든 주체와 그 안에서 유통된 모든 책을 열거하는 건 지루한 일일 것이다. 파리의 부키니스트들과 정반대의 입장에서 이 유통 체계를 조망하는 가장 좋은 방법은 마누리의 서점에서 압수된 서류 뭉치 — 구필이 바스티유 기록 보관소에 남긴 두꺼운 서류철 일곱 묶음 — 를 참고하는 것이다.

자크 마누리는 프랑스의 지방에서 가장 크게 도서 판매업을 벌였던 사람 중 한 명이다. 그는 18세기 초부터 캉에 자리 잡은 유명한 서적상 집안 출신이었다. 그의 아버지는 캉 시내 중심부의 노트르담 거리에서 서점을 운영하며 그 일대 도서 유통을 장악했던 인물이다. 장남이자 전도 유망한 후계자였던 자크는 아버지로부터 유통을 배웠다. 그는 18세의 어린 나이로는 드물게 지역 조합에서 장인 지위까지 받았다. 20대에는 아버지의 서점에서 일하면서, 자기 사업도 시작했다. 주로 은밀한 영역의 일이었다. 그가 경찰 기록에 처음 등장한 건 1770년 파리로 출장을 떠났을 때였다. 경찰은 그가 고급 숙소(리롱델 거리에 위치한 생에스프리 호텔의 정원이 내려다보이는 2층 객실)에 묵고 있으며, 무신론적 내용이 담긴 『자연의 체계Système de la nature』 두 권을 감독관 조제프 데므리의 비밀 요원에게 판매했다고 기록해두었다. 당시 수요가 가장 많은 위험한 책이었다. 데므리는 마누리를 체포하지 않고 "30세 정도 되는 키 큰 젊은 남성, 검이나 사냥용 칼을 차고 다님, 가발 머리끝을 주머니에 넣어 꾸민 머리 모양, 회색 프록 코트"[132]라고 그의 특징을 적은 서류를 만들어놓기만 했다. 마누리는 부랑자들처럼 하고 다니는 지하 유통 세계의 다른 사람들과는 구별되었다. 그에게서는 신사의 분위기가 느껴졌다.

1년 뒤 데므리는 1775년 구필이 수행한 것과 비슷한 임무를 맡아 캉, 아브랑슈, 생말로, 알랑송, 르망 등지의 서점과 인쇄소에 대한 압수 수색을 벌였다. 1771년 5월 4일, 그는 지역 경찰관 두 명과 기병대원 네 명을 대동하고 아버지 마누리의 서점에 들이닥쳐 꼼꼼히 수색했다. 서점은 큰 매장 한 곳과 1층에 딸린 방 몇 개, 위층에 있는 살림집, 마당 끝에 있는 책으로 가득 찬 창고 두 곳으로 구성되어 있었다. 의심스러운 것은 전혀 발견되지 않았지만, 그들은 한 정보원의 보고서를 통해 아들 마누리가 『카라되크 씨의 특별 재판*Le Procès instruit extraordinairement contre M. de Caradeuc*』 출판에 연루되어 있다는 사실을 알고 있었다. 그 책은 브르타뉴 사건이라고 알려진 정치적 위기에 관한 반정부적인, 총 네 권짜리 책이었다. 렌 고등법원의 검사였던 루이-르네 드 카라되크 드 라 샬로테는 왕의 여러 정책, 그중에서도 주로 조세 정책에 대한 고등법원의 저항을 이끈 인물이었다. 그는 1765년 체포 영장이 나오면서 수감되었는데, 이를 왕실의 폭정이라고 여긴 '애국자'들이 반발하면서 거세게 저항했다. 데므리의 압수 수색은 그들의 출판 행위를 탄압하려는 의도를 가지고 있었다. 체포 영장을 가지고 갔던 데므리 일행은 아들 마누리를 지역 내 한 감옥에 가두고 모든 외부인 접촉을 차단했다. 마누리는 "큰 충격과 두려움" 속에서 그날 밤을 보내야 했다. (아버지 마누리는 이 출판과 관련이 없었다.) 이튿날 심문 과정에서 아들 마누리는 그 책 400권을 판매한 부분만 인정했다. 하지만 나흘 뒤 데므리가 알랑송에 있는 장-자카리 말라시의 인쇄소를 급습했을 때, 말라시는 생말로에 사는 오비위스라는 서적상과 마누리의 의뢰를 받아 1,500권을 제작했다고 자백했다. 그러고는 마누리가 그 책들을 가져가면서, 파리 외곽의 한 창고로 옮긴 다음 파리에서 판매할 계획이라고 말했다고 했다. 말라시의 자백이 보강 수사로 사실임이 확인되면서 마누리는 바스티유에 수감되었다. 그는 4개월 보름 동안 감금되었고, 나중에 본인이 설명한 대로라면 2만 리브르를 손해 봤다.[133]

재정적으로 튼튼한 상인들은 그런 타격을 견딜 수 있었다. 1775년에 마누리는 그 손해액을 복구했을 뿐만 아니라, 캉의 생소뵈르 광장에 자기 소유의 서점을 내기까지 했다. 당시 근사하게 인쇄된 광고지에는 그 서점이 이렇게 묘사되어 있다.

학문의 근원

캉의 서적상 마누리 집안의 장남인 J. 마누리입니다. 저희 서점은 모든 장르에 걸쳐 희귀본과 귀중본을 포함한 수많은 장서를 제공합니다. 애서가들의 욕구를 충족해드리고, 훌륭한 서재에 부족한 책이 있다면 채워드리겠습니다.

프랑스 파리를 비롯해서 전 유럽의 주요 서적상과 연락을 취하고 있기 때문에 언론에 소개된 모든 신간뿐만 아니라 옛날부터 최근까지 거래되어온 희귀본도 언제든 제공해드릴 수 있습니다.[134]

마누리는 캉에 위치한 서점에 들르는 지역 고객을 상대로 영업을 벌이는 한편, 도매업에도 집중했다. 그의 편지를 보면, 그가 파리에 있는 아버지 드소주뿐만 아니라 릴, 루앙, 푸제르, 바이외, 생말로, 렌, 르망, 알랑송, 콩피에뉴를 비롯해 프랑스 북서부 여러 도시의 소매상에게 책을 공급했음을 알 수 있다. 그는 루앙, 생말로, 낭트와 아마도 저지섬을 지칭하는 것으로 보이는 '영국 섬'에 있는 인쇄업자들에게 의뢰해 책을 출판하기도 했다.[135] 그렇게 출판된 책을 받아 수백 권씩 판매하기도 하고, 판매 도서 목록을 다양화하기 위해 다른 도매 출판업자가 만든 책들과 교환하기도 했다. 그는 암스테르담, 헤이그, 제네바, 뇌샤텔의 주요 출판사와도 연락을 주고받았다.[136] 런던의 한 중개인은 그곳에서 인쇄된 반정부적인 내용의 소책자 수백 권을 제공하겠다고 제의하기도 했다. 프랑스에서 압수되었을 경우를 대비해 '보험' 조로 한 권에 1실링씩 가격을 할인해주겠다는 내용도 포함된 제의였다.[137] 또한 리옹의 서적상인 가브리엘 르뇨도 위험하지만 그만큼 기대 수익이 높은 거래를 제안해왔다.

귀하의 『세 사기꾼 *Trois imposteurs*』(모세, 예수, 무함마드를 향한 공격)은 이미 인쇄본을 가지고 있고, 또 『동 B○○○』는 거의 끝물이라 별로 구미가 당기지 않아 받을 수 없습니다. 『신학적 사고 *Pensées théologiques*』는 구판 재고가 아직 많습니다. 말씀하신 『시테르』(즉 『시테르의 신문, 또는 뒤바리 백작부인의 비밀 이야기』)는 제가 루앙에서 교환으로 입수한 책을 가리키는 건지, 제가 곧 인쇄를 마치게 될 책을 가리키는 건지 잘 모르겠습니다. 인쇄를 마치게 될 책 표제지는 동봉했습니다. 책이 없으시다면, [……] 처음 책을 받는 분들 명단에 올려드리겠습니다. [……] 저는 팔절판으로 된 두 권짜리 책 『모푸아나 *Maupeouana*』(즉, 모푸를 반대하는 작품 선집)와 일러스트가 포함된 『매춘부 *La Fille de joie*』를 비롯해서 조만간 귀하에게 제안드릴 몇 권의 책 작업을 진행 중입니다. [……] 우리가 거래를 트게 되면, 분명 공동 출판까지 가능할 것입니다. [……] 저는 이러한 책들을 쓸 데가 매우 많아서 대량 인쇄 작업만 신행하지만, 그렇다고 해서 재판을 못 찍을 일은 없습니다. [……] 제 판단만 믿으시면 됩니다.[138]

몇몇 사례에서는 그 확산 과정을 단계별로 재구성할 수 있다. 이를테면 다음 사례를 보자. 1774년 5월 르뇨는 제네바 변두리의 서적상이자 인쇄업자인 자크-뱅자맹 테롱에게 세 권짜리 책인 『모푸가 프랑스 군주정 헌법에 가져온 혁명의 역사적 일지Journal historique de la révolution opérée dans la constitution de la monarchie françoise par M. de Maupeou』를 제작해달라고 의뢰했다. 루이 15세 재위 기간 말년에 나온 반정부 출판물 중 가장 중요하다고 할 수 있는 책이었다. 1775년 1월 (리옹의) 르뇨는 (캉의) 마누리에게 그 책 100권을 보냈다. 동봉한 송장은 이름을 숨긴 채 주의를 기울여 작성했고 "즉시 찢어 버리세요"라는 추신도 덧붙였다. (나는 "이걸 태우시오" 또는 "이걸 없애시오"로 끝나는, 유죄를 입증할 만한 편지를 놀랄 정도로 많이 발견했다.) 마누리는 (바이외의) 왈에게 그 책 두 묶음이 2월 첫 주에 도착할 예정이라고 알려주었다. 그리고 2월 24일 왈은 자신의 고객 중 한 사람인 노르망디 이즈니 근처의 성에 사는 귀족에게 "독서 취향과 특히 애국심을 고려했을 때 딱 맞는 책"이라고 강조하며 그 책을 구입하라고 권했다. 편지를 보면 책이 출판업자로부터 도매상, 소매상, 독자에게로 전달되며 가격이 오르는 현상까지도 알 수 있다. 르뇨가 마누리에게 『역사적 일지』를 팔 때는 한 권당 6리브르였던 가격이, 왈에게 팔 때는 9리브르, 그리고 왈이 그의 고객에게 팔 때는 15리브르로 상승했다.

불법 도서 사업으로 창출되는 돈은 어마어마했지만, 그만큼 감수해야 할 위험도 컸다. (가장 큰 서적상이나 출판업자의 사업이라고 예외일 수는 없었다.) 마누리에게 3천 리브르의 빚 — 다른 공급상에게는 더 큰 빚을 졌음이 분명했다 — 을 진 르뇨는 모습을 감추었다. 불법으로 은밀한 영업을 벌이는 사업가가 파산하는 경우는 빈번했다. 그들은 잘못된 투기로 큰 손실을 입으면 대금 지불을 유예하거나 채권자와 합의를 시도했고, 채권자들끼리 싸움을 벌이도록 유도하기도 했다. 이도 저도 어려우면 처자식마저 버리고 부랑자가 되었다. 마누리 본인도 1778년 말 파산하고 말았다. 그는 채권자들과의 합의를 통해 일을 다시 시작해 1789년 즈음까지 "자신의 주된 사업"[139]인 불법 출판물 판매를 계속했다. 하지만 그는 서적상들의 환어음을 지급하던 금융업자들 사이에서 신뢰를 회복하지 못했다. 한 금융업자는 마누리에게 많은 불법 도서를 공급하던 스위스 출판사 소시에테 티포그라피크 드 뇌샤텔에 "그 사람은 전혀 믿을 만하지 않습니다. 그에게 치부를 드러내지 마십시오"라고 경고하기도 했다.[140]

마누리의 가장 큰 문제는 드소주처럼 늘 지불하지 않을 핑계만 찾는 소매상들에게서 돈을 쥐어짜야 한다는 데 있었다. 예를 들어 1775년 1월 드소주는 『고등법원의 추도 연설』이라는 반정부적인 성격의 소책자를 받기 위해 주문서 몇 장을 보냈다. 드소주는 자신의 고객들이 "그 책을 가지려고 악마처럼 나를 괴롭힙니다"[141]라고 적었다. 그는 베르사유에 있는 자신의 비밀 창고에서 파리로 책 한 묶음을 밀반입하는 데 성공했다. 하지만 두번째 묶음을 배송할 때 파리 교외에서 경찰에게 적발되고 말았다. 드소주는 마누리에게 공급자로서 손해 비용을 분담하고, 더 많은 부수의 『고등법원의 추도 연설』을 『뒤바리 백작부인의 생애 이야기』100권과 함께 보내달라고 요청했다. "최대한 빨리 보내주세요. 그렇지 않으면 아무 의미도 없을 겁니다. 경찰의 주목을 받지 않고 빨리 파는 게 너무나도 중요하거든요. 이와 함께 『샤르트뢰 문지기』(『샤르트뢰 수도원의 문지기, 동 B○○○의 이야기』) 열두 권, 『교양 있는 수녀들 Nonnes éclairées』(『수도원의 비너스, 또는 속옷 바람의 수녀』의 개정판) 여섯 권, 『종교의 신비에 관한 진실 Vérités des mystères de la religion』 두 권도 보내주세요."[142] 마누리는 이 서적 대금을 한 푼도 받지 못했다. 경찰이 대다수의 책을 압수하고 드소주를 체포했던 것이다. 또한 경찰이 마누리의 서점에서 입수한 편지에는 유죄를 입증할 만한 내용이 다수 적혀 있었다.

그러한 편지들과 그 밖에 드러난 수많은 추가 증거를 보면 불법 유통의 정점에 있는 사업가들이 시정잡배처럼 파렴치하게 행동했음을 알 수 있다. 그들은 비열한 수단을 다양하게 활용했다. 같은 책을 제목만 바꿔 팔기도 했다. 많은 빚을 지고서는 배송 지연이라든지 운송비 과다 같은 구실을 지어내 환어음 지급을 거부하기도 했다. 또한 경쟁 서점에 정보원을 심어 정보를 캐낸 후 경찰에 고발하는 경우도 있었다. 그들은 허세를 부리고, 거짓말을 하고, 속임수를 쓰고, 사기를 쳤다 — 물론 훨씬 질이 안 좋은 사람도 있었고, 전혀 그렇지 않은 사람도 있었다. 볼테르 책을 펴내던 제네바의 출판업자 가브리엘 크라메르나 루소 책을 펴내던 암스테르담의 출판업자 마르크-미셸 레는 고상하고 진실한 사람들이었다. 하지만 그들은 예외일 뿐이었다. 출판은, 적어도 불법적인 영역의 출판은, 바른 사람들이 할 만한 일이 아니었다.

경찰 업무도 마찬가지였다. 구필은 감독 업무를 수행하기 위해 수상한 사람을 수없이 만나야 했다. 그는 그중 상당수를 체포해 그들의 활동에 대해 많이 알게 되었다. 그렇게 그와 그의 상관들, 특히 치안 총감 르누아르는 출판의 지하 세계에 대해 완벽히 파악할 수 있었다. 하지만 법망 밖에서 유통되는 책들이 너무나도 많았기 때문에 그 책들을 전부 압수할 수도, 유통업자를 모두 체포할 수도 없었다. 그들이 체포한 사람은 팔레-루아얄의 부키니스트와 공급을 담당하는 사업가를 연결하는 중간 상인 몇 명이 전부였다. 중간 상인들은 바스티유로 보내져도 불과 몇 달 머물다 석방된 뒤 라 피유 라 마르슈와의 거래를 시작으로 사업을 재개했다.

라 마르슈가 감방에서 편안한 시간을 보낸 것은 아니었다. 그녀는 오래도록 석방되기만을 기다리면서 깊은 절망에 빠져들었다. 두 달 뒤 그녀는 이렇게 편지를 썼다.

Qui son donc mes enmi je né jamais fait de malle ny de paine a qui se soit e il faut que je soit a cabalé sou le pois de la doulheure quelles donc mon sor je suis comme ci je né extes plus je suis oublié de tout le monde

(Qui sont donc mes ennemis ? Je n'ai jamais fait de mal ni de peine à qui que ce soit, et il faut que je sois accablée sous le poids de la douleur. Quel est donc mon sort ? Je suis comme si je n'existais plus. Je suis oubliée de tout le monde.)

(그래서 저의 적들은 누구인가요? 저는 누구에게도 해를 끼치거나 슬픔을 주지 않았습니다. 그럼에도 저는 고통의 무게에 짓눌려야만 해요. 제 운명은 어떻게 될까요? 저는 더 이상 존재하지도 않는 듯해요. 세상사람 모

두에게 잊힌 것 같습니다.")[143]

라 마르슈는 체포 당일에는 희망의 끈을 놓지 않았다. 바스티유로 이감되기 전에, 그녀는 구필에게 따로 보자고 해 자신을 풀어주면 정보원 노릇을 해주겠다고 제안했다. 그녀는 다른 부키니스트들 — 특히 기요, 모랭, 레스프리 — 의 불법 활동에 대해서 모든 걸 알고 있었다. 그들이 한 모든 일에 관해 알려줄 수 있을 뿐만 아니라 가장 최근에 나온 신간 도서를 제공할 수도 있었다. 그러면 구필은 팔레-루아얄의 판매대 밑에서 어떤 책이 유통되는지 정확히 파악할 수 있을 터였다. 사실 라 마르슈는 전임 서적 감독관이었던 조제프 데므리를 위해 정보원 활동을 한 적이 있었다. 구필은 썩 괜찮은 제안이라고 생각해서 르누아르에게 전달했다.[144] 르누아르가 거절하기는 했지만, 그 계획이 곧바로 폐기되지는 않은 듯하다. 3월 말에 르누아르가 바스티유를 관장하는 라 브릴리에르 공작에게 라 마르슈를 석방해달라고 요청했던 것이다. "근 2개월간 구금되어 있었으니 충분히 처벌받은 것 같습니다. 그녀에게 자유를 줘도 아무런 문제가 없으리라고 생각합니다."[145] 바스티유 행정장교의 보고서에 따르면, 라 마르슈는 1775년 3월 30일 석방되었다. "우리에게 명령장을 가지고 온 사람은 경찰 감독관인 구필 씨였습니다. [……] 그는 자신의 마차에 태워 수감자를 집으로 돌려보냈습니다. 두 사람의 관계는 매우 좋아 보였습니다."[146]

좋아 보였던 두 사람의 관계는 놀라운 반전을 이끌어냈다. 구필은 라 마르슈를 비롯해 이제껏 체포해 교화해온 다른 모든 소매상들로부터 얻어낸 정보로, 서적 지하 유통에 대해 광범위한 지식을 쌓을 수 있었다. 그는 그 지식을 바탕으로 직접 그 일에 뛰어들기로 결심했다. 불법 도서를 압수하는 척하면서 몰래 그 책의 출판을 의뢰했다. 그는 모든 도서를 다 다루었다. 법 집행에 헌신하는 모습을 보이기 위해 몇 권은 압수하고, 나머지는 행상 — 주로 라 피유 라 마르슈 — 을 통해 판매했다. 사업은 얼마간 성공적으로 운영되었으나, 그가 고용한 한 중간 상인이 그를 고발했다. 구필은 감옥에 갇힌 신세가 되었고 1778년 뱅센 지하 감옥에서 사망했다.[147]

이 연극 같은 이야기에서 경찰과 수감자는 흥미로운 배역을 맡았다고 할 수 있다. 하지만 그들이 만들어낸 이 인간 희극에는 독자들의 흥미를 불러일으키는 것 이상의 중요한 의미가 있다. 이는 국가가 인쇄물을 어떤 식으로 통제하려 했는지를 보여준다. 검열관들을 대상으로 검열을 연구하는 건 이야기의 절반만 드러내는 셈이다. 나머지 절반은 경찰의 탄압과 관련이 있다. 경찰 업무까지 검열의 한 형태로 다룬다면, 검열이라는 개념을 지나치게 확장하는 걸까? 자기 이름 뒤에 '왕의 검열관censeur royal'이라는 직함을 자랑스럽게 붙이던 18세기 프랑스인들에게 검열이란 서적에 특허를 부여하는 기능일 뿐이었다. 하지만 많은 서적은, 아마도 대부분의 서적(해적판과 금서)은 법체계의 범위 안에서 유통되지 않았다. 검열이 국가가 서적에 행사하는 강제력과 관련된 것이라면, 서적 경찰은 서적출판행정청의 공식 업무와 같은 종류의 활동을 했다고 봐야 할 것이다. '행정'과 '감독'은 18세기 프랑스에서 전혀 다른 의미를 띠는 말이었지만, 책의 역사는 그 두 가지를 포괄하도록 넓게 연구되어야 할 것이다. 그리고 책의 역사는 프랑스 자체의 역사로까지 확장되어야 한다. 왜냐하면 책을 다뤘던 모든 이들의 모든 활동을 보고 내릴 수 있는 한 가지 결론은 그들의 세계가 프랑스 사회 전체로, 즉 글을 제대로 쓸 줄 놀랐넌 행상과 제대로 읽을 줄 몰랐던 밀반입자에게까지 확장되었다는 것이기 때문이다. 보나퐁의 사례가 보여준 것처럼 심지어 사회 하층민 출신인 작가도 있었고, 책의 세계 어디서든 여성을 찾을 수 있었다. 그러므로 18세기 프랑스의 사례는 검열의 역사를 이해하는 두 가지 방법을 제시한다. 하나는 검열관들의 업무에 집중함으로써 검열을 좁게 이해하는 것이다. 다른 하나는 출판물을 사회질서에 내재된 문화 체계로 받아들이면서, 검열을 넓은 관점에서의 문화예술사 안에 포함하는 것이다. 내 입장에서는 후자를 선호하며, 그 방법이 다른 시대와 장소의 검열을 연구하는 데 더 유용하다고 생각한다. 특히 19세기 영국령 인도를 연구하는 데 유용하다. 그곳에는 원칙적으로 출판의 자유가 있었지만, 정부가 위협받는다고 여길 때마다 혹독한 제재가 가해졌다.

제2부 영국령 인도 :

자유주의와 제국주의

세계사 교과서나 강의 수준에서 보면 자유주의와 제국주의는 19세기를 휩쓸고 지나갔지만 궤도가 달랐기 때문에 서로 관련이 거의 없는 추상적인 힘 정도로 다뤄진다.[1] 하지만 자유주의와 제국주의는 개인들의 삶 속에서 결합되기도 했다 ─ 공허한 '주의'로서가 아닌 사적인 체험으로서 결합되었으며, 그 과정에서 권력 체계 안에 숨겨진 모순이 드러났다.

벵골 지역에서 활동한 영국계 아일랜드인 선교사 제임스 롱James Long 사건은 영국령 인도의 심장부에서 드러난, 이러한 모순의 전형적인 사례다. 당시 인도를 통치하던 영국의 제국주의자들이 본국에서 습득한 자유주의적 원칙에 따라 자신들의 임무를 수행하려고 해서 생긴 모순이었다. 영국에서는 휘그당이건 토리당이건, 자유당이건 보수당이건, 표현의 자유와 출판의 자유 같은 특정한 권리를 인정하고 있었다. 하지만 인도에서는 이러한 권리들이 특이한 경향을 보였다. 제국 정부의 관료들은 법정에서 이런 권리들이 문제가 될 경우 익지로라도 모순을 타개하기 위해 최선을 다했다. 특히 롱을 재판에 회부했을 때 그랬다.

아마추어 민족지학

롱은 1814년 아일랜드 코크주에서 태어났다. 언어에 재능이 있고 외국 문화를 동경했던 그는 선교 활동에 열의를 보였다. 그는 런던의 성공회선교협회 이즐링턴 대학에서 수학한 뒤, 1840년에 영국 성공회 사제로 서품되었다. 그리고 그해 인도로 건너가 캘커타* 근처의 한 마을에서 30년 동안 사제로 지냈다. 그사이에 그는 인도의 몇몇 언어를 완벽히 익히고, 『벵골어 속담Bengali Proverbs』(1851)과 『토착어로 쓰인 서적과 소책자 목록 및 해설Descriptive Catalogue of Vernacular Books and Pamphlets』(1867) 같은 학술서를 출판하면서 뛰어난 문헌학자이자 민속학자로 명성을 얻었다. 하지만 그의 가장 뛰어난 저술은 출판되지 못했는데, 1859년 제국 정부를 위해 작성한, 출판물에 관한 비밀 보고서였기 때문이다 — 출판물 외에도 암시적으로나마 혁명에 대해 언급하고 있었다.

1857년의 세포이 항쟁 — 일부 인도인이 선호하는 표현대로라면 '제1차 인도 독립운동' — 은 혁명이라고 하기에는 다소 부족할 수 있

---

* Calcutta: 인도 동부 서벵골주의 주도. 영국령 인도의 첫번째 수도였다(1858~1911). 2001년 도시 이름을 '콜카타Kolkata'로 공식 변경했다.

지만, 영국령 인도를 통째로 흔들어놓았다. 세포이sepoy(영국 군대 소속의 인도인 군인)들은 영국인 장교들을 쓰러뜨리고, 마하라자maharaja와 나와브nawab(준準자치주의 통치자들)뿐만 아니라 지역 내 소작농들의 지도자로부터 지원을 받아 인도 북부와 중부의 광범위한 지역에 대한 통제권을 장악했다. 이후 1년이 넘는 유혈 분쟁을 겪은 뒤에야 영국인들이 다시 통제권을 행사할 수 있었다. 영국인들은 그 기간 동안의 피해를 조사하면서, 자신들이 지배해온 '현지인'들에 대해 아는 게 거의 없다는 사실을 깨달았다. 1858년에 그들은 동인도 회사를 폐쇄하고, 관료제를 갖춘 근대국가를 건설하고자 서적을 포함한 인도 사회의 모든 측면을 조사하기 시작했다.

인도 아대륙에는 포르투갈인들이 처음 들여온 1556년 이래로 인쇄기가 존재했지만, 그 후 250년 동안은 선교사 거주지, 제국의 관청, 그리고 몇몇 신문사에서만 사용되었다. 하지만 1858년쯤에는 다양한 언어로 서적이 인쇄되는 등 출판이 중요한 산업으로 자리 잡게 되었고, 이에 새로 출범한 인도 행정청*도 출판업 현황을 파악하기 시작했다. 이와 관련해서 가장 먼저 등장한 문서는 부정기적으로 작성된 서적 출판량에 대한 '보고서'다. 그다음에는 등록된 신간 출판물을 분기별로 정리한 '도서 목록'이, 최종적으로는 각 지역의 서적 출판을 분석하고 계량화한 '연감'이 작성되었다. 공식적으로 작성된 이런 종류의 문서는 편향적일 수밖에 없었다. '현지인'들에 대한 관찰보다 영국인들에 관련된 내용이 더 많았던 것이다.[2] 하지만 일부 문서는 민

---

* Indian Civil Service(ICS): 1858년부터 1947년까지 영국령 인도의 식민 통치에 종사한 고위 관료 조직.

족지학적으로 주목할 만한 관찰 내용을 기록하고 있었는데, 그중 가장 뛰어난 것이 세포이 항쟁 이후 제임스 롱이 작성한 문서였다.

롱은 벵골주 부지사와 공교육 책임자의 지원을 받아 1857년 4월부터 1858년 4월까지 벵골어로 된 인쇄물을 전수조사하기 시작했다. 그는 1년여의 조사 기간 동안 최소한 두 번에 걸쳐 캘커타 내 벵골어 서적 인쇄소를 모두 둘러보았다. 또한 1857년부터 캘커타의 '현지인 거주지' 곳곳에서 발견된 책을 전부 구입했다. 가격과 인쇄 부수를 도표화하고, 행상인들을 따라다녔으며, 사람들이 소리 내어 읽는 것을 엿듣고, 작가들을 인터뷰했다. 그리고 과거의 독서 습관에 대한 정보를 찾기 위해 관련 기록을 샅샅이 뒤졌다. 결국 그는 아마추어 민족지학자로 변모했고, 자신의 연구 주제에 깊이 천착해 벵골 지역 출판 전반을 개괄하는 폭넓은 관점을 갖게 되었다. 통계자료를 바탕으로 판단하고, 공감하려는 태도로 책을 있는 그대로 읽었기 때문에 가능한 일이었다.[3]

롱은 영국인 인디고* 농장주에게 착취당하던 소작농의 편에 설 정도로 현지인들에게 연민을 느끼고 있었지만, 글은 인도에 사는 영국인의 입장 — 제국주의의 대리인이면서, 제임스 밀James Mill에서 존 몰리John Morley에게로 이어져 내려온, 즉 자유와 다양성을 강조하고 인쇄물을 문명화의 동력으로 찬미하는 입장 — 에서 썼다. 예컨대 롱은 책을 통해 "힌두교 전통주의자들" 사이에 존재하는 과부의 재혼 불가 같은 "무지한 편견을 무너뜨릴 수 있을 것"[4]이라고 생각했다. 일각에서는 검열을 실시해야 한다고 건의했지만, 그는 출판의 자유

---

* indigo: 높이가 약 2미터까지 자라는 낙엽 반관목이다. 청색으로 염색하는 염료를 취한다.

를 촉진하고 인도 문학이 발전할 수 있게 장려해야 한다고 제안했다. 또한 영국이 인도 신문들에 주의를 기울였다면 불안 징후를 충분히 감지했을 것이고, 결과적으로 세포이 항쟁을 막을 수 있었을 것이라고 주장했다. 영국이 제국을 유지하려면 정보가 필요했고, 그 정보는 주로 인쇄물에서 얻을 수 있었다.

롱은 서적 출판에 대한 자료를 모아서 그런 목적에 기여하고자 했다. 그의 계산에 따르면 1820년 이전까지 출판된 벵골어 서적은 모두 합쳐도 30종에 불과했는데, 대부분 힌두교와 힌두 신화에 관한 것이었다. 1822년과 1826년 사이에는 28종의 신간이 나왔는데, 이 책들의 주제도 같은 것이었다. 이후로도 19세기 중반까지 출판은 미미한 수준이었다. 전환점은 1852년에 찾아왔다. 그해에 새로운 장르인 '실용서'를 포함해 50종의 벵골어 서적이 출판되었던 것이다. 롱의 조사가 있었던 1857년쯤에는 출판 산업이 호황을 맞았다. 캘커타에 있던 인쇄기 46대로 12개월 동안 신문 6종, 정기간행물 12종을 포함해 총 322종의 새로운 출판물을 찍어냈다. 롱이 추산한 바에 따르면, 그 이전 반세기 동안 출판된 서적을 모두 합쳐도 1,800종 정도에 불과했다. 활자와 종이의 질도 향상되었다. 인쇄업자들은 낡은 목판 인쇄기를 폐기했다. 작가의 수도 늘어났다. 소작농들은 여전히 글을 읽지 못했지만, 의미 있는 문학 시장도 형성되었다. "벵골 시골 지역에서 글의 의미를 이해하며 읽을 수 있는 인구는 채 3퍼센트가 되지 않는다. 봄베이의 경우 글자를 읽을 수 있는 인구조차 3퍼센트도 되지 않는다." 영국인들은 교육을 장려하여 대중이 겪는 불편을 줄여줄 수 있었다. "정부의 관심은 농민[소작농과 일부 임차농]의 사회적 조건을 개선하는 데 집중되어왔다. 하지만 그와 함께 정신적 계몽이 수반되어야 한다. 정신적 계몽이란 농민들에게 자민다르*[인도인 지주]와 농장주[영국인 인디고 재배업자]의 부당한 대우에 맞설 수 있도록 **사내다운** 기개를 불어넣어 주기 위한 것이다. 교육의 긍정적 효과로 스스로 당당한 사내라는 느낌을 갖도록 해주려는 것이다."[5]

롱은 자신의 글에서 자유를 강조하는 빅토리아 시대 감성을 숨기지 않았다. 그의 취향은 벵골어의 산스크리트 어원을 전달하는 형식의 진지한 출판물 쪽이었지만, 책력删曆 같은 대중적인 장르도 관심을 갖고 살펴보았다.

책력은 다른 벵골어 서적이 거의 닿지 않는 곳까지 유통된다. 벵골력으로 새해가 시작되기 직전은 캘커타의 현지인 책력 상인들에게 분주한 시기다. 그때가 되면 수많은 서적 행상이 인쇄소 앞에 모여들어 벵골 전역으로 배달할 책력 재고를 싣고 있는 모습을 볼 수 있다. 일부 책력은 80쪽에 1아나[1루피는 16아나로, 당시 숙련 노동자의 하루 임금이 대개 6아나 정도였다] 정도의 싼값에 판매된다. 벵골 책력은 벵골인들에게 물담배 또는 냄비만큼이나 필수적인 것이다. 책력이 없으면 그들은 결혼 길일(1년에 총 22일), 아기에게 처음으로 쌀을 먹이는 날(1년에 27일), 임신 5개월에 접어든 산모가 쌀을 먹는 날(12일), 집 짓기를 시작하는 날, 귀를 뚫는 날, 아이의 손에 분필을 쥐여 주고 쓰는 법을 가르치는 날을 정할 수 없다. 또한 여행을 언제 시작해야 할지 결정하는 것도, 열병의 지속 기간이나 병세를 가늠하는 것도 불가능하다.[6]

---

* zamindar: 영국령 인도에서 토지 소유권을 인정받고 국가의 지조 징수를 맡았던 영주나 지주를 가리킨다.

캘커타 책자 협회Tract Society of Calcutta는 기독교 책력을 발간하여 벵골 책력이 미치는 영향을 줄이고자 했다. 하지만 롱에 따르면 기독교 책력에는 예언이 부족했기 때문에 가져가는 사람이 거의 없었다.

롱은 역사책에 대한 관심도 높지 않았다고 언급했다. 그가 보기엔 힌두교도 독자들이 만물이 변화하는 큰 흐름 속에서 벌어지는 작고 세속적인 일들은 하찮게 여기는 게 그 원인이었다. 그럼에도 벵골 대중들은 시사 문제에 대한 냉소적인 비평을 즐겼다. 특히 극 형태의 비평을 좋아했다. 내륙 지역에서는 자트라* 패거리(유랑 극단)가 이 마을 저 마을 돌아다니며 힌두 신화에 바탕을 둔 연극을 공연했다. 그 연극에는 외설적인 사건, 불경한 노래, 그리고 영국 농장주와 통치자 들에 대한 뒷이야기가 포함되어 있었다. 캘커타에서도 이와 비슷한 주제의 작품들 — 일부는 판디트** 극작가들이 쓴 것이고, 또 다른 일부는 슬랩스틱이나 보드빌*** 형식으로 즉흥적으로 무대에 올려진 것이었다 — 이 활발한 극장가의 레퍼토리를 장악하고 있었다. 캘커타의 인쇄업자들은 이 연극들을 저렴한 책으로 제작했고, 서적 행상들은 이 책들과 함께 또 다른 인기 장르인 노래책을 지역 구석구석으로 팔러 다녔다. 노래책은 연극을 보완하는 노래들을 모아 엮은 것이었다. 이 책들은 많은 부분이 롱의 빅토리아 시대 감성에 맞지 않

---

* jatra: 벵골 지역에 널리 퍼져 있는 민속극. 독백, 노래, 민속음악에 맞춘 춤 등이 자유롭게 어우러지는 형식이다.
** pandit: 힌두교의 현인, 학자 등을 가리킨다. 대개 브라만 출신으로 다방면에 걸쳐 학식이 뛰어나 왕에게 조언하는 역할을 맡았고, 종교의식을 집행하기도 했다.
*** voudeville: 춤과 노래를 곁들인 가벼운 희극.

았지만, 그는 이에 대해 상세하게 논하면서 그 대중적인 호소력을 강조했다.

벵골 노래는 와인에 대한 애정을 드러내거나 스코틀랜드 노래처럼 전쟁에 대한 찬양을 강조하지 않는다. 대신 베누스나 인기 있는 신들에게 헌정된다. 그런데도 추잡하고 불결하다. 그중 가장 잘 알려진 것은 판찰리panchali다. 축제에서 불리는 노래들로, 다양한 형태의 책으로 수천 권씩 판매되고 있다. 양질의 종이로 만든 잘 꾸며진[즉 디자인과 인쇄 과정을 거친] 책도 있고, 버려진 낡은 캔버스 천 가방을 활용하여 만든 책도 있다. 판찰리는 주로 힌두교 샤스트라Shastra에 수록된 이야기들을 박자에 맞춰 낭송하는 것이다. 연주와 가창이 곁들여진다. 비슈누 및 시바와 관련이 있으며, 아나크레온*풍의 시편과 혼합되어 있다. [……] 자트라는 일종의 연극 행위로 난잡하다. 런던의 인형극이나 싸구려 연극과 같은 형식으로, 음탕한 소재 또는 크리슈나를 다룬다. 손에 빗자루를 쥔 메흐타르mehtar[신분이 낮은 청소부]가 항상 무대 주변을 오간다.[7]

롱은 방랑 시인과 거리의 시인이 벌이는 공연에 직접 참석했다. 시인 중에는 즉석에서 주제를 받아 산스크리트어로 즉흥곡을 지을 수 있는 이도 있었다. 그 노래들에는 정치적·사회적 문제에 대한 비판적인 내용이 많았다. "예를 들어, 인디고 농장주들이 명예 치안판사

---

* Anacreon(B.C. 582?~B.C. 485?): 그리스 시인. 술과 사랑을 주제로 한 향락적인 시풍을 유행시켰다.

로 임명되었을 때 특정 지역의 많은 농부들 사이에서 거센 분노가 터져 나왔고, 그 분노가 '지 라크하크 시 바크하크Je rakhak se bhakhak' — 우리의 보호자로 임명된 사람은 늑대 같은 놈이다 — 라는 비속한 표현으로 표출되었다."[8] 대중적인 인쇄물이 수만 장씩 뽑아져 나왔고 벽에 나붙기도 했는데, 그 내용은 대개 신들의 위업 같은 종교적 주제에 한정되었다. 롱은 '에로틱한' 범주에 대해서는 한마디도 긍정적인 언급을 하지 않았지만, 이 범주가 대중에게 광범위한 호소력을 지녔다는 점은 인정했다. 그는 종교적인 이야기들이 이따금씩 "독자나 청자에게 소설에 버금가는 효과를 제공할 만한 양식과 문체로 쓰였다"[9]고 생각했지만, 유럽 소설에 견줄 만한 진지한 소설이나 작품은 거의 찾지 못했다. 그는 700명 이상의 작가가 벵골어로 책을 출판한 것으로 추산했으며, 그 작가들의 명단을 정리했다. 롱은 그중 훌륭한 작가는 아무도 없다면서도, 바루트 찬드라Bharut Chandra만큼은 어느 정도 존중받을 만하다고 생각했다. 그는 찬드라의 『시슈보드 Shishubodh』를 두고 "토착민들의 학교에서 가장 사랑받는 작품"이라고 인정했지만, "도덕성이 결여되어 있고 신화적인 요소만 난무하다"고 평했다. 롱이 "재치가 있어서 많은 인기를 모았지만, 음란한 이야기"라고 평한 찬드라의 또 다른 작품 『비데아 순다르Videa Sundar』는 직전에 3,750부를 증쇄했으며, 4개월 만에 모두 판매되었다.[10] 책들이 유감스러울 정도로 음란했지만, 벵골인 작가들은 점점 늘어나는 대중 독자들의 관심에 맞춰 산스크리트 전통을 적용해 문학을 풍성하게 발전시키겠다고 장담하고 있었다. 작가들의 숫자만 보더라도 "벵골인들의 정신이 오랫동안 지속되어온 무기력에서 깨어나고 있음"[11]을 알 수 있었다.

요약하자면, 유럽인들은 대부분 그 존재를 눈치채지 못했지만 벵골 문학이 꽃을 피우기 시작했던 것이다. 유럽인이 벵골 문학을 접하고 싶다면, 영국인 지역사회와 캘커타 북부의 '현지인 구역' 사이의 분리선을 넘어가 도처에 흩어져 있던 인쇄소와 서점으로 용감히 발을 들여놓는 수밖에 없었다. 특히 '그들의 패터 노스터 길'*이라고 불리던 바탈라 지역의 치트푸르 거리는 필수였다. 롱은 이 지역을 면밀히 답사하는 한편, 캘커타의 생산자와 내륙 지역의 소비자를 연결하는 인력망도 추적했다. 행상 일을 겸하는 소작농 200여 명이 밭에서 일해야 하는 우기를 제외한 나머지 기간이면 정기적으로 캘커타의 인쇄소 앞에 모여들었다가 각자 책들을 머리에 이고 시골로 흩어졌다. 그들은 도매가의 두 배 가격에 책을 팔아 대개 월 6루피에서 8루피를 벌었으며, 독자뿐만 아니라 청자까지 대상으로 하는 유통 체계에서 면 대 면으로 판매함으로써 이상적인 매개자 역할을 수행했다. "현지인들에게 최고의 벵골어 서적 광고는 그 책을 직접 보여주는 살아 있는 판매자였다."[12]

롱은 문학 전파 과정의 마지막 단계인 낭독에 주목했다. 그는 '동양'에 선입견을 가지고 있었지만, 압도적 다수가 문맹인 사회에서 낭독이 향유되는 현상을 예리하게 분석했다.

동양에서 책을 읽어주는 건 흔한 일이다. 글을 모르는 사람들이, 다른 사람이 읽어주는 소리를 듣는 것이다. 특정 작품을 낭송하거나 노래하게 하려고 낭독자(카타크kathak)가 고용되는 경우도 있다. 그들 중

---

* Pater Noster Row: 런던에 위치한 거리로, 영국 출판 산업의 중심지다.

일부의 솜씨는 인상적일 만큼 뛰어나다. 최근 한 사람이 내가 『라마야 나Ramayana』『라구밤사Raghuvamsa』『마하바라타Mahabharata』에서 어떤 구절을 고르면 곧바로 암송해줬는데, 그 방식이 매우 인상적이었다. 그들 중 일부는 월 500루피의 수입을 올린다. [······] 어떤 현지인은 한 부자에게 고용되어 수년간 그 부자의 집에서 매일 두 시간씩 40명에서 50명의 여성에게 책을 읽어주었다. 이는 벵골에서 아주 먼 옛날부터 전해져 내려오는 풍습이다. 동양의 다른 모든 나라와 마찬가지로 이 지역에서 '낭독'은 흔한 일이며, 책을 단순히 그냥 읽는 것이 아니라 억양, 몸짓 등을 살려 읽음으로써 듣는 재미를 배가한다. 여성들은 때때로 책을 읽어주는 여성을 둘러싸고 앉는다. 책 한 권당 평균 열 명의 청자 또는 독자가 있다고 계산하면, 60만 부의 벵골어 서적[롱이 추산한 1857년의 총 발행 부수]은 200만 명의 독자 또는 청자[600만인데, 실수한 것으로 추정된다]를 보유하고 있는 것이다.[13]

멜로드라마

롱의 보고서는 인도 행정청 문서 가운데 출판업과 서적 유통업에 대한 가장 꼼꼼한 기록으로 돋보였지만, 좋은 결말로 이어지지는 않았다. 영국인 농장주들에게 착취당하는 소작농들에게 동정을 느꼈던 롱은 1861년에 농장주의 억압을 그린 벵골 문학 『닐 두르판Nil Durpan』의 영문판 출판을 추진했는데, 그로 인해 인디고 농장주들에게 명예 훼손으로 고소를 당했던 것이다.

명예훼손 기소는 영국에서 1695년에 사전 검열이 사라진 뒤 출판

NIL DARPAN,

OR

THE INDIGO PLANTING MIRROR,

A Drama.

TRANSLATED FROM THE BENGALI

BY

A NATIVE.

CALCUTTA:

C. H. MANUEL, CALCUTTA PRINTING AND PUBLISHING PRESS, No. 10,
WESTON'S LANE, COSSITOLLAH.

1861.

저자와 역자의 이름 없이 출판된 『닐 두르판』 영문판.

의 자유를 제한하는 주요한 방법으로 활용되었다.[14] 하지만 몇몇 악명 높은 유죄판결 — 1703년 대니얼 디포Daniel Defoe나 1710년 헨리 새셰버럴Henry Sacheverell의 사례 — 이 났음에도 출판은 점점 담대해져갔다. 많은 논란이 있던 1760년대가 지난 뒤 — 윌카이트Wilkite가 출판의 자유를 요구했고, 1770년 배심원단은 『주니어스Junius』에 급진적인 글을 실은 발행인에 대한 유죄판결을 거부했다[15] — 명예훼손은더 이상 사회적·정치적 문제에 대한 토론을 억압하는 수단으로 기능하지 못했다. 1792년에 제정된 명예훼손법은 이러한 경향을 확인해주었고, 1850년쯤에는 명예훼손을 형사 범죄로 보는 것을 제한하는 판례가 늘어났다. 검사들이 기소를 하려면 개인의 명예가 손상되었다는 걸 증명해야만 했다. 단지 특정 집단을 애매하게 모욕하는 일반적인 정치 논평이나 발언을 바탕으로 기소하는 건 불가능했다. 원칙적으로 인도 법정의 판결은 이러한 영국의 판례를 따라야 했다. 하지만 인도 아대륙에서의 재판이란 형식만 영국식을 정교하게 취했을뿐, 매우 다른 맥락에서 진행되기 일쑤였다.[16]

　1861년 롱의 재판은 벵골에서 뜨거운 관심을 불러일으켰고, 제국의 심장부인 런던에서도 파문을 빚으면서 법정 드라마로 변모했다. 영국령 인도의 수도였던 캘커타는 1857년 세포이 항쟁의 영향은 거의 받지 않았지만, 1859~60년의 '청색 투쟁Blue Mutiny'으로 동요되었는데, 이 투쟁은 내륙 지역의 인디고 농장주들에게 착취당하던 소작농들이 벌인 저항운동이었다. 농장주들은 1780년대 이래로 청색 천연 염료에 대한 수요가 꾸준히 증가하자 투기적인 재배에 나섰다. 그들은 다양한 곡물 재배와 복합적인 토지 임대 체계에 기반해 반半봉건적인 농업 경제를 꾸리고 있던 농민들에게 그 방식을 포기하고 대신 인디고만을 재배하도록 강요했다. 약간의 돈을 선금으로 지급하면서 인디고를 재배하도록 유도한 뒤 수확할 때 속임수를 써서 줘야 할 돈을 주지 않는 식이었다. 또한 빚에 대한 담보권을 행사해 땅을 빼앗거나 무거운 빚더미에 짓눌린 소작농들이 계속 인디고를 재배하도록 강제하기도 했다. 소작농들의 빚은 아버지에게서 아들로 대물림되었고, 결국 이들은 노예와 같은 처지로 전락했다. 농장주들은 반항하는 소작농이 있으면 폭력배를 동원해 그들을 구타하고 작물에 불을 질렀으며, 염료 공장 근처에 있는 감옥에 그들을 감금하기도 했다. 지대 지불 거부 운동과 결합된 '청색 투쟁' 봉기로 이처럼 극심한 착취 현실이 드러나자 당국은 위원회를 꾸려 조사에 나섰다. 1860년 8월에 나온 위원회의 보고서는 농장주들의 횡포를 비난하는 내용을 담고 있었다. 이 보고서를 읽은 『힌두 패트리엇*Hindoo Patriot*』*의 편집장 하리슈 차우드라 무커지 등 벵골의 지식인들은 크게 동요했다.

위원회의 보고서나 언론 기사와는 다르게 『닐 두르판』은 허구의 이야기로 농장주들을 비판한 작품 — 캘커타의 극장에서 공연되는 연극이자 소책자의 형태로 읽힐 수 있도록 쓰인 희곡 — 이었다. 인디고 체계의 폐해를 현실감 있게 제대로 극화한 작품이라 곧 "벵골의 『톰 아저씨의 오두막*Uncle Tom's Cabin*』"이라고 알려지게 되었다.[17] 벵골어판은 인디고 위원회의 보고서가 나온 뒤 몇 달쯤 지나 출간되었다. 영어 번역판은 1861년에 나왔는데, 이는 롱이 출판하고 벵골 주지사 비서관이자 인디고 위원회의 전 위원장인 W. S. 시턴-카의 도움으로 배포되었다. 이 희곡의 저자인 디나반두 미트라*Dinabandhu Mitra*

---

* 19세기 후반 캘커타(현 콜카타)에서 영어로 출판된 주간지.

는 교육을 받아 하급 관리로 일하는 인도인들을 '바부'*라는 말로 유형화했는데, 이 말에는 노예근성을 보이거나 영국식 행동 양식을 흉내 내는 인도인들에 대한 경멸적인 의미가 내포되어 있었다.[18] 그는 파트나(비하르주)에서 우체국장으로 일하며 원고를 써서 다카에서 익명으로 출판했다. 곧 그가 저자임이 밝혀졌지만, 1873년 44세의 나이에 당뇨병으로 사망할 때까지 체신부에서 태연하게 일을 계속했다.

사실 영국 당국이나 농장주들은 이 희곡의 벵골어판에 대해서는 크게 신경 쓰지 않았던 것으로 보인다. 농장주들을 분노케 한 것은 영어 번역판으로, 이들은 집단으로 명예훼손을 당했다고 주장했다. 특히 시턴-카가 공식적으로 서명해서 영문판 일부를 우편으로 보낸 점, 또 다른 일부가 영국에까지 흘러 들어가 개혁 성향의 평의원들과 인도성India Office 관리들에게 정보를 제공한 점에 항의했다. 이 과정에서 『닐 두르판』 사건은 벵골에 있는 영국인 공동체 내부의 갈등으로 비화되었다. 법조계의 지원을 받는 농장주 대 벵골인 지식인과 연대한 개혁론자로 분열되었던 것이다.

『닐 두르판』이 출판된 지 150년도 넘게 지난 지금 보면 영어 원고는 순수한 멜로드라마로 읽힌다. 선과 악의 대결 구도로 쓰인 이 작품에 탐욕스러운 농장주 두 사람은 악의 화신으로, 고결한 소작농들은 선의 대변인으로 등장한다. 전통을 고수하는 가장과 진보적인 두 아들이 이끄는 자민다르 가족은 사악한 영국인들을 상대로 마을

---

* babu: 인도에서 영어의 '미스터Mr'처럼 남자에게 붙이는 경칭이다. 영국령 인도에서는 인도인 사무원을 의미하는 말로 사용되었다.

을 지키려 한다. 영국인들은 탐욕을 채우기 위해서는 어떠한 짓 ─
고문, 살인, 강간, 치안판사들의 부정, 곡식과 가옥에 대한 방화 ─
도 서슴지 않는다. 농장주들에게 협력하는 벵골인들 ─ 대부업자, 토
지 측량사, 뚜쟁이, 교도관 등 ─ 은 공동체의 연대를 위협하는 세력
으로 활동한다. 마을 사람들은 공동의 적에 맞서 자민다르를 중심으
로 뭉쳐 함께 저항한다. 자민다르 역시 지대를 받고 고리대금업을 하
지만, 관대하기 그지없는 인물이기 때문이다. 가난하지만 영웅적인
소작농 토랍은 어쩔 수 없이 제한적 범위 안에서 폭력을 행사하게 된
다. 그는 지독하게 비열한 농장주 로그에게 강간당할 위기에 처한 임
신부를 구하려고 겨우 시간을 맞춰 공장 감옥에서 탈출한다. 그녀가
안전한 곳으로 피신하는 동안, 토랍은 로그에게 주먹을 날리고 코를
물어뜯지만 더 이상의 폭력은 가하지 않는다. 소작농은 영국의 법체
계하에서 정의를 추구해야 한다는 사실을 알고 있기 때문이다. 자민
다르의 아들들은 농장주들과 연루되어 있는 지역 치안판사 이후에는
토랍이 상급 법원의 정직한 영국인 판사에게 재판을 받을 수 있게 하
려고 애쓴다. 하지만 이들의 항소가 성공하기까지 비극적 사건이 연
달아 일어나고 무대는 시체로 뒤덮인다. 막이 내릴 때, 이 재앙에서
유일하게 살아남은 이가 한탄한다. "타인의 명예를 무참히 짓밟는
파괴자 인디고가 스바로푸르의 바수 일가를 파멸시켰다. 인디고의
무기는 얼마나 흉악한가!"[19]

　여기서 인디고는 사악한 외국인들을 가리키는 것도 아니고, 그들
이 인도에 세운 정권의 사악함을 대표하는 것도 아니다. 또한 구체제
내부의 분열이나 외국의 지배로부터 스스로를 지키지 못한 구체제의
무능을 상징하는 것도 아니다. 인디고는 농장일 뿐이며, 그곳에서 착

취를 일삼는 일부 농장주다. 『닐 두르판』은 혁명적인 메시지를 전하기는커녕 영국 통치가 궁극적으로는 공정하다는 믿음을 드러내는 작품이었다. 인디고 위원회의 보고서를 증거로 내세우며 선한 사히브*들이 결국 나쁜 사히브들의 악폐를 바로잡게 될 것임을 분명히 했기 때문이다. 미트라는 서문을 통해 인도 총독인 캐닝 경과 벵골주 부지사인 J. P. 그랜트, 인도 행정청, 그리고 누구보다 "만인의 어머니이신 자애로운 빅토리아 여왕"[20]이 펼치는 선의의 통치를 믿어야 한다고 인도인들을 설득하기도 했다. 롱 역시 영문판 서문에서 비슷한 의견을 드러냈다. 그는 영문판 출판 목적을 두고 소작농들의 눈에 인디고 체계가 어떻게 보이는지 유럽인들에게 이해시키기 위해서라고 설명했다. 훌륭한 문학은 아닐지 몰라도 '현지인'들이 선호하는 장르 — 즉, 사회문제에 대한 비판을 제시하는 산스크리트식 모델을 차용한 대중극 — 로 '현지인'들의 관점을 보여주는 작품이라는 것이었다. 그러므로 『닐 두르판』의 영문판 출판은 롱이 조사하여 인도 행정청에 보고서로 제출해온 토착어 문학의 완벽한 사례를 영국의 독자들에게 소개하는 계기가 될 수 있었다.

농장주들은 『닐 두르판』 사건을 그런 의미로 받아들이지 않았다. 그들은 이 사건을 법정으로 가져갔다. 재판은 많은 관심 속에 진행되었다. 알려진 바에 따르면, 1861년 7월 19일부터 24일까지 열린 재판 기간 동안 캘커타 주민들의 일상사가 마비될 정도였다.[21] 검찰 측과 변호인 측은 각각 두 사람씩이었으며, 이들은 영국인 주민들로 구성된 배심원단 앞에서 정교한 변론을 펼쳐나갔다. 검사들은 자신들도

---

* sahib: 영국령 인도에서 유럽인을 부르던 경칭.

출판의 자유라는 원칙을 존중하고, 사회 풍자가 사회적 악폐를 폭로하는 합법적인 방식으로 기능할 수 있다는 점에 동의한다면서도 『닐 두르판』은 농장주 집단 전체를 악의적으로 비방한 작품이라고 주장했다. 또한 "인종 대 인종, 유럽인 대 현지인"[22] 구도를 설정하여, 인도에 거주하는 유럽인 모두를 위험에 빠뜨렸다는 게 더욱 심각한 점이라고 지적했다. "최근 벌어진 폭동이 우리가 얼마나 안전하지 않은 상황에 처해 있는지를 가르쳐주었다"[23]는 것이다. 변호인 측에서는 희곡에 등장하는 악인 두 사람이 농장주 전체를 대표하지는 않는다는 점과, 명예훼손법은 개인에게만 해당하는 것으로 농장주처럼 공동의 실체가 없는 불분명한 집단에는 적용이 불가능하다는 점을 들어 반론을 펼쳤다. 또한 『닐 두르판』에 유죄판결을 내리는 건 풍자적이고 비판적인 문학 — 몰리에르Molière의 작품이나 『올리버 트위스트Oliver Twist』 『톰 아저씨의 오두막』 등 — 전체를 불법화하는 것과 다름없다고 했다. 디킨스Charles Dickens를 명예훼손범으로 보는 사람은 없다는 이야기였다.

판사는 배심원들에게 말을 걸 때마다 끊임없이 출판의 자유 문제를 언급했다. 그는 배심원들에게 영국인으로서 본국의 역사를 고려해야 할 책임이 있다고 역설했다. 무엇보다 모든 개인에게는 공적인 문제에 대해 자신의 의견을 개진할 수 있는 권한, 더 나아가 권력자들을 비판할 수 있는 권한이 있다고 강조했다. 그와 동시에 자신은 "출판의 자유와 토론의 자유"[24]를 지키기 위해 결코 굴하지 않겠다고 선언했다. 자신의 법정에서 중요한 헌법상의 원칙을 훼손하는 선례가 나오는 것을 용납하지 않겠다고도 했다. 하지만 배심원단에게 이것은 단순한 문제였다. 롱은 사회악을 바로잡고자 했는가? 아니면 농장주들을 집단적으로 비방했는가?

배심원단은 롱의 행위가 명예훼손죄에 해당한다고 판단했다. 판사는 롱에게 1천 루피의 벌금형('현지인' 동조자들이 대신 납부했다)과 1개월의 징역형을 선고했다. 그는 판결문을 통해 "헌법적 기초에 근거한 평결에 만족하고, 이 평결이 이후 출판의 자유를 침해하는 데 쓰일 수 없을 것"[25]이라면서 배심원단뿐 아니라 자신의 노고도 치하했다.

감시

『닐 두르판』 사건은 19세기 영국령 인도에서 벌어진 가장 극적인 검열 사례였다. 검열의 존재를 부정하는 주장에 가려진 채 진행된 검열이었다. 그전에도 다른 사례가 없었던 건 아니다. 하지만 책보다는 신문에 관한, 명예훼손보다는 음란성에 관한 사례였으며, 영국 당국은 1857년 세포이 항쟁 이전까지는 현지 출판에 대해 거의 신경 쓰지 않았다. 항쟁 이후에도 롱의 사례가 보여준 것처럼 자유라는 가치를 포기하지 않았으며, 노골적인 탄압을 자행하지도 않았다. 대신 미셸 푸코Michel Foucault가 말한, 지식과 권력 — 또는 '처벌'로 이어질 수 있는 '감시' — 의 결합으로서의 통제라는 개념에 부합하는 체계를 채택했다.[26]

1857년쯤에 제국주의의 임시적 단계는 이미 마무리된 상태였다.[27] 클라이브의 약탈, 웰즐리의 강탈, 오클랜드의 침략, 네이피어의 학살, 그리고 댈하우지의 기만적인 외교술은 인도 아대륙 대부분을 영국의 지배하에 예속시켰다.* 제국주의가 그다음 단계에 이르자 영국인들은 자신들의 지식을 확장함으로써 권력을 강화하려 했다. 그들은 이미 인도 언어들—고전어, 산스크리트어, 페르시아어, 아랍어, 그리고 수십 종의 토착어—을 상당한 수준으로 익혀둔 상태였다. 그리고 지방 관리들은 '인도를 잘 안다는 사실'에 오랫동안 자부심을 느껴왔다. 하지만 영국의 헤일리버리 대학에서 2년 동안, 그리고 캘커타에서 몇 달 동안 두서없는 공부를 했다고 해서 동인도 회사 직원들이 '동양학자'가 될 수는 없는 노릇이었다. 그들 중 그나마 나은 직원들은 '현지인 정보원'을 채용했다. 정보원은 성직자, 이발사, 삼림 관리원, 시장 상인, 매춘부, 산파, 점성술사, 경비원, 순례자 등 다양한 직업을 가지고 있었는데, 이들은 모두 무굴 제국에 거대한 정보 체계를 구축했던 하르카라와 카시드,** 즉 정보를 수집해서 전달하던 이들의 후예였다. 이 정보원 조직에는 18세기 프랑스 경찰의 첩자 및 정보원 연결망과 비슷한 면이 있었다.[28] 하지만 대부분의 동인도 회사 직원은 다른 지역으로 전출될 때까지 자신이 맡은 지역을 파악할 시도조차 하지 않았다. 그런 만큼 세포이 항쟁은 그들에게 크나큰 충격을 주었다.

아대륙의 대부분 지역에서 인도인 군인들은 충직한 편이었다. 하지만 영국령 인도의 심장부, 즉 델리에서 캘커타에 이르는 갠지스강 지역에서 근무하던 세포이들은 신뢰하기 어려운 모습을 보여왔다. 사실 그런 불안감은 그들을 제대로 이해하지 못한 데서 비롯된 것이

---

* 18세기 중반에서 19세기 중반 사이에 영국의 군주를 대신하여 인도를 통치하는 직위에 있었던 주요 인물들이다.
** 하르카라harkara와 카시드kasid는 편지 등을 전달하던 사자使者를 일컫는다.

었다. 새로운 후장식 엔필드 소총을 도입한 것이 항쟁의 불꽃이 될 줄 누가 알았겠는가?[29] 당시 세포이들 사이에서 이 총을 장전하려면 탄약통의 끝부분을 입으로 물어 끊어야 한다는 이야기가 돌았는데 (소문에 불과했지만, 사실 여부와 상관없이 중요했을 것이다), 이는 도저히 받아들일 수 없는 일이었다. 탄약통이 돼지기름과 소기름으로 봉합되어 있어서, 여기에 입을 댄다는 건 무슬림교도와 힌두교도 모두에게 끔찍한 일이었기 때문이다. 세포이들은 사히브들이 자신들을 더럽혀서 카스트를 잃게 한 다음 기독교로 개종하게끔 유도하는 거라고 생각했다. 그래서 장교들이 군의 현대화를 얘기했을 때, 군인들은 이를 선교를 위한 음모라고 의심했다. 이들의 의심은 1856년에 새로운 복무규정이 발효되면서 확신으로 바뀌었다. 이 규정으로 백인들의 전쟁에 참전하기 위해 벵골만을 건너 버마로 파병될 가능성이 생겼는데, 이는 세포이들에게 위협적인 상황이었다. 높은 카스트 층에 속했던 세포이들에게 '검은 물'을 건너 낯선 이국땅에 들어간다는 것은 영원히 타락해 개종당할 수도 있음을 의미했기 때문이다. 또한 세포이 중 4만 명이 오우드Oudh의 부유한 지역 출신이었는데, 같은 해 영국은 가장 신성한 조약의 의무가 있음에도 오우드를 무력으로 통합해버렸다. 사실 영국인들이 신성함에 대해 무엇을 알았겠는가? 그들은 '자유주의적인' 개혁의 일환으로 사티suttee(남편의 시체를 화장할 때 그 불에 아내가 스스로 몸을 던져 희생하는 풍습)를 금지하고 과부의 재혼을 허용했는데, 현지인의 입장에서 이는 이미 못 볼 꼴 많이 본 해인 1856년에 겪어야 했던 또 하나의 쓰라린 경험이었다.

영국인들은 항쟁으로 인한 피해를 조사하면서, 자신들과 '현지인'들 사이를 가르는 문화적 간극을 가늠하기 시작했다. 그들 대부분은 관청이나 사교 클럽에 틀어박혀서 여자와 아이를 습격하거나 시체를 우물에 유기하는 흑인들에 대한 보고서 따위나 읽으며 인종주의적 성향을 키워가던 이들이었다. 또한 영국인들은 파키르나 물라*에 대한 이상한 소문에 솔깃해하기도 했다. 그들이 불그스름한 차파티(인도식 빵)를 군인들에게 나눠 주면서 항쟁을 준비했던 것으로 보인다는 얘기였다. 나중에는 그들이 항쟁을 위해 나무에 소똥을 발랐다는 소문까지 돌았다. 모든 면에서 '현지인'들과 그들의 정복자들이 서로 다른 정신세계에 살고 있는 것은 분명해 보였다. 하지만 정복한 곳을 지배하기 위해서 영국인들은 인도인들을 단순히 제압하는 데 그치지 않고 이해해야 할 필요가 있었다.[30]

1858년 동인도 회사가 폐지된 이후, 영국인들은 정보를 수집해 끝도 없이 긴 문서 작업을 하는 근대적인 방식의 행정으로 인도를 통치했다. 1853년 이래로 경쟁시험을 통해 모집된 인도 행정청 관료들은 아대륙의 태양 아래 있는 모든 것에 대해 보고서를 작성했다. 수확, 마을 경계, 동식물상, 현지인의 풍습 등에 관한 방대한 자료가 정식 보고 채널을 통해 '수집'되고 '보고'되어 그 내용을 인쇄하느라 정부 인쇄기가 쉴 틈이 없었다. 그야말로 모든 것이 조사되고, 지도로 만들어지고, 분류되고, 집계되었다. 물론 사람도 그 대상이어서 1872년에는 인도 최초의 인구조사가 실시되었다. 카스트, 하위 카스트를 비롯한 10여 개의 범주가 세로로 인쇄된 양식이 배포되었다. 이렇게 모든 것을 목록화하고자 하는 노력에 도서 목록도 포함되어 있었다. 제

---

* 파키르fakir는 고행자나 탁발승을 가리키는 말이고, 물라mullah는 종교학자나 성직자에게 붙이는 칭호다.

국 정부는 인도 출판물 현황을 파악하고자, 그 전반에 대한 조사를 실시했다.[31]

1867년에 서적 출판과 등록에 관한 법률이 제정되면서 총독은 인도 행정청에 인도 전역에서 출판되는 서적에 대해 기록하라고 지시했다. '도서 목록'이라고 알려져 오해의 소지가 있지만, 이 기록들은 각 지역의 관리들이 제출한 문서를 취합해 1년에 네 번 지방 사서들이 정리한 것이었다. 출판업자는 관리들에게 자신이 출판하는 모든 책을 의무적으로 세 부씩 제출하고, 그 대가로 판매가에 상응하는 도서 대금을 수령했다. 또한 그들은 표준 양식에 정보를 채워서 제출해야 했는데, 표준 양식에는 제목, 저자, 언어, 주제, 인쇄 장소, 인쇄업자 및 출판업자 이름, 출판일, 면수, 크기, 판형, 발행 부수, 인쇄 또는 석판 인쇄 여부(석판 인쇄술은 토착어 문학 출판을 크게 촉진했다), 가격 등의 항목이 포함되어 있었다. 출판업자는 2루피를 내고 판권을 취득했다. 하지만 책을 등록하지 않으면 불법으로 간주되어 5천 루피 이하의 벌금형 그리고/또는 2년 이하의 징역형에 처해졌다.[32]

1867년의 법률은 부분적으로 사서들이 제안해서 제정된 것이고 도서관의 성장에도 기여했지만, 그 결과로 만들어진 도서 목록은 평범해 보이는 이름과는 달리 일반 대중에게 결코 공개되지 않았다. 도서 목록은 인도 행정청 내부 경로를 통해 철저한 보안 속에서 회람되었다. 'A'급 문서이자 '기밀'로 취급되었던 것이다. 제국 정부 관료들은 이 문서를 보고 아대륙에서 인쇄된 모든 것 — 또는 적어도 인쇄업자와 출판업자 들이 등록을 위해 제출한 모든 것 — 에 대한 현황을 파악할 수 있었다. 1868년에서 1905년 사이 작성된 도서 목록에는 20만 종의 서적이 포함되어 있었다. 이는 프랑스 계몽주의 시대에 나온 서적 전체 종수보다 훨씬 많은 숫자였다. 이 시기에 벵골 지역에서 작성된 도서 목록만 해도 작은 활자로 500쪽 이상 되는 두꺼운 책 열다섯 권 분량이었다. 실로 방대한 규모로, 15개 표준 항목에 맞춰 100만 단어 이상의 활자가 인쇄되었던 것이다. (심지어 인도 행정청 내부에서 원활히 회람될 수 있도록 여러 권을 제작했다.) 도서 목록을 보면 인도 행정청 내부에서 '현지인'들에 대해 어떤 이야기가 오갔는지, 또 제국주의의 절정기에 식민지 통치 기구에서 출판물을 두고 어떤 담론이 형성되었는지를 알 수 있다.

당시 영국령 인도에서 가장 규모가 컸던 벵골 도서관의 수석 사서였던 윌리엄 롤러William Lawler는 초기에 이 담론이 어떻게 전개되었는지를 보여주는 좋은 사례를 제공한다. 그는 1879년 벵골에서 출판된 모든 책을 망라하는 도서 목록을 작성했다. 그 도서 목록을 읽을 인도 행정청의 벵골 담당들을 위해 소설이든 시든 희곡이든 그 작품의 우의가 명확히 드러나도록 이야기를 잘 요약해두었다. 예를 들어 벵골 서사시『숲속의 암새Vana-Vihangini』에 대해서는 다음과 같이 정리했다.

총 8장으로 구성된 이 작품은 어머니 인도를 향한 감동스러운 호소로 시작한다. 그 호소는 어머니 인도의 슬픈 운명을 한탄하고, 야반 Yavan(즉, 외국인)의 손에 의한 탄압을 견디기 힘들다고 선언하는 것이다. 제1장은 숲에서 구걸로 자신과 아내 순다리의 생계를 꾸려가는 한 브라만의 이야기다. 어느 날 벵골의 나바브Nabab[주지사]가 사냥을 나왔다가 우연히 아내 순다리를 보고는 남편이 없는 사이 끌고 간다. 제2장에서는 브라만 남편이 여느 때처럼 구걸을 마치고 돌아온다. 제3장에서 그는 아내가 사라진 것을 알고 깊은 슬픔에 잠긴다. 제4장에서는 뱅골인들에게 더욱 단결하여 함께 행동에 나서고, 힘을 길러 잃어버린 것들을 되찾으라는 충고를 준다. 제5장은 나바브의 집에 있는 순다리의 고뇌를 그린다. 그녀는 곡기를 끊고 자살하려 하지만, 결국 나바브 아내의 도움으로 탈출에 성공한다. 제6장에서는 브라만 남편과 아내가 숲에서 다시 만나 행복한 시간을 보낸다. 하지만 제7장에서 그들은 나바브의 명령으로 체포되고 만다. 그리고 제8장에서는 남편 샤라트가 처형당하고, 아내 순다리는 비탄에 빠져 사망한다. 시인은 제3장 50~55쪽에서 주제에서 잠시 벗어나, 지금은 외국인들이 브라만 계급의 머리 꼭대기에 있을 정도로 아리아계 뱅골족이 지배당하고 있지만, 시간이 좀 걸리더라도 언젠가는 아리아인들이 이 멍에에서 벗어날 날이 올 거라고 강조한다.[33]

원작에 얼마나 충실했는지는 모르겠지만 이 이야기를 요약한 방식을 봤을 때, 롤러는 내륙 지역의 치안판사들과 런던의 인도성 비서관들에게 '현지인'들이 이런 내용의 책을 출판하고 있다면서 충격을 주려고 의도한 듯하다.

하지만 현지인들이 그런 서적만 출판하는 건 아니었다. 법원, 철도, 전기, 크리켓 등 영국이 인도를 통치하면서 생긴 혜택을 찬양하는 서적도 일부 있었다. 『신의 섭리를 따르는 사람*Daiva-lata*』을 살펴보자. "저자는 [……] 영국인들의 공정한 행정에 찬사를 보내며, 영국이 인도를 오랫동안 통치해주기를 희망한다. 또한 모든 인도인이 영국의 통치로부터 받은 혜택에 감사해야 한다고 말한다." 『평등*Samya*』은 밀John Stuart Mill과 칼라일Thomas Carlyle까지 인용하며 카스트 제도를 공격했다. "최근 지루하고 유치한 벵골어 출판물이 엄청나게 쏟아져 나오고 있는데, 이런 종류의 작품이 몇 편이라도 있어야 혁명적인 변화가 생길 것이다." 하지만 그렇게 호의적으로 언급할 수 있는 작품은 거의 없었다. 안타깝게도 '현지인'들은 문학에서 재미만을 추구하려는 경향을 보였던 것이다. 우둔한 동생의 불행을 소재로 한 중편소설 『누구 그가 웃는 모습을 볼 수 있는 사람 있나요Dekhila-hansi-paya』는 "웃음이 터지기 때문에 현지인들이 언제나 즐기려고 하는, 매우 유치한 이야기 중 하나다." 롤러의 눈에 비친 인도인들은 싸구려 모험소설이나 동화, 또는 『라마야나』에서 각색한 희곡의 인쇄본을 좋아하는 어린아이 같았다. 그보다 질이 안 좋은 것도 있었다. 인도인들은 크리슈나가 우유 짜는 소녀들을 희롱하는 외설적인 이야기를 오랫동안 좋아해왔는데, 이는 『마하바라타』를 각색한 것이었다. 『여성들의 기쁨Jagannather Rath-arohana-o-Kamini-ranjana』도 크리슈나 테마를 차용한 이야기였는데, 롤러는 품격이라고는 찾아보기 힘든 작품이라면서 "이제껏 읽은 것 중 가장 노골적으로 저속하고 음란한 작품으로, 사회적으로 유익한 점이 있다는 평계조차 댈 수 없다. 당장 제재를 가해야 한다"고 개탄했다. 캘커타 내의 범죄를 다룬 논픽션 『밝혀진 수수께끼들Rahasya-pratibha』 역시 빅토리아 시대의 감수성을 지닌 롤러에게는 혐오스러운 작품이었다.

이 출판물에는 어떠한 장점도 없다. 문체는 구어체이고, 정서는 음란하다. [……] 출판 자체가 벵골 문학과 현지인 독자들의 취향에 불명예를 안기는 것이다. [……] 다음번 도서 목록에는 이렇게 쓰레기 같은 책의 위협적인 출판을 막을 방법이 수록되기를 절실히 희망한다.[34]

롤러의 메시지는 분명하지만, 의문을 낳는다. 도서 목록은 인도를 통치하는 자들이 읽는 문서였기 때문이다. 그들은 왜 롤러가 그토록 비난한 책들을 금하지 않았을까? 그들에게 어떤 '현지' 저작물도 억압하고자 하는 의도가 없었다면, 왜 그토록 상세하게 서적 출판을 조사했던 것일까? 푸코의 지식/권력 논리가 부분적인 답변을 제시할지도 모른다. 하지만 그 미묘한 차이를 들여다볼 필요가 있다. 몇몇 통치자는 순수하게 인도인들의 복지에 관심을 기울였다. 1828년부터 1835년까지 총독으로 재임했던 윌리엄 벤팅크 경이 사티를 금지하고 인도인들을 동인도 회사에 받아들인 것은 단순히 권력의 극대화를 위한 게 아니었다. 총독의 고문이었던 토머스 배빙턴 매콜리가 인도 엘리트들이 영어로 교육받을 수 있는 제도를 고안한 것 역시 단순히 관료제를 효율적으로 운영하기 위해서만은 아니었다. 그들은 행복을 증진하는 공리주의 원칙을 믿었다. 사실 자유주의의 아버지와 할아버지 격인 존 스튜어트 밀과 제임스 밀이 이 원칙을 철학으로 발전시킨 것도 동인도 회사에서 일하고 있을 때였다. 존 스튜어트 밀이 1852년에 영국 의회 상원에서 동인도 회사에 대해 증언한 내용은 그의 자유주의에 대한 선언문이라 할 수 있는 『자유론On Liberty』(1859)의 전조였다. 그로부터 50년 뒤, 열성적인 자유당원이자 글래드스턴*의 전기 작가인 존 몰리는 인도상印度相으로 취임하여 이 철학을 정부 정책에 적용하고자 했다.[35]

사실 몰리는 출판의 자유에 대한 자신의 신념과 인도 민족주의자

---

* 윌리엄 글래드스턴William E. Gladstone(1809~1898): 19세기 영국을 대표하는 의회정치가.

들의 선동을 억압해야 하는 자신의 의무 사이에서 접점을 찾기란 불가능하다는 것을 깨달았다. 또한 공리주의가 제국주의를 이념적으로 뒷받침하며 인도에 대한 영국의 통치를 강화한다는 사실도 알고 있었다. 영국인들은 철도, 전신, 우편 등 '공공 서비스'를 발전시켜 아대륙에 대한 통제를 강화했다. 그러면서 그들은 관개공사를 하고, 영국식 경찰 및 사법 제도도 도입했다. 지역 치안판사들은 지역 고유의 위계를 무너뜨리지는 않았지만, 때로는 지주가 아닌 소작농의 손을 들어주기도 했다. 18세기의 탐욕스러웠던 투기꾼들과는 다르게 그들은 근면과 봉사 정신을 존중했다. 인종주의는 점점 심해졌지만, 외국인과 토착인 엘리트층 사이에는 일종의 공생 관계가 형성되었다. 영어 교육이 보급되고 인도인들이 행정 관리와 전문직으로 진출하면서, 인도인 지식층도 자리를 잡았다. 그 결과 심하게 비난받는 바부들이 출현했지만, 동시에 벵골의 르네상스가 융성하게 되었다. 동인도 회사 징수원으로 경력을 시작한 람 모한 로이가 1828년에 브라모 사마지Brahmo Samaj(브라마 협회)를 설립한 후, 인도 지식인들은 고대의 고전을 소재로 독창적이면서도 다양한 근대문학을 꽃피웠다. 그들은 『우파니샤드Upanishads』뿐만 아니라 셰익스피어에게서도 영감을 받았다. 더 낮은 차원에서는 수천 명의 인도인 관리가 영국령 인도에 대한 이해의 틀을 만들고자 서류 양식을 채우고, 보고서 초안을 작성했다. 그들은 영국령 인도를 동양 문화에 다양한 문화가 섞인 구성체로 만들어나가는 데 협조했다. 이는 복잡한 과정이었는데, 대부분 영국인들은 점검만 하고 인도인들이 스스로 실행하는 방식으로 진행되었다. 이 과정을 연구하는 데 영국령 인도의 도서 목록 제16항보다 더 나은 자료는 없다.[36]

제16항은 '의견'이라는 제목이 붙은 포괄적인 항목으로, 1871년 8월이 되어서야 표준 양식에 추가되었다. 초기에 사서들은 자신들이 등록한 책을 두고 가차 없는 평가를 내리면서도 그에 대한 언급은 다음과 같이 최소화했다. "주로 추잡한 인물에 관한 잡다한 노래들" "라다와 크리슈나의 첫 성적 유희에 대한 묘사, 전체적으로 음탕한 서적" "힌두 신화 이야기, 더없이 음란한 시적 표현" "여러 주제를 다룬 시가들, 아이들을 대상으로 쓰였다고 하지만 결코 아이들에게 적절하지 않음."[37]

문화적 충격이 있던 초기 단계가 지나고 나자, 빅토리아 시대 감성과 벵골식 상상력이 충돌하면서 제16항에서 점점 더 복잡한 반응이 나타나기 시작했다. '의견'란은 점점 많은 공간을 차지해갔다. 곧 각 항을 깔끔하게 구분 짓고 있던 선을 넘어 옆 칸을 침범했고, 결국 한 면을 모두 채우기에 이르렀다. 1875년이 되자 제16항은 신문이나 잡지의 칼럼처럼 읽혔고, 의견은 비평으로 탈바꿈했다. 윌리엄 롤러가 자신의 의견을 반영한 논평을 한 게 전형적인 예였다. 사실 그의 견해와 인도인을 포함한 다른 사서들의 견해 사이에는 뚜렷한 차이가 없었다. 춘데르 나트 보스Chunder Nath Bose가 롤러의 후임으로 수석 사서가 된 1879년에는 인도인 관리들이 영국인들을 대체했다.[38] 이때부터 도서 목록은 인도인들이 만들었다. 물론 보조원들의 도움이 필요했다. 19세기 후반부터 20세기 초반에 쏟아져 나온 출판물을 일개 개인이 추적할 수는 없었기 때문이다. 인도인 사서들은 성적 요소에는 덜 집착하고 문헌학적인 정확성에 더 신경을 쓰는 듯한 경향을 보였지만, 그럼에도 의견의 논조는 본질적으로 예전과 같았다. 그들은 '현지인' 사이에서 동요의 징후를 감지할 때면 영국인 전임자들처럼

CATALOGUE OF BOOKS for the Second

1	2	3	4	5	6	7
Number.	Title (to be translated into English when the title-page is not in that language).	Language in which the book is written.	Name of author, translator, or editor of the book or any part of it.	Subject.	Place of printing and place of publication.	Name or firm of printer, and name or firm of publisher.
						BENGALI BOOKS—
107	Rádhá Krishna Vilás : or, The Sports of Rádhá and Krishna at Vraja.	Bengali	Jaynáráyana Mukerji.	Poetry ...	Printed and published at the Kávya Prakásha Press, No. 3, Haripál's Lane, Calcutta.	Printed and published by Umeshchandra Bhattáchárya.
108	Vana-Vihanginí : or, The Female Bird of the Forest.	ditto ...	Rajanínáth Chatterji.	ditto ...	Printed and published at the Ananda Press, Mymensing.	Printed and published by Chandra Kumár Sarkár.

the oppression at the hands of the *Yavans* (or foreigners) pronounced unbearable. The 1st chapter contains an Bengal, who came on a hunting excursion, chaned to alight there, saw his wife, and during his absence took her away. and is in deep distress thereat. In the 4th chapter advice is given to the people of Bengal to be more united and act. the Nabah's house, where she refused to eat and was prepared to kill herself, and how she was eventually released time in much happiness, till in chapter 7 they are arrested and taken by the orders of the Nabab. And in chapter 8th the poet digresses to pourtray in forcible language the subjection of the Aryan Bengali race to foreigners, who the Aryans will be freed from the yoke.

벵골 지역에서 출판된 분기별 도서 목록의 펼침면. 제16항 '의견'란은 칸을 벗어나 면을 가로질러 쓰였으며, '현지' 출판물에 대한 영국령 인도의 관료들의 논평을 담고 있다. 도서 목록은 벵골 도서관 이용자들의 편의를 위한 게 아니었다. 인도 행정청 내에서 보안 문서로 회람되었으며, 저자와 출판업자를 선동죄로 기소할 때 쓰이기도 했다.

걱정하거나 분개하는 모습을 보였다. 춘데르 나트 보스는 『수렌드라-비노디니 나타크*Surendra-Binodini Natak*』라는 벵골 소설에 개탄을 금치 못했다. "사랑 이야기가 다른 이야기와 엮여 있다. 그 이야기의 목표는 현지인들의 마음에 영국의 지배와 영국인의 기질에 대한 엄청난 증오를 심으려는 데 있는 듯하다. 작가가 선동하고 있다고 지적할 만한 대목들도 있다."[39] 지속적으로 보이는 이런 언급을 동화, 영국화, 스스로 만들어낸 오리엔탈리즘의 징후로 봐야 할까? 사서들에 대한 정보가 충분치 않은 상황에서 그렇게 말하기는 어렵다. 하지만

LIBRARY.   11

Quarter ending 30th June 1879.—(Continued.)

8	9	10	11	12	13	14	15	16	17
Date of issue from the press, or place of publication.	Number of sheets, leaves, or pages.	Size.	First, second, or other edition.	Number of copies of which the edition consists.	Printed or litho-graphed.	Price at which the book is sold to the public.	Name and residence of proprietor of copyright, or any portion of it.	REMARKS.	Number.

NON-EDUCATIONAL—(Continued.)

1879.	Pages.					Rs. A. P.			
April 1st	132	12mo. ...	1st ...	3,000	Printed	0 5 6	Umeshchandra Bhattáchárya, No. 324, Chitpore Road, Calcutta.	Accounts of the sports of Krishna with the *Gopis* or milkmaids, the incarnation of Vishnu by the order of Mahá Vishnu to save the world from sin, particulars	107

ticulars of the marriage of Deviki and Rohini with Vasudeva and the imprisonment of the first and last by Kansa Rájá, and the slaughter of the sons of Deviki by the latter, the births of Valarám and Krishna, and the release of his father and mother by the latter from imprisonment after killing Kansa Rájá.

,, 21st	161	dy. 8vo.	1st ...	400	ditto ...	1 0 0	Rajanínáth Chatterjí of Barísál.	The present work of eight chapters commences with a touching appeal to mother India, whose sad lot is deplored, and	108

account of a Bráhmin who supported himself and his wife Sundarí in a forest by alms, till one day a Nabab of The 2nd describes the return of the *Bráhmin* husband after the usual day's begging. In the 3rd he finds his wife gone, in concert, whereby they will gain strength and recover their lost possessions. The 5th depicts Sundarí's distress in by the wife of the Nabab. In the 6th the *Bráhmin* husband and wife meet again in the forest and spend their the husband Sharat is executed, whereupon his wife Sundarí dies broken hearted. From pages 50 to 55 in chapter 3rd have placed their feet on the heads of Bráhmins, but that the time must come, thought it may be distant, when

한 가지 특징이 눈에 띈다. 바로 그들의 언어 능력이다. 1906년에 캘커타의 제국 도서관 사서직 후보였던 하리나트 데Harinath De는 라틴어, 그리스어, 독일어, 프랑스어, 이탈리아어, 스페인어, 산스크리트어, 팔리어, 아랍어, 페르시아어, 우르두어, 힌디어, 벵골어, 오리야어, 마라티어, 구자라트어를 비롯해서 약간의 프로방스어, 포르투갈어, 루마니아어, 네덜란드어, 덴마크어, 앵글로색슨어, 고대 및 중세고지 독일어, 약간의 히브리어, 터키어, 그리고 중국어까지 두루 통달한 사람이었다. 결국 그는 사서직을 맡게 되었다.[40]

30년 동안 매일 출판되는 서적에 대해 그들이 제시해온 의견은 어떤 경향을 보일까? 가장 먼저 민족지학적인 혼란이 눈에 띈다. 1870년대 영국인 사서들에게 벵골 문학이란 도저히 어울리지 않는 요소들의 기이한 조합이었다. 예를 들어 『지식의 색소*Gyananjan*』는 "시간, 회망, 부자들, 메추라기와 코코넛에 대한 잡스러운 운문"[41]이었다. 제16항 의견 중에는 인도인들이 영국인들을 어떻게 바라봤는지에 대한 단편적인 정보도 있었는데, 이를 보면 양측이 서로를 이해하지 못하고 있었다는 사실을 알 수 있다. 예를 들어 윌리엄 롤러가 정리한 의견을 살펴보자. 그에 따르면 당시 인기가 높았던, 처세술 및 유용한 정보를 담은 한 지침서에는 다음과 같은 소재로 쓰인 짧은 에세이들이 포함되어 있었다. "노역, 수면, 건강, 생선, 소금, 인디고, 그리고 불결한 동물로 묘사되지만 청소부나 하인 같은 최하층민들뿐 아니라 영국인들도 그 살을 먹는 돼지."[42] 사실, 제국주의의 영향을 받지 않은, 인류학적으로 순수한 상태를 표현한 토착어 문학은 있을 수 없었다. 인도인들과 영국인들은 이미 100년이 넘는 세월 동안 영국령 인도를 함께 구성해왔는데, 도서 목록이 만들어지고 난 뒤에야 인도인들이 그 공동의 세계를 어떻게 이해하고 있는지에 대해 영국인들이 파악한 바가 기록되기 시작했던 것이다.

그럼에도 영국인들이 이질적인 저작물을 파악하는 데는 상당한 민족지학적 노력이 필요했다. 책의 내용을 전혀 이해하지 못하는 경우도 꽤 많았다. 1878년에 존 로빈슨은 『명상의 물결*Chinta Lahari*』을 두고 이런 의견을 남겼다. "앞뒤가 맞지 않아 이해할 수 없는 저작물. 시 몇 구절, 노래 몇 곡, 그리고 몇몇 대화가 뒤엉켜 있는데 아무런 의미가 없다. 저자가 이런 터무니없는 글을 쓰느라 고생한 이유를 알 수가 없다."[43] 이후 도서 목록에서는 논조가 좀 부드러워지는데, 이는 인도인 사서들이 중간에서 문화 차이를 절충해 전달한 덕분이었음이 확실하다. 하지만 초기 도서 목록들도 전반적으로 현지인들의 풍속을 비하하지는 않았다. 여기에는 촌락의 의술, 주술, 가정생활, 종교의식, 그리고 심지어는 일부다처제까지 편견 없이 사실적으로 묘사되어 있다. 물론 인도인들의 '우상 숭배'에 대한 언급도 많이 포함되어 있어, 읽는 사람들에게 진실이 어디에 있는지 알리려고도 했다.[44] 초자연적인 문제에서 영국인들은 칼리Kali보다는 사티아 피르 Satya Pir 같은 자비로운 신을 선호했다. 사티아 피르는 벵골 동부 지역의 무슬림들이 꽃과 우유를 바치며 숭배했던 신이다. 반면, 힌두교의 칼리는 염소를 산 제물로 바쳐 노기를 가라앉혀야 했던 잔인한 파괴의 여신이었다.[45] 영국인들은 힌두교의 이러한 신비롭고 시적인 특성에 매력을 느꼈다. 그들은 종교적인 고전 문헌을 연구하며 불가해한 모호함에 대해 불평하면서도 『베다Vedas』의 깊이나 『라마야나』의 파토스에 경탄을 금치 못했다. 또한 시에 대한 감상을 얘기할 때는 마치 영국의 낭만주의 시를 두고 말하는 듯했다. 예를 들어 『외로운 거처Nibhrita Nivas Kavya』에 수록된 「홀로 남은 연인의 애도」에 대한 평가는 이러하다. "아름답고 순결한 여성의 영혼이 천상의 요정들과 함께 하늘로 오르며 지구와 다른 행성들을 바라보는데, 이 장면 묘사가 대단히 시적이다. 이는 셸리Percy B. Shelley의 『매브 여왕Queen Mab』 속 몇몇 구절과 상당한 유사성을 보인다."[46]

이와는 대조적으로 도서 목록에서 벵골 대중문학은 경멸의 대상일 뿐이었다. 사서들은 대중문학을 행상들이 캘커타의 빈민들과 시골(오지)의 무지한 마을 사람들에게 팔았던 싸구려 '길거리 문학'이라고 비하했다. 대중문학의 소재는 주로 도시의 참상 — 하층민의 삶, 살인, 수사, 매춘 등 — 과 시골의 환상 — 요정, 마술, 모험, 점성술 등 — 에 대한 것이 많았다. 도서 목록 의견란을 보면 현대 유럽의 통속소설이나 싸구려 문고본과 비슷한 면이 있던 것으로 판단된다. 그런데 벵골 대중문학 중 감상적인 연애소설은 힌두 신화에서 소재를 가져왔으며, 책력은 점성술적인 조언과 귀를 뚫거나 아이에게 처음 쌀을 먹일 때 낭송하는 주문呪文이 섞인 형태였다.[47] 전통적인 음담패설과 시사 논평이 혼합된 노래책도 널리 유통되었다. 무엇보다 중요한 것은, 주로 소책자의 형태를 띠었으나 때로는 200쪽이 넘기도 했던 대중적인 희곡 인쇄본 덕분에 캘커타 전역이 극장이 된 듯한 상황이 펼쳐졌다는 사실이다. 이 희곡들은 일터에서, 시장에서, 여성들이 모인 집 안에서 큰 소리로 낭독되었다. 그리고 롱이 관찰했던 대로, 일부 낭독은 전문가들이 참여하여 수많은 관객 앞에서 노래하거나 연기하는 등 생동감 넘치는 공연으로 펼쳐졌다.

도서 목록 관리자들은 단편적인 내용을 늘어놓는 데 지면을 낭비하지 않고, 간략히 요약해 영국인 독자들에게 동양의 이국적인 모습을 보여주려고 했다. 예를 들어 『모든 지식의 개화Sarbbagyan Gyanmanjari』는 이렇게 설명되고 있다. "하누만 차리타, 카크 차리타 (소들이 내는 소리가 나타내는 길조 또는 흉조), 발작적인 몸짓과 혈관, 신경, 눈의 움직임을 이용한 스판단 차리타 등 다양한 점성술 또는 일반적인 점술에 관한 책이다."[48] 제16항에는 『황금산 정상의 딸 Rajatgiri Nandini Natak』과 같은 희곡의 줄거리를 요약해놓은 경우도 많았다.

핑갈 왕 조우바나시아의 아들이 라자트기리 왕의 딸이자 요정인 크야나프라바와 사랑에 빠져 결혼에 성공한다. 하지만 왕자의 적인 점성술사가 교묘한 책략을 사용하여 크야나프라바를 추방한다. 그러나 결

국 그녀는 자신을 찾아 헤매던 남편과 재회하고, 사악한 점성술사는 사막에서 죽음을 맞이한다.[49]

이렇게 앞뒤 맥락 없이 단순하게 줄거리를 정리한 건 '현지인'들이 아이들처럼 동화나 즐긴다는 걸 암시하려는 의도 때문이었던 듯하다. 종교문학에서 파생된 극의 경우에는 어느 정도 인정해주는 것처럼 보이는 의견이 쓰이기도 했다. 1879년에 윌리엄 롤러는 "구성은 『라마야나』에서 가져왔는데, 이에 대해서는 이전 도서 목록에서도 상세히 언급되었던 바 있다"면서 "현지인들은 『라마야나』에서 각색된 극을 매우 좋아하는 것으로 보이며, 연기자들의 연기는 언제나 활기차다"[50]라고 적었다. 하지만 1900년쯤에는 통속소설이 종교적인 색채를 잃고, 서구의 영향을 많이 받아 짝사랑을 소재로 한 감상적인 멜로드라마나 음주의 폐단을 그린 이야기 등으로 변질되었다.[51] 헤어오일을 광고하기 위해 만든 소책자에는 범죄소설이 실렸고, 이런 소설들은 추위와 안개만 없을 뿐 캘커타를 런던의 부둣가처럼 묘사하기도 했다.[52] 도서 목록 관리자들은 이를 새로 나타난 상스러운 문화가 고대의 숭고한 문화에 접목하는 징후로 여기고 낙담했다. 1900년에 대중극을 개탄하는 전형적인 의견은 이러했다. "하층민들의 소극笑劇일 뿐이다. [……] 저속한 연극으로 더 이상의 언급은 필요하지 않다."[53]

제16항에는 진지한 벵골 소설에 대한 호평도 있었다. 라빈드라나트 타고르Rabindranath Tagore는 1913년 노벨상을 받기 훨씬 전부터 찬사를 받았다.[54] 1881년 도서 목록에는 타고르의 『스와르날라타Swarnalata』를 두고 "벵골어로 쓰인 작품 중 아마도 (연애소설이나 시적인 이야

기와는 구별되는) 유일한 소설"[55]이라고 적혀 있다. 또한 브라모이즘 Brahmoism(벵골 지역을 중심으로 전통적인 힌두교를 개혁하고자 일어난 종교운동)[56]의 영향과 문학비평의 확산,[57] 그리고 "진실한 감정이나 자연의 아름다움을 보고 느낀 감상"[58]에서 우러나온 몇몇 시집의 출간 등이 언급되어 있다. 이슈바르 찬드라 비디아사가르 등 개별 작가들에 대한 평도 눈에 띈다.[59] 하지만 '벵골 르네상스'(1930년대까지는 통용되지 않았던 용어)와 연관된 내용은 전혀 언급되어 있지 않다. 현대문학이 전반적으로 꽃을 피우고 있다는 사실은 인지하지 못한 체, 저속한 출판물의 홍수 속에서 간간이 출판되는 몇몇 양서에 대한 인상만을 남겼던 것이다.

전체적으로 도서 목록 관리자들이 가장 중시한 덕목은 저자의 언어학적인 역량이었다. 고전 ── 그리스와 라틴 고전뿐 아니라 산스크리트와 페르시아 고전까지 ── 에 관해 심화 학습을 했던 사서들은 문제 있는 번역과 잘못 쓰인 언어에 대해 주저 없이 비난을 쏟아냈다. 대신『언어의 진실들Bhasha Tattva』과 같은 논문에는 상찬이 이어졌다. "벵골어의 곡용曲用과 산스크리트어의 동사 형태에 대한 추론이 포함된 장章은 깊은 언어학적 통찰을 드러낸다."[60] 소설을 비평할 때는 정확한 언어와 전통적인 문체 사용에 높은 점수를 줬다. 이를테면『결혼의 달빛Udvaha Chandraloka』에 대한 평가는 이러했다. "이 책은 순수하고 자연스러운 산스크리트어로 쓰였으며, 요즘 힌두교의 현인 중에서 이러한 글을 쓸 수 있는 이는 찾아보기 힘들다. 운율이 뛰어난 서문은 [……] 높은 평가를 받게 될 것이다. 이 작품은 모든 면에서 저자의 깊고 폭넓은 학식만큼이나 빼어나다."[61] 반대로 문체나 주제 면에서 '저급'하거나 '저속'한 작품에는 가혹할 만큼 멸시를 퍼부었다.

도서 목록 관리자들은 '이슬람식' 벵골어보다 '산스크리트식' 벵골어를 선호했는데, 부적절한 글을 대할 때면 그 정도가 더욱 심해졌다. 『가지미야의 꾸러미Gajimiyar Bastani』라는 소설에 대한 총평은 다음과 같았다. "작가는 무슬림이지만 벵골어를 쉽게 쓰고 있고, 뛰어난 어휘 구사력을 보유하고 있다. 하지만 그의 문체는 문법에 맞지 않고, 동벵골주의의 특징을 보이며, 문학적 품격이 없다."[62] 도서 목록 관리자들은 그리스의 황금시대에 버금가는 찬란한 인도 문화의 수호자 역할을 했다. 그들은 문명을 산스크리트 문화로 보았다. 고대의 고전적인 순수성의 세계에서 이어지는 문화적 계보로 간주했던 것이다. 그리고 이 문화 역시 영국인과 인도인이 함께 구축한 영국령 인도의 산물이었다.

선동?

문체에 대한 고집만큼 정치적 통제와 거리가 먼 건 없을 것이다. 하지만 영국령 인도에서 문학은 그 문장구조에 이르기까지 그 자체로 정치적인 것이었다.[63] 인도 문화의 브라만적인 관점을 받아들인 영국인들은 1857년 이후 토착 계급을 그대로 유지한 채 엘리트층을 통해 지배하려는 기본 정책을 강화했다. 동시에 토착어 문학을 감시해 위험 징후를 포착하려 했다. 그들은 시를 면밀히 검토하면서 푸라나* 같은 순수한 작품인지 따졌을 뿐만 아니라 '현지인'들 사이에 불

---

* Purana: 사전적으로는 '고대의' '옛날의'라는 뜻을 가진 말로, 흔히 힌두교의 종교 설화집

만의 징후는 없는지도 살폈다. 한 검토자는 벵골 시 34편을 수록한 시집을 "별로 중요하지 않다"며 무시한 뒤, 단 한 편의 시에 대해서만 다음과 같이 언급했다.

그런데 인도의 슬픔을 노래한 시가 한 편 있다. 그 시에는 현지인들의 비참하고 완전히 종속된 상태가 표현되어 있다. 「통치하라, 브리타니아여」*가 연주되는 동안, 무언가를 타고 돌아다니는 영국인들의 모습이 그려진다. [······] 백인을 보기만 해도 두려움에 떠는 현지인들의 모습도 묘사된다. 현지인들의 독립이 물거품이 되고 그들의 선하고 고귀한 동포들이 영원히 떠나가는 것에 대한 한탄이 그려져 있다.[64]

도서 목록 관리자들은 제임스 롱이 수십 년 전에 이미 그랬던 것처럼 특히 희곡에 주의를 기울였다. 희곡에서 시사 문제에 대한 여론의 지속적인 흐름을 파악할 수 있었기 때문이다. 1876년에 인도인 왕자와 영국인 '총독 대리,' 즉 영국령 인도의 관료 사이의 갈등으로 빚어진 바로다 사건Baroda case 같은 극적인 재판은 극작가들에게 영국 사법제도를 규탄할 수 있는 소재를 풍부하게 제공해주었다. 그들은 포악한 판사, 악랄한 경찰, 가학적인 교도관 등 전형적인 악당이 등장하는 희곡을 썼다.[65] 사법제도의 문제를 극화하는 과정에서 정권 전체가 사악한 것처럼 그려졌다. 또한 일부 희곡은 정확히 『닐 두르판』이 그랬던 것처럼 지주의 소작농 착취와 같은 사회적 부조리를 공격

을 가리킨다.
* Rule Britannia: 영국의 비공식 국가. 가사에 제국주의적인 내용이 담겨 있어 최근 공공장소에서는 잘 연주되지 않는다.

하기도 했다.[66] 지주들의 배후에는 지역 치안판사뿐만 아니라 심지어 선교사까지 있었는데, 이들은 모두 인도의 부를 갈취하고 인도인들을 억압하는 데 공모한 인물들이었다. 1878년에 작성된 한 희곡에 대한 장문의 비평은 다음과 같이 결론을 내렸다.

이 작품은 다양한 주제를 다루는데, 그중 하나는 많은 선교사의 철저한 위선이다. 그들이 표면적으로는 복음을 전파하고 있지만 현지인들을 가장 잔인한 방식으로 대하고 있으며 심지어 매우 사소한 경우에도 현지인들을 주저 없이 살해한다는 것이다. 그들의 설교 방식, 벵골어 발음, 힌두교 신들을 대상으로 내뱉는 욕설, 그리고 기독교로 개종한 사악하고도 위선적인 현지인, 이 모든 걸 지나칠 정도로 심하게 풍자하고 있다. 저자는 법정에서 현지인 살인죄로 기소된 유럽인들의 재판이 이뤄지는 방식에 대해 야유를 퍼붓는다. 예를 들면, 한 유럽인이 아무런 악의도 없는 현지인 하인을 때려죽인 일, 그 하인의 아내와 자식들이 가장을 잃은 대가로 고작 몇 루피밖에 받지 못한 일, 목격자가 매수되어 거짓 증언을 한 일 등을 조소한 것이다. [⋯⋯] 전체적으로 이는 불만을 부추겨 무지한 대중을 선동하려는 계산에서 쓰인 작품이라고 할 수 있다.[67]

영국령 인도가 온갖 선동으로 들끓고 있었다는 걸 암시하는 이런 종류의 언급은 매우 많다. 하지만 도서 목록 제16항을 보면 대부분 정치에 대한 직접적인 언급은 피하고 있다. 그리고 '현지인'들이 동요하는 듯한 징후를 기록할 때도 진지하게 우려했던 것 같지는 않다. 제16항 의견들의 어조는 마치 인도인들이 울분을 터뜨리도록 내버려

둔 채 영국인들은 정부 사업에만 집중하면 된다는 식으로 사무적이었나.[68] 게다가 영국의 통치를 강력히 지지하는 내용의 인도 출판물들도 많이 나오고 있었다. 예를 들어 전혀 시적이진 않지만 급수 시설 건설을 찬양하는 시도 출판되었다.

처음에 저자는 영국 정부가 이 나라 국민들에게 제공한 여러 지속적인 혜택을 찬탄하는 언어로 묘사한다. 그리고 나서 시계, 석탄, 가스등, 조폐국, 전신, 철도, 급수 시설, 기계로 생산한 종이, 아시아 협회 등 영국인들이 소개하거나 도입한 것에 대해 서술한다. 이 책에 수록된 시는 매우 훌륭하다.[69]

웨일스 왕자가 인도를 방문하고 1876년에 빅토리아 여왕이 인도의 여제라는 칭호를 쓰기 시작하자, 벅차오르는 감정을 노래하는 시들이 출간되었다. 힌두교도들의 저작물에서 흔히 나타나는 주제였던 "이슬람교의 멍에와 압제"[70]로부터 인도인들을 해방한 영국인들을 찬양하는 시도 있었다. 그런가 하면 "인도인들의 특징"을 "영국인들의 뛰어난 재능"[71]에 비교하여 폄훼하는 소책자도 있었다. 1900년에는 심지어 인도인들에게 그 어떤 종류의 소란도 일으키지 말고 "더 열심히 일하고 군말은 좀 줄여서" 통치자들에게 존중받자고 설득하는 시까지 나왔다.[72] 도서 목록만 봐서는 그런 정서가 진심에서 우러난 것이었는지 또는 프로파간다와 사대주의가 혼합된 결과였는지 알 수 없다. 하지만 그로 인해 영국인들은 자신들이 인도의 엘리트층 사이에서 충분한 지지를 받고 있다고 판단하게 되었다.[73]

그렇다고 해서 불만이 드러나지 않았던 건 아니다. 그것은 주로 영국 통치를 공개적으로 반대하는 형식이 아니라 굴욕과 억압이라는 주제를 통해서 표출되었다. 19세기 말에 도서 목록 관리자들은 어디서든, 심지어 인도에 대한 영국의 통치를 찬양하는 희곡과 시에서도 이런 불만을 발견할 수 있었다. 이러한 모순된 감정이 한 저작물에 공존할 수 있다는 사실이 이상해 보일 수도 있다. 아마도 이는 이중 필터, 즉 텍스트를 분석했던 제국주의자들을 분석하는 역사가의 관점으로 문학을 바라봄으로써 생긴 단순한 착시일지도 모른다. 그러나 이러한 모순된 감정은 제국주의 문화의 중심에 자리 잡고 있었다. 도서 목록을 통해 들여다본 19세기 인도 문학에는 자기혐오와 외국인 혐오, 자기주장과 사히브에 대한 순종이 뒤섞여 있었다.

이 모순된 감정은 부분적으로 순환적 역사관에 기인한다. 순환적 역사관으로 보면 발전하던 황금시대가 지나간 다음에는 쇠락하는 철의 시대가 이어지기 마련이다. 가장 빛났던 황금시대는 먼 과거, 아리아인들이 기원전 1500년부터 기원전 450년까지 정복한 영토에 찬란한 문명을 건설했을 때였다. 가장 쇠락한 시대는 16세기 무굴인들의 침략으로 시작되어 영국의 통치에 이르러 최악의 순간을 맞고 있었다. 이 과정을 신들이 주재했기 때문에 역사는 서서히 신화로 변화했다. 아리아인들을 총애했던 시바 신이 파괴의 여신인 칼리에게 굴복했고, 칼리의 지배로 철의 시대는 점점 더 비참해졌다는 것이다. 결국 기아, 전염병, 빈곤에 시달리던 민중은 외국인들 앞에 납작 엎드려야만 했다. 인도의 엘리트층은 라티(긴 쇠곤봉)를 들어 정복자들에게 대항하는 대신 그들의 방식을 따랐다. 캘커타를 중심으로 모든 곳에서 바부들은 외국어를 사용했고, 외국 술을 마셨으며, 외국인들을 위해 세금을 징수했다. 일부는 부모 동의 없이 결혼하기도 했다. 심지어 과부와 결혼하는 경우도 있었다! 자괴감과 퇴폐성이 영국의 지배에 내한 저항과 함께 문학의 주를 이뤘다. 전통적인 주제를 시사 문제에 맞게 각색한 대중 희곡이 "벵골의 젊은이"들을 겨냥하여 소책자 형태로 인쇄되어 나왔다. 도서 목록 관리자들의 눈에 1879년에 출간된 『반신반인들의 회합Sura-sanmilana』은 "다양한 함의로 가득한" 것처럼 보였다.

이 작품은 힌두교의 삼위일체를 이루는 세 명의 주요 신들이 모인 가운데 열린 회의darbar를 재현한다. 이 회의는 벵골력으로 1286년, 즉 서기 1879년에 발생한 기근에 대해 논의하는데, 1억 또는 3천만의 반신반인이 위원으로 참석한다. 리턴 경[현 총독]은 신들의 왕 인드라로서 이 기근에 대한 모든 책임을 져야 하지만, 향락만 추구하고 운동과 연극에 푹 빠져 다른 일은 돌보지 않은 채 누구나 바라는 사치스러운 인생을 살고 있다. 그럼에도 그는 칼리의 시대, 즉 철의 시대에 현지인들이 타락한 것 ─ 거짓, 쾌락, 음주의 만연 ─ 을 탓하며 자신에게 면죄부를 주려 한다. 인도 신화에서 바다의 신인 바루나의 형상을 한 애슐리 이든 경[벵골 지사]은 단지 명령에 따라 수행했을 뿐이고, 이 문제는 자신의 뜻과 전혀 관련이 없다며 변명을 늘어놓는다. 문제와 직접 관련이 있는 이들은 다시는 이런 일이 없도록 조심하라는 경고와 함께 용서받는다. 총독을 비롯한 이들의 이름이 직접 나오지는 않지만, 연극의 취지를 감안할 때 이것이 의미하는 바는 명백하다.[74]

특히 소설 같은 새로운 장르에서는 서구 모델을 차용해 바부를 현대적인 인물로 찬양하는 작품이 일부 나오기도 했다.[75] 하지만 가장 대중적인 장르, 특히 연극에서 바부들은 서구화가 가져온 개탄스러운 악영향의 상징으로 그려졌다. 1871년에 한 전형적인 소극笑劇에서는 "벵골 젊은이들의 문명화란 고기 먹고 만취하는 것을 가리킨다"[76]면서 그들을 공격하기도 했다. 1900년 즈음에는 영국화된 인도인들이 전통적인 소극에서 웃음을 유발하고 영국의 통치에 대한 저항을 드러내는 상투적인 캐릭터로 활용되었다.[77] 시와 노래도 분노의 감정을 표출했다.[78] 예를 들면 이런 시가 전형적이었다. "아리아인은 호된 질책과 함께 쓰라린 질문을 받아야 했다. 장사꾼의 나라에서 온 영국인들이 감히 어떻게 델리의 왕좌에 앉게 되었는가?"[79] 모든 작품에 등장하는 고대 아리아인들은 후손이 당하는 수모를 꾸짖었다.[80] 아리아인을 따른다는 건 서구의 방식을 벗어던지고, 좀더 남자답고, 좀더 전투적이며, (적어도 비이슬람 벵골 문학에서는) 좀더 힌두식이 된다는 것을 의미했다.[81] 사서들이 끈기 있게 추려내어 도서 목록에 포함시킨 이런 작품들의 주제는 모두 단순한 불만을 넘어 열렬한 민족주의를 드러내고 있었다. 이들 작품에서 감정이 최고조에 이르는 부분은 인도인들에게 봉기해서 혁명을 일으키자는 호소문처럼 보이기도 했다.

벵골인들은 겁쟁이라고 불리며, 노예의 사슬에 너무나 익숙해지고 그에 기뻐하기까지 한 나머지 '독립'이라는 말 자체와 그 의미를 잊었다고 조롱받고 있다. 시인은 동포들에게 고결한 조상과 그들의 용감한 행동을 상기시키며, '독립'이라는 귀하고 소중한 단어를 외치는 것만으로도 선열들에게 생명을 불어넣을 수 있음을 강조한다. 또한 미국인들은 독립을 위대한 보물로 여기며 그것을 지키기 위해 한마음으로 무

기를 들었다고 설명한다.[82]

이러한 징후는 얼마나 심각한 것이었을까? 이를 알아보기 위해 나는 연례 보고서에서 광범위하게 표본을 추출해 통계를 냈고, 이를 통해 세기말 서적 출판에 대한 대략적인 그림을 그려보고자 했다.[83] 하지만 불행히도 연례 보고서 통계에는 기본적인 오류가 있었다. 연례 보고서에서는 서적을 '소설'과 '철학' 등의 범주로 분류하고 있었는데, 이는 영국 서적에만 통할 뿐 인도식 개념과 장르에는 전혀 맞지 않았기 때문이다. 더욱이 영국 관할 당국에 등록되지 않고 출판된 서적들도 많았을 것이다. 1898년 캘커타에서 작성된 보고서에 따르면 이러한 서적의 비율은 벵골에서만 25퍼센트에 달했다.[84] 도서 목록에 포함되지 않은 작품들은 주로 일회적으로 소비되는 싸구려 책이거나 관리자들의 눈에 "시장통 쓰레기"로 보이는 책인 경우가 많았다. 하지만 그런 출판물들은 폭넓은 관심을 끌었고, 때로는 『닐 두르판』의 경우처럼 정치적인 저항의 내용을 담기도 했다. 만일 '시장' 문학이라는 범주를 광범위한 의미로 해석한다면, 이런 출판물들을 그에 포함시킬 수 있을 것이다.[85]

그럼에도 이 부정확한 통계는 인도인들이 출판한 서적의 규모와 함께 영국인들이 이를 파악하는 데 투입한 노력을 보여준다. 1900년 즈음에 인도에서는 다양한 장르와 언어로 연간 5천 권이 넘는 책이 발행되고 있었다. 롤러와 그의 후임자들이 보고서를 준비하는 과정에서 언급했던 대로 이렇게 늘어나는 출판물 중에는 급진적인 소책자도 일부 포함되어 있었다. 그 종수를 추산하는 건 불가능하지만, 파문을 일으킬 만한 출판물의 수는 영국 당국이 우려할 만큼 많지는 않았다. 당국이 보기에 출판물은 거의 다 전통적이면서 온건했다. 즉 고전문학, 종교적 작품, 경건한 시, 신화 이야기, 전문적인 설명서, 교과서, 책력, 싸구려 대중소설 등이 대부분이었다.[86]

1900년 이후 몇몇 반제국주의 작품이 해외에서 우편으로 들어오거나, 퐁디셰리나 세람포르 같은 외국인 거주지에서 출판되었다. 하지만 인도에서는 혁명 전 프랑스나 공산주의 체제의 동유럽에서처럼 지하 출판이 정교하게 발전하지 못했다.[87] 도리어 정부는 노골적으로 선동하는 듯한 책의 출판도 등록 신청이 들어오면 허가해주었다. 도서 목록의 의견란이나 부총독에게 제출된 보고서를 보면 인도 행정청에서는 잠재적인 불안의 징후를 포착해도 불안해하지 않았음을 알 수 있다. '현지인'들은 저항심을 품고 있었겠지만, 영국인들은 자신들이 모든 걸 장악하고 있다고 믿었다.

탄압

두 번의 세계대전과 식민지를 둘러싼 수많은 격변 이후 새로운 세기가 시작된 지금에 와서 관련 정보를 살펴보면, 인도에 대한 영국의 통치가 정점에 달했던 시기에 실시했던 조사에서는 발견하지 못한 전조를 확인할 수 있다. 민족주의적인 열망이 드러나 있는 것이다. 제국주의와 자유주의 사이의 모순이 잠복되어 있는 동안에는 이 열망이 억제될 수 있었다. 하지만 제국주의가 정복의 권리에 의한 통치라는 게 드러나고 인쇄물이 인도 사회 깊숙한 곳까지 들어가기 시작하면서, 민족주의자들이 이에 대응하여 일어났고 위험한 책들이 출간되었다. 그러자 영국의 인도 통치는 탄압에 의존하게 되었다. 1900년 이전의 기록을 보면 제국주의자들은 인도에 출판의 자유를 부여해야 한다는 신념을 가지고 있었던 듯 보인다. 그래서 인도인들은 심지어 주권을 상실했다는 애통함을 표현할 수 있을 만큼 출판의 자유를 누릴 수 있었다.[88] 하지만 시간이 흐르면서 모든 것이 무너지기 시작했다. 1905년 영국령 인도의 심장부에서 모순을 드러내는 사건이 일어났다. 벵골 분할 조치가 발표되었던 것이다.

물론 벵골이 곧 인도는 아니었다. 인도 국민회의Indian National Congress 가 1885년에 봄베이에서 첫 회합을 가졌고, 민족주의자들이 봄베이 관구에서 처음으로 물리력을 행사했는데, 이 지역은 발 강가다르 틸라크*가 『케사리Kesari』라는 신문을 발행해 마라티어를 사용하는 힌두교도들의 민족의식 고취에 불을 붙인 곳이었다. 또한 지역 신문을 중심으로 마드라스에는 '마하자나 사바Mahajana Sabha,' 라호르에는 '펀자비Punjabee' 등 민족주의자 지식인 단체가 결성되었다. 하지만 시위를 일으키기에 가장 적합한 장소는 영국의 행정뿐 아니라 인도 문화예술의 중심지였던 캘커타였다. 바드라록bhadralok은 대다수가 전문가 집단, 하급 관리, 금리 생활자 등으로 구성된 계층이었는데, 세기 전환기에 경제가 침체되고 취업이 어려워지면서 곤경을 겪게 되자 이들 사이에서 민족주의가 뿌리내리기 시작했다. 1905년 즈음에는 어려운 환경에 처해 있던 젊은이들이 벵골 르네상스와 힌두교 부흥에 자극을 받았다. 그들은 과하다 싶을 만큼 많은 교육을 받았고 논리적인 사람들이었지만, 실업 상태에 놓여 있어 분노하고 있었다. 그들

---

* Bal Gangadhar Tilak(1856~1920): 인도의 철학자, 교육자, 독립운동가.

은 시바지Shivaji, 즉 17세기에 무굴인들을 타도한 마라타인 전사를 추앙했고, 시브나트 사스트리*의 『유간타르Yugantar』와 니베디타 수녀 Sister Nivedita(마거릿 E. 노블)의 『어머니 신, 칼리Kali, the Mother』 같은 소설에 열광했다. 또한 카르보나리당 당원, 데카브리스트, 이탈리아 붉은셔츠단 단원, 아일랜드 공화주의자, 러시아 무정부주의자, 그리고 1904년에서 1905년까지 펼쳐진 러일전쟁을 통해 아시아인도 유럽인을 물리칠 수 있음을 보여준 일본 군인들까지, 영웅적인 자기희생과 민족주의 운동에 관한 소식에 열광했다. 그러다 1903년 총독인 커즌 George N. Curzon 경의 발의로 1905년 10월에 벵골 분할 조치가 시행되면서 이들은 자신들의 나라에서 목숨을 걸고 싸워야 할 대의명분을 갖게 되었다.[89]

영국인들은 이 분할 조치가 유용하고 잘 계획되었으며 행정적으로 이치에 맞다고 생각했다. 벵골은 약 49만 제곱킬로미터의 광활한 땅에 영국 인구의 두 배인 8천만 명이 사는 곳이었다. 따라서 부지사와 여기저기 흩어져 있는 지방 관리들만으로는 효과적으로 관리하기가 어려웠다. 하지만 벵골인들에게 분할 조치는 자신들의 정치적 통일체를 쪼개는 치명적인 타격이었다. 그들은 이를 영국인들의 편의만을 고려한 분할 통치 전략으로 여겼다. 고분고분한 무슬림들이 많이 사는 동벵골과 아삼 지역에서는 영국에 대한 의존도가 높아질 것이고, 서벵골에서는 캘커타의 바드라록 지식인들이 벵골어를 쓰지 않는 사람들에게 미치던 영향력을 잃게 될 것이 분명했다. 그래서 이에 반대하는 연설, 탄원, 항의 방문, 시위 등을 펼쳤고, 민족주의를 고무

---

* Sibnath Sastri(1847~1919): 인도의 작가, 교육자, 사회개혁가.

하는 신곡 「반데 마타람Bande Mataram」*('어머니 만세'— 여기서 어머니
는 인도를 가리킨다)도 열창했으나, 모두 무시되었다. 커즌은 자신의
등을 지탱하기 위해 차고 다녔던 철제 보호대만큼이나 유연하지 못
했다. 1905년에 그의 뒤를 이어 총독으로 부임한 민토 경Lord Minto은
현지인들의 염원에 더욱 무관심했다. 1905년 말 자유당 내각이 집권
하면서 존 몰리가 총독의 상급자인 인도상으로 부임하여 그에게 관
심을 가지라고 재촉했지만 허사였다. 몰리는 선거를 통해 인도인들
을 지방 의회에 진출시키는 것을 포함해 모든 종류의 개혁에 찬성했
던 인물이다. 그랬던 그마저 벵골 분할 조치는 "이미 결정된 사실"이
라고 승인하자, 벵골 지식인들은 자신들이 영국인 학교에서 습득한
자유주의 원칙에 배신당한 느낌을 받았다.

 '정치적 구걸'— 국민회의 온건파가 선호했던 협력 정책 — 이 실
패로 돌아가자, 민족주의자들은 스와데시swadeshi 운동을 벌였다. 영
국산 제품을 불매하고 국산 제품을 사용하자는 전략이었다. 영국산
제품 불매는 기관 — 법원, 학교, 관청 — 에 대한 보이콧과 스와라
지swaraj(자치, 독립)에 대한 요구로 이어졌다. 과격파는 힌두 사상 부
흥을 주장하며, 영국식 도시 생활에서 벗어나 아슈람ashram(힌두교 수
행 거처)과 사미티samiti(협회나 의회) 같은 대안적인 형태를 발전시키
고자 했다. 그들은 학교를 설립하여 젊은이들에게 '라티 겨루기lathi
play'(끝부분이 금속으로 된 전통적인 곤봉을 이용한 군사훈련)나 전통적
인 칼 달린 지팡이 사용법을 훈련시켰고, 때로는 폭력을 행사하는 보

---

* 서벵골 출신 시인 반킴 찬드라 차토파드야의 시에 곡을 붙여 영국령 인도에서 민족주의자
들의 투쟁가로 널리 불렸던 노래다. 독립 이후에도 사실상 국가로 간주될 만큼 꾸준히 불리고
있다.

이콧 운동을 벌이거나 정치적 강도질(약탈 또는 집단 강도질)을 하자는 등의 거친 이야기를 나누곤 했다. 그들의 분노는 영국인들을 넘어 무슬림들에게로 확대되었다. 거대한 무슬림 집단은 캘커타에서만 인구의 30퍼센트를 차지했는데, 힌두 사상의 부흥에 관심을 보이지 않았고 보이콧 운동에도 대부분 동참하지 않았기 때문이다. 1906년 말 민토의 지지하에 인도 무슬림연맹이 창설되자 영국인들이 분할 통치 방식을 활용하고 있다는 확신이 더욱 깊어졌다. 1907년 봄에는 코밀라와 마이멘싱에서 힌두교도와 이슬람교도 사이에 충돌이 일어나 두 진영 사이가 틀어지게 되었다. 영국인들은 질서 회복을 핑계 삼아 시민들의 자유를 제한하고 벵골에서 펀자브까지 모든 곳에서 선동가들을 체포하기 시작했다. 그러던 와중에 1907년 12월에 열린 연례 회의에서 국민회의가 해체되면서, 힌두교도들도 분열되었다. 그 과정에서 과격파는 점점 더 고립되어갔다. 나이 많고 온건한 정치 엘리트들과 함께 일할 수 없게 되었을 뿐 아니라 가난하고 교육받지 못한 소작농 집단을 동원하는 것도 어려워진 것이다.

이렇게 교착상태에 빠지자, 가장 과격한 민족주의자들은 폭탄을 활용해 탈출구를 찾으려 했다. 유럽 무정부주의자들의 사례, 행동에 의한 선전propaganda of the deed이라는 개념, 영웅적인 자기희생이 가지는 호소력, 그리고 칼리 신 숭배 등이 이들을 테러리즘에 빠지게 했다. 1908년 4월 30일, 무자파르푸르에서 기차에 폭탄이 터져 영국 여성 두 명이 사망했다. 이에 대한 수사는 캘커타 외곽의 마니크탈라에 있던 테러 조직에 대한 급습으로 이어졌다. 한 조직원은 다른 조직원들에게 책임을 전가하고 모든 작전을 폭로했다가 그해 8월 알리포르 감옥에서 최소 두 명의 테러리스트에게 암살당했다. 또 경찰 수사관한 명과 검사 한 명도 11월에 살해되었다. 1909년 7월에는 한 펀자브인 극단주의자가 런던에서 몰리의 정치 보좌관인 윌리엄 커즌-와일리 경을 암살했다. 테러리스트들은 민토와 그의 참모였던 앤드루 프레이저 경의 살해를 기도하기도 했으나, 영국 행정부의 노선을 바꾸고 소작농들의 봉기를 일으키는 데는 실패했다. 폭력 사태는 1912년 민토의 후임자였던 하딩Charles Hardinge 경에 대한 암살 기도가 실패로 돌아가면서 막을 내렸다. 이 시기에 과격파 대부분이 체포되거나 국외로 추방당했다. 제1차 세계대전 발발에 이어 델리로의 수도 이전과 1911년 벵골 재통합이 실시되면서 인도 독립운동의 첫번째 단계가 마무리되었다. 돌이켜보면, 분할 조치에 대한 저항이나 테러리스트들의 활동은 영국의 인도 통치에 심각한 위협이 되지 못했던 듯하다. 하지만 1904년에서 1912년 사이에는 매우 위협적으로 보였다. 그래서 이 시기에 영국인들은 임의 체포 거부권과 출판의 자유가 지닌 미덕을 설파하면서도, 자신들이 아대륙의 수억 명 인구를 통치하고 있지만 고작해야 수십만 명밖에 안 되는 이질적인 집단이라는 사실을 곱씹어보게 되었다.

출판은 처음부터 민족주의가 폭발하는 데 기름을 부었다. 이런 움직임을 주도했던 사람들은 문인들이었다. 인도와 서구의 문학에서 영감을 받았던 그들은 신문사와 도서관을 중심으로 활동했다. 캘커타에서 가장 중요한 민족운동 단체였던 아누실란 사미티Anushilan samiti는 4천 권 규모의 도서관을 가지고 있었고, 순문학을 소개하는 동시에 혁명적 행동을 촉구하는 내용의 주간지 『유간타르』를 발행했다. 잡지 제호는 시브나트 사스트리의 소설에서 따온 것이었다. 영국인 관료들이 소요의 징후를 발견하는 곳에는 언제나 온갖 종류의 노래책, 희곡, 시집, 소책자, 종교서, 역사서, 문학서가 있었다. 영국령 인도의 관료들은 이런 출판물에 대해 아주 잘 알고 있었다. 자신들이 40년간 추적해서 도서 목록과 보고서로 기록해둔 것들이었기 때문이다. 1905년 이후 그들의 고민은 민족주의 정서가 폭발하지 않도록 억압하려면 이 정보를 어떻게 활용해야 하는가 하는 문제였다.

결국 이 시점에서 감시는 처벌로 전환되었다. 처벌은 두 가지 형태를 띠었다. 바로 경찰에 의한 탄압과 법률적인 기소였다.

경찰 활동은 여느 권위주의 체제와 비슷했다. 서점을 급습하고, 용의자를 심문하고 협박했으며, 작가와 출판업자, 인쇄업자를 체포하고, 편지나 소포를 가로챘다. 심지어 모임에서 어떤 대화가 이뤄지는지, 학교에서 무엇을 가르치는지 보고하기 위해 비밀요원을 활용하기도 했다. 이러한 활동으로 수집된 방대한 정보를 인도 행정청에서 분석한 결과, 당시 인도인을 선동하던 출판물 대부분은 이미 지난 수년간 도서 목록에 올라와 있던 것들과 별다른 차이가 없다는 사실이 밝혀졌다. 다루는 주제의 범위나 장르가 같았으며, 심지어는 아예 똑같은 책들도 다수 포함되어 있었다. 그런데도 이제 영국령 인도의 관료들은 시민의 자유를 침해할지라도 그 출판물들을 없애버리고 싶어 했다. 펀자브주 부지사는 "현지인"들이 "잘 속고" "감정적"이며, "잘 흥분"하고, 선동적인 메시지에 자극받으면 쉽게 폭발하기 때문에 "즉결재판 절차"가 필요하다고 판단했다.[90] 버마 부지사는 "독재 체제"만이 인도의 "다양한 민족"을 통제할 수 있다면서, 미심쩍은 출판물은 모두 뿌리 뽑아야 한다고 주장했다. 대신 영국 본토에서는 알지 못하도록 최대한 조용히 진행해야 한다고 했다.[91] 중부 지역의 한 행정관은 "헨리 코튼 경*과 그의 동료를 비롯해 사정을 잘 모르는 본국 정치인들"[92]의 항의를 우려했다. 하지만 또 다른 행정관은 "상황의 심각성을 봤을 때 그게 무엇이든 가장 효율적인 방법을 동원해 선동적인 출판물을 통제해야만 한다. 서구의 이론이나 정서는 이 나라 상황에 맞지 않으므로 고려할 필요가 없다"[93]며 좀더 강력한 탄압을 권고했다. 현장에서 일하는 이들은 누구든 표현의 자유를 인도에 대한 통치를 불가능하게 하는 서구의 사치쯤으로 여기는 듯했다.[94] 민토 경은 이러한 의견으로 몰리를 압박하며 출판을 제한할 수 있는 재량권을 요구했다.[95] 그러나 출판의 자유는 '정도만 걷는' 몰리의 자유주의적 신념 중에서도 가장 신성한 조항에 속했다. 이렇게 자유주의를 설파하는 것과 제국주의를 실행하는 것 사이에는 괴리가 있었고, 이 괴리는 매주 의회 질의 시간마다 눈에 띄게 불거졌다. 인도 문제에 정통한 헨리 코튼 경을 비롯한 의원들이 영국령 인도에서 벌어지고 있는 반자유주의적인 통치 행태를 전 세계에 폭로했던 것이다.[96]

민토와 몰리가 공문을 통해 씨름을 벌이는 동안, 영국령 인도의 하급 관리들은 인도 행정청에 탄압을 보고하는 기밀 서신을 보냈다. 경찰은 한 민족주의 협회를 급습하여 서적을 압수했는데, 여기에는 『일본의 각성 The Awakening of Japan』과 『주세페 마치니의 삶과 글 The Life and Writing of Joseph Mazzini』의 영어판뿐만 아니라 아리스토텔레스의 『정치학 Politics』도 포함되어 있었다.[97] 봄베이의 관리들은 아일랜드와 이탈리아의 독립운동에 대한 이야기를 출판하는 것만으로도 체제 전복적인 행위가 될 수 있다고 간주했다. "정부는 농부들에게 글을 가르치

---

* Henry Cotton(1845~1915): 영국의 정치인. 인도에서 태어나 인도 행정청에서 오래 근무했다. 1906년부터 1910년까지 영국 자유당 의원을 지냈다.

고 있다. 그들에게 건전한 읽을거리가 제공되고 있는지 감시하지 않을 경우, 해로운 출판물에 노출되는 건 자명한 일이다."[98] 영국령 인도의 관리들은 본국 정부의 공식 문서에서 글을 발췌해 출간한 책에도 수입 허가를 내주지 않았는데, 그 책을 읽으면 인도 경찰이 악하게 보일 수 있었기 때문이다.[99] 우편물 감시관들은 『게일릭 아메리칸 *The Gaelic American*』*이나 윌리엄 제닝스 브라이언William Jennings Bryan의 반제국주의적 연설문을 압수했다. 인도어로 번역된 브라이언의 글은 범죄 수사 부서에 특히 위협적으로 보였다. "무지한 힌두교도 독자들은 브라이언이 비판할 자격을 지닌 인물이라고 생각했고, 그가 선동을 잘하는 미국인 정치가로서 공개적으로 영국에 적대적인 인물임에도 영국인이라고 착각했다."[100] 관리들은 열렬한 민족주의자 펀자브인 아지트 싱Ajit Singh이 브루투스에서 로버트 브루스Robert Bruce, 존 햄던John Hampden, 새뮤얼 애덤스Samuel Adams까지 위대한 애국자들의 짧은 전기를 써서 묶은 도서만큼은 쉽게 비난하지 못했다.[101] 그러나 19세기 말 출판이 허가되었던 발 강가다르 틸라크의 연설문 일부를 다시 인쇄한 출판업자는 기소했다. 그들은 또한 동인도 회사의 어두운 역사에 대해 쓴 윌리엄 호윗의 책이 다시 인쇄되어 나오자 이를 선동으로 간주했는데, 이 책은 1838년에 초판이 나온 이후 일부 공공 도서관에도 비치되어 있는 책이었다. 정부의 법무 보좌관은 기소문에서 책 내용의 정확성이나 집필 시기는 따지지 않았다. 그 대신 자신이 영국령 인도의 관료가 아니라 마치 현대적인 수용론의 이론가라도 되는 양 이 책이 새로운 의미를 갖게 되었다고 주장했다. 싸구

---

* 미국에서 발행되던 아일랜드 가톨릭 계열의 신문.

려 우르두어판 신간을 읽는 단순한 독자들은 1838년에 이루어진 비판이 1909년의 영국령 인도에도 적용된다고 믿을 수 있다는 얘기였다. 그는 "일반 독자들에게 미치는 영향을 고려해야 한다"고 강조했다. 그리고 자신의 주장을 뒷받침할 결정적인 논거를 이렇게 덧붙였다. "입법부는 현 인도 정부의 평판이 훼손되어선 안 된다고 법률로 정해두었다." 인도 정부의 법률고문도 이에 동의했다. "몇 년 전까지만 해도 악의가 전혀 없던 문제일지라도 오늘날에는 위험하다."[102] 선동죄로 기소되기는커녕 적법한 절차에 따라 도서 목록에 등록되었던 다른 책들에도 같은 논리가 적용되었다.[103] 출판계의 풍경은 1905년 이전과 같았지만, 완전히 다른 모습을 띠게 되었다.

법정 해석학

이러한 게슈탈트 전환*으로 작가를 체포해 감옥을 가득 채운 영국령 인도의 관료들은 이제 법정에서 유죄판결을 이끌어내야 했다. 이 마지막 단계가 가장 어려웠는데, 이는 자유주의적 제국주의에 내재하는 모순을 노출할 위험이 있었기 때문이다. 영국인들은 인도인들에게 부과한 원칙을 지켜야 한다는 신념을 가지고 있었다. 또한 이러한 원칙 — 무엇보다도 공정성의 원칙 — 이 자신들이 아대륙에 전파한 문명의 척도라고 믿었다. 따라서 이들은 영국인들에게 적용되

---

* Gestalt switch: 이미지나 형태가 그 자체로는 전혀 변하지 않았음에도 보는 이의 시각에 따라 다르게 바뀌는 것을 일컫는다.

는 것과 같은 수준의 제약 — 즉, 명예훼손 및 선동에 관한 법률 — 하에서라면 인도인들도 자유롭게 서적을 출판할 권리가 있음을 인정했다. 한 가지 짚고 넘어가자면, 선동 행위는 영국령 인도에서 독특한 의미를 지니고 있었다. 세포이 항쟁 이후 혼란한 시기에 제정된 1860년 인도 형법 124A항에 따르면, 선동죄는 "정부에 대한 반감을 조장하거나, 조장을 시도하는"[104] 모든 이에게 적용되게끔 되어 있었다. 그런데 여기서 반감이 가리키는 바가 명확치 않았다. 1897년에 푸나 법원은 세기의 전환을 앞두고 가장 영향력 있는 민족주의자였던 틸라크에게 그가 발행하던 신문인 『케사리』에 쓴 기사를 이유로 가혹한 18개월의 징역형을 선고했다. 틸라크의 글은 1896년 유행한 가래톳페스트에 정부가 적절히 대처하지 못한 데 격앙되어, 『바가바드 기타Bhagavad Gita』를 인용해 1659년 절박했던 시기에 시바지가 무굴인 장군을 살해한 것을 정당화하는 내용이었다. 며칠 후 틸라크의 추종자 한 사람이 영국인 관리를 살해했다. 판사는 124A항에 의거해 틸라크에게 선동죄로 유죄판결을 내렸고, 이는 벵골 분할 조치 이후 열린 수십 건의 재판에 판례가 되었다. 틸라크 자신도 1908년 다시 재판에 넘겨졌을 때 이 판례에 따라 유죄판결을 받았으며, 이번에는 만달레이에 있는 감옥에서의 6년 형을 선고받았다.[105]

그 시기에 정부는 법원에 대한 영향력을 강화하기 위해 새로운 법을 통과시켰다. 1898년에 인도 형법 수정안이 통과되면서, 124A항은 그 어느 때보다 모호한 표현을 사용하여 더욱더 두루뭉술한 조항이 되었다. "'반감'을 드러낸다는 것은 비애국적 행위와 모든 종류의 적대감 표출을 포함한다."[106] 1908년에는 특정한 선동 사건에 대해서는 배심원 재판을 할 수 없도록 인도 형법이 개정되었다. 역시 1908년에 통과된 신문법은 선동적이라고 판단되는 신문의 인쇄기를 몰수할 수 있도록 지역 치안판사의 권한을 강화했다. 1910년의 인도 출판법은 인쇄기 소유자라면 누구나 사전에 보증금을 기탁해야 한다는 내용과, 그들이 "노골적이든 암시적이든 영국의 통치에 대한 적대감을 주입하려는 글"[107]을 인쇄해서 반감을 조장할 경우 이를 저지하기 위해 돈과 인쇄기를 몰수할 수 있는 권한을 치안판사에게 부여한다는 내용을 담고 있었다. 이 법은 신문뿐 아니라 서적과 소책자를 포함한 모든 출판물에 적용되었고, 이에 따라 우편물 또는 서점 및 인쇄소를 상대로 한 수색도 합법화되었다. 1876년에는 연극공연법이 통과되면서 지역 치안판사들이 연극 제작을 막을 수 있는 더욱 광범위한 권한을 갖게 되었다. 이로써 거의 모든 매체가 당국의 임의적 판단에 좌우될 수밖에 없게 되었다.[108] 물론 아직 법정에서 판사와 변호사가 해야 할 역할이 남아 있기는 했다.

돌이켜보면 판결은 애초부터 정해져 있는 거나 마찬가지였다. 테러 행위에 격분한 판사들이 관대한 판결을 내릴 리가 없었다. 대부분의 작가는 유죄판결을 받고 1년에서 6년 정도 되는 '엄격한 징역형'을 선고받았다. 때로는 무거운 벌금형까지 추가되거나, 찌는 듯이 더운 만달레이의 감옥으로 '이감' 명령을 받기도 했다. 그러나 판결이 설득력을 얻으려면 판사, 변호사, 서기, 집행관 모두가 각자의 역할을 효과적으로 수행해야 했다. 그들은 인도에서 집행되는 영국 법의 정통성을 보여주기 위해 가발을 쓰고 법복을 입었으며, 법봉을 사용하고 선서를 했다. 또 기립과 착석을 하고, 법률 용어와 함께 형식적 예의 ─ '존경하는 재판장님' '친애하는 변호사' ─를 갖추었다. 하지만 인도인들 역시 이 게임을 하는 방법을 배운 바 있었다. 피고 측 변호인들은 영국 학교에서 수학했고, 영국의 판례 ─ 또는 필요한 경우 셰익스피어나 밀턴 ─ 를 인용해 의뢰인들을 변호할 수 있었다. 물론 대부분의 인용 출처는 『마하바라타』와 『라마야나』였다. 기소된 작가들이 그 책들에서 영감을 받았기 때문이다. 검사들도 재판에서 이기기 위해 때때로 현지인의 관점에서 의견을 진술해야만 했다. 인도인들이 사히브의 학교에서 교육받은 것과 마찬가지로 영국인들 역시 '현지인'들의 방식을 교육받은 바 있었기 때문에 충분히 가능한 일이었다. 또한 수십 년간 도서 목록에 전문적인 의견이 기록되어왔기 때문에 영국령 인도의 관료들은 인도 출판물에 관한 방대한 지식을 축적하고 있었다. 중요한 사건의 경우, 도서 목록 관리자들이 직접 법정에서 증언하기도 했다. 그렇게 법정은 해석을 둘러싼 전쟁터로 변해갔다. 양측은 자신들의 해석을 적극적으로 제시했다. 텍스트 해석을 통해 상징적인 우위를 점하고자 하는 경쟁에서도, 적어도 머스킷 총들이 선반에 보관되어 있는 한 제국주의적인 성격이 드러나기 마련이었다.

다음 시를 살펴보자. 1910년에 문학비평지인 『팔리치트라Pallichitra』에 실린 것으로, 법정에서 선동죄로 유죄판결을 받은 전형적인 사례다.[109] 저자가 특정되지 않았기 때문에(나중에 확인되어 그 역시 2년간 복역했다), 잡지 편집장인 비두 부산 보스가 벵골주 쿨나시의 지역 치안판사인 R. C. 해밀턴이 주재하는 재판에 회부되었다. 해밀턴은 인도 형법 124A항에 따라 보스에게 선동죄로 유죄판결을 내린 뒤, 범죄가 극악하여 종신형에 처할 만하다고 말했다. 결국 보스는 2년의 징역형을 선고받았고, 인쇄업자도 공범으로 2개월간 투옥되어야 했다. 그렇다면 법정 공식 통역사가 벵골어를 번역해 제공한 이 시에는 어떤 악의가 드러나 있을까?

에스호 마 폴리-라니

오 마을의 어머니 여왕이시여, 오십시오. 하루가 저물어가고 있습니다. 당신의 아이들이 당신의 장엄한 목소리를 듣고 뛰는 심장을 부여잡고 일어서게 해주세요. 저는 삶의 전쟁터에서 적의 머리로부터 승리의 왕관을 빼앗아 여왕 중의 여왕이신 당신에게 씌워드리기 위해 저자신을 희생해왔습니다.

잘못된 생각에 이끌리고 열정 때문에 고통받던 저는 (당신의) 황금왕좌가 사라졌을 때 눈치채지도 못했고, 마음으로 느낄 수도 없었습니다.

* * *

난단 정원에는 아수르의 발에 짓밟혀 파리자트 꽃이 피지 않습니다. 인드라니는 누더기 차림으로 자신의 마음속 가장 깊은 곳에서 홀로 고통받고 있습니다.

죽음을 정복한 수라들은 이 모든 것을 똑똑히 보았으면서도 증오심과 수치심에 겁쟁이처럼 눈을 감았습니다. 오, 어머니, 저는 언제 신들이 스와데시를 위해 다 함께 일어나 세계를 파괴할 뜨거운 분노를 폭발시켜 적의 무리를 섬멸할지 알지 못합니다. 그리고 언제 자신들의 힘으로 스스로 무기를 들어, 망자의 영혼에 피의 잔을 바침으로써 천상의 왕좌를 다시 세울지 알지 못합니다.

오늘날 독자들은 대부분 이 시의 의미가 상당히 불분명하다고 여길 것이다. 그러나 1910년 지역 치안판사의 눈에는 높은 수위의 선동이 확실해 보였다. 그는 이 시에 "평범한 독자"가 이해하지 못할 난해한 내용이 전혀 없으며, 힌두 신화에 대해 기초적인 지식을 가진 사람이라면 누구나 그 뜻을 분명히 알 수 있다고 주장했다. 인드라니라고도 언급되는 여왕은 어머니 인도이고, 꽃이 있던 정원은 영국인들이 파괴한 천국이며, 아수르는 악마, 즉 영국인을 의미한다는 것이다. 또 수라 신들은 인도인을 가리키고, 이 신들이 비록 지금은 거지 신세이지만 곧 봉기해서 압제자들을 전복하게 될 것을 뜻한다고 했다. 치안판사는 당시 사건들의 맥락에서 보면 이 시가 던지는 메시지가 소름 끼치도록 분명하다면서 다음과 같이 설명했다.

이 시가 출판된 것은 [……] 지난 7월 중순이었다. 이 시가 나오기 전, 인도에 있는 영국인 남성과 여성, 그리고 특히 영국인 관리들을 대상으로 살인을 의도한 공격이 연속으로 자행되었다. 만일 영국인을 가리키는 악마(아수르)를 살해하라고 암시하는 게 아니라면, 이 시는 아무런 의미도 없을 것이다. 작가가 힌두교도 동지들에게 인도에 살고 있는 영국인들을 살해하는 데 동참할 것을 선동하려는 목표를 가지고 있음이 분명하다. 이와 같은 문학이 벵골의 젊은 세대에게 미치는 치명적인 영향을 고려할 때 [……] 이를 억제할 수 있는 형벌을 선고해야 할 뿐 아니라, 지속적으로 사회에 해를 끼쳐온 사람을 한동안 사회에서 격리하여 더 이상 그러지 못하도록 하는 것 역시 필요하다. [……] 본인은 그의 선동을 가볍게 다뤄야 할 어떠한 이유도 찾을 수 없다. 따라서 피고에게 2년의 징역형을 엄중히 선고한다.

하지만 이러한 해석에 논란의 여지가 없었던 것은 아니다. 판사는 피고 측 변호인과 검사 사이의 해석을 둘러싼 격렬한 논쟁을 거친 후에야 결론에 도달할 수 있었다. 변호인의 변론에 따르면 단어의 의미는 사전에 나와 있는 그대로였고, 또 보통 사람들이 이해하는 의미 그대로였다. 변호인은 변론 내용을 납득시키기 위해 사전을 인용하고 일반인을 증인으로 세웠다. 주요한 시어 중 하나인 벵골어 단어 보이리시르boyrishir는 검사 측에서 주장하는 것처럼 영국 정부를 가리킬 가능성이 없었다. 이 단어의 관습적인 의미가 '적의 머리로부터' 였기 때문이다. 또 아수르asur는 '어둠의 세력'을 의미했다. 변호인은 총독의 연설에서 이 단어가 어떻게 쓰여왔는지를 보여주며 마찬가지로 영국인을 가리키는 말이 아니라고 설명했다. 세번째로 유죄의 증거가 되는 단어 루디르rudhir는 '내 피를 바치겠다'는 뜻으로 평범한 대화에서 희생의 의지를 표현하려고 할 때 쓰는 말이었다. 동물을 제물로 바치는 경우가 많기 때문에 대의를 위해 피를 바친다는 게 공격적인 행위가 아니라는 건 힌두 문화의 풍습에 익숙한 사람이라면 누구나 아는 사실이었다. 이 시는 『햄릿Hamlet』의 가장 유명한 독백에서 볼 수 있는 것처럼 상징적인 비유법을 사용했을 뿐이었다. 이 시는 골드스미스*의 「버림받은 마을Deserted Village」처럼 도시와 시골 생활의 대비를 바탕으로 한 자유에 대한 명상이었다. 사실 골드스미스의 시는 폭정에 대한 강력한 반대를 웅변했지만, 영국 학교에서 인도인 아이들에게 흔히 읽힐 만큼 어떠한 나쁜 영향도 주고 있지 않았다. 피고 측 변호인은 영국 시인들이 자유를 얼마나 찬양했는지 상기시키기 위해 쿠퍼**의 시에서 마음을 뒤흔드는 몇 소절을 발췌해 법원에

---

* Oliver Goldsmith(1728~1774): 아일랜드의 소설가, 극작가, 시인.

제출하기도 했다. 그는 쿠퍼와 비교하면 자신의 의뢰인이 쓴 시는 온화함 그 자체라고 주장했다. 벵골어로 시를 쓰는 시인은 당연히 힌두 신화를 끌어올 수밖에 없었다. 그런데 만일 법원이 그러한 인용을 모두 금지하면 토착어 문학은 존재할 수 없을 터였다. 그러한 시에서 선동성을 읽어낸다는 것은 단순한 오독일 뿐만 아니라, 혼란스러운 상황을 진정시키는 대신 더욱 악화하는 결과를 초래할 뿐이었다.

이에 대한 반론으로 검사는 내용을 하나하나 되짚으며, 변호인 측의 해석은 앞뒤가 맞지 않는 비유와 잘못된 정의로 이루어져 있다고 주장했다. 예를 들어 아수르는 "발과 다리가 달려 있고, 그 발에 천국의 꽃이 짓밟힌다고 묘사되어 있으므로" '어둠'이라고 해석할 수 없다는 것이었다. 텍스트 해석을 둘러싼 논쟁이 계속되자 판사는 이를 중지할 것을 명령하고 직접 한 줄 한 줄 해석하기 시작했고, 마침내 결론을 내렸다. 선동죄였다. 그 재판은 철학, 의미장, 비유 패턴, 이념적 맥락, 독자 수용, 해석 공동체 등 현대시 강의에서 다룰 법한 모든 것을 다뤘다.

당국에서 모든 종류의 출판물 — 역사서, 정치적 소책자, 종교서, 희곡, 노래책 — 에 드러난 선동성을 조사하기 시작하자 비슷한 논쟁이 꼬리를 물고 반복되었다. 1905년 이전에는 현대문학의 시초로서 나쁜 영향을 미치지 않는다고 판단되던 것들이, 1910년경에는 혁명을 선동한다고 비난받게 되었다. 문학은 이제 위험한 것으로 간주되었다. 더 이상 지식인들만 읽는 게 아니라 대중에게로 퍼져나갔기 때문이다. 그것은 불만이 대중에게로 확산된다는 뜻이었다. 또한 불만

** William Cowper(1731~1800): 영국의 시인.

을 드러내는 건 선동과 같은 의미였다. 대부분의 인도 농민들이 가난하고 글을 읽지 못하는 처지였음을 고려하면 이러한 진단은 과장된 것이었지만, 행정청에서는 이 문제를 심각하게 받아들이고 있었다.

사람들이 시장과 마을에서 선동적인 글을 [……] 열심히 읽었고, 의심 없이 그 내용을 믿었다. [……] 처음 글을 읽고 동요된 독자들로부터 한껏 과장된 소문이 글을 읽지 못하는 사람들 사이로 퍼져나갔다. 그들의 반응은 알려진 바와 같고, 소문은 퍼지는 과정에서 점점 더 왜곡되고 흉흉해지고 있다. [……] 『산디아*Sandhya*』나 『차루 미히르*Charu Mihir*』 또는 다른 인기 지방지가 동봉된 우편이 도착하면, 마을 지도자 중 누군가가 적당한 나무 밑 쉼터로 모여든 바드라록 계층과 그 외 사람들에게 그 내용을 큰 목소리로 읽어준다. 심지어 농사짓던 사람들도 쟁기를 내려놓고 낭독을 기다리는 무리에 합류한다. 악의에 찬 발췌문이 낭독되고 그 의미가 정리되고 나면 모두 흩어진다. 이후 그들은 자신들이 알게 된 내용을 다시 각색하고 과장해서 또 다른 사람들에게 전한다.[110]

지방 관리가 작성한 위 보고서에 명시된 대로, 신문은 이념과 뉴스를 결합했기 때문에 특히 위협적이었던 듯하다. 하지만 글을 읽지 못하는 이들의 세계에 훨씬 더 효율적으로 침투할 수 있었던 건 책과 소책자였다. 특히 노래와 희곡 모음집의 영향력이 컸는데, 이를 바탕으로 음악, 마임과 연극이 결합된 공연이 펼쳐졌기 때문이다. 끝으로 두 가지 법정 소송 사례를 살펴보자.

떠돌이 음유시인들

1907년 12월 11일, 중부 지역에 위치한 암라바티의 지역 치안판사였던 R. P. 호스브러는, 선동적인 노래 모음집『자치 정부로 가는 길 Swarajya Sapan』을 유통하고 낭송한 죄로 가네슈 야데오 데슈무크라는 가명으로 알려진 스와미* 시바나드 구루 요가난드Swami Shivanad Guru Yoganand에게 7년간의 추방형을 선고했다.[111] 데슈무크는 직접 노래를 만들고 인쇄했으며, 이를 부르고 다니면서 판매했다. 판사의 주장에 따르면, 그는 판매를 촉진하기 위해 이름을 바꾸고 탁발하고 다니는 성자 행세를 했다. 이는 "그가 돌아다녔던 모든 도시와 마을에서 많은 문맹자들의 마음에" 호소하기 위한 판매 전략이었다. 가짜 스와미는 "박자와 가락"으로 "산야시sanyasi[브라만 출신의 성자]의 입에서 나오는 거라면 그 어떤 말에도 감동할 준비가 되어 있는 순진한 시골 사람들"의 정서를 자극했다. 판사는 이를 사형으로 다스릴 만큼 중대한 선동죄에 해당하며 "매우 엄중한 범죄"라고 판단했다.

이제 대중에게 인도 내의 선동이 더 이상 단순한 욕설에 그치지 않는다는 걸 깨우쳐줘야 할 때다. 사반세기 전에는 선동이 아무런 해악을 끼치지 않고 대중의 머릿속을 스쳐 지나갔을지 모르지만, 지금은 그렇지 않다. 교육과 통신수단이 크게 발달해왔고, 반감을 조장하는 인쇄물이 오랫동안 제작되어왔으며, 정부에 대한 명예훼손은 [……] 정치적인 위협이 되어왔다. 이를 확인하고, 가능하다면 엄중한 법 집

---

* 힌두교의 학자나 종교인에 대한 존칭.

행을 통해 뿌리 뽑는 것이 형사 법원의 의무다.

스와미 시바나드의 반역 행위에 대한 예로, 판사는 그의 노래 중 다음과 같은 소절을 인용했다.

오, 코끼리의 머리와 비뚤어진 입을 가진 신이시여. 당신의 친절한 긴 코로 나라를 위한 헌신의 깃발을 아리아인들의 손에 건네주소서.

이 노래가 「신이시여 왕을 구하소서God Save the King」*처럼 들리지는 않는다. 그렇다면 무슨 뜻을 지녔던 걸까? 이 판결 소식을 듣고 당황한 몰리는 전보를 쳐 이 소절이 7년간 말레이반도로 추방형을 내릴 정도로 문제가 되는지 물었다. 코끼리 머리를 한 신 가네슈는 틸라크가 이끄는 전투적인 힌두교도 집단에서 특히 숭배를 받는다는 답변이 돌아왔다. 더욱이 검사 측은 불복종을 증명할 만한 핵심 증거를 확보하고 있었다. "몰리가 맛이 쓴 카렐라라는 건 분명한 사실이라네"(카렐라는 발삼나무에 열리는 열매로 배와 비슷하다)라고 주장하는 또 다른 노래가 있었던 것이다. 이 밖에도 강력하지만 혼란스러운 이미지를 드러내는 노래들이 더 있었다.

오, 무기력이여! 활과 화살을 어디에 쓸 것인가? 그들의 주머니를 비워 복부에 찌르는 듯한 아픔을 느끼게 하라. 단호한 마음가짐으로 당신의 결기를 영국인들에게 보여주어라. 그들의 탄압과 폭정으로 우

---

* 영국의 국가.

리는 식량도 부족하고 물도 마음껏 마실 수 없지 않느냐. 학대와 저주
는 결국 아무런 효과도 내지 못하리라. 이기적인 이들(영국인들)은 죽
은 형제 두개골 위의 유지油脂를 먹는다네. 아무도 불만에 귀 기울이지
않는다네. (그들이) 잘 속이고, 계략을 잘 꾸미며, 매우 교활하다는 것
은 온 세상이 다 아는 사실. 그들을 물리치고 (이로부터) 자신을 구하
라. 포바라 놀이에서 주사위 패의 조합이 잘 나오게 던져서 그들(영국
인들)이 떠나게 하라. 정부를 두려움에 질리게 하라. 어떤 언어로도 어
떤 낱말로도 탄압과 고난을 묘사할 수 없다네. 소를 먹일 여물조차 남
아 있지 않다네.

이 가사가 법원의 해석 능력을 평가하는 시험대라는 건 명백했다.
판사는 공식 통역사의 도움을 받아 다음과 같은 비평적인 해석을 내
놓았다. 가난과 착취에 대한 항의는 당시 관개하는 데 걸리는 시간이
늘어난 것 등에 대한 비판이라 할 수 있다. 두개골 위에 유지가 놓인
것은 화장이 원활히 이뤄지도록 시신 정수리에 유지를 놓던 힌두교
풍습을 가리킨다. 그리고 포바라는 주사위 놀이로서, (첫번째, 두번째
주사위에서 6이 나오고, 세번째 주사위에서 1이 나오도록) 완벽히 던지
라는 말은 단결하라는 뜻으로 읽히고, 동시에 포바라가 원래 마라티
어로 도주와 동맹의 형성이라는 뜻을 지닌 단어인 만큼 말장난을 친
것으로 보인다.
　스와미의 변호인은 당연히 선동이 아니라고 했다. 이 모든 건 그
저 빈정거리는 말장난에 불과하다는 얘기였다. 번역 자체가 모두 잘
못되었다. 마라티어 사용자라면 누구나 유지를 먹는 사람이 영국인
이 아니라 저자의 형제 교도라는 걸 모를 리 없었다. 주사위 놀이를

갖고 말장난을 한 것은 비유가 아닌 재치 있는 표현일 뿐이다. 뒤에 에드워드 7세를 언급한 부분도 동사의 주어에 해당하는 명사가 무엇인지 구별할 수 있다면 누구나 알 수 있듯이 매우 정중하다. 이 노래는 전체적으로 농담조의 분위기를 띠고 있을 뿐, 결코 선동이라 할 수 없다. 이 노래는 원어민들의 관점에서 이해되어야만 한다. 하지만 판사는 이 주장을 전혀 받아들이지 않았다. 그는 변호인 측이 제시한 해석에 대한 통념과 이 노래에 대한 구체적인 해석에 동의하지 않았다. "그렇게 해석하면 문법에 맞지 않을 뿐만 아니라, 앞뒤 문맥을 감안할 때 단락이 연결되지 않는다." 결국 그리고 당연히 검사가 승소했고, 스와미는 투옥되었다.

마지막 사건은 배를 타고 갠지스 삼각주 사이로 돌아다니면서 농촌에서 자트라를 공연해온 패거리, 즉 연극 극단의 우두머리인 무쿤다 랄 다스Mukunda Lal Das에 관한 것이다. 이 패거리의 가장 큰 인기작은 1908년에 공연한 「마트리 푸자Matri Puja」로, 다이티아Daitya(악마)들과 데바Deva(신)들 사이의 갈등에 대한 푸라나식 이야기를 각색한 연극이었다. 캘커타에서 성공적으로 공연을 마친 뒤, 이 희곡은 인쇄되어 벵골 도서 목록에 등재되었다. 하지만 1908년에 도서 목록 관리자가 법정에서 이 희곡이 영국령 인도의 주요 인사를 공격하는 "선동적인 풍자"라고 증언한 이후에는 공연이 금지되었다.[112] 내륙 지역에서 이 연극을 공연할 때 무쿤다는 지방 관리들뿐 아니라 영국의 왕이자 인도 제국의 황제인 조지 5세까지도 흉내 내며 조롱하는 대사를 즉석에서 만들어내 마임, 음악, 노래를 곁들여 공연했다. 또한 그는 자신의 노래책을 직접 집필하기도 했는데, 이 책은 여러 번 증쇄를 거듭하며 광범위하게 유통되었다. 심지어 이 책에 실린 그의 노래 일부가 포함된 다른 노래책도 많이 판매되었다. 「마트리 푸자」는 산스크리트어 원고에서 현대적인 책의 형태로까지 읽혔고, 캘커타의 무대에서부터 시골의 소극장에서까지 공연되는 등 다양한 문화 영역에서 쉽게 접할 수 있었다. 그렇게 대중 사이에서 크게 회자되자 인도 행정청은 선동의 낌새를 느꼈다. 지방 관리들이 여러 곳에서 순회공연을 막으려 했지만, 무쿤다는 무려 9개월이나 이들을 피해 다녔다. 그러다 마침내 168회째 공연을 성공적으로 마친 뒤에 체포되어 재판에 회부되었다.

재판은 1909년 1월과 2월 두 차례에 걸쳐 열렸는데, 모두 바리살시 지역 치안판사인 V. 도슨이 맡았다. 첫번째 재판은 노래책에 대한 것이었고, 두번째 재판은 자트라 순회공연에 대한 것이었다. 두 재판 모두 다른 사건들과, 또 인도 행정청이 민족운동에 대해 벌인 광범위한 조사와 연관되어 있었다. 그리고 그 중심에는 「하얀 쥐의 노래The White Rat Song」가 있었다. 이는 무쿤다의 많은 레퍼토리 중에서도 가장 큰 인기를 모은 노래였는데, 공식 통역사는 이 노래 가사를 다음과 같이 해석했다.

바부여, 너는 죽을 때가 되어야 너의 처지를 깨달을 것인가? 하얀 악마는 너의 위에서 (정확히는, 너의 어깨 위에서) 너를 완전히 파괴하고 있다. 예전에 너는 황금 접시에 음식을 담아 먹었지만, 이제는 철제 접시로 만족하는구나. 너같이 열등한 바보는 상대할 필요가 없다. 너는 우리 땅에서 난 장미유 대신 포마드 기름을 더 좋아한다. 바로 이것이 그들이 너를 가리켜 '짐승 같고' '어리석으며' '바보 같다'(정확히는, 그들이 괜히 너를 짐승이라고 부르겠느냐 등)고 이야기하는 이유다.

너의 곡물 창고는 쌀로 가득했으나, 하얀 쥐가 모두 파괴해버렸다. 바부여, 안경을 벗고 주위를 둘러보라. 알고 있는가, 바부여, 너의 머리는 백인들의 부츠 아래 있으며, 그들이 너의 카스트와 명예를 망치고, 너의 재산을 간교하게 빼앗아간다는 사실을?[113]

변호인 측은 마지막 문장을 "오늘날에는 지위와 보상이 사업가들에게만 주어진다. 그러니 모두 사업을 시작하라"라는 의미로 해석해야 한다고 주장했다. 그 이유는 '그들'이라는 대명사 때문인데, 벵골어의 통사론이 가지는 특성, 특히 "주격 형태의 쓰임"을 고려할 때 '그들'이 백인(외국인)을 지칭할 수 없다는 얘기였다. 법정은 곧 어휘와 문법, 산스크리트 어원에 대한 논쟁으로 달아올랐다. 또한 비유적 해석이 맞는지, 문자 그대로 이해하는 게 맞는지를 두고도 다툼이 이어졌다. 결국 판사가 무쿤다는 선동죄를 저질렀으므로 감옥에 가야 한다는 판결을 내리며 논란에 종지부를 찍었다.

판사는 전문적인 해석을 배제하고, 1897년 틸라크 판례에 적용된 법적 해석을 따랐다. 틸라크 재판 당시 스트레이치 판사는 배심원들에게(1908년 이전만 해도 선동죄 관련 재판은 대개 배심원들 앞에서 열렸고, 치안판사에게는 배심원들과 함께 사건을 처리할 권한이 부여되었다) 지나치게 복잡한 해석은 피하라고 주문한 바 있었다.

피고의 의도를 판단할 때에는 글이 독자들의 마음에 미칠 영향을 추정해야 할 뿐만 아니라 자신의 상식, 세계에 대한 지식, 단어의 의미에 대한 이해, 그리고 한 인간이 특정한 느낌에 자극을 받아 글을 쓰게 되는 경험 등도 고려해야 한다. 글을 읽고 스스로에게 물어보라. 그 글이 전체적으로 그저 순수한 시이자 불충한 목적이라고는 없는 역사적 논의에 불과한 것인지, 아니면 시 또는 역사적 논의라는 가면을 쓰고 영국 정부를 공격하려는 의도로 쓰였는지를 말이다. 단어에서 이 차이를 찾아내는 건 어려운 일인지도 모른다. 하지만 글의 어조와 정신, 전체적인 취지를 보면 적개심을 조장하는 작가와 그렇지 않은 작가 사이의 차이를 발견하는 건 어렵지 않은 일이다.[114]

영국령 인도는 선동을 억누르고자 할 때, 법원에서 산스크리트어 통사론이나 베다 신화에 얽매이는 걸 허용하지 않았다. 그보다는 타당하고 확실한 상식 ─ 인도인들에게는 일반적이지 않은 영국인들의 상식 ─ 에만 집중하게 했다. 그에 따라 판사들은 선동적인 출판물과 관련된 일련의 재판에서 단어의 의미에 대한 '현지인'들의 주장을 무시했다. 무쿤다에게 유죄판결을 내린 뒤 4개월 만에 열린 재판이 전형적인 사례다. 그 재판도 「하얀 쥐의 노래」와 관련이 있었는데, 담당 치안판사는 한 뛰어난 변호인이 펼친 어원에 대한 주장을 배제하고 자신의 해석을 바탕으로 판결을 내렸다.

우리는 단어의 의미를 파악하기 위해 어원상 유래까지 검토해서는 안 된다. 그렇게 하면 모든 노래의 의미가 왜곡될 개연성이 매우 높다. 산스크리트어를 이해하거나, 특정 벵골어 단어의 의미를 확인하는 과정에서 이에 해당하는 산스크리트어 단어를 고려하는 사람은 100명 중 한 명밖에 되지 않는다. [……] 벵골어로 쓰인 [하얀 쥐의] 노래는 터무니없을 만큼 단순하다. 따라서 평범한 사람이 이 노래를 다른 뜻으로 받아들여서 논쟁이 벌어질 리 없다. [……] 나는 이 노래가 영국의 통치자들이 인도에서 모든 것을 강탈하고 심지어 바부들까지 짓밟았다는 내용을 담은 비방이라고 결론 내렸다. 이 노래는 두 번 생각할 것도 없이 선동이다.[115]

그런데 무쿤다 사건은 벵골어 언어학에 대한 영국인들의 직관력이 어떤지를 확인하는 데서 끝나지 않고, 일파만파 커져갔다. 인도 행정청은 그의 노래들이 다른 문화와 결합하여 인도 사회에 폭넓게 퍼져가는 양상을 몇 달 동안 주시하며 정보를 수집해야 했다. 이 사건의 배경을 기술한 보고서에는 무쿤다와 그의 배우들로 구성된 열여섯 명의 극단 또는 '패거리'가 적어도 2년 동안 갠지스 삼각주의 복잡한 강줄기를 따라 돌아다니며 순회공연을 펼친 사실이 적시되어 있었다. 이들은 마을과 마을을 돌아다니는 동안, 공연을 금하는 법원의 강제 명령서를 든 지방 관리들의 추적을 받아야 했다. 관리들이 도착하면 다시 배를 타고 지역 경계선을 넘어가 그들의 권한이 미치지 않는 새로운 장소에서 공연을 펼쳤다. 인도 행정청은 벵골 동부의 광범위한 지역에 걸친 그들의 동선을 기록할 수 있었다.

영국령 인도의 관료들은 지역 정보원들 덕분에 무쿤다의 자트라, 즉 악극이 어떻게 펼쳐졌는지 상세히 파악하고 있었다. 한 지방 관리의 보고에 따르면 "가장 인기 있는 공연은 스와데시 운동에 반대하는 대리 치안판사와 그의 아내에 대한 것"이었다. 그 공연에서 무쿤다는 "커즌 경과 뱀필드 풀러 경(벵골주 부지사)을 모욕적으로 언급했다." 공연이 암시하는 바는 명확했고, 이는 희곡 「마트리 푸자」──무쿤다가 이 희곡을 자트라 형식으로 만들었다──를 출판한 인쇄업자의 재판에서도 확인되었다. 희곡을 쓴 쿤자 베하리 강굴리Kunja

Behari Ganguli는 도주했다. 결국 법원은 인쇄업자에게 200루피의 벌금을 부과하고, 벵골 도서 목록의 관리자이자 사서인 만마타 나타 루드라가 진행하는 신화 및 우화에 대한 강의를 수강하도록 지시하는 데 만족해야 했다. 루드라는 이 희곡이 "현재 이 나라의 정치적 상황에 대한 풍자이자 선동임이 명백하다"[116]고 증언했다. 루드라는 법정 증언을 통해 이 희곡은 겉으로 보기에는 고대 신화를 다룬 것에 지나지 않지만, 시사 사건에 대한 비평으로 쉽게 해석될 수 있다고 단언했다.

이 희곡은 『마르칸데야 푸란Markandeya Puran』의 찬디를 바탕으로 한다. 숨바와 니숨바라는 지도자가 이끄는 다이티아(지하 세계에 사는 거인, 현재는 일반적으로 악마라는 뜻으로 사용된다)들은 데바(신)들로부터 천국을 강제로 빼앗아 독재자로 군림한다. 3억 3천만에 달하는 데바들은 평소에는 서로를 시샘하며 분열되어 있었지만, 지배자의 탄압에 맞서기 위해 마침내 단결한다. 그리고 다이티아 왕에게 모욕을 당한 뒤 전장에 직접 나타난 여신 찬디(세상의 어머니)의 도움을 받아 다이티아들을 물리치고 천국을 되찾는다.

희곡의 소재가 된 정치적 사건들은 다음과 같다.
1. 정부에서 「반데 마타람」을 부르고 조국에 이른바 경배를 하는 것에 대해 진압을 시도할 거라는 소문.
2. 동벵골인들이 뱀필드 풀러 경을 환영하는 연설을 하지 않겠다고 거부한 사건.
3. 정부를 만족시키고자 하는 귀족들의 욕망. 이는 비난을 받았다.

4. 기근 발생.

5. 맨체스터 상품 불매운동.

6. 학생들을 상대로 한 기소와 채찍질. 이는 흉포하고 부당한 박해의 상징이 되었다.

7. 현재의 소요 사태에서 학생들이 보여준 근성.

8. 웨일스 왕자 전하가 인도를 방문했다가 영국으로 돌아가는 길에 인도에 대한 통치를 좀더 관대하게 했으면 좋겠다는 의사를 표현한 일. 희곡에서 다이티아 왕은 국민들을 위해 나라를 제대로 통치하고자 하는 진심 어린 소망을 가진 선한 군주로 묘사된다. 그는 왕의 고문을 맡고 있는 피사체(악마)들이 제기한 논쟁에서 아들의 충고를 듣지 않은 것을 후회한다. 피사체들이 자신들의 장악력을 높이려고 순수하고 연약한 이들이 눈물을 흘리도록 만들었기 때문이다.

9. 동벵골 지역 여성들의 분노.

벵골주 법률고문은 이 희곡과 당시의 정치 상황을 연결한 신문 비평을 인용해 이런 해석을 더 발전시켰다. 그는 데바 지도자들의 이름이 유명한 민족주의자 정치인들 이름의 머리글자를 사용해 만들어졌고, 최후의 악당으로 등장하는 크루잔은 총독인 커즌 경을 가리키는 게 명백하다고 설명했다. 거의 2년이 지난 후, 영국인들은 마침내 희곡을 쓴 강굴리를 체포했다. 재판에서 강굴리는 스스로 유죄를 인정함으로써 비교적 관대한 처벌인 1년의 징역형을 선고받았다. 그는 또한 공연할 권리를 넘기면서 무쿤다에게 400루피를 받았다고 증언했다.[117]

무쿤다는 상대적으로 교육 수준이 낮은 내륙 지역의 관객들을 상대로 공연을 펼침으로써 희곡에 생명을 불어넣었다. 유죄를 선고한 판사조차, 업신여기는 태도로 말하기는 했지만 그에게 이야기를 다루는 재능이 있다고 인정했다. "피고인은 하위 계급 출신이긴 하지만, 같은 계급의 보통 사람들보다 더 뛰어난 문학적 재능을 지니고 있다. 그는 최소한 영어로 자기 이름을 서명할 수 있으며, 노래책을 편집하기도 했다."[118] 지방 관리들 또한 적대적인 태도를 보이면서도 무쿤다가 '현지인'들 사이에서 공감을 끌어내는 능력을 지녔다고 증언했다. "그가 끼친 해악의 크기는 공연의 인기로 가늠해볼 수 있을 것이다. 그 인기는 의심할 여지 없이 대단했다." 실제로 무쿤다는 즉흥적으로 대사를 만들고, 연기하고, 노래하고, 마임까지 두루 잘해 연기자로서 또 자트라 연출가로서 상당한 재능을 지녔던 것으로 보인다. 강굴리의 희곡은 무쿤다의 작업을 거쳐 일종의 보드빌로 거듭났다. 무쿤다는 대리 치안판사를 맡고 있는 인도인 부역자 ―「하얀 쥐의 노래」의 '바부' ― 를 조롱받는 역할로 집어넣고, 영국인들 ― 위로는 총독부터 아래로는 지방 관리들까지 ― 을 경멸하는 내용을 내키는 대로 포함시켰다. 그가 즉흥연기를 펼치면, 다른 배우들은 그가 이끄는 대로 따르며 일정한 간격으로 노래를 불렀다. 한 지방 관리의 보고에 따르면 "그의 공연에는 영국의 왕이자 인도 제국의 황제 역을 맡은 배우가 등장해 인도인들을 대표하는 설정의 극단 단원 한 사람으로부터 부적절한 방식으로 학대와 모욕을 당하는 내용도 포함되어 있었다."

극단은 대개 농촌 마을에서 공연을 했지만, 때로는 지위가 높은 인도인들을 상대로 하기도 했으며, 그렇게 특별한 경우에는 그에 맞춰 내용을 조정했다. 마나카르에서는 한 브라만의 집에서 칼리 여신의

성화를 배경으로 공연을 했다. 또 다른 집에서는 아스위니 쿠마르 두
트Aswini Kumar Dutt 같은 저명한 민족주의자들을 앞에 두고 스와데시
운동가를 불렀다. 아스위니는 "그[무쿤다]를 끌어안고 눈물을 흘렸
으며, 그곳에 모인 이들 모두 「반데 마타람」을 소리 높여 불렀다." 어
떤 공연은 거의 콘서트처럼 진행되었고, 또 다른 공연에서는 민족운
동 집회에 참가한 이들을 위로해주기도 했다. 그 모든 곳에서 무쿤다
는 「하얀 쥐의 노래」— 인도 행정청 관료들에 따르면 "그의 가장 유
명한 노래이자 가장 듣기 싫은 노래"— 로 관객을 사로잡았다. 그리
고 그는 모든 지역에서 "스와데시 자트라 장인"으로 칭송받았다.

무쿤다는 1908년 11월에 순회공연을 마치고 바카르간즈의 집에서
칩거하던 중에 경찰에 체포되었다. 경찰은 그의 집과 배를 뒤져 유죄
를 입증할 만한 증거를 다수 찾아냈다. 「마트리 푸자」 대본, 노래책
등과 함께 회계장부가 나왔는데, 그 장부에는 그가 168회 공연해서
3천 루피 정도에 불과한 적은 수입을 올렸다는 내용이 기록되어 있
었다. 아스위니 쿠마르 두트와 주고받은 서신도 있었다. 이는 자트라
가 아스위니를 비롯한 민족주의자들이 소속되어 있었던 바리살의 브
라자 모한 협회Braja Mohan Institution에서 벌인 광범위한 활동의 일부였
음을 암시했다.

브라자 모한 협회는 학교이자 일종의 정치 집단이었고, 민족운동
의 근거지이기도 했다. 이들의 활동을 집중적으로 추적했던 인도 행
정청은 이 협회를 "혁명 조직으로, 최종적으로는 영국 정부에 대항
하여 봉기를 일으키기 위한 계획이 수립되고 그에 따른 훈련이 이뤄
지는 곳"[119]으로 간주했다. 이 협회는 동벵골 지역에 159개의 지회를
두었고, 회장인 아스위니 쿠마르 두트는 틸라크를 비롯한 저명한 민

족운동 지도자들과 관계를 맺고 있었다. 협회는 소년들에게 기초교육을 제공했고, '라티 겨루기' 등으로 훈련시켰으며, 스와데시 운동의 메시지를 퍼뜨리도록 교육했다. 또한 유죄판결을 받은 출판인들이 수감될 때 동행했고, 석방될 때는 「반데 마타람」을 부르며 마중을 나갔다. 이들은 수입된 의류를 불태우며 영국산 제품 불매운동을 장려하기도 했다. 종교 축제(멜라mela)에서는 순례자들을 개종시키려 했다. 시위를 할 때면 라키rakhi(붉은 실)를 사람들의 팔에 묶어줬는데, 이는 독립 투쟁에서 흘리는 피를 상징했다. 영국에 부역하는 지방 고위 관료들에게는 종교의식을 치러주지 말라고 브라만들을 설득하기도 했다. 또한 이들은 스와데시 운동을 강력하게 추진했는데, 이발사, 세탁부, 하인, 심지어 매춘부를 설득해 운동 동참을 망설이는 이들에게는 서비스 제공을 거절하게끔 만들기도 했다. 그리고 이 모든 활동을 펼치는 가운데 언제나 민족주의를 고취하는 노래, 특히 무쿤다가 만든 노래들을 불렀다.[120]

이러한 활동에 긴장한 지방 관리들이 작성한 보고서를 곧이곧대로 받아들일 수는 없다. 보고서만 보면 인도에서 당장이라도 혁명이 시작되었을 것 같지만, 그런 일은 일어나지 않았다. 하지만 무쿤다가 공연을 펼칠 당시의 전후 사정과, 그의 노래가 주변 문화에 불러일으킨 반향은 확인할 수 있다. 이 노래들은 무쿤다에게 기반을 제공한 브라자 모한 협회로부터 직접 배포되기도 했다. 협회 학교 교사였던 바바란잔 마줌다르는 자신이 바리살에서 출판한 노래책 『데세르 간Deser Gan』에 「하얀 쥐의 노래」를 수록했다. 이 책은 3쇄를 찍었는데, 마지막 인쇄 부수는 1천 부였다. 그는 학생들을 시켜 이 노래책을 역시 자신이 출판한 민족주의 소개 책자와 함께 판매했다. 경찰은 출판의 근거지를 추적했고, 마줌다르는 언어 및 푸라나 신화를 둘러싼 통례적인 논쟁이 벌어졌던 재판에서 8개월의 징역형을 선고받았다.[121] 무쿤다 또한 같은 시기에 같은 인쇄업자를 통해 『마트리 푸자 간*Matri Puja Gan*』이라는 자신의 노래책을 출판했다. 이 책에는 모두 53곡이 수록되었는데, 그중 「하얀 쥐의 노래」를 포함한 다수는 무쿤다가 강굴리의 희곡을 자트라로 만들기 위해 지은 노래들이었다. 검사 측은 무쿤다와 관련된 두 건의 선동죄 재판 가운데 첫번째 재판에서 이 노래책을 중점적으로 다뤘다. 검사는 53곡을 모두 번역해 그중 네 곡에 초점을 맞췄으며, 텍스트 분석을 통해 무쿤다가 혁명적인 서적을 출판해 대중을 선동하려 했음을 입증하려 했다. 다이티아와 데바에 관한 긴 토론이 이뤄진 뒤, 판사는 어김없이 뻔한 판결을 내렸다. 124A항에 근거한 유죄판결이었다. 그는 무쿤다에게 징역 1년 형을 선고했고, 이후 이어진 자트라 순회공연에 관한 재판에서 2년 형을 추가했다.

노래를 출판한 것보다 노래를 불렀다는 이유로 두 배 더 긴 징역형을 선고받았던 것이다. 이는 문맹률이 높은 사회에서 구술로 이루어지는 의사소통이 얼마나 중요한지를 입증한다. 그런데 이 의사소통 과정은 단순히 인쇄된 글을 사람들의 입에서 입으로 확산시키는 것보다 훨씬 많은 걸 필요로 하는 복잡한 일이었다. 무쿤다의 관객들 앞에서는 문화가 펼쳐졌다. 그의 메시지가 잘 전달되기 위해서는 배우들의 동작과 노래에 해설이 어우러지는 연출과 각색이 이뤄져야 했다. 결국 무쿤다가 자트라의 완성도를 높여갈수록 인쇄된 활자가 지닌 한계를 뛰어넘어 스와데시 운동의 메시지를 더 깊이 있게 전달할 수 있게 되었던 것이다. 판사는 무쿤다에게 유죄판결을 내리면서 자트라가 지닌 효과를 인정했다. "피고인이 프로파간다를 위해 외딴 마을에까지 침투해 미친 해악이 인쇄물을 출판함으로써 미친 해악보다 훨씬 크다는 것은 반박의 여지가 없다." 자트라 공연은 벵골 지역에 한정되어 있었지만, 인도 구석구석에서 대중 연극이 그와 같은 위협이 되고 있었던 건 분명하다. 인도 아대륙에서 벵골의 정반대 방향에 있는 봄베이 정부의 비서관은 인도 정부에 다음과 같이 경고했다.

선동적인 특징을 지닌 연극 편수가 급격히 증가하고 있으며, 이 연극들은 인구가 밀집한 모든 곳에서 많은 관객을 대상으로 공연되고 있습니다. [……] 이러한 연극의 영향은 선동적인 인쇄물이 미치는 영향보다 훨씬 더 유해합니다. 왜냐하면 신문을 읽을 수 없는 사람들에게도 흥미를 끌 수 있기 때문입니다. 또 단지 읽을 때보다 무대에서 펼쳐지는 연기를 볼 때 사람들은 더 쉽게 흥분하기 마련입니다.[122]

그렇지만 인쇄물도 영향력이 있었다. 다른 형태로 변화했기 때문이다. 「하얀 쥐의 노래」는 노래책뿐만 아니라 공연이라는 수단을 통해 사람들에게 퍼져나갔고, 산스크리트어 문학과 당대의 정치를 결합한 메시지를 전달했다. 이러한 복잡한 문화를 대면한 인도 행정청은 위협을 느꼈고, 법원은 혼란스러워했다. 하지만 영국인들은 권력을 독점하고 있었다. 그들은 그 권력을 행사하여 무쿤다를 체포해 법원에서 유죄판결을 내렸다.

기본적인 모순

영국령 인도의 법정에서는 본질적으로 어떤 일이 일어났던 것일까? 확실히 검열은 있었다. 재판을 겁박과 탄압의 수단으로 이용한 것이다. 하지만 그들은 복잡한 법적 절차를 거치지 않고 저자와 출판업자 들을 곧바로 감옥에 처넣을 수도 있었다. 그러는 대신, 그들은 자신들의 주장을 증명하고자 했다. 다시 말해 '현지인'들에게, 그리고 더 중요하게는 자신들에게 통치의 정당성을 입증하고자 했다. 만약 인도에 대한 영국의 통치가 법에 의거한 지배로 인정받지 못한다면, 물리력에 의한 지배로 비쳤을 것이다. 만약 판사들이 출판의 자유를 존중하지 않았다면, 그들은 독재자의 하수인으로 여겨졌을 것이다. 하지만 그들은 글과 말을 사용하는 데 영국인들이 본국에서 누리는 만큼의 자유를 인도인들에게 허락할 수는 없었다. 그래서 필요에 따라 현지어를 멋대로 번역하면서, '반감'을 '적의'로, 또 '적의'를 '선동'으로 해석했다. 자신들이 벌여놓은 판에서 인도인들이 우위를 점하는 경우도 있긴 했지만, 그건 전혀 중요하지 않았다. 최종 권한, 즉 힘은 영국인들에게 있었기 때문이다. 영국인들이 대규모로 출판물을 압수하거나 관계자들을 감옥에 보낸 것은 아니었다. 대부분의 경우, 그들은 형식적 절차에 충실하고자 했다. 상식을 고수하려 했고, 모순을 타개하려 했다. 그중 가장 큰 모순은 바로 자유주의적 제국주의였다. 그것이 영국령 인도의 관료들이 최대한 형식에 매달리려 한 이유였다. 그렇게 해서 모순을 외면하고자 했던 것이다.

제3부 공산주의 동독:

계획과 박해

1990년 6월 8일, 동베를린 클라라-체트킨 거리 90번지 건물 앞. 베를린 장벽이 무너진 지 7개월이 지나고, 독일의 통일을 4개월 앞둔 때였다. 나는 왼편에 있는 현관으로 들어가 경비실을 지나친 다음 계단을 통해 3층으로 올라갔다. 어두운 복도를 지나니 아무런 표시도 없는 문이 있었는데, 그 문 뒤로 구舊동독*의 문학과 관련된 곳이 나타났다. 그곳은 바로 독일민주공화국에서 도서 통제가 이뤄졌던 핵심 공간, 즉 검열 사무소였다. 내가 그곳에 있다는 게 믿기지 않았다. 여러 시대와 장소에서 벌어진 검열을 오랫동안 연구해온 내가 실제

---

* 단턴은 이 책에서 동독을 정식 영문 명칭인 독일민주공화국German Democratic Republic의 약어인 'GDR'로, 서독을 독일연방공화국Federal Republic of Germany의 약어인 'FRG'로 표기하고 있다. 또한 독일사회주의통일당Sozialistische Einheitspartei Deutschlands은 주로 '공산당'으로 표기하고, 때로 약어인 'SED'를 썼다. 이 번역서에서는 편의상 동독은 때에 따라 '동독' '독일민주공화국' '공화국'으로, 서독은 '서독'으로, 독일사회주의통일당은 '공산당' '통일사회당'으로 표기하고자 한다.

로 살아 있는 검열관 두 명과 만나 대화를 나눌 기회를 얻게 되었던 것이다.

현지의 정보 제공자

대화는 조심스럽게 시작되었다. 한스-위르겐 베제너Hans-Jürgen Wesener와 크리스티나 호른Christina Horn은 그때까지 한 번도 미국인을 만난 적이 없었다. 심지어 불과 몇 주 전까지는 그들이 일하는 사무실에서 고작 100미터 남짓 떨어져 있는, 장벽 너머 서베를린에도 가본 적이 없었다. 두 사람은 동독 공산당의 열성 당원이자, 책이 당의 노선에 따라 출판되도록 일한 동독 정부기관의 전문가였다. 그들은 자신들이 했던 일에 관해 이야기해주기로 했다. 내 친구이면서 동시에 두 사람과도 친분이 있던, 동독 라이프치히의 한 출판인이 내가 마녀사냥을 하려는 게 아니라며 그들을 설득해준 덕분이었다. 나는 그저 그들이 어떤 방식으로 일했는지 알고 싶을 뿐이었다. 그해에 나는 베를린 지식연구소 연구원으로서, 동독의 붕괴를 목격하면서 동독 정권을 위해 일했던 사람들을 인터뷰하며 시간을 보내고 있었다. 그 과정을 통해 1990년 6월 즈음에는 인터뷰를 할 때 질문은 적당히 두루뭉술하게 해야 한다는 점과, 답변은 그 진위를 의심해야 한다는 점을 이미 터득하고 있었다. 인터뷰 대상자 모두가 어떤 식으로든 동독 정권과 관련이 있는 사람들이었고, 그중 자신이 스탈린주의자로 비치는 걸 바라는 이는 한 명도 없었기 때문이다.[1]

전형적인 동독식 가구가 놓인, 단출한 사무실이었다. 리놀륨 마룻

바닥에 합판 테이블과 플라스틱 의자가 놓여 있었고, 벽에는 모형 과일 장식이 걸려 있었다. 그리고 이곳저곳에 '플라스틱 고무Plaste und Elaste'[2]로 만들어진 물건들이 있었다. '플라스틱 고무'라는 건 정확히 설명하기 어렵지만 동독인이라면 다 알아듣는, 그런 재질이었다. 사무실 안은 몹시 더웠다. 베제너 씨가 커피를 따라 주었다. 우리는 잠시 잡담을 나눈 뒤에 곧 본론인 검열 이야기를 시작했다. 사실 동독에 검열이란 존재하지 않는 걸로 되어 있었기 때문에 이는 매우 민감한 주제였다. 동독 헌법은 표현의 자유를 보장했다. 호른 씨가 자신들은 검열이라는 말을 좋아하지 않는다고 말했다. 지나치게 부정적으로 들린다는 것이었다. 실제로 그들이 일했던 사무실의 공식 명칭은 '출판과 도서 상거래 총국Hauptverwaltung Verlage und Buchhandel'(이하 출판총국)이었고, 그들이 밝힌 바에 따르면 그들의 직무는 출판이 원활하게 진행되도록 하는 것이었다. 다시 말해, 기획이 책으로 나오고, 책이 독자들에게 전달되는 과정을 관리 감독했던 것이다. 호른 씨와 베제너 씨는 1960년대 초반에 홈볼트 대학 대학원에서 독문학을 전공했다. 졸업 후 그들은 문화부에 취직했고, 곧바로 출판총국에 배치되었다. 그리고 동독 문학 및 해외 문학 부서에서 고위직까지 지냈다.

출판총국의 구조를 파악하는 데는 어느 정도 시간이 필요했다. 처음에는 복도와 닫힌 문만 보였다. 문은 밖에 표시된 숫자만 다를 뿐, 하나같이 단조로운 갈색에 모양마저 같았다. 동독 소설 부서는 215호였다. 그런 문 40개가 겨자색 복도를 따라 줄지어 있었고, 그 복도는 중앙 안마당을 중심으로 원형으로 끝없이 이어져 있는 듯했다. 사실 이 관료 조직은 행정부의 정점에 있는 각료 평의회 밑으로 각 부처

동독의 출판물 통제 구조

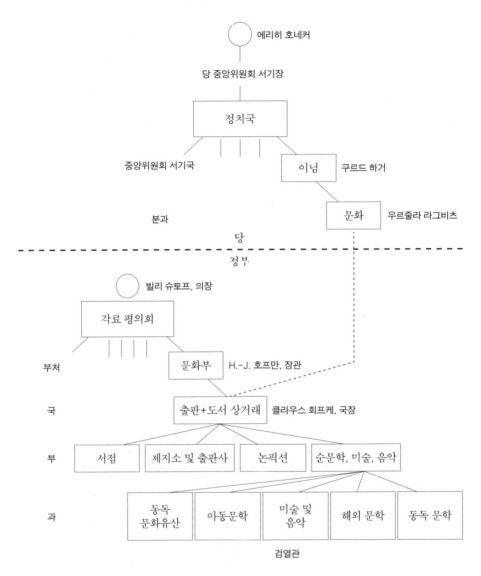

에리히 호네커

당 중앙위원회 서기장

정치국

중앙위원회 서기국

이님   쿠르드 하거

문화   우르줄라 라그비츠

분과

당

정부

빌리 슈토프, 의장

각료 평의회

부처

문화부   H.-J. 호프만, 장관

국   출판+도서 상거래   클라우스 회프케, 국장

부   서점   제지소 및 출판사   논픽션   순문학, 미술, 음악

과   동독 문화유산   아동문학   미술 및 음악   해외 문학   동독 문학

검열관

동독 출판물을 통제했던 정부와 공산당 내 체계를 보여주는 조직도. 검열관들은 출판과 도서 상거래 총국, 줄여서 출판총국이라고 부르는 곳에서 근무했다.

가 있고, 다시 그 아래로 국, 부, 과가 있는 위계가 분명한 구조를 띠고 있었다. 그리고 이 전체 조직은 공산당(정식 명칭은 독일사회주의 통일당Sozialistische Einheitspartei Deutschlands이고, 줄여서 통일사회당SED이라고 한다. 1946년 공산당과 사회민주당의 통합으로 창당되었다)에 종속되어 있었는데, 공산당 역시 소비에트 모델에 의거한 위계 조직으로 각 분과 위에는 중앙위원회 서기국이, 그 위로 정치국이, 최상위에는 공화국 최고 권력자인 에리히 호네커Erich Honecker가 자리하고 있었다.

이제 이 모든 체계가 어떻게 작동되었는지 설명을 듣게 될 참이었다. 호른 씨와 베제너 씨는 처음부터 자신들도 나처럼 이른바 식자이지, 얼굴 없는 관료나 스탈린주의자가 결코 아니라는 걸 간절히 알리고 싶어 하는 듯 보였다. 그들은 출판총국 고위직에 관료 출신이 아닌 외부 인사가 임명된 적도 있다고 설명했다. 출판사 임원, 잡지 편집장, 작가동맹Schriftstellerverband 지도부 출신이 부서장을 맡는 경우가 있었다는 것이다. 문화예술계가 워낙 다양한 기관, 조직, 회사에 걸쳐 있는 곳이어서, 그에 속한 사람들은 그 안에서 자리를 옮기기도 했다. 호른 씨와 베제너 씨도 잡지사나 출판사에서 일하는 것을 고대했던 적이 있었다. 어차피 모든 곳이 공산당의 감독하에 있는 만큼 열성 당원인 그들로서는 어디에서 일하든지 별로 상관없는 일이었다.

하지만 충성에도 한계가 있었다. 베제너 씨와 호른 씨는 1989년 11월 4일에 있었던 대규모 시위에 참가했다. 당 정치국 해산과 베를린 장벽 개방을 촉발한 시위였다. 그들은 당내 개혁 인사들과 뜻을 같이했고 심지어 자신들이 작품을 검열해왔던 크리스토프 하인Christoph Hein이나 폴커 브라운Volker Braun 같은 반체제 작가들의 의견에도 공감했다. 그들은 소비에트와 미국 체제 사이에 놓인 '제3의 길'인 '인간의 얼굴을 한 사회주의'를 선호했다. 그래서 베를린 장벽이 무너진 것에 **낙담하고 있었다.**

이런 종류의 인터뷰를 할 때 사람들이 과할 정도로 자신을 정당화한다는 사실을 나는 이미 알고 있었다. 동독의 기존 체제가 무너지고 새 체제가 들어서기 전인 그 짧은 기간 동안 자기가 당 기관원이었음을 드러내려는 사람은 아무도 없었다. 공산주의 국가가 붕괴되면서 검열이 중단되어 업무가 사라졌음에도 검열관들은 꼬박꼬박 출근했다. 공무 없는 공무원이 된 그들은 사무실에 앉아 자신들에게 어떤 운명이 닥쳐올지 염려하며, 통일된 독일의 공무원 조직에서 밀려날 닐민을 기다리고 있었다. 그들은 난처한 입장에 처해 있었다. 그래서 자신들에게는 외계에서 온 것이나 다름없는 낯선 이한테라도 자신들의 입장을 설명하려고 했던 것이다. 그런데 그들은 왜 장벽을 지키려 했을까?

베제너 씨가 들려준 대답은 놀라웠다. 그는 장벽이 동독을 '레젤란트Leseland,' 즉 독자들의 나라로 만드는 데 기여했다고 설명했다. 장벽 덕분에 소비문화에 오염되는 걸 막을 수 있었다는 얘기였다. 장벽 너머 서구의 출판업계에서는 주로 야한 책, 광고 선전물, 싸구려 연애소설 등 퇴폐적인 것들을 생산했다. 시장의 압력 탓이었다. 한번 장벽이 뚫리면 그런 퇴폐적인 것들이 동독에도 범람할 게 분명했다. 그것이 검열이 있었던 이유다.

여러 마르크스주의자가 제기했던 그런 식의 주장을 이미 꽤 읽었던 터라, 나는 별다른 이의를 제기하지 않았다. 그 대신 자신의 업무를 어떻게 이해하고 있었는지 설명해달라고 청했다. 베제너 씨는 검열관이라는 단어가 맘에 들지 않는다면서도, 자신이 검열관이었다는 사실은 인정했다. 그가 수행한 검열은 어떤 것이었을까? 그는 한마디로 대답했다. "계획이었습니다." 사회주의 체제에서는 출판도 다른 모든 것처럼 계획되어야 했다는 설명이 뒤따랐다. 그는 서랍에서 「과제 계획 1990: 독일민주공화국 문학Themenplan 1990: Literatur der DDR」이라는 제목의 범상치 않은 문서를 꺼내 내게 건네주었다.

그 78쪽짜리 문서에는 1990년 출간 예정인 모든 소설이 개괄되어 있었다. 물론 그 계획은 실행될 수 없었지만 말이다. 베제너 씨가 사본을 가져가도 된다고 해서, 나중에 그 문서를 꼼꼼히 읽어보았다. 놀랍도록 평범하면서도 사무적인 투의 문서였다. 출간 예정 도서의 전체 목록이 작가의 성에 따라 알파벳순으로 정리되어 있었다. 도서마다 작품 제목, 출판사, 희망 발행 부수, 장르 또는 포함될 시리즈명, 간략한 내용 소개 등의 항목이 있었다.

책 소개를 읽어보니 동독 문학에도 베제너 씨가 받아들이지 못할 만큼의 퇴폐적인 요소가 포함되어 있는 듯해 의아했다. 그해 출간이 예정된 202종(소설 및 순문학 부문, 이전에 출간된 책 개정판은 제외)에는 연애소설, 탐정 스릴러, 역사소설, 전쟁소설, 서부극, 과학소설 등이 다수 포함되어 있었다. 물론 원고도 읽지 않은 상태에서 문학적 평가를 내릴 수는 없을 것이다. 그런데 그 원고들을 읽는 건 불가능한 일이었다. 1990년에 들어서자마자 검열 제도와 함께 대부분의 원고가 폐기되었기 때문이다. 하지만 각 도서에 대한 한 문단짜리 소개 글만 봐도 사회주의의 키치적인 요소가 눈에 띈다. 에리카 파슈케의 『친밀한 관계의 부담감Last der Nähe』을 예로 들어보자.

Themenplan 1990

Literatur der DDR

I. Neue Werke

Irmgard   A b e   Eulenspiegel Verlag
Oben links, wo die Schürze winkt   15 000
                                                  Geschichten / cell.Papp.

In diesem neuen Geschichtenbuch der Autorin begegnet der Leser
alten Bekannten wieder wie Herrn und Frau Weise, Walter und allen
jenen, deren Lebensglück durch Mißverständnisse verhindert oder
gefördert wird.

Sonja   A n d e r s   Buchverlag Der Morgen
Zwischen Himmel und Hölle (AT)   15 000
                                                  Lebensbericht

Sonja Anders, 32 Jahre alt, verheiratet, Mutter von zwei Kindern,
wird mit schweren Entzugserscheinungen in eine psychiatrische Klinik
eingeliefert. Doch die diagnostizierte Alkohol- und Tablettenab-
hängigkeit ist nur ein Symptom, ist Ausdruck einer Beziehungsstö-
rung zu sich selbst, zu ihrer Mutter, zu anderen Menschen, zum
Leben.

Gunter   A n t r a k   Das Neue Berlin
Zwei Mörder (AT)   100 000
                                                  Krimi / DIE-Reihe

Ein Mord ist geschehen. Die Fahndung der K hat schnell Erfolg. Der
Mörder gesteht. Da meldet sich ein alter Mann und behauptet, er sei
der Mörder. Oberleutnant Dirksen und seinem Team scheint es unmög-
lich, nur einem der beiden die Tat zu beweisen. Neben der Ermitt-
lungshandlung werden Hintergründe für Fehlverhalten deutlich gemacht.

Ingeborg   A r l t   Aufbau-Verlag
Um der Liebe willen   15 000

In dem sorgfältig recherchierten zweiten Buch der Autorin, dessen
Handlung im Dreißigjährigen Krieg spielt, ist die Historie nicht
Zierrat, sondern Fundament, um das Wesentliche - wie Menschen mit-
einander umgehen - zu begreifen.

Edmund   A u e   Militärverlag
Reise zum Dalmatinischen Archipel   10 000
                                                  Tagebuch-Erz.

Ein Mann reist an die Adriaküste, um das Grab seines Vaters zu suchen.
Unvermutet wird er mit der Vergangenheit konfrontiert, hat Begegnun-
gen mit Menschen, die seinen Vater gekannt haben, erfährt, daß dieser
als Partisan an der Seite jugoslawischer Genossen gekämpft hat.

1990년에 출판될 예정이었던 전체 동독 문학 작품 관련 계획.

198

이나 샤이트는 자신에게는 버거운 직업인 번역 일을 계속하며 여러 나라를 떠돌아다닌다. 그사이 그녀의 어머니와 열일곱 살 난 딸 마르자는 가사를 책임져야 하는 부담감에 점점 더 짓눌리게 된다. 어느 날 이나가 한 남자를 집에 데려오면서 세 사람 사이에 내재되어 있던 갈등이 폭발한다. 그 남자는 이나가 겉으로 드러나는 것에만 집착한다는 걸 깨닫고 그녀를 외면하기 시작한다. 작가는 전작에서와 마찬가지로 이 소설에서도 타인과 삶을 함께하는 것에 대한 윤리적 문제에 집중한다. 타인에 대한 이해 결여에 맞서 인간적 가치와 상호 존중을 설파하는 것이다.

놀랍게도 이 소설의 내용은 평범한 일일 드라마와 별 차이가 없는 듯 보인다. 이른바 '노동자와 농민의 땅'에서 읽게 될 거라고 기대되는 사회주의 리얼리즘이나 무게감 있는 소재와는 거리가 먼 내용이었다. 하지만 알려진 대로 동독은 '틈새 사회Nischengesellschaft,' 즉 사람들이 개인적 삶에 집중하고 사적인 활동을 누릴 수 있는 틈새가 존재하는 사회였다. 그렇기 때문에 출판 계획 입안자들이 사적인 관계에 교훈을 주는 소설이 출판하기 적합하다고 판단했을 수도 있다. 특히 독자들에게 해외여행에 대해, 다시 말해 서구의 유혹에 노출되는 것에 대해 경고하는 소설은 더욱 적절해 보였을 것이다. 그 출판 계획이 작성되던 시기는 수천 명에 달하는 동독인이 서독으로 탈출하고, 동독인 대부분이 저녁마다 서독 텔레비전 프로그램을 시청하던 때였다. 따라서 당시 양 독일의 관계를 고려할 때 가족 드라마 같은 설정의 소설이 몇 종 기획된 건 우연이 아닐 수도 있다. 볼프강 크뢰버의 『유럽 어딘가Irgendwo in Europa』는 "'사람들은 왜 조국을 떠나는가?'라는 작금의 문제"를 다루는 원고였다. 쿠르트 노바크의 『이산의 흔적들Trennungszeichen』은 양 독일에 걸쳐 있는 한 가족사를 추적하며, 동독에서의 삶의 장점을 묘사한 원고였다. 그리고 로타어 귄터가 쓴 『뒤늦은 편지Späte Post』는 입영 통지서와 서독에 사는 아버지로부터 함께 지내자는 편지를 동시에 받은 젊은 노동자가 영웅적인 선택을 내리는 과정을 보여주었다.

노골적인 프로파간다는 많지 않았지만, 다수의 원고가 동독식의 정치적 올바름을 고수하는 내용을 담고 있었다. 연인들이 키스하며 사랑을 나눌 때조차 소비주의로 인한 천박함이 없는 체제에서 더욱 깊이 있는 인간관계를 맺을 수 있다며 찬사를 늘어놓고 있었다. 아메리카 원주민들이 다코타나 아마조니아에서 침략자들에 맞서 싸운 건 제국주의에 반대했기 때문이었다. 심지어 과학소설에서조차 파시즘에 결연히 대항하는 투쟁이 그려졌다. 아르네 스외베르크의 『위협Die Bedrohung』은 팔미라 행성에서 가짜 재난 예보 장치를 만들어 권력을 움켜쥔 '총통'을 몰아내는 내용을 그리고 있다. 또한 탐정소설은 자본주의 사회의 병폐를 폭로하는 수단으로 쓰였다. 예를 들어 볼프강 코어트의 『드레스의 속삭임Das Flüstern eines Kleides』은 미국에서 일어나는 모든 종류의 범죄를 다룸으로써 "이성 관계의 공허함, 일상생활의 잔인함, 복수를 향한 갈망, 돈에 대한 욕심, 상속이라는 요행, 결코 채워지지 않는 열망"을 민낯 그대로 드러냈다.

이 모든 원고의 기획 의도를 밝힌 문서도 따로 있었다. 바로 「과제 계획 평가서Themenplaneinschätzung」로 출판 계획을 이념적인 차원에서 검토한 보고서였는데, 이 문서도 권력 상층부의 승인을 받기 위해 계획과 함께 공산당 중앙위원회에 제출되었다. 계획만큼이나 충격적인 문서였다. 그래서 베제너 씨가 또 다른 서랍을 열어 '비밀'이라고 표시된 문서의 사본을 건네준 것에 특별한 감사를 느낄 수밖에 없었다.

그 보고서는 1988년 중반에 중앙위원회의 승인을 받은 문서로, 동독 구체제의 마지막 해인 1989년 계획을 망라하고 있었다. 그 문서를 통해 검열관들이 공산당의 상급자들에게 출판이 예정된 많은 책에 대해 어떤 의견을 보고했는지 한눈에 볼 수 있었다. 또 정부 관료 조직에서 강조하고자 하는 내용이 무엇인지도 확인할 수 있었다. 대략적으로 다음과 같다. 사회주의는 모든 곳에서 진보하고 있다. 모든 분야에서 앞으로 나아가고 있다. 생산량은 늘어나고 있다. 모두 625종, 1150만 8,950부가 출간될 것이다. 이는 지난해 계획(559종, 총 1044만 4천 부)보다 의미 있는 성장을 이뤘음을 보여준다.

1989년은 동독에서 사회주의 통치가 시작된 해로부터 영광스러운 40주년을 맞은 해였다. 그런 만큼 1989년의 문학은 무엇보다 공화국의 과거와 현재에 헌정되어야 했다. 에리히 호네커 동지는 공화국의 과거와 현재에 대해 다음과 같이 밝힌 바 있었다. "우리 당과 인민은 사회 진보, 자유, 인류의 권리와 가치를 향한 투쟁의 세기에 혁명적이면서도 인도주의적인 전통을 지켜왔다." 이에 따라 그 보고서도 그와 비슷한 엄숙한 언어를 사용하여 출판 계획의 핵심 주제를 점검하고 있었다. 예를 들면 그해 출간될 역사소설은 "파시즘에 격렬한 반대"를 표한다거나, 현재를 배경으로 하는 소설은 사회주의 리얼리즘 원칙을 따르고 "사회 진보를 위한 투쟁에서 노동 계급이 수행해야 할 역사적 임무"를 알린다는 식이었다. 출판 계획 입안자는 공장 노동자와 트랙터 운전사에 대한 소설 종수가 부족하다고 밝히면서, 기존 프롤레타리아 문학 선집을 출판하여 이를 보충하겠다고 적

Abt. Belletristik, Kunst-
und Musikliteratur

Berlin, den 30. Mai 1988
V e r t r a u l i c h

Themenplaneinschätzung 1989

Literatur der DDR

Auf der Grundlage der Orientierungen des XI. Parteitages sowie
in Auswertung der Beratungsergebnisse des X. Schriftstellerkon-
gresses der DDR ist die Zusammenarbeit von Autoren und Verlagen
auf neue literarische Werke gerichtet, die zur Verständigung
über Hauptfragen gegenwärtigen Lebens beitragen, die für die
Stärkung des Sozialismus und die Sicherung des Friedens wirken.

Mit einem Planangebot von 625 Titeln in 11.508.950 Expl.
(255 EA / 4.991.100 Expl.; 370 NA / 6.617.850 Expl.) werden
von den Verlagen alle Möglichkeiten für die Herausgabe von
DDR-Literatur wahrgenommen.

Plan 1988: 559 Titel in 10.444.000 Expl.
          203 EA / 4.460.000 Expl.
          356 NA / 5.984.000 Expl.

Das Planangebot für 1989 wird bestimmt durch Titel, die anläßlich
des 40. Jahrestages der Gründung der DDR Geschichte und Gegenwar[t]
des ersten sozialistischen deutschen Staates in vielfältigen lite[-]
rarischen Formen widerspiegeln. Daran sind eine Reihe namhafter
Autoren beteiligt. Zugleich ist wie bereits im Vorjahr festzuste[l-]
len, daß immer mehr Autoren der mittleren und jüngeren Schriftste[l-]
lergeneration das Planangebot bestimmen und einen wesentlichen B[ei-]
trag zur Literatur der DDR leisten.
Unter thematischen und literarischen Gesichtspunkten werden Erwa[r-]
tungen gesetzt insbesondere in folgende Vorhaben:

1989년 출판 계획에 대한 이념 보고서. 출판총국 검열관들이 공산당 중앙위원회 문화 분과의
승인을 받기 위해 출판 계획의 주요 경향에 대해 설명한 문서다.

고 있었다. 보고서에 이 출판 계획을 둘러싸고 사소하게나마 의견 충돌이 있었다는 얘기는 한 줄도 없었다. 그저 작가, 출판사 발행인, 관료 들이 다 함께 전력을 다해 문학을 최고 수준으로 끌어올리겠다고만 쓰여 있었다. 동독의 전 체제가 붕괴하고 있던 바로 그 순간에 말이다.

정권 붕괴를 눈앞에 둔 상황에서 정작 내부 인력들은 이념적 순결성이나 제도의 건전성 같은 이야기를 하고 있었다니 쉽게 납득되지 않았다. 이 모든 문서가 그저 어느 당 기관원의 환상에 불과했던 건 아닐까? 관료들의 결재 서류함에만 꽂혀 있었을 뿐, 평범한 동독인들의 실제 문학 경험과는 별 상관이 없는 문서였던 건 아닐까?

베제너 씨와 호른 씨는 이 출판 계획이 동독 내 책의 생산과 소비를 실제로 결정지어왔다고 확언했다. 그리고 거듭되는 협의를 거친 뒤에—그리고 공산당 중앙위원회의 승인하에—그들의 사무실에서 결정이 내려지는, 그 길고도 복잡한 과정의 모든 단계를 설명해주었다. 얼마만큼 자신들에게 유리한 방향으로 설명한 걸까? 당시까지만 해도 다른 정보 제공자를 만난 적이 없던 터라 가늠할 수 없었다. 그래서 나는 그들이 자신들의 관점에서, 즉 출판총국 책임자의 관점에서 말하고 있다는 걸 감안해서 들어야 했다.

전반적인 방침은 5년마다 열리는 통일사회당 당대회에서 정립한 노선에 맞춰 정해졌다. 당 서기장 에리히 호네커도 막대한 영향력을 행사했고, 이념 담당 정치국원이었던 쿠르트 하거Kurt Hager가 이를 긴밀히 보조했다. 그렇게 정해진 방침은 당 지도부로부터 정부 내 지휘 계통을 통해 전달되었다. 호네커와 하거가 출판 관련 업무에 직접 개입하는 경우도 있긴 했지만, 대부분의 지시 사항은 검열관들이 부르는 표현대로 이른바 '쿨투어Kultur'(문화) — 당 중앙위원회 문화 분과 - 에서 결정되어 문화부를 거쳐 검열관들이 일하는 출판총국으로 내려왔다. 출판총국은 네 개 부서로 이뤄져 있었다. 첫번째 부서는 제지소, 인쇄소, 교부금 할당과 가격 책정 등 경제 부문을 관장했다. 두번째 부서는 출판사와 서점을 총괄하여 관리했다. 엄밀히 말해서 실제 검열은 (이제까지 살펴본 대로 검열이란 파란 펜으로 수정하고 삭제하는 것 이외에도 다양한 방법으로 이뤄지지만) 다른 두 부서, 즉 소설 부서와 논픽션 부서에서 이루어졌다. 소설 부서는 나싯 개 괴로 나뉘었는데, 그중에서 현대 동독 문학을 다루는 과의 책임자가 바로 호른 씨였다. 호른 씨는 전문 인력Mitarbeiter 다섯 명과 함께 일했다. 베제너 씨는 해외 문학을 다루는, 비슷한 규모의 팀을 지휘했다.

책은 다양한 방식으로 창작되었다. 어떤 책은 작가가 영감을 받자마자 쓰기 시작했지만, 대부분의 책은 작가와 출판사 간의 협의를 거쳐 만들어졌다. 1980년대 동독에는 78개의 출판사가 있었다.[3] 원칙적으로 출판사는 자립형 독립 기구여야 했다. 하지만 실제로는 당 노선에 맞게 원고를 편집하고, 출간 목록을 작성했다. 다만 빈틈Spielraum — 인간관계를 통해 융통성 있게 일을 처리할 수 있는 여지 — 을 이용해 제도상의 제약에서 벗어나기도 했다. 출판사의 임원급이나 편집장급은 당에서 임명했으며, 때로는 당의 간부나 엘리트가 직접 맡기도 했다. 하지만 작가들은 대개 특정 출판사와 밀접한 관계를 맺었으며, 특정 편집자와 교분을 쌓았다. 작가나 편집자가 책을 기획하면, 그들은 함께 그 기획을 발전시킨 뒤 제안서 형식으로 정리하여 출판사 명의로 클라라-체트킨 거리에 위치한 출판총국으로 보냈다. 그러면 총국 직원은 제안서를 간략히 요약해서 색인 카드에 기록했다.

베제너 씨의 서류철에는 수천 장의 카드가 있었다. 그는 그중 한 장을 꺼내 들었다. 싸구려 갱지에 출판사, 저자, 제목, 희망 발행 부수 등 모두 21개 항목이 인쇄되어 있었다. 출판사에서 1990년에 출판하겠다고 제안한, 체코 시인 루보미르 펠데크의 번역 시집에 관한 색인 카드였다. 각각의 항목마다 내용이 채워져 있고, 뒷면에는 베제너 씨의 부하 직원이 작성한 해당 도서의 전반적인 성격에 대한 단평이 적혀 있었다.

반어적이면서도 간결한 표현의 시로 체코어의 한계를 뛰어넘는 명성을 얻은 시인의 시집. 사회 진보에 대한 예민한 관찰자인 시인은 뚜렷한 정치의식의 관점에서 사회현상을 분석할 수 있다. 공화국에서 출판되는 그의 첫번째 시집이 될 것이다.

한 해 출간분의 서류와 색인 카드가 확보되면, 출판총국에서는 계획을 세울 준비를 하기 시작했다. 출판총국 각 부서장들은 작가동맹, 출판사, 서점, 도서관, 대학, 문화부의 대표들을 불러 모아 도서 실무단LAG이라는 일종의 위원회를 구성했다. 실무단에서는 모든 출판 제안서를 검토했다. 출판 산업의 전 분야를 관장했다는 점과 이념 문제에 민감했다는 점이 달랐을 뿐, 서구 출판사의 편집위원회와 유사한 역할을 했다. 실무단이 심사하여 결정을 내리면 호른 씨와 베제너 씨는 사무실로 돌아와 그 결과를 계획 초안에 포함시켰다. 출판 계획은 중요한 기밀문서였다(나중에 나는 동독 출신의 친구들이 이런 일에 관해 전혀 몰랐다는 사실을 알고 놀란 적이 있다). 계획이 당의 공식 승인을 받기 전에는 그 어떤 책도 출판될 수 없었다. 따라서 계획은 출판총국 모든 부서 내 전문가들 사이에서 협의와 상호 비평을 거쳐 신중히 마련되어야 했다. 최종 책임은 출판총국 국장이자 문화부 차관인 클라우스 회프케Klaus Höpcke에게 있었다. 회프케는 쿨투어의 기관원들이나 호네커를 비롯한 당의 실력자들 앞에서 계획에 문제가 없다는 점과, 출간될 책에 그들을 공격하는 내용이 없다는 점을 입증해야 했다.

베제너 씨와 호른 씨가 설명한 대로, 쿨투어는 열다섯 명의 완고한 이론가로 구성되어 있었다. 쿨투어의 책임자는 난폭한 성격의 소유자로 알려진 우르줄라 라그비츠Ursula Ragwitz였다. 회프케는 매년 한 번씩 출판총국 다섯 개 부서에서 계획을 받아 쿨투어에 전달한 뒤, 라그비츠와 엄청난 논쟁을 벌여야 했다. 베제너 씨와 호른 씨도 이 논쟁이 얼마나 치열했는지는 알지 못했다. 그들이 아는 건 회프케가 결정 사항을 가지고 돌아왔다는 사실뿐이었다. 결정 사항은 늘 문서가 아닌 구두로, 별다른 설명 없이 일방적으로 전해졌다. 이런 식이었다. 슈테판 하임Stefan Heym은 다음 해로 출간 연기. 폴커 브라운은 출간하되, 1만 부만 인쇄. 크리스타 볼프Christa Wolf는 출간하지만, 지난해 공화국의 승인하에 서독에 소개된 작품의 재판再版만 허용.

베제너 씨와 호른 씨는 결정 사항을 출판사에 전달하는 역할을 맡았다. "그게 가장 어려운 일이었어요. 책을 못 내게 되었을 때 이유가 무엇인지 알려줄 수 없었거든요. '그렇게 되었어요'가 할 수 있는 말의 전부였어요. 그 말은 '그들이 그렇게 결정했어요'라는 의미였죠." 베제너 씨가 설명했다. 그럼에도 '그들'의 결정을 되돌릴 방법은 있었다. 쿨투어의 교양 없는 인간들이 『닥터 지바고Doctor Zhivago』 출판을 거절했을 때, 출판총국 직원들은 저자인 파스테르나크Boris Pasternak의 전집이 곧 서독에서 나올 예정이라는 내용의 보고서를 들고 그들을 찾아갔다. 밀수입으로부터 동독 시장을 보호하려면『닥터 지바고』출판을 즉시 허용해야 한다고 쿨투어를 설득하기 위해서였다. 출판총국은 소설 출판 계획에 늘 40권 정도의 목록을 비워둠으로써, 나중에 온 제안서를 포함시키거나 특별한 상황에 대응할 수 있는 여지를 마련해두었다. 그들은 어떤 책이 '뜨거워질' 거라고 예상되면 (여기서 '뜨겁다hot'는 건 출판총국에서 통용되었던 말로, 논란을 불러일으킬 만한 작품을 가리킨다. 그 반대말로는 '잠잠하다quiet'가 쓰였다), 잠시 계획에서 제외해두었다가 나중에 은근슬쩍 끼워 넣기도 했다. 물론 쿨투어의 누구에게든 반드시 허가를 받아야만 했다. 하지만 이런 방식이 더 용이했다. 정식 회의 때는 쿨투어 전문가들이 출간을 승인해주지 않음으로써 자신들의 우월한 지위를 공격적으로 드러내려고 했기 때문이다. 또한 나는 계획에 신간(202종)보다 재판(315종)이 더 많다는 사실도 알 수 있었다. '가장 뜨거운' 책들은 재판 쪽에 배치되었다 ― 동독인 작가들이 쓴 책이 서독에서 먼저 출판된 경우(작가와 공모해서 진행된 경우가 대부분이었다. 물론 동독 측에서는 이러한 개인적인 협의를 전면 금하고 있었다), 약간의 논란이 빚어지기도 했지만 (하지만 비판의 대상이 검열 사무소는 아니었다) 이내 잠잠해졌고 결국 동독에서 출간될 수 있었다(최대한 주의를 끌지 않으려고 노력했고, 인쇄 부수는 적은 편이었다).

대화가 이 지점에 이르자, 베제너 씨와 호른 씨는 자신들이 검열에 맞서는 일에 대부분의 시간을 쏟았다는 듯이 말하기 시작했다. 검열은 대부분 자신들과 대립했던 쿨투어에서 이루어졌다는 애기였다.

자신들은 라그비츠와 그녀의 동료들이 내리는, 일관성이라곤 전혀 없는 판단의 근거가 도대체 무엇인지 파악하려 했다고 해명했다. 그렇게 해서 그들이 '알레르기' 반응을 보일 만한 것, 이를테면 스탈린이나 공해 문제에 대한 언급은 피하고, 선호할 만한 내용만 적는 방식으로 계획을 작성했다고 했다. 민감한 책들은 문제의 소지가 없는 책들 사이에 숨기거나, 모호한 표현을 사용해 위장하기도 했다. 쿨투어의 이론가들이 그런 눈속임에 넘어갈 만큼 어리석지는 않았지만, 도서 수백 종의 줄거리와 개요 사이에서 불온한 요소를 찾아내기란 쉽지 않은 일이었다.

호른 씨는 특별히 민감한 제안서가 사무실에 도착하면 몇몇 베테랑 동료들과 의견을 나눈 뒤 계획 초안에 올렸다. 출판총국 직원들은 항상 "얼마나 뜨거운 책까지 계획에 허용될까?"라는 질문을 염두에 두었다. 어떤 책이 당시 풍토에서 지나치게 뜨거워질 거라고 판단되면, 한두 해 정도 미루기도 했다. 그들은 서로에게 이렇게 말했다. "일단 넣어 두자고." 그들은 머리를 맞대고 라그비츠의 검토 과정을 무사통과할 만한 공식을 만들었다. 라그비츠가 바라는 건 결국 자기 주변이 '잠잠한' 것이었다. 신참에게 온도 측정이라는 어려운 과제를 맡길 수는 없었다. 보통 2년 정도는 경험을 쌓아야 요령이 생겼다. 그만큼 검열이란 어렵고 까다로운 작업이었다. 기술과 요령을 갖춰야 하는 건 물론이고, 당과 정부 두 조직의 관료제가 돌아가는 내부 방식에 대한 이해도 필요했다.

그럼에도 이 두 검열관이 문화 전쟁의 영웅으로 보이지는 않았기에 나는 베제너 씨와 호른 씨에게 실제로 원고를 심사한 적은 없는지 물었다. 그들은 그런 경우는 많지 않았다고 대답했다. 대부분의 검열은 작가의 머릿속에서 일어나고, 작가가 미처 지우지 못한 부분은 출판사 편집자에 의해 걸러진다. 원고가 클라라-체트킨 거리의 검열관들에게 왔을 즈음에는 이미 삭제할 것이 거의 남아 있지 않았을 터였다. 그들은 자신들이 검토하는 동독 소설 원고가 연평균 200여 편은 되는데, 그중 반려되는 건 대여섯 편에 불과하다고 말했다. 공식적으로는 그 어떤 원고도 검열한 적이 없었다. 단지 정식 인쇄 허가 Druckgenehmigung를 내주지 않았을 뿐이다. 베제너 씨는 인쇄 허가서를 보여주었다. 인쇄된 작은 문서 양식으로 하단에 그의 서명이 있었다. 평범한 듯했지만, 그 문서 하나만으로 인쇄기를 돌릴 수 있다고 하니 달리 보였다. 그 인쇄 허가서 없이는 어떤 인쇄업자도 작업을 시작할 수 없었다. 게다가 모든 인쇄소는 사실상 공산당이 소유하고 있었다.

물론, 원고가 그 지점에 이르기까지 많은 과정을 거쳐야 했다. 한 도서의 기획이 출판 계획에 포함되어야 했고, 출판 계획은 당 중앙위원회 문화 분과의 승인을 받아야 했다. 호른 씨가 그 결과를 출판사에 통보하면, 출판사는 작가에게 알리고, 그제야 작가가 원고를 마무리하는 과정 ── 물론 원고가 이미 완성된 상태에서 약간의 이념적인 문제 수정만 필요한 경우라면 이 과정은 필요 없었다 ── 이 진행되었다. 그 과정이 끝나면 출판사는 원고를 다른 작가나 학자에게 보내 검토를 맡기고, 직접 심사 보고서를 작성했다. 검토 결과에 맞춰 작가가 몇 가지 중요한 수정을 해야 하기도 했고, 그에 따라 보고서 재작성이 필요한 경우도 있었다. 이 모든 과정이 마무리되면, 출판사는 완성된 원고와 심사 보고서를 출판총국으로 보냈다. 호른 씨는 이 서류를 면밀히 검토한 뒤 모두 철해 두어야 했다. 혹 문제가 발생하면 고위직 당원이 관련 서류를 보자고 요구할 수 있었고, 출판 과정에 관련된 모든 이에게 곤란한 일이 생길 수 있었기 때문이다. 그러고 나서 그녀는 임밀한 의미에서의 검열, 즉 완성된 작품을 한 줄 한 줄 점검하는 일을 시작했다.

나는 그녀에게 소설이나 에세이는 어떻게 검토했냐고 물었다. 표준 체크리스트에서 항목을 일일이 확인했을까, 아니면 정해진 프로토콜에 따라서 일했을까? 둘 다 아니었다. 그녀는 '민감한 부분'에만 집중했다고 대답했다. 예를 들어 '생태'(금기시되는 명사였다. 동독에서 발생한 광범위한 환경오염과 관련 있는 단어였기 때문이다)라든지 '비판적'(금기시되는 형용사였다. 입에 올려서는 안 되는 반체제 인사를 떠올리게 했기 때문이다) 같은 부적절한 단어가 대상이었다. 스탈린주의를 언급하는 것도 문제가 되어서 호른 씨는 '스탈린주의 반대자'라는 표현이 나오면 '그의 시대를 부정하는 사람' 정도로 수정하곤 했다. 마찬가지로 '1930년대'도 좀더 안전하고 모호한 표현인 '20세기 전반부'로 고쳤다. 그녀는 국방, 저항운동, 반체제 종교 인사들이나 소비에트 연방과 관련된 내용이 나오면 각별한 주의를 기울였다. 환경 상태에 대한 통계자료나 베를린 장벽에 대한 도발적인 발언은 허용할 수 없었다. 범죄나 알코올의존증 등도 한때는 민감한 주제여서 미국 같은 나라에 대한 책에만 나와야 했지만, 나중에는 내버려 둬도 상관없게 되었다. 10년 전만 해도 미국과 관련된 모든 것을 예민하게 다뤄야 했다. 『호밀밭의 파수꾼 The Catcher in the Rye』의 번역판 출판 건도 쿠르트 하거의 승인을 받는 데 상당한 어려움이 뒤따랐다. 하거가 홀든 콜필드를 "동독 젊은이들이 반면교사로 삼아야 할 인물"이라고 여겼던 것이다. 그런데 1985년 고르바초프Mikhail Gorbachev 가 등장한 이후에는 소비에트 연방이 출판총국 내에서 가장 문제적인 주제가 되었다. 검열관들은 '에스우 리트SU Lit'와 관련이 있는 모든 사안에 각별한 주의를 기울여야 했다. 에스우 리트란 총국 내에서 소련 저작물을 가리킬 때 사용하는 용어였다.

이 마지막 난관을 돌파한 뒤 인쇄 허가가 나오면, 책은 마침내 제작에 들어갈 준비를 하게 된다. 하지만 심지어 그 단계에서도 일이 틀어질 수 있었다. 동독의 편집자였던 한 지인은 의욕만 앞선 교정자와 악의적인 식자공 들이 책을 망친 이야기를 많이 알고 있었다. 가장 유명한 건 해부학 교과서에서 나온 오자 이야기였다. 그 교과서는 긴 세월 동안 재판을 거듭했는데, 이상하게도 교정자들이 오자를 발견하지 못했다. 엉덩이 부분의 커다란 근육을 의미하는 '큰볼기근 Glutäus maximus'의 철자가 '마르크스주의 볼기근Glutäus marxismus'으로 인쇄되어 있었는데 말이다. 한 자연시에는 어린 새 떼에 대한 시구가 잘못되어 있었다.

새들은 둥지를 향해 머리를 돌리고
Die Köpfe nestwärts gewandt

실수였는지 고의였는지는 모르지만, 식자공은 '둥지를 향해nestwärts'를 '서쪽을 향해westwärts'로 바꾸어놓았고, 교정자는 여기에 이적 혐의가 있다고 보고 자신의 안위를 위해 '동쪽을 향해'로 고쳐버렸다.

검열관들의 설명대로 검열이란 일이 잘못될 가능성이 영원히 사라지지 않는 과정인 듯했다. 그렇다면 검열관들은 어떻게 위험 요소를 관리했을까? 그들이 주장하는 대로 비교적 '뜨거운' 책을 애써 허가해주려고 했다면, 그 과정에서 어떻게 화상을 입지 않을 수 있었을까? 베제너 씨는 그 과정에 이미 안전장치가 내재되어 있었다고 설명했다. 문제가 생기면, 그들은 출판사에서 받은 보고서를 제시함으로써 자신들의 결정을 정당화할 수 있었다. 또한 동료들과 책임을 나누어 지는 방식으로 일을 했다. 무엇보다 국장인 클라우스 회프케가 언제나 그들의 뒤를 봐주고 있었다. 검열관들도 회프케의 뒤를 봐주었다. 동독에서 출판되는 책은 모두 회프케의 사무실을 거쳐야 했으므로, 그는 언제라도 압력과 제재를 받을 수 있었다. 당은 언제든 견책Verweis 등의 징계를 가해 그의 경력을 망칠 수도 있었지만, 중앙위원회에서 그의 일 처리에 불만이 있다 해도 굳이 개인적으로 징계할 필요는 없었다. 그가 이용할 수 있는 물자의 공급을 제한하는 방법도 있었기 때문이다. 특히 종이 배급을 중단할 수 있었다. 동독에는 종이가 부족했고 회프케는 신문, 잡지 및 다른 산업과 경쟁하여 출판계에 종이를 충분히 공급할 방법을 찾아야 했다. 검열관들은 끝없이 종이 확보 투쟁에 나서야 하는 회프케의 처지에 공감하여 분란을 일으키지 않으려고, 또 그에게 비난이 집중되지 않게 하려고 애를 썼다. 회프케가 중앙위원회에 소환되었을 때 몰랐다고 변명할 수 있도록 일부러 보고하지 않고 까다로운 원고를 알아서 승인해주는 경우도 있었다. 베제너 씨도 크리스토프 하인의 대담한 소설인 『탱고 연주자Der Tangospieler』의 승인서를 자기 선에서 전결 처리하여 서명한 적이 있었다. 국장으로 하여금 워터게이트 사건 당시 백악관처럼 이른바 모르쇠 전략을 구사할 수 있게 해주려는 의도였다.

회프케는 부하 직원들에게 영웅 같은 존재였던 것 같다. 그들은 회프케가 완고하고 강경한 언론인 출신으로, 1973년부터 출판총국을 총괄하게 되었다고 설명했다. 그때만 해도 그는 동독 지성계에 질서를 부여하겠다는 최악의 생각을 가지고 있었다. 하지만 당의 관료들과 싸움을 벌이는 과정 속에서 갈수록 독립적 성향의 작가들에게 연대감을 갖게 되었다. 1980년대에 이르면 그는 중앙위원회 몰래 불온한 책들을 출판할 수 있게 해주는 데 능숙해져 있었다. 그렇게 낸 책 중에 두 권이 크게 문제가 되어 자리에서 물러날 뻔하기도 했다. 그중 한 권은 귄터 데 브로인Günter de Bruyn의 소설『새로운 영광*Neue Herrlichkeit*』이었다. 이 책에는 당 지도부를 공격하는 내용이 많아 결국 서점에서 회수되어 폐기되었다 — 이후 상황이 진정된 뒤, 회프케의 용인하에 다시 재판을 찍을 수 있었다. 부도덕한 당 간부와 그의 운전사 사이의 관계를 다룬, 폴커 브라운의『힌체-쿤체-소설*Hinze-Kunze-Roman*』은 그보다 훨씬 더 큰 파문을 일으켰다. 이 책의 출판을 승인한 뒤, 회프케는 언론인 친구들에게 전화를 걸어 당 기관원들의 특권을 비판하는 부분은 가급적 관대한 어조로 넘어가달라고 부탁하는 등 상황을 악화시키지 않으려 애썼다. 심지어 직접 소설의 서평을 쓰기도 했다. 하지만 중앙위원회에서는 "소설을 가장한 폭탄"이라며 맹렬한 비난을 쏟아냈다. 회프케는 정식으로 소환되어 문책을 당해야 했다. 그럼에도 그는 비난을 받아들이고 고개를 숙임으로써 가까스로 자리를 보전할 수 있었다. 하지만 그로부터 몇 년 뒤인 1989년 3월 동독 국제 펜클럽 회의 자리에서 그는 체코슬로바키아에서 일어난 바츨라프 하벨Václav Havel 체포에 대해 비난하는 성명을 지지하기도 했다.

클라라-체트킨 거리의 사무실을 떠날 때, 그곳에서 들은 이야기 때문에 생긴 편견 따위는 없었다. 호른 씨와 베제너 씨가 자신들에게 전적으로 유리하게 설명했다는 걸 알고 있었다. 그들은 자신들이 행해온 일들을 유감스럽게 생각하지 않았다. 그들이 이해하고 있는 대로라면 검열은 긍정적인 것이었다. 어떤 면에서는 그야말로 영웅적인 일, 즉 강한 적들에 맞서 사회주의를 건설하면서 동시에 높은 수준의 문화를 유지하려는 투쟁이라 할 수 있었다. 그들 마음속이 어떤지 알 길은 없었지만, 자신들의 이야기를 증언하는 모습에서 위선은 찾아볼 수 없었다. 마치 독실한 신자처럼 보였다. 검열 체계의 실질적인 기능이 그들의 믿음에 제대로 부합했던 것인지 여부는 별개의 문제였다. 그들과의 인터뷰를 통해 그 문제를 푸는 건 불가능했다. 그래서 나는 관련 문서가 보관된 곳으로 들어가야 했다.

문서 보관소 안으로

독일이 정식으로 통일된 1990년 10월 3일 직후부터 관련 문서가 단편적으로나마 드러나기 시작했다. 1991년 5월에는 서베를린에서 "독일민주공화국 내 검열"이라는 전시회가 열리기도 했다. 출판총국에서 나온 서류 일부만이 전시되었는데도 클라라-체트킨 거리에서의 활동이 공산당의 교양 없는 처사에 맞서는 것만은 아니었음이 여실히 드러났다. 크리스타 볼프, 슈테판 하임, 에르빈 슈트리트마터Erwin Strittmatter, 에리히 뢰스트Erich Loest, 프란츠 퓌만Franz Fühmann, 게르트 노이만Gert Neumann, 리하르트 피트라스Richard Pietrass 등 동독의 유명 작가들을 억압하고 도서 출판을 금하는 많은 문서에 회프케의 이름이 적혀 있었다. 회프케가 문학과 예술을 대하는 전반적인 태도는 1978년 힌스토르프 출판사의 한 임원에게 보낸 그의 편지에서 엿볼 수 있었다. 편지에서 그는 키르케고르Søren Kierkegaard 책 출간에 반대한다면서 이렇게 썼다. "키르케고르가 [우리의 문예] 전통에 속한다면 니체, 쇼펜하우어, 클라게스Ludwig Klages, 프로이트도 그러할 것입니다. [……] 게다가 후기 부르주아 철학에 관해 출판할 수 있는 책을 고를 때에도 이념적 계급투쟁의 상황을 최우선적으로 고려하고 싶습니다. 우리의 생활과 생활양식에는 이미 개인주의적인 태도가 만연해 있습니다."[4] 내가 인터뷰했던 검열관들과 관련된 다소 충격적인 서류도 전시되어 있었다. 예를 들어 크리스티나 호른이 작가이자 출판총국 선임 검열관이었던 게르하르트 다네Gerhart Dahne에 대한 고발을 주도했다는 사실이 적시된 서류도 있었다. 출판총국 순문학 부서 책임자였던 다네는 일련의 경솔한 행동으로 동료들과 불화를 일으켜온 인물이었다. 1967년에 그는 서독의 소설가인 하인리히 뵐Heinrich Böll에 대한 소론을 썼는데, 다른 검열관들이 이 글에 이념적으로 심각한 문제가 있다고 판단해서 발표를 금지했다. 1975년에는 동독에서 검열이 이뤄지고 있음을 암시하는 내용이 포함된 책을 출판했다. 검열관들은 도를 넘은 처사라 보고, 그의 불신임을 결의하는 탄원서를 작성해 출판총국에 있던 당세포에게 전달하면서 호른 씨의 서명을 받았다. 그리고 1978년에 다네는 단편소설 한 편을 집필했다. 그 내용에 불만을 느낀 회프케가 출판하지 말라고 권고했지만, 다네는 그의 말을 따르지 않았다. 그로부터 1년 뒤 다네는 해고되었다. 문화부 장관인 한스-요아힘 호프만Hans-Joachim Hoffmann이 작성하고 회프케가 덧붙여 서명한 뒤 쿨투어의 우르줄라 라그비츠에게 전달된 서신에는 "문학의 흐름에 정치적인 방향"을 더욱 확실히 제시하기 위한 조치의 일환으로 다네를 해고했다는 내용이 적혀 있었다. 라그비츠도 답장을 보내 그 취지에 공감을 표했다. "'문학의 흐름에 정치적인 방향을 실질적으로 제시할' 수 있는 당원이 다네의 후임이 되어야 합니다."[5]

이 체계가 어떻게 기능했는지 좀더 정확히 확인하려면 내가 직접 문서 보관소에 들어갈 필요가 있었다. 1992년 9월부터 또다시 1년간 베를린에서 머물게 되었을 때, 나는 한번 시도해봐야겠다고 결심했다. 다른 많은 국가와 마찬가지로 독일에도 공문서는 30년간 비공개한다는 규정이 있었다. 하지만 이제는 사라진 관료 조직의 서랍과 시류철에 정리되지 못한 채 쌓여 있는 자료 더미를 어떻게 다뤄야 할지는 아직 결정되지 않은 상황이었다. 동베를린의 중심부인 토르 거리 — 그전에는 동독 초대 대통령의 이름을 따 빌헬름-피크 거리로 불렸다 — 1번지에 있던 공산당 문서 보관소는 1989년 12월에 그 후신인 민주사회당의 소유가 되었지만, 거의 방치된 상태였다. 그 건물 자체가 독일 역사의 흔적을 품은 곳이었다. 1927년에서 1929년 사이 유대계 회사의 백화점으로 지어졌지만, 나치스가 강탈해 히틀러 유겐트* 본부로 사용했다. 이후 1946년에 공산당에서 점유해 당 중앙 위원회 사무실로 쓰다가, 1959년부터 1989년까지 마르크스-레닌주의 연구소 건물로 활용했다. 나는 안으로 들어간 다음, 예전에 검열 사무소에서 봤던 것과 똑같은 가구로 꾸며진 열람실에 자리를 잡고 앉아 열람 신청서를 작성했다. 잠시 후 놀랍게도 내 앞에는 불과 몇 년 전에 작성된 문서들이 놓였다. 그중에는 쿠르트 하거가 에리히 호

---

* Hitlerjugend: 1933년에 히틀러가 청소년들에게 나치스의 신조를 가르치고 훈련하기 위해 만든 조직.

네커에게 보낸 것도 포함되어 있었다. 호네커가 수령했다는 의미로 여백에 'E. H.'라는 이니셜을 적어둔 문서였다.

하거와 호네커는 중요한 문제든 아니든 거의 모든 일에 대해 문서를 주고받았다. 검열에 관련된 논의도 나누지 않았을 리가 없다는 생각이 들었다. 하지만 그 논의의 흔적이 문서 보관소 안 어디에 있을까? 조직 내부에서 문서 교환이 워낙 빈번히 이뤄졌기 때문에 문서 보관소에는 수천 개의 서류철에 묶인 문서가, 늘어놓으면 족히 수십 킬로미터에 달할 만큼 많은 선반을 가득 채우고 있었다. 더군다나 확인할 수 있는 유일한 분류 기준은 중앙위원회의 각 '사무실' 이름뿐이었다. 문서는 작성일순으로 정리되어 있었다. 나는 무언가 나오기를 바라며 하거의 사무실을 선택했고, 6개월 단위로 나뉘어 있는 서류를 신청했다. 며칠간 구석구석 살폈지만, 관료제 특유의 문서 더미에서 중요한 걸 발견할 수 있을 거라는 희망은 점점 사라지고 있었다. 그러다 마침내 분홍색 종이 한 장을 발견했는데, 거기에는 해당 문서가 이미 폐기되었다고 적혀 있었다. 나는 열람실 관리자에게 그 이유를 물어보았다. 관리자는 답할 수 없다면서, 공산당 중앙위원회에서 문서 보관소를 만들어 관리하던 시절 그곳의 책임자였던 사람에게 알아보라고 했다. 그 사람을 만나는 건 용기가 필요한 일이었다. 그곳은 불과 몇 년 전까지만 해도 스탈린주의 정권의 밀실이었던 장소였다. 냉전이 종식된 듯 보였지만 그들이 미국인 방문객에게 무슨 일을 저지를지 누가 알겠는가? 나는 계단으로 두 층을 내려가 길고 어두운 복도를 지나서 관리자가 알려준 번호가 적힌 방 앞에 섰다. 문을 노크하면서 적개심을 품은 열혈 당원과의 만남에 대비했다. 그런데 막상 문이 열리자 놀랍게도 한 젊은 여성이 친근한 미소로 나를 맞이했다. 이마 뒤로 잘 빗어 넘긴 금발 머리, 화장기 없는 얼굴, 수수한 복장, 딱 부러지면서도 예의 바른 태도 등, 전형적인 동독 스타일의 아주 매력적인 여성이었다. 그녀는 자신을 솔파이크 네스틀러라고 소개한 뒤, 자리에 앉으라고 권하면서 무엇을 찾고 있느냐고 물었다. 의자 옆에는 금발의 두 자녀를 찍은 사진들이 놓여 있었다. 나는 동독에서 검열이 이루어진 방식을 연구하려 한다고 설명한 뒤, 어떤 이유에서인지 특정 서류의 열람을 거절당했다고 말했다. 그녀는 누군가의 사생활에 대한 정보가 있는 모양이라고 대답했다. 하지만 정말로 체제에 대해서 이해하고 싶을 뿐 개인적인 추문을 캐내려는 게 아니라면, 도와줄 수 있다고 했다. 모든 관련 자료가 어디에 위치해 있는지 알고 있던 그녀는 개인의 체면을 손상시킬 수 있는 내용을 삭제한 후 문서를 전달해주었다. 그렇게 나는 몇 주에 걸쳐 동독의 최고위층 수준에서 출판이 어떻게 관리되었는지 드러내는 문서를 연달아 살펴보게 되었다.

여기서 내가 독일민주공화국이나 독일 현대문학의 전문가는 아니라는 사실을 밝혀둬야겠다. 내가 문서 보관소를 다녀온 뒤로, 독일 학자들은 내가 본 적 없는 자료를 찾아 장기간의 연구를 통해 나의 능력 범위를 넘어서는 여러 논문을 발표했다.[6] 그래도 이곳에서 나는 검열관들과 토론을 벌이며 가졌던 의문을 제한적으로나마 풀게 해줄 단서를 얻을 수 있었다. 내가 가졌던 의문은 이런 것이었다. 클라우스 회프케가 당 중앙위원회 문화 분과에 연간 출판 계획을 제출한 뒤에 어떤 일이 벌어졌는가? 출판을 통제하기 위한 다른 제안들은 출판총국을 거쳐 당 간부들에게 전달된 이후 어떻게 되었을까? 당 지도부는 베제너 씨와 호른 씨의 삶을 힘들게 했던 '뜨거운' 도서들의 제안서를 어떻게 처리했을까? 우르줄라 라그비츠는 그들이 묘사한 대로 난폭한 성격의 소유자였을까?

라그비츠가 정치국 내 상급자인 쿠르트 하거에게 보고한 출판 계획 관련 문서에 따르면, 클라우스 회프케는 쿨투어를 상대로 출판총국 동료들을 옹호하는 과정에서 때때로 거친 반응을 보였다. 쿨투어 전문가들 중 여덟 명은 당내에서 강경파로 알려진 인물들로, 각자 불타는 사명감을 바탕으로 회프케가 연간 계획을 발표하는 자리에서 가차 없이 문제를 지적했다. 예를 들어 1984년에 쿨투어 내에서 출판사 감독을 책임지고 있던 아르노 랑게는 1985년 출판 계획에서 심각한 결함을 찾아냈다. 출판사에서 저자를 대할 때 지나치게 관대한 태도를 보인다는 것이었다. 출판총국이 이를 방치할 경우 이런 경향은 더욱 심해질 것이며, 그 결과 당이 출판사를 통해 행사하는 통제력이 약화될 것이라는 문제 제기였다. 결국 쿨투어는 긴 토론을 거친 뒤에야 그 계획을 승인했지만, 작가가 도서 기획을 주도하도록 내버려 두지 말 것을 단서로 달았다. 대신 출판사에서 작가들이 "이념적 측면의 효과"를 강하게 낼 수 있도록 "공격적인 전략"을 개발하라고 주문했다.[7]

라그비츠는 1982년 계획에 관한 보고서를 통해 하거에게 출판사들이 "이념적으로나 예술적으로" 용납할 수 없는 원고를 출판하겠다는 제안서를 제출하는 경우가 빈번해졌다고 알렸다. 실제로 레클람 출판사는 니체와 프리드리히 2세의 몇몇 저작물을 출판하려고 했고, 쿨투어는 회프케와 장시간 회의를 한 끝에 그런 종류의 책은 허용되지 않는다는 걸 분명히 했다. 라그비츠는 쿨투어가 1981년 제10차 당 대회에서 규정한 당 노선에 맞춰 출간 계획이 조정되도록 관리해왔다는 점을 강조했는데, 다행히도 하거는 이를 인정했다. 조정된 계획에 따르면, 소설과 순문학 분야에서 프롤레타리아적인 주제를 강조하는 작품이 양산될 터였다. "국제적인 계급투쟁"에 몸을 던진 노동자 영웅들이 주인공으로 나오는 새로운 소설이 20종이나 출간될 예정이었다. 젊은 독자층 사이에서 인기를 끄는 탐정소설과 '유토피아' 문학(즉, 과학소설)은 "제국주의의 비인간적인 특성을 까발리"고, 역사소설은 혁명 전통의 진보적인 힘을 강조하는 방향으로 쓰여야 했다. 그런데 이후 라그비츠에게 경위 보고서를 써야 할 일이 생겼다. 그것도 호네커에게 직접 보내야 하는 보고서였다. 호네커가 한 정치국 회의에서 어린 시절 읽었던 카를 마이Karl May(1842~1912)의 서부물을 좋아한다고 언급한 게 일의 발단이었다. 동독에서 그 소설들을 영화화할 수는 없었을까? 애석하게도 라그비츠는 종전 후 얼마 지나지 않았을 때 마이의 소설들을 재출간하겠다는 제안서를 당에서 거절했고, 이에 동독에 있던 카를 마이 출판사가 저작권 일체를 가지고 서독으로 이주했다고 보고해야만 했다.[8]

  1984년 계획과 관련된 라그비츠의 보고서에는 회프케와 벌인 격렬한 논쟁과, 출판총국에서 각 출판사, 서점, 작가동맹(모두 도서 실무단에 속한다)으로부터 받은 추천서를 추려서 쿨투어가 심사할 수 있게끔 제안서를 작성하는 지난한 과정이 언급되어 있다. 그 계획에는 이념적인 주제가 여섯 가지 포함되어 있었다. (1) 독일민주공화국 역사와 독일 프롤레타리아 계급투쟁, (2) 지속되고 있는 파시즘의 위험성과 그와 관련해 나토NATO에서 주도하는 군비 경쟁, (3) 사회주의 질서가 발전함에 따라 확보되고 있는 도덕적 우월성, (4) 사회주의 수호를 위한 노동 계급의 헌신 증가, (5) 사회주의가 가져다준 행

220

복과 인간 존중의 가치, (6) 제국주의와 그것이 조장하는 생활 방식을 배격하자는 논의들. 라그비츠는 '정치적 시' 창작에 재능이 있는 시인이나 '당성黨性'이 강한 작가의 새로운 출현을 반기고 있었다. 당성Parteilichkeit이란 동독에서 당 노선에 충실하다는 걸 가리키는 표현이었다. 반대로 이념적으로 문제가 될 부분을 잡아낸 내용도 있었다. 동독 거리에 있는 사람들을 서독인들과 마찬가지로 비참하게 보이도록 묘사한 각종 사회주의 리얼리즘 문학이나 과학소설 등에서 사회주의 원칙을 구현하는 데 실패했다는 지적이었다. 또한 라그비츠는 이와는 다른 종류의 문제에 대한 우려도 드러냈는데, 바로 종이 부족 문제였다. 원자재 부족이 생산량 감소로 이어지고 있었던 것이다. 동독 소설의 경우 1978년에는 신간만 170종, 370만 부를 발행할 계획이었는데, 1984년에는 신간 123종, 230만 부 수준으로 내려갔다. "더 감소할 경우 문화적·정치적 기반이 무너질 것임."[9]

쿨투어의 공식 보고서에 나오는 경고 신호와 비판은 기본적으로 검열관들의 작업에 문제 제기를 하는 게 아니었다. 최소한 부분적으로는, 자신들이 이념 문제에 경계를 늦추지 않고 있음을 당 지도부에게 과시하기 위한 의도였다고 할 수 있었다. 하지만 관료 특유의 전문용어가 남발된, 무겁고 수사적인 문체 때문에 보고서는 두루뭉술한 느낌을 주었다.[10] 그런데 라그비츠가 하거와 개인적으로 주고받은 편지에서는 분위기가 달랐다. 그들은 오랫동안 알고 지낸 사이였다. 라그비츠는 1969년 당 중앙위원회 문화 분과에 합류해 1976년에 책임자가 되었다. 하거는 1954년에 중앙위원회 위원이, 1963년에 정치국원이 되었고 호네커에 이은 동독의 2인자로 알려져 있었다. '당 수석 이론가'로서 그는 문화생활을 지휘할 최종적인 책임을 지고 있었다. 따라서 라그비츠와 수시로 접촉하는 것은 당연한 일이었다. 두 사람은 나이 차이가 났음에도 — 혹은 그 나이 차이 때문에(1980년 당시 하거는 68세였고, 라그비츠는 52세였다) — 서로 좋은 관계를 유지하는 듯 보였다.[11]

라그비츠는 1982년 3월 1일에 작성한, "쿠르트에게"라고 시작하는 비밀 서한(공식 서한에는 성 뒤에 '동지'라는 말을 붙여야 했다. 하거도 라그비츠에게 개인적인 편지를 보낼 때는 '우르젤에게'라고 썼다)에서 문화정치학을 논하는데, 이 서한을 보면 이 체계가 비공식적으로 작동했음을 엿볼 수 있다. 당시 하거는 여행 중이었고, 라그비츠는 건강상의 이유로 '요양'을 가기로 되어 있었다. 당분간 하거를 만날 수 없었기 때문에 라그비츠는 최근의 진행 상황을 알리려 했다. 음악계에서는 정치적인 음악 축제가 준비되는 등 정치적 지형에 별다른 문제가 없지만, 도이체스 테아터*에서 심각한 문제가 발생했다고 했다. 그녀는 하거가 호네커와 이 문제에 대해 상의했을 거라고 가정하고, 호프만(문화부 장관 한스-요아힘 호프만)에게 이 상황을 어떻게 판단하는지 알려달라고 했다. 그런데 호프만은 라그비츠가 아닌 호네커에게 곧장 서한을 보냈다. 그런 식의 의사소통을 불쾌하게 생각한 호네커는 사적인 자리를 만들어 호프만을 호출했다. 두 사람이 만났을 때 호네커는 도이체스 테아터 문제를 감당할 수 없을 지경까지 방치한 점을 두고 호프만을 질책했다. 그 극단은 당의 허가도 받지 않고 서독과 프랑스에서 공연할 계획을 세우고, 역시 승인받지 않은

---

* Deutsches Theater: 베를린에 있는 극장. 1850년 '프리드리히 빌헬름 시립극장'이라는 이름으로 개관한 뒤, 1883년에 현재의 이름으로 변경되었다.

연극 공연의 리허설을 시작했던 것이다. 이런 상황은 "문화부 장관의 [……] 지휘 방식에 문제가 있다는 심각한 불명예"를 초래할 터였다. 라그비츠는 직접 호네커와 이 문제를 상의했다. 호네커는 도이체스 테아터 책임자들을 숙청해야 할 것 같다고 말했다. 하지만 베를리너 앙상블*에는 극단에 동조하는 세력이 있으니 그들과 문제를 일으키지 않기 위해 비밀리에 계획을 진행하라고 했다. 한편, 그 시기에 (뛰어난 영화감독이자 충성스러운 당원인) 콘라트 볼프Konrad Wolf가 심각한 병으로 쓰러졌다. 그래서 그들은 볼프가 맡고 있던 예술원 원장 자리의 후임을 찾아야 했다.[12]

권력자들이 뒤에서 주고받은, 이런 종류의 비밀 서한은 중요한 업무가 사적인 관계라는 비공식적 네트워크를 통해 진행되었음을 보여준다. 당 조직과 정부 조직이라는 빈틈없는 구조 뒷면에서 이러한 비공식적인 네트워크가 작동하고 있었던 것이다.[13] 문서 보관소 내에서 이런 비공식적인 체계가 공식적인 조직에 얼마나 결정적인 영향을 미쳤는지 알아낼 수 있는 증거를 충분히 확보하지는 못했지만, 꽤 의미심장한 문건들을 확인할 수 있었다. 예를 들어, 라그비츠는 하거에게 호프만이 신뢰할 수 없는 행위를 했다고 알린 다음 기관 차원에서 조치를 취했다. 1984년 3월 28일에 열린 회의에서 그녀와 그녀의 동료들은 '문화'와 관련된 두 기관—자신들이 속한 쿨투어와 상대인 문화부—사이의 대결 구도에서 우위를 점하기로 결의했다. 그들은 문화부에 이념적으로 매우 심각한 문제가 있다고 보고 있었다.[14] 그

---

* Berliner Ensemble: 1949년에 베르톨트 브레히트Bertolt Brecht와 그의 아내 헬레네 바이겔 Helene Weigel이 설립한 극단.

들은 당 노선에서 벗어난 출판 동향을 조사한 뒤, 출판 체계 곳곳의 전략적인 자리에 더 많은 당내 강경파들을 배치하여 자신들의 "정치적·이념적 영향력"을 확대하려 했다.[15] 그들의 이념 공세가 호프만의 숙청으로 이어지지는 않았지만, 4월 16일에 하거와 함께한 회의에서 쿨투어는 모든 "문화 생산자들이 계급투쟁 상황을 제대로 이해하지 못하고 있는" 현상을 바로잡기 위한 권한을 부여받았다. 이후 쿨투어에서는 문예지『의미와 형식Sinn und Form』의 편집장을 시작으로, 그런 문화 생산자들을 소환해 그들의 이념적 나태함에 대해 심하게 실책했다.[16] 각각 당과 정부에 속한 두 관료 조직의 갈등이 공개적으로 폭발하지는 않았지만, 동독이 붕괴될 때까지 그 긴장 관계는 계속 유지되었다.

작가들과의 관계

작가들은 특히 중요한 '문화 생산자들'이었다. 스탈린주의가 횡행하던 1950~60년대에 작가들은 수감되거나 강제 노역에 처해지기도 했다. 하지만 1970~80년대가 되면서 당은 좀더 유하게 작가들을 길들이고자 당근과 채찍 정책을 구사했다. 해외여행의 허가 또는 불허는 가장 많이 쓰인 전술이었다. 1982년 11월 24일에 열린 최고위급 회의에서 하거, 호프만, 라그비츠는 문화 분야의 다양한 문제를 두고 광범위한 토론을 벌였다. 회의 보고서에 따르면, 그들은 콘서트 투어, 극장 상태, 순수미술 분야에 대한 당의 통제력 강화 요구, 계속되는 종이 부족 문제 등에 대해서뿐만 아니라, 에티오피아에 카를 마르크스 동상을 건립하자는 제안처럼 비교적 긴급하지 않은 일까지 여러 문제를 다뤘다. 그날 다룬 18개 의제 중 가장 눈에 띄는 건 여행과 관련된 것이었다. '에르-플루흐트R-Flucht'(공화국 탈출)는 골치 아픈 문제였다. 해외여행 허가를 받고 출국한 작가들이 돌아오지 않고 그곳에 남는 걸 방지해야 했다. 라그비츠는 배우자 동반을 금지하는 방안을 선호했다. 하지만 일률적인 정책은 적합하지 않다고 판단해 경우에 따라 대처하기로 결론 내렸다. 일관되지 않은 전술이 때로 더효과적일 수 있다고 생각했던 것이다.[17]

우베 콜베Uwe Kolbe라는 젊은 시인의 경우 반체제 성향을 보였지만, 그들은 그 시인이 동베를린의 프렌츠라우어 베르크 지역*에서 자유분방하게 활동하는 대신 제도권 작가군에 편입되길 바랐다. 그래서 회프케가 그를 개인적으로 만나 적절히 주의를 준 다음, 해외여행을 허가해주었다.[18] 루츠 라테노Lutz Rathenow 역시 프렌츠라우어 베르크에서 활동하는 만만치 않은 반체제 인사였다. 그는 1980년에 저작권 사무국의 허가를 받지 않고 서독에서 자신의 첫 책인 풍자소설 단편집을 출간했다(서구에서 출판하고 싶은 작가들은 동독 저작권 사무국에서 허가를 받아야 했다. 저작권 사무국은 독자적인 방식으로 검열을 진행했고 저작권료의 75퍼센트를 징수했다). 그 결과 라테노는 체포되어 한 달간 구금되었고, 그러자 서독에서 이 문제에 관심을 갖고 항의하는 이들이 생겨났다. 2년 뒤 하거와 회프케가 작성한 관련 문서를 보면, 그들은 그를 "기피 인물"이자 "우리를 향한 비방을 멈추지 않

---

* Prenzlauer Berg: 베를린에 있는 지역 이름. 동독 시절에 많은 독립 예술가와 활동가 들이 근거지로 삼았던 지역이다.

을 작가"로 규정하고, 좋은 대우를 해줄 필요가 없다고 쓰고 있었다. 실제로 그들은 그를 출국시켜 돌아오지 못하게 하려고 했다. 하지만 라테노는 유혹에 넘어가지 않았다. 자신의 영웅인 볼프 비어만Wolf Biermann처럼 추방당하고 싶지 않았던 것이다. 반체제 저항 시인이자 포크송 가수인 비어만은 1976년 서독으로 콘서트 투어를 갔다가 귀국이 불허된 인사였다.[19]

다른 작가들은 장벽 너머에서는 어떤 삶을 살아가고 있는지 직접 보기를 갈망했다. 이런 바람 때문에 그들은 정권이 시키는 대로 따를 수밖에 없었다. 모니카 마론Monika Maron은 공산주의 블록 밖으로 나가는 여행을 허용해달라고 탄원했다. 여행은 허용되었지만, 검열 관들은 그녀의 소설 『분진Flugasche』 출판을 불허했다.[20] 아돌프 엔들러 Adolf Endler는 1983년에 암스테르담 대학에서 서정시 강연을 할 수 있 도록 허가를 받았다. 하지만 그 과정에서 회프케는 엔들러에게 해당 강연을 서유럽에 중거리 미사일을 배치하려는 미국 정부의 최근 결정을 비난하는 기회로 삼아달라고 권고했다. 엔들러는 서정시를 얘기하는 자리에 미국 군사주의는 어울리는 주제가 아니라고 답했다. 하지만 결국 궁여지책으로 강연을 마무리하며 미국의 미사일 배치는 이제껏 자신이 얘기한 모든 것을 말살하는 위협이 될 수 있다고 말할 수밖에 없었다.[21]

회프케는 이와 비슷한 또 다른 사례를 해결하는 데 더 심한 어려움을 겪고 있었다. 시인인 볼프강 힐비히Wolfgang Hilbig는 1983년에 서유럽에서 초청을 받았다. 그런데 힐비히의 시는 동독인의 삶을 부정적으로 그리고 있을 뿐만 아니라, 허가도 받지 않은 채 서독에서 출판된 바 있었다. 그 시들이 성공을 거두자, 서독의 하나우*에서 그를 그림형제 상 수상자로 선정하고 시상식에 초청했던 것이다. 그는 이번에도 당국의 통상적인 허가도 구하지 않은 채 시상식에 참석하겠다고 전보를 보냈다. 회프케는 진퇴양난에 빠졌다. 힐비히의 출국을 금하면, 동독에서 작가들을 억압한다는 서독인들의 주장을 확증해주는 결과를 낳을 터였다. 회프케가 보인 첫 반응은 허가증 발급 **거부**였다. 그러자 힐비히는 오히려 하나우에 이어 마찬가지로 자신을 초대한 서베를린까지 여행하겠다고 나섰다. 회프케는 하거와 전화로 이 문제에 대해 이야기를 나눈 끝에 마지못해 출국에 동의해주었다. 그러고는 힐비히를 불러, 그가 동독 작가로서 지켜야 할 규정을 어겼다는 점을 지적했다. 그럼에도 동독에 대해 어떤 비판도 하지 않는다는 조건으로 직접 시상식에 참석할 수 있도록 허용해주겠다고 했다. 사실 힐비히도 수상 연설에서 미국의 미사일 배치를 비난해야만 했다. 하지만 레클람 출판사의 한 편집위원이 그를 도와 연설문을 검토한 뒤 그 내용을 "제국주의 최강국이 세계를 지배하려고 하는 비인간적인 행위"라는 표현으로 고쳐주었다.[22]

이 밖에도 정권에서 작가들이 당 노선을 따르도록 만드는 여러 유인책이 있었다. 그중 하나는 단순히 서독 언론을 볼 수 있게 허용해주는 것이었다. 폴커 브라운은 『디 차이트*Die Zeit*』를 구독하게 해달라는 특별 허가를 요청했다. 회프케가 하거에게 보낸 메모를 보면 브라운이 자본주의를 풍자하는 미래소설을 쓰는 데 필요한 소재를 제공해줄 테니 구독을 허용해주자고 쓰여 있다. 하지만 브라운은 그런 소설을 쓰지 않았다.[23] 작가동맹 회원 자격을 미끼로 삼는 방법도 있

---

* Hanau: 독일 중부의 도시로, 그림 형제의 출생지다.

었다. 작가동맹 지도부는 열성 당원들이었고, 당의 승인 없이 동맹에 가입하는 건 불가능했다. 동맹에 가입하지 않고 작가로서 활동하기란 여간 어려운 일이 아니었다. 대신 정회원이 되면 막대한 이권을 누렸다. 작가동맹은 정부에서 연 200만 마르크의 지원금을 받았고, 회원들에게 많은 혜택을 주었다 — 회원들은 전시회 카탈로그에 글을 쓰거나 번역을 해서 수입을 올릴 수 있었고, 극장에서 드라마투르그(문예 감독)를 맡을 수 있었으며, 문학 잡지사에 자리를 잡거나, 아카데미와 교육기관에서 급여를 받을 수 있었다. 작가들도 동독의 여느 국민처럼 정부 허가 없이 다른 도시로 이주할 수는 없었지만, 아파트를 빌리거나 자동차를 구입하려는 긴 대기 명단에서 당 간부의 도움을 받아 좋은 순번을 차지할 수는 있었다. 하거의 사무실에는 비자, 자동차, 더 나은 생활 조건, 자녀의 대학 진학을 위해 민원을 넣은 다수의 작가 명단이 있었다.[24]

불온한 작가가 그러한 혜택에서 얼마나 심하게 배척될 수 있는지는 라이너 키르슈Rainer Kirsch 관련 문건에서 확인할 수 있다. 키르슈는 1973년에 사회주의를 경멸하는 문장을 슬쩍 집어넣은 희곡「하인리히 슐라간트의 지옥 여행Heinrich Schlaghands Höllenfahrt」을 발표해 출당 조치를 당한 프리랜서 작가였다. 그 희곡은 준準관영 잡지인『테아터 데어 차이트Theater der Zeit』에 실렸는데, 잡지 편집장은 동독 극작가동맹 서기장에게 보낸 서한에서 이것이 실수였다고 해명했다. 자신이 여행 중일 때, 한 편집자가 마감일이 다 되어 도착한 원고를 미처 충분히 검토하지 못하고 수록했다는 것이었다. 편집장은 잡지를 읽자마자 그 희곡의 이적성을 알아차리고 충격에 빠졌다. 그는 그 희곡을 비판하는 글을 발표했다. 그 희곡이 당의 문화 정책에 위배된다는 점을 강조하면서, 다시는 자신의 승인 없이 어떤 작품도 수록되지 못하게 하겠다고 약속하는 내용이었다. 그 글은 극작가동맹 서기장이 쓴 사과문과 함께 당 중앙위원회 문화 분과 책임자, 즉 라그비츠의 전임자인 발터 포크트에게 전달되었다. 키르슈는 얼마 지나지 않아 당에서 제명당했다.[25]

곤경에 처한 키르슈는 하거에게 자신의 괴로움을 호소했다. 그는 베를린에서 하거의 비서인 에리카 힝켈Erika Hinkel을 만나 해명을 했다. 당의 결정을 받아들이겠지만, 그 희곡에 사회주의를 경멸하는 내용은 없으며 자신에게 악의적인 의도나 부정적인 사상 따위는 없다고 말했다. 도리어 자신은 당과 정부의 뜻에 맞게 살기를 바라고, 앞으로의 글쓰기를 통해 그런 모습을 보여주겠다고 다짐했다. 그가 바라는 것은 할레에서 베를린으로의 이주를 허가받아 (그의 세 식구에게 적합한 방 세 개 반짜리) 아파트 한 채를 할당받고, 극장에서 드라마투르그로 일할 수 있는 게 전부라고도 했다.[26]

당은 이러한 간청을 무시했다. 결국 키르슈는 할레에서 고통스럽게 생활할 수밖에 없었다. 지역 내 동료 및 공무원 들과의 관계도 악화되었다. 그는 동베를린 시장과 힝켈 씨에게 보낸 편지에서 이렇게 썼다. "할레에서의 생활은 견디기 힘듭니다. 저는 거의 완벽하게 고립되어 있다고 느낍니다."[27] 그는 아내와 일곱 살배기 딸과 함께 비좁은 방 세 개짜리 아파트에 살았다. 안뜰 같은 주변 환경도 건강에 해로운 지역이었다. (1968년에 그는 첫번째 부인인 사라 키르슈Sarah Kirsch와 이혼한 바 있었다. 시인이었던 사라는 볼프 비어만의 추방에 항의한 뒤 1977년에 아들을 데리고 서독으로 탈출했다.) 그의 아내는 러시아 출신으로 교직에 종사하고 있었다. 그녀는 할레의 대기오염을 몹시 힘들어했다. 만성 기관지염과 후두염이 날로 악화되어, 건강에 좋지 않은 환경에서 계속 머물 경우 천식으로 진행될 상황이었다. 키르슈는 다시 한번 베를린으로 이주하게 해달라고 요청했다. 그곳에 가면 잡지사나 출판사에서 일할 수 있으리라 생각했다. 10년 후, 키르슈는 겨우 베를린으로 이주했지만, 한직이라도 얻기 위해서는 계속 간청을 해야 했다. 그는 동료 작가 세 명이 맡고 있는 것과 같은 교직을 얻고 싶다고 하거에게 편지를 보냈다. 하거는 그 편지를 라그비츠에게 전달했다. 편지를 전달받은 라그비츠는 작가동맹에 소속된 당원들과 상의했다. 그들은 키르슈의 "정치적·이념적 태도"를 비난했다. 결국 라그비츠는 취업을 시켜주면 안 된다고 강조하는 내용의 답신을 보냈다.[28]

라그비츠는 메모와 서신에서 그런 식의 구절을 자주 썼다. 그녀는 권력자의 언어로 말했다. 교묘한 공작을 통해서든 철저한 억압을 통해서든 그녀가 실시한 검열은 결국 공산당의 권력 독점을 위한 것이었다. 그런데 당 간부 사이에서 교환되던 메시지를 단순히 당 노선을 강화하려는 시도로만 읽는 것은 불충분할 수 있다. 라그비츠는 자신만의 '정치적·이념적' 신념이 있었고, 그녀의 동료들도 마찬가지였다. 이 점은 볼프강 힐비히에 관한 문건을 자세히 들여다보면 누구나 알 수 있다.

대부분의 동독 작가들과는 달리, 심지어 크리스타 볼프나 폴커 브라운 같은 유명한 반체제 인사와도 달리, 힐비히는 체제에 적응하지 못했다. 그는 외톨이였다. 작가동맹 회원으로서 지위 상승에 힘쓰는 대신, 그는 보일러실 노동자로 생계를 꾸렸다.[29] 그 일은 그가 시를 쓰고 문학을 연구할 수 있는 시간을 많이 확보하게 해주었다. 그는 자신의 시를 동독의 제도권 문학비평지에 보내지 않았다. 대신 그는 허가를 받을 생각도 하지 않고 서독에서 시집을 출판했다. 첫 시집 『부재*Abwesenheit*』(피셔 출판사, 프랑크푸르트 암마인, 1979)가 출간되자 그는 2천 마르크의 벌금형을 선고받았다. (당 문서 보관소에 있던 그와 관련된 문건에는 노동형도 짧게 받은 걸로 나와 있다. 하지만 그건 명백히 다른 사안으로 '폭력 행위*Rowdytum*'를 저질러 체포된 결과였다.)[30] 1982년쯤 피셔 출판사에서 단편집 『새로운 달 아래에서*Unterm Neomond*』가 나왔을 때, 그는 동독에서 핍박받는 노동자 시인으로 서독에 알려졌다. 그러자 동독에서는 단편집의 동독 내 출판을 허가함으로써 노동 계급을 핍박하는 국가라는 세평을 노동 계급을 대변하는 국가로 바꾸려고 했다. 하지만 그의 다음 책인 『목소리, 목소리*Stimme Stimme*』 원고가 동독의 같은 출판사인 레클람에 전달되었을 때, 검열관들에게 더욱 곤란한 문제가 생겼다. 이미 당에서는 문화예술이 사회주의 리얼리즘 원칙을 고수해야 한다고 결정해놓은 상황이었다. 또한 공업 도시인 비터펠트에서 1959년과 1964년에 열린 두 차례의 콘퍼런스에서 작가들은 '비터펠트 운동'에 헌신하겠다고 선언한 바 있었다. 비터펠트 운동이란 동독 고유의 사회주의 문화 창조를 위해 작가들이 노동자들과 함께 협력하는 프로그램이었다. 안타깝게도 노동자 시인 힐비히의 서정시는 그러한 흐름에 맞지 않았다. 라그비츠는 1982년 12월 14일 하거에게 제출한 보고서에서 오히려 그와 정반대 방향이라고 설명했다.

라그비츠는 쿨투어를 대표해서 『목소리, 목소리』의 출판을 반대하는 의견을 냈다. 사실, 원고 심사위원 세 사람의 보고서는 우호적이었으며 힐비히가 재능 있는 시인임을 부인하는 의견은 없었다. 하지만 쿨투어에서 이 책의 유통을 허용하면, 그를 작가로서 인정해주는 셈이었다. 그의 존재가 동독 문화계 내에서 확고히 자리 잡게 될 경우, 젊은 작가들에게 좋지 않은 영향을 미칠 게 분명했다. 쿨투어에서는 젊은 작가들이 노동 계급에 뿌리를 두고, 건강하고 긍정적이며 진보적이고 사회적 책임을 다하는 문학을 계속해서 다양하게 창작하기를 바랐다. 힐비히는 프롤레타리아 출신이라 오히려 더욱 위험한 인물이었다. 비록 그가 사회주의나 공화국을 공격하지는 않았지만, 그의 작품 밑바탕에는 용납할 수 없는 세계관이 자리하고 있었던 것이다.

그의 세계관과 예술적인 입장은 우리의 이념과 거리가 멉니다. 반동적인 후기 부르주아 전통에 따라 [⋯⋯] 힐비히는 어두운 색채와 염세적인 분위기를 활용하여 세계와 삶에 대해 허무주의적이고 음울한 전망을 전파하고 있습니다. [⋯⋯] 그가 휴머니즘에 천착하고 있다지만 체념, 고독, 비애, 고통, 죽음을 향한 동경에 대해 이야기하는 걸 보면 과연 그러한지조차 의심스럽습니다. 자신이 프롤레타리아 출신임을 드러내긴 하지만, 공화국 시민의 일상적인 정치의식과는 연결 고리가 전혀 없습니다.[31]

'후기 부르주아'는 동독에서 모더니즘을 가리키는 말이었다 — 힐비히의 경우처럼 시 분야에서 랭보나 릴케를 연상케 한다거나, 소설 분야에서 프루스트나 조이스 같은 작가로부터 영감을 받은 걸 지적할 때 쓰이는 용어였다. 쿨투어의 라그비츠나 출판총국의 검열관들이 비터펠트 운동을 따르라고 강요하지는 않았다. 심지어 1980년쯤에는 비터펠트 운동도 더 이상 문예 양식 표준을 엄격하게 정해두고 있지 않았다. 그럼에도 그들은 느슨하게나마 '사회주의 리얼리즘'으로 묶을 수 있는 기존의 양식을 고수하고자 했다. 또한 '현실 사회주의'하에서의 삶의 조건들 — 그들은 동독의 평범한 민중들이 경험하는 실제 세계를 이렇게 지칭했다 — 을 드러내는 데 실패한 글쓰기는 잘못된 것이라 여겼다.[32] 1960~70년대까지만 해도 동독 정권은 이런 종류의 문화예술을 허용하지 않았다. 하지만 1980년대에 들어서면서 정권의 억압 강도는 약해졌다. 그 이유 중 하나는 불미스러운 일이 생기면 서독 언론에 이용당할 수 있다는 우려였다. 당시 동독 내에서는 서독의 라디오와 텔레비전 방송을 시청하는 사람들이 점점 늘어나고 있었다. 동독에서 『목소리, 목소리』의 출판을 허용하지 않는다면 서독에서 출판될 것이 분명했고, 그렇게 될 경우 정권의 체면은 크게 손상될 수밖에 없었다.

그래서 하거는 마침내 『목소리, 목소리』의 출판을 허가했다. 그는 슈테판 헤름린Stephan Hermlin으로부터 힐비히를 옹호하는 내용의 편지를 받았다. 헤름린은 영향력 있는 작가로, 그 역시 검열로 인해 어려움을 겪은 바 있었다. (헤름린은 1976년 볼프 비어만 추방에 대한 항의 시위를 조직하는 데 일조하기도 했지만, 당 지도부와 원활한 관계를 유지했다.)[33] 헤름린은 힐비히의 시가 희망과 낙관을 노래하지는 않지만, 그렇다고 해서 사회주의에 대한 저항심을 드러내는 것도 전혀 아니라고 결론 내렸다. 그러면서 시인이 명랑한지 아닌지 여부를 평가받아야 한다면 독일 문단에 남을 사람이 거의 없을 거라고 덧붙였다.[34] 결국 라그비츠도 출판에 동의하게 되었다. 다만 악영향을 최소화하기 위해 다음과 같은 조건을 걸었다. 몇몇 시는 삭제하고, 또 다른 몇몇 시는 어조를 부드럽게 고쳐야 한다. 레클람 출판사 편집자들은 최종 원고를 매우 신중히 검토해야 한다. 발행 부수는 소량으로 제한한다. 시집에서 드러나는 "세계관과 이념적 입장"이 부적절하다고 지적하는 서평을 준비해서 독자들의 반응을 제어해야 한다.[35] 몇 달 뒤, 이미 언급한 대로 하거는 힐비히가 서독 하나우의 시상식에 참석하는 걸 허락해주는 데 동의했다. 단, 레클람 출판사 발행인인 한스 마르크반트를 함께 보내 주의 깊게 감시하도록 했다.

그 시점 이후로 힐비히는, 도대체 어디까지 허용해야 하는지 그 한계를 두고 관료들 사이에서 논쟁 대상이 되었다. 1984년에 힐비히는 서독 헤세주에 위치한 한 방송사의 취재에 응했는데, 이는 그가 동독에서 핍박받는 피해자로 보이게끔 했다. 1985년에는 서베를린 예술원에서 수여하는 상을 받게 되었으니 시상식에 참석할 수 있게 해달라고 요청했다. 마르크반트와 회프케는 그의 출국 허가에 반대했다.[36] 그들이 작성한 메모가 문화부 내에서 회람되는 동안 힐비히는 다름슈타트에서 1년간 펠로십 과정을 밟겠다며 비자를 신청했다. 하거가 보기에 이는 지나친 요구였다. 그는 분노하여 더 이상 그 어떤 양보도 해주지 않길 바란다는 내용의 메모를 문화부 장관 한스-요아힘 호프만에게 보냈다.[37] 그런데 그 시기에 힐비히는 이미 엄청난 명성을 얻은 상태였다. 슈테판 헤름린과 크리스타 볼프는 힐비히가 지난 20년을 통틀어 동독에서 가장 재능이 뛰어난 작가라고 호네커에게 직접 호소했다.[38] 힐비히 자신도 1985년 8월 26일 호네커에게 직접 편지를 보냈다 — 한 프롤레타리아 시인이 국가수반에게 청원을 넣었던 것이다. 그는 정중하지만 단호한 어조로 자신의 사례를 언급했다. 그는 동독 작가들이 지평을 넓히려면 여행이 허용되어야 한다고 주장했다. 또 동독과 해외에서 자유롭게 작품을 출판할 수 있어야 하며, 이념적 제약에 굴복하지 않고 자신을 솔직히 표현할 수 있어야 한다고 했다. 그리고 "작가의 신념을 진실하고 온전히 드러내지 않는 문학은 가치가 없기 때문에" 사회주의에 헌신하라는 압력도 중단해야 한다는 말로 마무리했다.[39] 그 편지에 대한 호네커의 반응을 알 수 있는 기록은 없다. 하지만 그로부터 3주 뒤에 하거가 그 편지와 관련해서 쓴 메모에는 기존 입장을 뒤집어 더는 비자 발급에 반대하지 않는다는 내용이 언급되어 있다. 힐비히는 1985년 말 동독을 떠나 다시는 돌아가지 않았다.[40]

문서 보관소에 기록이 남아 있는 다른 모든 사건도 마찬가지지만, 힐비히 사건은 사회주의 원칙이나 정부 정책, 당 지도부에 대한 반대와는 아무런 상관도 없는 일이었다. 서방에서 반체제 인사로 분류되는 모든 작가처럼 힐비히도 체제 안에서 할 수 있는 최대한의 작업을 했을 뿐이다. 심지어 서독에서 작품을 출판할 때도 동독 체제의 기본 원리를 부정한 적은 없었다. 당 엘리트들이 힐비히 문제를 논의하고자 주고받은 문서를 봐도 국가에 대한 그의 근본적인 충성심을 의심하는 내용은 없었다. 힐비히의 작품이 자존감Selbstgefühl이나 염세주의 Pessimismus 같은 선동적이지 않은 주제를 다루고 있다는 언급만 있을 뿐이었다. 그런데도 당의 상급 관료들이 주고받은 메모의 문체는 외부인이 볼 때 놀라울 정도로 관념적이면서도 과장되어 있었다. 물론 많은 부분은 관료들이 흔히 쓰는 관습적인 표현이라고 설명할 수도 있을 것이다. 당 지도부는 세계관Weltanschauung이나 당성Parteilichkeit 같은 무게감 있는 명사 앞에 "정치적·이념적politisch-ideologisch"이나 "후기 부르주아적spätbürgerlich" 같은 진중한 형용사를 쓰는 경우가 많았기 때문이다.[41] 하지만 당 중앙위원회와 문화부의 검열관들은 그런 표현들을 심각하게 받아들였고, 자신들이 억압하는 작가들의 언어를 논의할 때도 매우 진지했다. 외국인들에게는 다소 우스꽝스럽게 들릴 수도 있지만, 동독에는 특별한 울림을 주는 말들이 있었다. 일례로 그들은 베를린 장벽을 "반파시즘 보호 장벽antifaschistischer Schutzwall"[42]이라고 불렀다. 검열관들은 젊은 작가들이 그런 단어들을 잘못된 방식으로 사용한 걸 발견했을 때 특히 분노했다.

1981년 한 젊은 작가 모임이 예술원에서 출판해주길 바란다며 한 권 분량의 시와 수필을 제출한 적이 있었다. 출판총국은 그것을 허가해주지 않았다. 작가들은 이 결정을 순순히 받아들이지 않고 문화부 장관에게 항의 서한을 보냈다. 그들은 예술원 회원인 프란츠 퓌만의 제안으로 선집(작가들이 선집이라고 불렀고, 책 제목은 정하지 못했던 듯하다)을 엮은 것이라고 설명했다. 퓌만은 정부 정책에 불만을 품은 젊은 세대 작가들의 멘토였다. 그 선집에는 작가 33명의 작품이 실릴 예정이었다. 그들은 자신들의 목소리를 내고 싶어 했고, 자신들과 대화하기를 거부한 당국에 분노하고 있었다. 항의의 목소리는 우르줄라 라그비츠에게까지 전달되었지만, 그녀는 하거에게 조용히 덮어두는 게 낫겠다는 메모를 전달했다. 작가들에게 불만 사항이 있으면 예술원에 접수하라고 답을 보낸 다음, 예술원에는 무시하라고 지시하면 된다는 얘기였다. 하지만 그와 동시에 당에서는 문제의 근원을 파악하기 위해 몇 가지 조치를 취해야 했다. 이 선집 사건을 진지하게 살펴봐야 할, 당에 대한 도전의 징후로 판단했던 것이다.[43]

쿨투어는 비밀경찰의 도움을 받아 선집 모임에 관해 엄청난 양의 정보를 확보했다. 라그비츠는 그들의 조사 내용을 압축해서 35쪽짜리 보고서를 작성했다. 보고서에는 작가들의 개인사를 비롯해 주변 환경에 대한 설명과 작품 분석 등이 포함되어 있었다. 쿨투어의 관점에서 볼 때, 시는 당황스러운 수준이었다 — 난해한 시어, 기괴한 형식, 상스러운 말, 속어가 뒤죽박죽 섞이고, 환경오염, 지루함, 록 음악, 비트겐슈타인, 존 레넌 같은 주제가 암호처럼 암시되어 있었다. 당에서 흔히 쓰이는 표현대로라면, 선집은 형식상으로는 후기 부르주아적이고, 내용상으로는 허무주의적인 것으로 의심되었다.

> 수록된 다수의 시는 비관주의, 삶의 피로함Lebensüberdruss, 절망 등으로 특징지을 수 있다. [······] 대다수의 시가 구문 파괴, 조형적 패턴을 형성하는 시행 배치, 말장난, 시각적 유희 등과 같은 후기 부르주아 문학의 표현 기법을 차용했다. 일부 시들은 은어, 입말, 비속어 등을 사용해, 부르주아 문학류에서 영향을 받았음을 드러낸다.

> 더불어 라그비츠는 선집이 젊은이들에게 큰 호응을 이끌어낼 거라는 점을 인정했다.[44]

물론 작가들의 열성적인 팬들이 서점에서 이 선집을 찾는 건 불가능한 일이었다. 라그비츠는 또 다른 메모에 직접 적어둔 대로 선집 출판을 결코 승인해주지 않았다.[45] 하지만 분노한 젊은 시인들은 원고를 복사해서 유통하고, 자신들이 가장 선호하는 지역인 동베를린의 프렌츠라우어 베르크에서 비밀 낭독회를 열었다. 정보원들은 학생들과 대학 중퇴자들이 모임을 갖는 장소가 프리드리히 거리의 알테 카페와 라우머 거리 23번지의 아파트라는 걸 알아냈다.[46] 한 정보원은 낭독회와 관련된 보고서를 통해 어느 아파트에서 44명의 사람들이 모여 선집을 엮은 두 시인, 즉 우베 콜베와 알렉산더 ("자샤") 안데르손의 목소리에 귀를 기울이고 있었다고 설명했다. 시구를 이해하는 게 상당히 어려웠지만, 청중들은 '자아실현' '창의성' '진실성'에 대해 활발한 토론을 벌였다.[47]

나중에 알려진 사실이지만, 프렌츠라우어 베르크의 낭독회 현장은 쿨투어에서 그렇게 주목할 만큼 중요한 곳이 아니었다. 시인들부터가 주변부 인물들이었다. 예를 들어 한 보고서에서 자샤 안데르손은 이렇게 묘사되어 있었다. "안데르손, 알렉산더(28세) ── (서정시). 드레스덴. 일정한 직업 없음. 소속된 단체가 없는 작가, 화가, 작곡가."[48] 더욱이 장벽 붕괴 후 슈타지Stasi(비밀경찰)의 문서 보관소 자료를 열람하는 게 가능해지면서 밝혀진 사실인데, 심지어 안데르손은 그들의 정보원이었다.[49] 하지만 서독 언론은 동독의 관료들만큼이나 프렌츠라우어 베르크에서 벌어지는 일들에 많은 관심을 기울였다. 서독에서 이 사건을 크게 다룰 경우, 특히 젊은 세대 작가들의 소외를 강조할 경우, 동독의 체면이 손상될 수 있었다.

호네커는 동독의 문화예술에 대한 서독의 언론 보도에 관심이 많았다. 1981년 4월에 그는 라그비츠로부터 서독의 한 라디오 방송에 관해 보고받았다. 동독의 젊은 작가들이 환멸감을 느끼고 있고, 그 증거로 동독 작가동맹의 문예지인 『노이에 도이체 리테라투어Neue Deutsche Literatur』에 실린 글을 인용한 방송이었다. 그 글은 정권의 지지자로 흠잡을 데 없는 경력을 지닌, 68세의 존경받는 작가 잉게 폰 방겐하임Inge von Wangenheim이 쓴 것이었다. 그녀는 2000년경에는 동독 문학이 사라져버릴 수 있다고 경고하고 있었다. 이제 서른 살쯤 된 작가들은 할아버지 세대가 세운 사회주의 전통을 이어가는 데 불만을 품고 있기 때문이라는 얘기였다. 라그비츠는 호네커에게 방송은 왜곡된 것이며 폰 방겐하임의 글은 인쇄되어서는 안 되었다고 설명했다. 그녀는 문예지 편집장이 "정치적인 실수"를 저질렀다고 비판했다. 편집장은 그 글이 출판총국으로부터 인쇄 허가를 받은 것이며, 곧 출판될 작가의 에세이집에도 포함될 계획이라고 답했다. 라그비츠는 하거에게 이 단계에서 뒤늦게 그 글을 빼면 오히려 문제가 될 거라고 조언했다. 하지만 그들은 폰 방겐하임에게 원고 수정을 요구할 수도 있었고, 책에 대한 혹평을 여럿 준비해 여론에 대한 영향력을 잠재울 수도 있었다.[50] 그사이에도 서독 언론들은 계속해서 그들을 곤란하게 했다. 한 방송은 동독 문학을 진정으로 대표하는 건 이미 서독으로 망명하여 검열과 '감옥 신드롬'의 영향에서 벗어난 작가들뿐이라고 주장했다.[51] 또 서독의 비평가인 만프레트 예거는 젊은 세대에 속하는, 분노한 "거친 사람들"이 모든 공식적인 문학으로부터 돌아섰고, 중년 세대의 작품에 흥미를 느끼지 못한다는 내용의 글을 발표했다. 단, 그들의 멘토이자 선집 출간에도 영감을 준 프란츠 퓌만만은 예외라고 했다. 젊은 세대가 그를 베르톨트 브레히트의 비판 정신을 여전히 충실히 지키고 있다며 존경한다는 것이었다.[52] 잘못 알려진 부분이 있긴 했지만, 이런 공격은 그냥 무시할 수 없는 문제를 노출시키고 있었다. 어떤 조치가 취해졌을까?

라그비츠는 두 가지 대책을 내놓았다. 첫째, 정권은 1981년 제10차 당대회에서 당 노선으로 확립된 출판 원칙을 강력히 고수해야 한다. 사실 이 당대회에서 채택된 정책은 쿨투어의 전문가들이 1970년대 동독 출판물을 철저히 검토하여 제안한 것이었다. 그들이 검토한 내용은 사회과학원과 과학원의 중앙 문예사 연구소의 연구 결과를 입증해주었으며, 이런 모든 연구는 당이 취하고 있는 기본 입장을 뒷받침하고 있었다. 즉, 표현 양식과 주제 문제는 사회주의 건설에서 중요한 요소로 이해되어야 했다. 1976년 제9차 당대회가 결정한 대로, 문화예술은 "현실 사회주의하에서 민중들이 살아가는 일상"에 집중해야 했다. 현실 사회주의 — 당시 동독의 실제 체제 — 는 사회주의 리얼리즘 원칙을 따르는 글쓰기를 요구했다. 일반 민중이 뜻을 알 수 없는, 후기 부르주아 작가들의 난해하고 개인주의적인 글쓰기는 배척되어야 했다. 문학은 평범한 사람이 자신의 경험을 이해하는 데 도움을 주어야 했고, 그 도움은 "사회주의적 의식의 성장"을 통해 이루어져야 했다. 최근의 후기 부르주아식 글쓰기는 정반대였다. 주관주의에 빠져 지겹도록 일상의 경험과 사회주의적 이상 사이의 괴리만을 되풀이해 말함으로써 전혀 건설적이지 않은 사회 비판 장르로 전락해 있었다.[53]

당에서는 일단 선집에 참여한 젊은 작가들을 상대로 문화적인 공세를 취함으로써 이런 종류의 문학을 근절할 수 있었다. 그러기 위해 작가동맹의 후보 회원 자격을 부여한다는 조건을 내걸어 특히 재능 있는 작가들을 끌어들여야 했다. (작가들이 그냥 동맹에 가입할 수는 없었다. 그들은 후보로서 일정 기간을 보내야 했고, 대개는 보증인도 필요했다.) 동맹 회원 중에서 적절한 사람을 멘토로 붙여주고, 또 매력적인 여행 기회 제공을 미끼로 임무를 맡길 계획이었다. 우베 콜베는 앙골라로, 카티야 랑게는 몽골로 여행을 보내주었다. 선집 참여자 중에서 당에 적대감을 드러낸 작가들은 문화예술계에 얼씬도 못 하게 해야 했다. 어떤 원고도 출판 허가를 내주지 않고, 문화예술과는 전혀 상관없는 일을 시켜야 했다. 신중한 일 처리는 필수였다. 더 나아가 노골적으로 "반사회적인 국가의 적"은 범죄자로 처벌해야 했다 ─ 라그비츠는 어떤 조치를 염두에 두고 있었는지 구체적으로 밝히지 않았지만, 징역형이나 갈탄 탄광 노동형을 받을 수 있었다.[54] 문화부는 프렌츠라우어 베르크의 문화예술 활동을 억압하는 한편, 동독 모든 지역에 젊은 작가들을 위한 문화예술센터를 설립해 올바른 글쓰기를 장려해야 했다.[55] 출판사 편집자들에게도 재능 있는 젊은 작가들을 키우는 임무가 주어졌다. 출판총국에서도 별도의 조치를 마련해야 했다. 쿨투어에서도 새로운 세대의 "문화 제공자"를 육성하고, 그들을 올바른 방향으로 이끌어야 할 책임을 의식하고 이러한 프로그램을 감독해야 했다.[56]

작가와 편집자 사이의 협의

독일민주공화국의 최고위층 사이에서 주고받은 메모를 보면 검열관들의 활동이 검열의 전부는 아니었다는 사실을 알 수 있다. 검열은 출판계 모든 층위를 관통하고 있었다. 심지어 작가들 내면의 생각도 통제했고, 그들이 편집자들과 처음 의견을 주고받는 단계에서도 작동했다. 폴커 브라운은 1983년에 『힌체-쿤체-소설』 원고 초안을 통과시키려고 미텔도이처 출판사 편집자와 씨름할 때 작성한 메모에서 검열의 성격을 이렇게 정의했다. "그 체계는 저절로 작동한다. 체계 자체가 검열한다."[57] 실제로 검열 체계는 작가와 편집자 들이 원고 기획과 집필 문제를 두고 협의하는, 가장 낮은 단계에서부터 작동했다. 이후 한 권의 책이 출판되는 과정은 다양한 양상을 떠었지만, 일반적으로 같은 단계를 거쳤다. 앞서 언급한 대로 책에 대한 아이디어는 작가들 머릿속에서 처음 싹트기 마련이다. 하지만 동독에서는 78개의 출판사 편집자들 사이에서, 심한 경우에는 베를린의 검열관이나 다른 관료들 사이에서 기획이 시작되는 경우가 잦았다. 출판사의 임원Verlagsleiter이나 수석 편집장Cheflektor은 주요 당원 — 당내에서 힘이 있는 기관원이나 간부 — 이었기 때문에 이념적인 통제를 강하게 실시하고자 했다. 하지만 낮은 지위의 편집자들은 때때로 출판사에서 작업을 같이 해온 작가들과 친밀한 관계를 맺곤 했다 — 현대 소설의 경우에는 할레와 라이프치히에 있는 미텔도이처 출판사나, 베를린과 바이마르에 있는 아우프바우 출판사에서 특히 그런 일이 많았다.[58] 대개의 경우, 작가들은 혼자 탈고하지 않고 중간에 편집자들에게 초고나 원고 일부를 보냈다. 편집자들은 수정을 제안하는 답신을 보냈다. 최종 원고에 대한 합의에 이를 때까지 양측의 협의 과정은 계속되었다. 합의가 이루어지면, 편집자는 타이핑된 원고를 복수의 외부 심사위원에게 보냈다. 외부 심사위원은 신뢰할 만한 전문가들로, 주로 문학비평가나 학자가 맡는 경우가 많았다. 심사 보고서가 나오면 더 많은 단계의 협의와 수정 과정을 촉발하기도 했다. 이를 바탕으로 다시 작업한 원고가 마무리되면 출판사에서는 서류 작업을 준비했다. 심사위원 보고서 외에도 출판사 보고서가 필요했다. 출판사 보고서는 일반적으로 타이핑된 네다섯 쪽의 문서로 편집장이 작성했으며, 작가 정보, 판형, 필요한 종이양, 희망 발행 부수, 가격 등이 명시되어 있었다.

이렇게 작성된 서류와 원고는 한스-위르겐 베제너와 크리스티나 호른이 묘사한 대로 전문 인력의 승인을 받기 위해 클라라-체트킨 거리에 있는 출판총국 사무실로 보내졌다. 검열 과정은 심지어 책이 출판된 이후까지 계속되기도 했다. 책이 물의를 빚으면 서점에서 바로 회수되어 폐기 처분될 수 있었던 것이다. 일부 구절은 재판을 찍을 때 삭제되기도 했다. 반대로 추가되는 경우도 있었는데, 출판총국이 저작권 사무국Büro für Urheberrechte을 통해 서독판 출판을 승인해줄 때도 있었기 때문이다. 서독판에 실린 일부 구절 때문에 논란이 일기도 했지만, 시간이 지나 잠잠해지면 그렇게 논란이 되었던 구절들이 새로 인쇄되는 동독판에 은근슬쩍 실리기도 했던 것이다.

이렇게 검열은 전 출판 과정에 걸쳐 ── 심지어 그 이후에도 ── 이루어졌다. 작가와 출판사는 출판 이후에 가해지는 제재도 받아야 했다. 하지만 이 모든 과정 가운데 가장 중요한 부분에서 이루어진 검열은 확인하기가 어려웠다. 그건 작가의 머릿속에서 이루어졌기 때문이다. 문서 보관소에서 자기 검열의 흔적을 찾아보기는 어려웠지만, 동독인들은 장벽 붕괴 후 발언의 자유를 얻게 되자 그 문제에 대해 말을 꺼내곤 했다. 예를 들어 에리히 뢰스트는 『양들의 분노Der Zorn des Schafes』(1990)라는 책에서 1950년 자신이 작가로 처음 데뷔했던 시절에 대해 언급한 바 있다. 당시 그는 동독 정권의 정통성을 무비판적으로 신뢰하고 있었기 때문에 아무런 거리낌 없이 검열을 받아들였다고 했다. 사회주의라는 대의명분을 훼손하는 주제는 그게 무엇이든 다룰 생각조차 하지 못했다는 것이다. 하지만 그 이후로도 30년 동안 자신의 문장이 출판사 편집자, 발행인, 출판총국의 요구로 계속해서 삭제되자, 그는 서독으로 탈출했다. 서독에서 다시 집필을 시작했을 때도 한 문장 한 문장 써나갈 때마다 '조심해, 이 문장은 문제가 될 수 있어!'라고 속삭이는 내면의 목소리를 들었다고 했다.[59] 그는 그 소리의 주인공을 "귓속에 사는 작은 녹색 인간"[60]이라고 불렀다. 그것을 "머릿속 가위"[61]라고 표현한 작가들도 있었다. 그것은 어딜 가도 떠나지 않고 작가 스스로 검열하게끔 했다. 무시하려고 해도 소용이 없었다. 작가들은 한두 문단을 놓고 논쟁을 벌인 끝에 편집자가 자신의 주장을 받아들이면 의기양양해했다. 하지만 허가를 받으려고 원고 전체를 제출한 이상 결국 국가의 제재에 굴복한 셈이었다. 그들은 내면의 목소리에 기대어 그 사실을 외면하려고 애썼다.[62] 이렇게 반+의식적으로 검열에 공모하게 되는 과정에서 그들은 때때로 속임수를 써서 검열관들을 기만하기도 했다. 하지만 그 속임수가 자기기만으로 이어지는 결과를 낳기도 했다. 1979년에 동독을 탈출한 소설가이자 문학비평가인 요아힘 자이펠Joachim Seyppel은 작가들이 원고를 집필할 때 몹시 도발적인 구절을 고의로 심어놓는 경우도 있었다고 했다. 검열관들의 관심을 그 구절에 집중시켜, 원고 곳곳에 있는 문제가 될 만한 애매한 부분에서 관심을 돌리려고 했다는 것이다. 작가들은 그 구절을 지키려고 격렬히 싸우는 척하다가 그 가짜 싸움에는 져주고, 자신이 진심으로 출판되길 바랐던 부분을 지켰다. 하지만 그런 게임을 벌인다는 것 자체가 그 체계의 규칙을 받아들이고 순응한다는 의미였다. 결국 작은 녹색 인간이 승리했던 것이다.[63]

이 과정에서 그다음 단계는 동독 소설과 관련된 가장 중요한 출판사인 미텔도이처의 문서들을 찾아보면 이해할 수 있다. 나는 1990년 초반 당 문서 보관소에서 이 문서들을 검토할 수 있었다.[64] 문서에 담긴 정보는 대부분 1980년대에 이뤄진 검열과 관련된 것이었다. 이 시기의 검열을 그 이전 더욱 억압적인 시절의 전형적인 검열로 이해해서는 안 된다. 미텔도이처 관련 문서들은 동독의 마지막 10년 동안 정권이 작가와 편집자 차원에서 문학을 어떻게 통제했는지를 여과 없이 보여준다. 당시 모든 활동은 한 단어로 요약해서 설명할 수 있다. 바로 협의다. 한 권의 책 기획이 윤곽을 드러내는 순간부터 의견 교환, 요구와 수용, 쓰기와 고쳐 쓰기가 시작되었다. 작가가 이미 완성된 듯한 원고를 제출하는 건 편집자들을 놀라게 하는 일이었다 — 그런 드문 경우에 편집자들은 다소 공격적이 되었다. 카를-하인츠 야콥스Karl-Heinz Jakobs가 소설 『침묵Die Stille』의 '완성된' 원고를 가지고 오자, 편집자들은 "출판사가 원고 작성 과정에 영향을 미치는 걸 거부하고 '완성된' 원고를 제출하는" 작가는 극소수라며 불만을 드러냈다.[65]

특히 범죄소설, 연애소설, 과학소설 같은 대중적인 장르의 경우에는 협의가 더욱 본격적으로 이루어졌다. 편집자는 발트라우트 아른트에게 소년 소녀의 사랑 이야기인 『비행 시도Flugversuche』에서 결말 부분을 두 사람이 결별하는 내용으로 수정해달라고 설득했다. 소년이 공산당에 입당한 것이 공산주의에 대한 진지한 신념 때문이 아니라 단지 그녀와 사귀고 싶어서였다는 걸 알게 되었으니, 소녀가 소년을 거부해야 한다는 것이었다.[66] 호르스트 체르니는 편집자의 권유에 따라 탐정소설 『사회부 기자Reporter des Glanzes』의 줄거리를 서독 본에서의 생활이 지닌 부정적인 측면을 부각하는 방향으로 변경했다. 본은 "반공주의, 반소비에트주의, 신나치주의, 전쟁 이데올로기, 각종 협박과 거짓말, 독일 통일 선동" 같은 음모로 얼룩진 도시여야 했다. 동독을 배경으로 한 범죄 스릴러는 드물었는데, 그중 하나였던 얀 플리거의 『흐름Der Sog』 역시 주요 등장인물 가운데 한 사람인 공장 관리자가 기분 나쁘게 멍청하다는 이유로 여러 차례 수정되어야 했다. 사회주의 체제의 관리직이 그런 모습으로 등장해서는 안 되었던 것이다.[67] 편집자들이 유토피아 문학이라고 불렀던 과학소설에도 같은 문제가 있었다. 미래 사회를 묘사할 때는 반드시 공산주의의 필연적 승리를 상정해야 했는데, 편집자들은 오히려 그렇게 긍정적으로 그려진 부분이 현재의 사회주의 질서에 대한 "정치적·이념적" 비판을 암시하는 것으로 읽힐 수 있다며 염려했다. 그래서 그들은 게르하르트 브란스트너에게 그가 그린 미래에 대한 환상에서 "마르크스주의적 사고방식에 기반한 이론"을 충분히 "고찰"했음이 잘 드러나도록 『부정적인 성공Der negative Erfolg』 원고를 수정하라고 설득했다.[68]

그런데 편집자의 역할을 이념적 문제를 걸러내는 것으로 한정하는 건 잘못이다. 그들은 원고의 미학적 수준을 향상하는 데 세심한 주의를 기울였고, 표현을 더 낫게 고치고 서사를 더 단단하게 가다듬기 위해 작가들과 긴밀히 협력했다. 그들의 보고서를 읽는다면, 누구나 그들의 수준이 서베를린이나 뉴욕의 편집자와 마찬가지로 지적이고 고등교육을 받은 평론가급이라고 말할 수 있을 정도였다. 그들은 재능 있는 작가를 발굴했고, 많은 초고를 읽었으며, 원고에 가장 알맞은 외부 심사위원을 선택했고, 복잡한 제작 일정을 거쳐 출판까지 원고를 이끌었다. 그렇지만 그들이 작성하는 문서를 읽어보면 서구 편집자들과 중요한 차이점이 있다. 바로 수요에 대한 언급이 없다는 점이다. 내가 읽은 많은 문서 중에 독자들이 구입하고 싶어 할 거라는 언급은 단 한 건뿐이었다. 미텔도이처 편집장인 헬가 두티Helga Duty가 작성한 『나무좀과 왕Der Holzwurm und der König』의 출판을 추천하는 보고서에서였다. 대중이 어른을 위한 동화를 선호하는 건 안타까운 일이

지만, 어쨌든 그 출판으로 대중의 수요를 충족할 수 있을 거라는 내용이었다.[69]

편집자들은 시장 동향을 살펴 출판 목록을 추리는 대신, 질 낮은 작품을 걸러내는 데 집중했다. 두티와 그녀 밑에서 일하는 편집자들은 『공중그네Luftschaukel』라는 시집에서 "낭만적이기는커녕 감상적인 싸구려" 시를 들어내기 위해 최선을 다했다. 하지만 당시 87세였던 저자 마리안네 브룬스Marianne Bruns는 오랫동안 미텔도이처와 인연을 맺어온 사람이었다. 그녀는 원고를 다시 써야 한다는 데 동의했다 — 하지만 일정 부분만 개고하고자 했다. 결국 편집자들도 적절히 타협한 뒤 마지못해 인쇄 허가를 추천해주었다.[70] 그런데 한스 치불카Hanns Cibulka와의 협상은 달랐다. 치불카도 65세였고 무려 30년 동안 미텔도이처에서 책을 내온 시인이었지만 편집자들은 전혀 융통성을 보여주지 않았다. 그의 시집 『우리는 토론이다Seid ein Gespräch wir sind』는 지나치게 비관적이고 "비변증법적"이었다. 하지만 무엇보다 혼유混喩와 오용된 이미지가 문제였다. 긴 협의 끝에 편집자들은 "신인 작가를 대하듯 그와 함께 '작업'할 수 없다"고 기록한 뒤 끝내 그 원고를 거절했다.[71]

편집자가 작가와 함께하는 '작업'이 공동 저술이라고 해도 될 만큼 치열할 때도 있었다. '신인' 작가였던 요아힘 레머는 첫 소설인 『숙맥의 고백Bekentnisse eines Einfältigen』을 처음부터 끝까지 다시 써야만 했다. 그의 편집자는 "이 작업은 매우 힘들었다. 특히 원고 구성이 그러했다"고 불평을 늘어놓았다.[72] 베르너 라이노브스키는 편집자의 머리를 더욱 아프게 했다. 그는 소설 한 권을 출판한 이후 10년간 꾸준히 새 책 제안서를 들고 왔고, 미텔도이처는 줄곧 거절했다. 그러다 마침내 『벌꿀 바다에서의 결혼식Hoch-Zeit am Honigsee』이라는 제목의 소설 개요가 받아들여졌다. 서사가 강렬하지는 않았지만, 주제가 프롤레타리아적이라 적합하다고 판단되었던 것이다. 하지만 편집부에서 그나마 수용할 만한 원고를 받는 데까지는 6년간의 논쟁과 무려 여섯 번에 걸친 전면 개고가 필요했다. 이념 때문은 아니었다. 반대로 그 소설은 지나치게 교조적이었다. 문제는 라이노브스키가 작품의 미학적 측면을 철저히 무시한다는 데 있었다. 그는 문학을 당의 사회 정책을 선전하는 수단 정도로 취급하고 있었다. 편집사들은 보고서에 자신들은 할 만큼 했다고 적었다. 그들은 작가만큼 책에 많은 공을 들였지만, 더 이상 라이노브스키가 쓴 어떤 책도 출판하고 싶지 않아 했다.[73]

대부분의 작가는 융통성이 있어서 그들과의 협의에서는 제대로 된 주고받기가 이루어졌다. 편집자들은 때때로 작가가 수정 제안을 거부해도 기꺼이 수용했다. 심지어 초고에 마르크스주의적 성격이 부족한 경우에도 그랬다.[74] 물론 반드시 수정해야 한다고 고집하는 경우도 잦았다. 그럴 때도 작가들의 비위를 맞춰주기 위해서 다른 부분을 양보하는 등 세련된 태도를 취했다. 우르줄라 횐치-하렌트의 자전적 소설 『우리 난민의 자식들Wir Flüchtlingskinder』은 1945년 7월 26일 포츠담회담의 결과로 슐레지엔이 폴란드 영토로 편입된 이후 그 지역에서 쫓겨난 수데텐Sudeten의 독일인들을 다뤘는데, 이는 매우 논쟁적인 주제였다. 편집자들은 그 사안에 대한 동독의 관점을 강화하고, 서독의 '영토회복주의' 역사관에 반대하는 방향으로 수정해줄 것을 요구했다. 이런 역사적 암시뿐만 아니라 소설에 등장하는 주요 인물들도 바꿔달라고 했다. 심지어 횐치-하렌트가 자신의 아버지를 모델로 만든 인물도 사회민주주의자인데 지나치게 호의적으로 묘사되었다는 이유로 수정되어야만 했다. 강간 장면도 붉은 군대에 부정적인 이미지를 심어줄 수 있다는 이유로 삭제되어야 했다. 또한 파시즘의 폐해를 특정 개인의 탓으로만 돌리면 안 된다며 히틀러를 악마화한 부분도 유하게 다시 써달라고 했다. 편집자들은 자신들의 근면성과 작가의 협조 덕분에 원고가 "역사적 진실"에 부합하게 되었음을 보증했고, 젊은 세대가 역사를 올바르게 이해하는 데 도움이 될 거라고 믿었다.[75]

누구든 이 서류들을 죽 훑어보면 편집자들이 어떤 식으로 동독 소설을 만들었는지 알 수 있을 것이다. 그들은 단락을 삭제하고, 서사를 재구성했으며, 등장인물 유형을 바꾸고, 역사적·사회적 이슈에 관해 암시된 내용을 수정했다. 과하든 부족하든 편집 과정은 이념적인 부분뿐 아니라 미학적인 부분까지 고려해서 진행되었다. 작가도 편집자도 이 두 가지 부분이 자신들이 원고를 두고 협의를 벌이는 본질적인 이유라는 사실을 인정하고 있었다. 양자 간에 갈등이 생기기도 했지만, 편집자의 보고서에서는 다툼이나 억압보다는 상호 존중의 분위기가 느껴졌다. 물론 편집자들에게는 그런 경향이 있다는 걸 감안해야 한다. 작가들이 자기 글을 잘라내고 심지어 통째로 들어내기까지 한다고 이를 갈고 그 체계에 저주를 퍼부어도, 편집자들은 작가들에 대해 아무 말도 하지 않는다. 그래서 보고서상으로는 협의가 한결같이 일이 되는 방향으로 잘 진행되었던 것처럼 보인다. 헬가 두티가 만프레트 퀴네의 『부나: 합성물질 이야기Buna: Roman eines Kunststoffes』에 대한 보고서에서 쓴 결론을 보면 편집자들의 어조가 주로 어떠했는지 알 수 있다. 제2차 세계대전 당시 합성고무 생산을 둘러싸고 독일과 미국이 벌인 경쟁을 그린 이 모험소설에 대해 두티는 이렇게 결론을 내리고 있다. "작가와 출판사 사이의 협력 관계는 모든 단계에서 생산적이었고 신뢰로 가득했음."[76]

이 지점에서 검토 과정이 끝나는 건 아니었다. 원고가 편집자 한 사람을 통과한다 해도, 이후 외부 심사위원들, 최종적으로는 출판총국 검열관들의 승인을 받아야 했다. 편집자들은 심사위원들에게 비공산주의 세계의 보고서처럼 작성해달라고 간청했다. 그들은 다양한 분야의 학자, 전문가 들과 두루 인맥을 형성하고 있었기 때문에 적절한 심사위원을 선택해서 만족스러운 결론이 나오도록 유도할 수 있었다. 심사위원들은 나름대로 세심하게 보고서를 준비했다. 내용, 형식, 그리고 필요한 경우 이념적 올바름에 대해 보통 3~5쪽의 문서를 작성한 뒤, 40~60 동독 마르크의 심사비를 받았다. 탐정소설마저 엄밀한 조사를 받아야 했다. 편집자들은 단서 수집이나 부검 실시 같은 전문 영역에 대한 의견이 필요할 때면 작품들을 경찰(인민경찰 Volkspolizei) 특별 담당관에게 보냈다.[77]

보고서를 봤을 때 정치적인 고려를 가장 많이 했던 건 사회과학 및 역사 분야의 원고였다. 볼프강 헤르츠베르크가 백열전구 공장을 소재로 쓴 사회학 연구서 『그래서 그렇게 되었다: 1900년에서 1980년 사이의 인생 이야기들So war es: Lebensgeschichten zwischen 1900~1980』은 편집자들의 개입이 많이 필요했다. "정치적 교육을 받지 못한" 노동자들이 제3제국 때 겪은 자신의 체험을 "비변증법적"으로 회상하는 인터뷰를 기초로 쓰인 책이었기 때문이다. 편집자들은 헤르츠베르크를 설득해서 여러 차례 개고하게 했고, 이제 원고를 출판해도 되겠다고 판단했다. 하지만 외부 심사위원들의 생각은 달랐다. 그들 중 한 사람은 원고가 히틀러주의의 독점자본주의적인 토대를 제대로 설명하지 못했다고 지적했고, 다른 사람은 프롤레타리아 계급이라는 용어에서 더욱 혁명적인 느낌이 나도록, 인용된 인터뷰 표현을 수정해야 한다고 주장했다. 편집자들은 그들의 의견을 따랐고, 작가는 다시 한번 원고를 고쳐 써야 했다. 그러고 나서야 비로소 원고는 최종 승인을 받기 위해 보고서들과 함께 출판총국으로 보내질 수 있었다.[78]

서류가 클라라-체트킨 거리 사무실에 도착하면 더욱 전문적인 검열을 받아야 했다. 편집자나 외부 심사위원과는 달리 출판총국의 검열관들은 전체 출판 현황 — 즉, 연간 출판 계획에 포함된 모든 내용 — 속에서의 위치를 고려해 원고를 평가했다. 수용 불가한 구절은 없는지 따지는 동시에, 쿨투어의 담당자와 문제가 생길 만한 내용은 없는지에도 주의를 기울였다. 출판총국에서 시와 소설을 계속 맡았던 마리온 푸카스Marion Fuckas는 이러한 검토가 어떻게 이루어졌는지를 다음과 같이 설명했다. 일단 보고서에서 중요해 보이는 단락에 밑줄을 긋는다. 그리고 실제로 원고를 읽어가면서 보고서 내용과 일치한다고 판단되면 문서 상단에 있는 네모 칸에 "출판사 보고서에 동의함"이라고 적는다.[79] 슈테펜 멘싱의 시집 『서리 낀 유리창의 추억 *Errinerung an eine Milchglasscheibe*』은 푸카스가 문제 있는 서류를 어떻게 다뤘는지를 보여주는 사례다. 그녀는 멘싱이 군국주의 같은 민감한 주제를 다룰 때 "비판적인 어조"로 전개되는 경향이 있다고 쓰인 보고서 단락에 주목했다. 그러나 미텔도이처에서 가장 신뢰할 만한 외부 심사위원인 질비아와 디터 슐렌슈테트 부부Silvia and Dieter Schlenstedt는 긴 보고서를 통해 그런 우려를 불식시키고 있었다. 멘싱이 젊은 세대로부터 특별한 관심을 받고 있는 만큼 직접 만나 그의 생각을 들어봐야 했으며, 결국 그를 설득해서 일부 시는 빼고 또 일부 시는 수정하도록 했다는 내용이었다. 그러므로 그를 "마르크스주의 미학적 입장을 바탕으로 한 예술적 재능"을 겸비한 시인으로 홍보하는 데 아무런 문제가 없을 터였다. 푸카스는 헬가 두티가 작성한 출판사 보고서에서 이 문구에 밑줄을 그어두었다. 예전에 출판총국 검열관으로 일했던 경력이 있는, 미텔도이처 대표 에버하르트 귄터Eberhard Günther도 서신을 통해 멘싱이 기꺼이 원고를 수정할 의향이 있다는 점을 강조했다. 자신도 슐렌슈테트 부부처럼 멘싱과 직접 대화를 나눴으며, 곤란한 상황을 초래할 수 있는 시 「밤의 생각Nachtgedanken」을 문제없는 시 두 편으로 대체하자고 그를 설득하는 데 성공했다는 것이었다. 이런 서류 내용에 안심하게 된 푸카스는 "특유의 정치적 문제"가 해결되었다고 적은 뒤 인쇄 허가를 내주었다.[80]

그녀는 클라우스 노바크의 소설 『구드룬의 삶Das Leben Gudrun』은 승인하길 주저했다. 출판사 발행인은 추천했지만, 한 외부 심사위원의 보고서에 노바크가 후기 부르주아 문학 기법을 사용해 서사를 따라가기 어려웠다고 쓰여 있었기 때문이다. 푸카스는 보고서의 해당 구절 옆에 줄을 그은 뒤 자신의 메모를 덧붙였다. 그녀는 그 소설의 서사에서 작가가 말하고자 하는 바를 이해할 수 있게끔 해주는 '아리아드네의 실'을 전혀 찾을 수 없었다. 푸카스는 이렇게 물었다. 후기 부르주아 미학이 이념적인 메시지를 전하고 있는가? 그녀는 확실히 그렇다고 생각했지만, 그 생각을 공개적으로 드러내려고 하지는 않았다. 하지만 이런 식의 글쓰기가 늘어나는 데 책임을 느끼고 있었고, 결국 해당 작가들을 대중으로부터 차단하는 방식으로 이런 경향에 경고를 주어야 한다고 생각했다. 노바크의 소설은 원고 전반에 걸쳐 모호한 표현이 빈번히 등장했기 때문에 단지 첨삭만으로는 이 문제를 해결할 수 없었다. 하지만 그 소설이 최소한 당의 정당성을 훼손하는 건 아니어서 그녀는 굳이 출판을 반대하려고 하지는 않았다.[81]

푸카스는 평범한 원고들은 출판총국의 검증된 절차에 따라 처리했다. 모잠비크와, 유럽에 사는 아프리카인들의 경험에 관한 책에서는 동독에 인종주의가 존재한다는 암시를 주는 부분이 문제였다. 그녀는 외부 심사위원들의 수정 권고 사항 목록을 보면서 그 내용이 최종 원고에 제대로 반영되었는지 검토한 다음, 외무부로 그 원고를 보내 확인을 의뢰했다.[82] 또 출판총국의 한 동료가 어떤 소설의 결말이 빈약하다고 비판했을 때는 그 의견에 힘을 실어주었다. 헬가 두티가 보고서를 통해 미텔도이처 편집자들이 작가와 함께 네 번이나 대폭 개고하는 등 꼼꼼히 작업했다고 강조했지만 소용이 없었다. 원고는 다시 출판사로 돌려보내졌고, 다섯번째 개고를 마친 뒤에야 인쇄 허가를 받을 수 있었다.[83] 푸카스는 미텔도이처의 또 다른 추천을 거부하기도 했다. 한 작가가 쾨니히스베르크에서 보낸 어린 시절을 회고하여 쓴 원고였다. 비록 '현실 사회주의'를 다루는 데는 당의 노선을 충실히 따르고 있었지만, 어머니에 대한 묘사가 지나치게 감상적이었고 나치스에 협력했던 아버지에 대한 언급은 지나치게 관대했다. 편집자들은 그러한 경향을 바로잡기 위해 작가와 함께 힘들게 작업했다고 주장했지만, 푸카스는 공을 더 들여야 한다고 요구하면서 원고를 돌려보냈다.[84]

이런 일화들이 있기는 했지만, 베를린의 검열관들이 출판사 편집자들을 마치 휘하의 부하처럼 취급했던 건 아니다. 편집자들은 때때로 출판총국에서 온 권고 사항을 무시하기도 했다.[85] 또한 양측은 상호 존중의 분위기 속에서 의견을 주고받았고, 전문성을 공유했다. 당이 권력을 독점하고 있고, 당원들이 행정기관뿐 아니라 출판사의 모든 주요 직책을 차지하고 있다는 건 누구나가 다 아는 사실이었다. 그들은 그 체계 내 서로 다른 지점에서 서로 다른 방식으로 권력을 행사했고, 모든 지점에서 어느 정도 협의할 수 있는 여지를 열어두고 있었다. 협의는 다양한 역할과 관계 — 작가와 편집자, 편집자와 외부 심사위원, 출판사와 출판총국, 출판총국과 당 중앙위원회 문화분과, 심지어 회프케, 호프만, 라그비츠, 하거, 호네커 등 정권 최고 권력층에 속한 개인들 — 속에서 이루어졌다. 그리고 무엇보다 중요한 것은 협의가 작가의 머릿속에서도 일어났다는 사실이다. 결국 검열은 출판총국의 전문가들에게 한정된 것이 아니라, 출판 체계 전반에 고루 퍼져 있었던 것이다. 검열에는 이념적인 부분뿐 아니라 미학적인 부분까지 고려하는 협의 과정이 수반되었다. 그리고 모든 이가 — 작가와 편집자뿐 아니라 관료와 기관원까지 — 이러한 검열을 한 원고가 한 권의 책으로 변모하는 과정의 본질적인 측면으로 받아들이고 있었다.

고난

협의라는 개념이 있었다고 해서 검열 과정을 정당화하기는 힘들다. 검열의 평범하고 일상적인 면에 집중할 경우, 상황을 별것 아니었던 것처럼 보이게 할 가능성도 있다. 동독 정권은 무력으로 통치했다. 이는 1953년 6월 17일에 베를린 봉기를 진압한 것이나 동독이 붕괴하기 전까지 나라 전역에 소비에트 군대 50만 명을 주둔시킨 것만 봐도 잘 알 수 있다. 비밀경찰(슈타지)의 활동도 눈에 띄지는 않았지만 어디에나 있었다. 작가와 편집자 들은 자신들이 감시받고 기록되고 있다는 건 알았지만, 장벽이 무너지고 슈타지의 문서 보관소가 공개되기 전에는 그 범위가 어느 정도였는지 알지 못했다. 루츠 라테노는 자신과 관련된 슈타지 문건이 1만 5천 쪽에 달한다는 사실을 알게 되었다.[86] 에리히 뢰스트에 관한 문건은 1975년에서 1981년 사이에 작성된 것만 31건이었고, 각 문건의 분량은 300쪽가량이었다. 뢰스트는 1976년에 누군가가 그의 전화기에 무언가를 설치해두었다는 사실을 알아챘다. 그렇지만 1990년 자신에 관한 파일을 본 뒤에야 그는 슈타지가 자신의 모든 통화 내용을 녹음하고, 아파트 구석구석을 도면으로 그려놓았다는 사실을 알게 되었다. 친구와 친지 들에 대해 작성된 문건은 본인 스스로의 기억과 기록을 바탕으로 재구성한다 해도 그렇게 많은 내용이 담길 수 없을 만큼 상세했다. 여러 권짜리 자서전처럼 보일 정도였다.[87] 더 많은 문건이 공개될수록 동독인들은 경찰국가에서 권력의 근간을 유지하는 데 가장 중요한 역할을 한 것이 사람들의 협조로 얻은 엄청난 규모의 정보였다는 사실을 깨닫고 충격을 받았다. 친구들끼리 서로 정보를 제공하고, 남편과 아내가 서로를 배신했으며, 심지어 문화예술 활동에 대해 보고하던 반체제 인사도 있었다. 그중에는 짧은 기간 동안이지만 마르가레테라는 암호명으로 슈타지의 'IM'(Inoffizieller Mitarbeiter, 정보원) 노릇을 했던 크리스타 볼프도 포함되어 있었다.[88]

동독 정권의 마지막 10년 사이에는 정보 수집이 더 활발히 이루어졌지만, 탄압의 강도는 약해졌다. 동독은 니키타 흐루쇼프Nikita

Khrushchev가 소련의 제20차 당대회에서 탈스탈린화를 선언한 1956년 이래 오랫동안 스탈린주의의 보루로 여겨져왔다. 그러나 지식인들에 대한 제재의 강도는 시기에 따라 차이가 있었다. 최악의 시기는 1953년 베를린에서, 그리고 1956년 폴란드와 헝가리에서 일어난 봉기를 소비에트가 진압한 직후였다. 이 시기에 출판계가 받았던 영향은 1956년 아우프바우 출판사 대표직에서 쫓겨난 발터 양카Walter Janka의 회고록을 보면 잘 알 수 있다. 그는 장벽이 무너진 뒤 공개된 슈타지 문건을 토대로 자신이 받았던 박해의 전모를 밝혔다.

양카는 누구보다도 헌신적이고 진지한 공산주의자였다.[89] 그는 노동자 계급 출신으로 공산주의 청년 단체를 이끌다가 1933년에 열아홉 살의 나이로 게슈타포에 체포되었다. 이후 18개월을 복역한 뒤 체코슬로바키아로 망명했다가 다시 독일로 돌아와 지하활동가로 활약했다. 스페인 내전 때는 반프랑코군에 합류했고, 카를 마르크스 부대 지휘관을 맡을 정도로 용감히 싸웠다. 많은 전투에서 공을 세우고 세 번이나 부상을 당했으며, 종전 뒤에는 부하들과 함께 3년이나 투옥되기도 했다. 1941년 감옥에서 탈출한 그는 마르세유, 카사블랑카, 아바나를 거쳐 멕시코로 향했다. 마침내 멕시코시티에 도착한 그는 전쟁 기간 동안 작은 출판사의 대표(겸 식자공)로 일하며, 친구였던 아나 제거스Anna Seghers와 하인리히 만Heinrich Mann 등 독일인 망명자였던 저명한 소설가들의 작품을 출판했다. 양카는 1947년에 베를린으로 돌아와 당직을 맡아 일하다가, 아우프바우 출판사 대표로 임명되어 이 출판사를 전후 동독의 소설과 순문학 분야에서 가장 중요한 출판사로 성장시켰다. 이후 헝가리에서 봉기가 일어났을 때 그는 아나 제거스에게서 전화 한 통을 받았다. 제거스는 부다페스트와 연락할 수 있는 방법이 모두 막혔는데, 철학자이자 문학비평가로서 아우프바우의 가장 중요한 저자 중 한 사람인 루카치 죄르지Lukács György가 위험에 처한 것 같다고 말했다. 당시 양카는 동독의 정치와 문화가 조우하는 자리에서 중요한 직책을 맡고 있었기 때문에 이 문제에 개입할 수 있었다. 제거스는 양카를 자신의 친구이자 동료 작가이며 당시 문화부 장관을 맡고 있던 요하네스 R. 베허Johannes R. Becher와 연결해주었다. 베허는 양카가 비밀 임무를 수행할 수 있도록 문화부 소속 차량과 운전기사를 배정해주었고, 루카치가 어떠한 상태로 감금되어 있든 간에 석방 문제를 두고 협상할 수 있도록 조율해주었다.

양카가 회고록『진실을 둘러싼 어려움Schwierigkeiten mit der Wahrheit』에서 언급한 대로 마지막 순간에 베허는 구출 작전을 취소했다. 당 서기장이었던 발터 울브리히트Walter Ulbricht가 베허에게 소련이 문제를 해결할 거라고 얘기했던 것이다. 그런데 사실 루카치는 헝가리 혁명 세력에 납치된 것이 아니었다. 그는 혁명 세력에 합류하여 소련군에 진압되기 전까지 너지 임레Nagy Imre의 반소비에트 정부에서 장관으로 일했다. 너지와 다른 이들은 비밀재판을 받고 처형당했지만, 루카치는 간신히 모면하고 다시 철학 연구를 할 수 있게 되었다. 한편 슈타지는 양카를 체포해 수갑을 채워 감옥에 보냈다. 감옥에서 스탈린의 거대한 초상화 앞에 서라고 지시한 뒤, 수갑을 풀어주고 옷을 벗으라고 한 다음 몸의 모든 구멍을 일일이 확인하는 신체검사를 실시했다. 그러고는 다시 옷을 입힌 뒤 악취가 진동하고 창문 하나 없는 지하 감방에 감금했다. 양카는 세상으로부터 고립된 채 그곳에서 8개월을 지내야 했다. 그는 고문까지 당하진 않았지만, 조사를 받고 모욕과 협박에 시달렸다. 그는 자신의 혐의가 국가 전복 기도라는 걸 알게 되었다. 루카치의 영향을 받은 지식인 그룹과 함께 당을 전복하고 자본주의를 정착시키려 했다는 것이었다. 마침내 법정에 섰을 때, 그는 아나 제거스를 비롯해 브레히트의 아내였던 헬레네 바이겔 등 그의 친구였던 문화예술계의 주요 인사들이 앞줄에 앉아 있는 것을 보았다. 그들은 자리에서 조용히 앞만 보고 있었다. 동독 정권이 그들에게 양카가 당하는 굴욕을 지켜보게 한 것은 스탈린주의의 새로운 시대가 시작되었음을 알리고 지식인들을 길들이려는 의도에서였다. 양카는 요하네스 베허가 자신을 위해 증언해주길 바랐다. 결국 무산되었지만 어쨌든 루카치 구조 계획을 기획했을 뿐만 아니라 검열 사무소를 해체해 동독 내 지적 활동에 해방을 가져오자는 제안까지 한 인물이었기 때문이다. 그러나 베허는 나타나지 않았다. 그는 180도 전향하여 당 노선을 따르고 있었다. 법정에서는 여론을 환기하기 위한 스탈린주의자들의 전형적인 공개재판이 진행되었다. 양카는 총살형을 당하지는 않았지만, 공산당이 나치스 수용소를 개조해 만든 바우첸 교도소의 독방에서 5년간 복역하라는 선고를 받았다 (1년에 두 시간으로 제한된 아내의 면회 외에 다른 외부 세계와의 접촉은 일절 금지되었다).[90]

양카는 자신이 체포당해 재판받은 과정을 자기 연민이나 과장 없이 기술했다. 그는 동독의 스탈린주의 시대 초기에 상황이 점점 악화되어갔다고 회고했다. 당시에는 지식인과 정치인 들이 납치되고 고문당하고 비밀재판에 회부되었다. 몇몇은 시베리아에서 실종되기도 했다. 미치거나 자살한 사람도 있었다.[91] 그 정도로 야만적이지는 않았지만, 양카의 재판과 투옥은 새로운 유형의 탄압이 시작되었음을 알리는 신호탄이었다. 헝가리와 폴란드에서 건너오거나 동독 내 지식인들에게서 퍼질 수 있는 이념적 악영향을 차단하기 위해 의도된 것이었다. 양카와 루카치 사이에 교분이 있었다는 이유만으로 아우프바우 출판사와 문화 주간지 『존타크Sonntag』 사무실은 반혁명적 모의를 했다는 혐의를 받았고, 곧 그들에 대한 진압 작전이 실시되었다. 『존타크』는 아우프바우와 관련 있는 편집자들이 발행하는 잡지였다. 결국 두 사무실의 직원들이 숙청되고, 많은 편집자가 투옥되었다. 그들의 빈자리는 당의 노선을 거스르는 원고를 출판할 리 없는 당 기관원으로 채워졌다. 1957년 내내 슈타지는 학생, 교사, 언론인, 작가를 비롯해 여러 종류의 "다르게 생각하는 사람Andersdenkender" 87명을 체포하여 지식인들 사이에 공포를 확산시켰다.[92] 잠깐 동안의 해빙기가 끝나고 1957년에 들어서면서 동독에 스탈린주의가 완벽히 부활했던 것이다. 이는 특히 1961년 베를린 장벽이 세워진 뒤 검열의 날카로운 칼날로 기능했고, 이후 20여 년 동안 계속해서 출판 활동에 제약을 가했다.

다양한 문학 장르에서 성취를 이룬 작가 에리히 뢰스트의 이력은 1950년대 이후 지속된 탄압의 양상을 잘 보여준다. 양카와 마찬가지로 뢰스트 역시 슈타지 문서 보관소에서 나온 방대한 양의 문건을 참고하여 자신의 경험을 담은 회고록을 집필했다.[93] 그는 라이프치히 대학의 요하네스 R. 베허 문학 연구소 작가 중 젊은 세대에 속했는데, 그들은 철학자 에른스트 블로흐Ernst Bloch와 문학자 한스 마이어Hans Mayer ── 이 둘은 슈타지가 엄중히 감시하고 있던 교수들이었다 ── 가 주창한 포용력 있는 마르크스주의에 몰두해 있었다. (블로흐는 양카 사건이 일어나자 서독으로 탈출했으며, 마이어도 1963년에 망명했다.) 뢰스트는 두 교수의 제자 중에서 슈타지가 주목한 학생이었다. 그가 비非스탈린화와 관련된 자유 토론에 참가했었기 때문이다. 그는 1957년 11월에 열린 재판에서 7년 6개월 형을 선고받고 역시 바우첸 교도소에 투옥되었다. 출소 후 그는 동독의 폐쇄적인 문단에서 더 이상 어떤 역할도 맡지 못할 거라고 생각했다. 하지만 어느 날 자신의 책 담당자였던 미텔도이처 출판사 편집자와 우연히 마주쳤고, 필명으로 자본주의 국가를 배경으로 그곳에 사회악이 만연해 있음을 암시하는 탐정소설을 써달라는 제안을 받았다.

뢰스트는 수많은 스릴러물을 쓰며 독립적인 작가로서 기반을 다질 수 있었다. 라이프치히에 조용히 거주하며 남의 눈에 띄지 않으려 했고, 자신을 제명한 작가동맹과의 접촉도 피했다. 하지만 주의를 기울였음에도 때때로 검열에 걸리는 걸 피할 순 없었다. 스파이 소설은 소비에트 연방의 첩보원을 언급했다는 이유로 전량 폐기 처분을 당하기도 했고, 그리스를 배경으로 한 '범죄 수사물'은 일부 묘사가 동독 내 문제를 암시하는 것으로 비칠 수 있다고 해서 대폭 삭제되기도 했다. 그래도 1970년 즈음엔 성공적인 작가로 자리 잡게 되었고, 그의 친구들은 그에게 좀더 진지한 책을 쓸 것을 제안했다.

하지만 미텔도이처 출판사의 생각은 조금 달랐다. 원래 미텔도이처의 대표는 뢰스트가 투옥되기 전에도 또 석방된 후에도 그를 격려해줬던 하인츠 작스Heinz Sachs였다. 그는 크리스타 볼프의 『크리스타 T를 생각하며Nachdenken über Christa T』와 귄터 데 브로인의 『뷔리당의 당나귀Buridans Esel』 같은 논란이 된 책 두 권의 출판을 감행한 인물이기도 했다. 이 책들은 1968년에 출판되었는데, 당시는 프라하의 봄과 소련의 체코슬로바키아 침공으로 동독에서도 소요가 발생할지 모른다는 두려움이 있던 시기였다. 작가들은 이 사건을 잘 넘겼지만, 작스는 통일사회당의 기관지였던『노이에스 도이칠란트Neues Deutschland』
에 자신의 이념이 부적절했다고 고백하는 글을 기고하라는 강요를
받았고 결국 해고되었다. 뢰스트에 따르면, 작스는 이후 학교 교사가
되었다가 알코올의존증에 시달렸으며 사람들에게 잊히고 망가진 채
로 죽음을 맞이했다. 또한 뢰스트는 미텔도이처의 새 대표가 된 에버
하르트 귄터와 편집장 헬가 두티가 당 노선을 충실히 따르는 기관원
이었다고 설명했다. 두 사람은 뢰스트가 쓴『섀도복싱Schattenboxen』의
출판을 딱 잘라 거절했다. 이 작품은 동독을 배경으로 바우첸 교도소
에서 만기 출소한 뒤 평범한 삶으로 돌아오지 못하는 인물을 주인공
으로 한 소설이었다. 또 다른 출판사인 노이에스 레벤Neues Leben은 원
고를 출판하려면 해결해야 할 문제가 한 가지 있다고 했다. 바우첸이
라는 단어는 불행히도 동독의 정치가 나치스의 전제정치와 유사하다
는 느낌을 줄 수도 있기 때문에 출판총국 검열관들이 그 단어의 사용
을 허용하지 않으리라고 판단했던 것이다. 뢰스트는 편집자가 그 단
어를 삭제하는 데 동의했다. 그런데 책이 출판되고 나서 뢰스트는 편
집자가 책 속의 두 문단에서 '바우첸'이라는 단어를 삭제하지 않았
다는 사실을 알게 되었다. 실수가 아니라 의도임이 분명했다. 뢰스트
와 마음이 잘 맞았던 그 젊은 여성 편집자는 이후 서베를린으로 탈출
했다.

1974년에 뢰스트는『갈 길을 가다Es geht seinen Gang』라는 새로운 소설
을 두고 미텔도이처와 협의를 시작했다. 이 소설은 동독 내에 알려지
지 않은 사회문제, 즉 경력을 쌓아나가려는 실력 있는 젊은 기술자
들의 어려움을 다루고 있었다. 귄터는 이 기획에 끌려 가계약을 제
안하려고 했지만, 두티와 편집자는 초고를 읽고 부적절하다고 판단

했다. 보고서를 청탁받은 외부 심사위원들의 의견도 부정적이었다. 1976년쯤에는 뢰스트가 협의 테이블에서 상대적 우위를 점하게 되었다. 그의 책이 중쇄를 거듭하며 18만 5천 권이나 판매된 덕분이었다. 하지만 서독 여행을 간절히 원했던 그는 융통성을 발휘하기로 했다. 1977년 4월, 마침내 그와 귄터는 마주 앉아 최종 원고에 대한 협의를 시작했다. 출판총국 검열관 경력이 있던 귄터는 26개 구절이 정치적으로 문제가 된다고 판단했다. '가장 뜨거운(논란이 될) 장'은 평화 시위에서 경찰견이 주인공의 엉덩이를 물어뜯는 장면을 도발적으로 묘사한 부분이었다. 귄터는 이 부분을 과감하게 들어내지 않으면 원고를 출판총국에 보내지 않겠다고 했다. 뢰스트는 항의했지만 곧 볼펜을 꺼내 귄터가 지적하는 문장을 지워나갔다. 이런 식으로 네 시간 동안, 귄터가 지적하고 뢰스트는 항의하는 일이 반복되었다.

이 단어가 문제라고 했다. 다음에는 저 문장이, 그다음에는 어떤 개념이 모호한 게 문제라고 했다. 아홉 번이나 지적을 받고 나서 내가 말했다. "저기요, 에버하르트, 나에게도 양보 좀 해줘요. 그래야 자존감을 지킬 수 있습니다." 그가 대답했다. "이번 건 안 됩니다. 대신 다음 건 양보하죠." 세 시간쯤 지나자 긴장이 풀어졌고, 난 그에게 잠시 쉬면서 음료라도 한잔 마실 수 있냐고 물었다. "사소한 거 몇 개만 더 끝내고요." 그가 말했다. 마침내 귄터도 몇몇 문구에 대해 자신이 반대했던 이유조차 기억하지 못하는 지경이 되었다. "그거, 바로 거기…… 별로 중요하지 않군요. 그거, 바로 거기…… 그냥 둡시다. 그거, 바로 거기……" 그리고 나는 인정했다. "에버하르트, 이 부분에선 당신 말이 맞아요."

그러고 나서 우리는 뒤로 기대 앉아, 우리가 남긴 것을 보며 감동받았다. [……] 우리는 마치 마지막 라운드까지 격렬히 승부를 겨룬 권투선수들처럼 상대방에게 경외심을 느꼈다.[94]

협의를 거쳐 적절히 편집된 『갈 길을 가다』는 1978년 동독에서 출판되었고, 같은 해 저작권 사무국의 허가를 받아 서독에서도 출판되었다. 책은 큰 성공을 거두었다. 협력의 대가로 뢰스트는 서독에서 강연할 기회를 얻었고, 수많은 독자와 저작권을 원하는 출판사로부터 환영을 받았다. 그러다 상황이 냉각되었다. 서독의 영향력 있는 신문인 『프랑크푸르터 알게마이네 차이퉁*Frankfurter Allgemeine Zeitung*』에서 『갈 길을 가다』가 동독에 대한 깊은 불만을 드러내는 작품이라는 기사를 내보냈던 것이다. 성가신 서독 언론에 늘 민감하게 반응했던 당 지도부는 미텔도이처의 출판을 제대로 통제하지 못한 책임을 물어 귄터와 두티를 정식으로 문책했다. 그러는 동안 뢰스트는 당 때문에 겪은 어려움을 기술한 회고록의 초안을 집필했다. 귄터는 그 원고의 출판을 검토조차 하지 않았다. 그러면서 동독에서는 이 책이 출판될 수 없으며, 만약 서독에서 출판된다면 동독에서의 경력은 끝장날 거라고 경고했다. 얼마 지나지 않아 귄터는 뢰스트에게 더 좋지 않은 소식을 전해야 했다. 출판총국에서 『갈 길을 가다』의 재판 발행을 금지했다는 내용이었다. 그러면서 더 많은 부분을 삭제하는 데 동의한다면 이 조치는 철회될 수도 있다는 의견을 내놓았다. 뢰스트는 이를 거부했다. 초판본이 계속 유통되고 있었기 때문에 출판총국은 동독에서 손꼽히는 잡지 두 곳에 부정적인 비평문을 실어 여론에 미치는 영향을 줄이려고 했다. 또한 저작권 사무국에는 뢰스트가 그의 단

편집의 서독판을 출판하기 위해 제출한 신청서를 반려하라고 지시했다. 시간이 흐른 뒤, 뢰스트는 슈타지 문서 보관소에서 31건의 방대한 문건을 확인한 끝에 당시의 조치가 슈타지와 출판총국이 자신을 적국의 간첩으로 만들어 죄를 뒤집어씌우려고 한 대규모 작전의 일환이었다는 사실을 알게 되었다. 1981년 3월, 뢰스트는 이제 할 만큼 했다고 판단했다. 그는 더 이상 동독에서 작가로 활동할 수 없다는 걸 깨달았다. 그리고 서독으로 다시 나가게 되었을 때, 그는 그곳에 남았다.

그즈음 서독에는 이미 동독에서 온 인구가 제법 많았다. 그중 가장 유명한 사람은 저항 시인이자 면도날처럼 날카로운 통찰력을 지닌 가수 볼프 비어만이었다. 그는 1976년 11월 당국의 허가를 받고 서독에서 콘서트 투어를 하고 있었다. 그런데 쾰른 공연이 끝나자마자 당 정치국은 돌연 그의 시민권을 박탈하고 귀국을 불허했다. 크리스타 볼프, 슈테판 하임, 프란츠 퓌만, 폴커 브라운 등 저명한 동독 작가 열두 명이 이에 항의하는 서한에 서명했고, 이 사실이 AFP 통신을 통해 알려지면서 추가로 지식인 100명이 항의의 뜻을 밝히고 나섰다. 불만이 점점 고조되자 결국 탄압으로 이어졌다. 학생들이 체포되고, 작가들은 블랙리스트에 이름을 올렸으며, 반체제 인사들은 침묵을 강요당했다. 사라 키르슈, 유레크 베커Jurek Becker, 귄터 쿠네르트Günter Kunert를 포함한 유명 작가들은 망명을 선택했다. 위르겐 푹스Jürgen Fuchs는 9개월간 투옥되었다가 서독으로 탈출했다. 로베르트 하페만Robert Havemann은 2년 6개월간 가택연금을 당했다. 슈테판 하임은 작가동맹에서 제명되었고, 동독 출판사들로부터 외면당했다. 크리스타 볼프는 작가동맹 중앙위원직을 사임해야 했고, 그녀의 남편인 게

르하르트 볼프Gerhard Wolf는 공산당에서 제명되었다. 베커와 울리히 플렌첸도르프Ulrich Plenzendorf, 그리고 카를-하인츠 야콥스도 마찬가지였다. 동독의 마르크스주의 비평가로 『대안Die Alternative』의 저자인 루돌프 바로Rudolf Bahro는 서독에서 비밀리에 책을 출판했다는 혐의로 체포되었고, 8년 형을 선고받았다가 결국 망명했다. 다른 작가들은 '내적 망명'에 들어갔다. 그들은 출판사와 협의를 시도하는 대신, 검열 완화에 대한 희망을 다 내려놓은 채 "책상 서랍에 처박아 둘"글을 썼다. 에리히 호네커는 권력을 잡은 지 6개월 만인 1971년 12월에 열린 제8차 당대회에서 "이제부터 예술과 문학에 금기는 없을 것"[95]이라고 선언하며 검열 완화에 대해 약속한 바 있었다. 비어만 사건은 그 발언의 공허함을 드러냈고, 작가들에게 동독에 남아 있는 한 다양하고도 혹독한 검열에 대처해야 한다는 사실을 일깨워주었다.[96]

하지만 동독에 남은 작가들은 사회주의에 대한 신념을 결코 저버리지 않았다. 반복되는 탄압에도 그들은 대체로 제도 안에서 원고를 쓰겠다는 결심을 지키려 했다. 물론 그들 대부분에게는 다른 선택지가 없었기 때문에 필요에 따라 타협도 해가면서 작업을 지속했다. 그렇다고 그들을 출세주의자로 바라보는 것은 그들의 세계에 존재했던 제약을 무시하는 것이나 다름없다. 그들은 자신들이 '현실 사회주의'—그들은 동독 사회의 불완전하지만 우월한 특성을 묘사할 때 이 용어를 사용하곤 했다—라고 알고 있는 것의 실체를 받아들이고 있었다. 또한 자신들의 신념을 합법적인 틀 안에서 지켜나가고자 했다. 동독의 사회주의 이상에 늘 헌신했던 크리스타 볼프는 이탈리아 여행 중에 했던 인터뷰에서 이러한 입장을 드러낸 바 있다. 당의 문서 보관소에 있던 녹취록에 따르면, 그녀는 『카산드라Kassandra』가

60쪽에 걸쳐 곳곳이 검열로 삭제되는 걸 받아들였는데, 이는 문학이 현실 사회주의에서 특별한 역할을 수행하고 있음을 이해하기 때문이라고 했다.

동독에서 문학은 다른 서양 국가에서보다 훨씬 더 특별한 역할을 맡고 있다. 서구에서 언론과 사회 비평, 그리고 이데올로기 논쟁이 맡는 과업들까지 모두 수행해야 하기 때문이다. 동독인들은 서양 국가에서는 각종 기관이 알려줘야 하는 것까지 포함해 모든 사안에 대한 해답을 작가로부터 듣고 싶어 한다.

따라서 볼프는 검열 자체에 대해서도 상대주의적 개념을 적용해야 한다고 생각했다.

나는 이 세상에서 이념적 검열이나 시장의 검열이 없는 어떠한 국가도 알지 못한다. 나는 내가 희생자라고 생각지 않는다. 검열이 자기 검열로 이어진다면 희생자가 될 수도 있겠지만 말이다. 나는 나 자신을 말이 용인되는 범위를 넓히고자 하는, 즉 경계를 확장하기 위해 싸우는 전사라고 생각한다.[97]

이러한 방식으로 체제에 헌신한 동독의 유명 작가들은 특별한 대우를 받았다.[98] 이들의 책은 대부분 양 독일에서 동시에 출판되었다. 동독 정부 당국에서는 늘 기꺼이 허가를 내줬는데, 서독 마르크가 절실히 필요하다는 현실적인 이유에서였다. 당국은 인세 중에서 상당히 많은 부분을 가져갔다. 물론 동독판 출판 과정에서 검열관들이 삭제한 부분이 서독판에는 포함되는 경우가 많았다. 그런데 서독판이 밀반입되거나, 삭제한 부분을 타이핑하거나 복사하여 만든 복제본이 제작되어 동독 독자들에게 전해지기도 했다 — 즉, 사실상 지하 출판물이 유통되었던 것이다.

크리스타 볼프는 정부 당국에 영향력을 행사할 수 있었기 때문에 출판총국에 『카산드라』(1983)에서 삭제된 일곱 단락에 말줄임표를 넣어줄 것을 요구했다.[99] 이 말줄임표는 동독 독자들에게 검열이 있었다는 걸 알려주는 신호가 되었다. 문제가 되어 삭제된 부분을 서독판에서 보고 타이핑한 게 낱장 형태로 유통되었다. 이 낱장들을 알맞은 곳에 끼우면 무삭제판이 되는 셈이었다. 나도 이 낱장을 한 세트 얻었다. 그걸 『카산드라』 동독판에 끼워 넣자, 내용이 전혀 생각지 못했던 방향으로 살아나는 것을 확인할 수 있었다. 일례로 110쪽 윗부분부터 삭제된 문장이 있었다. "나토와 바르샤바 조약 기구의 최고 사령관은 서로 '상대방'이 지닌 무기 기술이 더 우월하다고 추정한다. 그에 따라 두 사령관 모두 힘의 균형을 위해 새로운 군비 증강을 논의하고 있다."[100] 이 시기는 동구권 국가들에서 미국이 서유럽에 중거리 미사일을 배치하는 데 항의하던 때였다.

서구의 시각으로 보면 이 문장은 놀라울 정도로 아무런 문제가 **없어** 보일 것이다. 심지어 동독인조차 별 의심 없이 지나칠지 모른다. 그러나 타이핑된 이 문장은 이 소설의 함축적인 메시지를 전달하는 가장 흥미로운 부분이다. 이는 파괴력을 지닌, 냉전의 당사자 양측이 똑같은 정책을 펼치고 있음을 암시하는 것이다. 양측 모두 '상대방'을 파괴하는 데 온 힘을 쏟고 있으니 도덕적으로 우월을 가릴 수 없거나 똑같이 부도덕한 것이다. 클라우스 회프케는 이 문장이 이렇게

[. . .] Die Einsicht, daß unser aller physische Existenz von den Verschiebungen im Wahndenken sehr kleiner Gruppen von Menschen abhängt, also vom Zufall, hebt natürlich die klassische Ästhetik endgültig aus ihren Angeln, ihren Halterungen, welche, letzten Endes, an den Gesetzen der Vernunft befestigt sind. An dem Glauben, daß es solche Gesetze gebe, weil es sie geben müsse. Eine tapfere, wenn auch boden-lose Anstrengung, zugleich der frei schwebenden Vernunft und sich selbst ein Obdach zu schaffen: in der Literatur. Weil das Setzen von Worten an Voraus-setzungen gebunden ist, die außerhalb der Literatur zu liegen scheinen. Auch an ein Maß, denn die Ästhetik hat doch ihren Ursprung auch in der Frage, was dem Menschen zumutbar ist.

Die Homeriden mögen die ihnen zuhörende Menschenmenge durch ihre Berichte von lange vergangenen Heldentaten vereinigt und strukturiert haben, sogar über die sozial gegebenen Strukturen hinaus. Der Dramatiker des klassischen Griechenland hat mit Hilfe der Ästhetik die politisch-ethische Haltung der freien, erwachsenen, männlichen Bürger der Polis mitgeschaffen. Auch die Gesänge, Mysterienspiele, Heiligenlegenden des christlichen mittelalterlichen Dichters dienten einer Bindung, deren beide Glieder ansprechbar waren: Gott und Mensch. Das höfische Epos hat seinen festen Personenkreis, auf den es sich, ihn rühmend, bezieht. Der frühbürgerliche Dichter spricht in flammendem Protest seinen Fürsten an und zugleich, sie aufrührend, dessen Untertanen. Das Proletariat, die sozialistischen Bewegungen mit ihren revolutionären, klassenkämpferischen Zielen inspirieren die mit ihnen gehende Literatur zu konkreter Parteinahme. — Aber es wächst das Bewußtsein der Unangemessenheit von Worten vor den Erscheinungen, mit denen wir es jetzt zu tun haben. Was die anonymen nuklearen Planungsstäbe mit uns vorhaben, ist unsäglich; die Sprache, die sie erreichen würde, scheint es nicht zu geben. Doch schreiben wir weiter in den Formen, an die wir gewöhnt sind. Das .heißt: Wir können, was

크리스타 볼프의 『카산드라』 동독판. 검열되지 않은 서독판에서 가져온 한 구절이 동독 내에서 은밀히 유통되었다. 이 구절은 110쪽 좌측 상단 대괄호 사이의 말줄임표로 표시된 부분에 들어

Die Oberkommandos der Nato und des Warschauer Pakts beraten über neue Rüstungsanstrengungen, um der angenommenen waffentechnischen Überlegenheit des jeweiligen "Gegners" etwas Gleichwertiges entgegensetzen zu können.

w
ni

M.
Ab
stei
gab
gie"

Ca.
Hekal
schenk
hielt at
raubte
Gespöt
nichts al
überdrü:

— Seite 110 —

가는 것이다. 볼프는 검열관들이 이 구절을 삭제하는 데 동의했지만, 삭제된 부분을 말줄임표로 표시해달라고 요구할 정도의 권위를 지니고 있었다.

해석된다는 걸 완벽하게 인지하고 있었다. 사실 회프케는 1983년에 볼프와 이에 대해 논의하기도 했다. 볼프는 자신의 입장을 고수했고, 회프케는 받아들이기 힘들었지만 결국 말줄임표 인쇄를 허가했다.[101]

말기에 들어섰을 때, 동독 정권은 초기의 스탈린주의로부터 상당히 물러서는 모습을 보였다. 연이은 협의를 거치며 정권도, 반대편에 있던 작가들도 서로 양보하게 되면서 중간 지대가 생겨났다. 이곳에서 동독 문학은 고유의 정체성을 확립해나갔다. 하지만 늘 한계는 존재했다. 작가들이 허용치의 한계점까지 밀고 나갔을 때 무슨 일이 벌어졌을까? 한 사례 연구는 검열 체계가 무력화될 때까지 그 한계가 얼마나 확장될 수 있었는지 보여준다. 그리고 베를린 장벽이 무너지기 직전인 1987년 검열은 폐지되었다. 적어도 원칙적으로는 그러했다.

연극: 쇼가 계속되어서는 안 된다

폴커 브라운은 1970년대에 활동한 세대에서 특별히 재능 있고 도발적인 작가 중 한 사람이었다.[102] 1939년생인 그는 1960년대에 베를리너 앙상블의 문예 감독(드라마투르그)이 되었고, 이 극단에서 브레히트의 부인이었던 헬레네 바이겔의 격려를 받으며 브레히트의 전통을 제대로 익혔다. 그가 1976년 볼프 비어만의 추방에 항의하는 서한에 서명했을 때는 이미 많은 시와 희곡을 발표한 뒤라 그를 지켜보는 독일 독자가 매우 많은 상황이었다. 그는 슈타지의 밀착 감시를 받았고, 편집자와 출판사에서 출판총국 그리고 최종적으로는 국가수반에 이르기까지 매 단계에서 지속적인 검열을 당하고 있었다.

당 문서 보관소를 통해 브라운의 활동을 추적해보면 작가와 당국 사이의 협의 과정이 얼마나 지난했는지 알 수 있다. 1969년에 작성된 초기 문서를 보면 브라운의 희곡 「한스 파우스트Hans Faust」가 바이마르에서 초연을 올린 이후 예나에서 공연하는 게 금지되었는데, 이에 대해 브라운이 매우 분노해 극좌 성향을 드러내며 당의 관료주의를 비난했다는 내용이 나와 있다. "그나저나 그들은 어찌나 소심한 겁쟁이들인지 자신들의 [공산주의] 사상이 문서 형태에서 벗어나, 공연으로 또는 심지어 일상적인 삶으로 나타나는 걸 두려워한다. 그들은 혁명을 책상머리에서 하는 사무원일 뿐이다. 실제 혁명 앞에서는 공포에 질려 벌벌 떤다. 자기들이 속해 있는 관료 집단 앞에서 떨고 있는 관리 꼴이다."[103] 그로부터 1년 뒤, 미텔도이처의 편집자들과 출판총국의 검열관들은 그가 시집 『우리, 그리고 그들이 아닌 이들Wir und nicht sie』의 상당 분량을 개고해야 하고, 「벽Die Mauer」이라는 시를 비롯해 여러 편의 시를 포기해야 한다고 주장했다. 그는 가까스로 원고 사본을 서독의 주어캄프 출판사로 보내 온전한 형태로 출판했는데, 이 불복종 행위를 이유로 출판총국은 그의 파리 여행 신청을 거부했다. 또 1971년에는 그에게 요하네스 R. 베허 상을 수여하자는 예술원의 제안도 거절했다.[104] 이 시기는 브라운이 이미 유망한 극작가로 입지를 다진 후였지만, 그의 희곡이 이념 문제를 도발적으로 제기했기 때문에 당과의 갈등이 점점 깊어지고 있었다. 1970년대 그의 작품 중 「레닌의 죽음Lenins Tod」「팅카Tinka」「게바라, 또는 태양의 나라Guevara, oder Der Sonnenstaat」 세 편은 다양한 방법으로 탄압을 받았다 ─ 공연은 금지되었고 원고는 삭제되었으며 출판은 거절당했다. 브라운은 항의를 계속하며 허가를 받아내려 하는 한편, 당의 노선에 대한 충성심도 확실히 보여주었다. 당 지도부는 그와 격렬한 논쟁을 벌이는 한편, 자신들의 목적을 위해 그를 이용하려 했다. 1983년 하거는 라그비츠에게 편지를 보내 그의 네번째 희곡인 「드미트리Dmitri」가 상연되는 걸 막으라고 지시하면서 전략을 설명했다. "현 상황에서는 「드미트리」가 어떠한 극장에서도 공연될 수 없다는 게 나의 입장입니다. 폴란드뿐 아니라 소비에트의 일부 동지에게 오해를 살 것이 분명하기 때문이에요. [……] 그렇기는 하지만 그 희곡은 폴커 브라운이 훌륭한 재능을 지니고 있다는 점을 보여주었어요. 그러니 문화부와 베를리너 앙상블의 동지들 그리고 그와 가깝게 지내는 모두가 그를 각별히 신경 써야 하겠습니다."[105]

브라운에 대한 당의 통제는 1976~77년에 절정을 이루었다. 비어만 사건이 있던 이 시기에 브라운은 「게바라」를 무대에 올리지 못하게 되었고, 동독 예술원의 문예지인 『의미와 형식』에 발표했던 단편소설 「미완성 이야기Unvollendete Geschichte」의 장편 확장판을 출판하려고 했지만 이마저 실패했다. 이 소설은 불행한 연애 사건 — 마그데부르크에서 있었던 실제 사건뿐만 아니라 『젊은 베르터의 고뇌Die Leiden des jungen Werthers』를 연상시킨다 — 을 그린 작품이었는데, 그 과정에서 기관원들의 옹졸함과 일상생활에서 사회주의의 약속이 실현되지 않는 데서 오는 동독인들의 환멸감을 드러내면서 파장을 불러일으켰다. 1976년 1월 7일에 라그비츠, 회프케, 호프만, 그리고 다른 당 지도자 다섯 명은 모임 — 사실상 군사작전 회의를 방불케 했다 — 을 갖고, 「미완성 이야기」와 「게바라」 초고의 사례에서 명확히 드러나듯이 점점 더 통제되지 않는 동독 작가들을 어떻게 단속할지, 또 브라운을 어떻게 처리할지 의논했다. 논의 내용을 기록한 보고서에 따르면, 그들은 브라운의 문학관이 위험하다고 강조했다. 즉 브라운은 문학을 국가가 통제하고 있는 언론의 대안으로 보고 있으며, 또한 권력을 장악해야 한다고 노동 계급을 설득할 수 있는 힘이 문학에 있다고 생각한다는 것이었다. 브라운의 관점에서 보면, 전후 동독에서 사회주의 혁명을 수행한 것은 노동자들이었으나 권력은 당 기관원들의 손에 넘어간 상태였다. 따라서 그는 문학을 통해 '현실 사회주의'의 진실에 대해 독자들의 의식을 일깨움으로써 혁명 과정을 완수할 수 있다고 봤던 것이다. 보고서에는 브라운을 침묵시키는 건 간단한 일이지만, 그를 반체제 인사로 돌리고 싶지 않다고 쓰여 있었다. 대신 그들은 정교하게 짠 전략으로 "브라운을 자신들 편에 묶어 두어야"만 했다. 그 전략이란 이런 것들이었다. 언론에서 그에 관한 모든 언급을 금지하기, 주요 사안에 대해 입장을 분명히 밝히도록 강제하기, 출판사와 함께 그가 솔깃해할 만한 작품 집필 의뢰하기, 희곡 선집 출판해주기, 「게바라」 상연을 조율해주기로 약속하기, 그가 희곡 완성을 위해 자료를 수집할 수 있도록 믿을 만한 당원과 함께 쿠바로 여행 보내주기 등.[106]

그로부터 이틀 뒤 라그비츠는 하거의 승인하에 이 전략을 실행하기 시작했다. 그녀가 하거에게 보낸 보고서에 따르면, 그녀는 동료인 만프레트 베크베르트의 사무실에서 브라운을 대면했다. 자신에 대해 확신이 없고, 당원 신분이 위태로워질까 봐 두려워하던 브라운이 먼저 만나자는 요청을 해왔다는 것이다. 그들은 미리 준비한 각본대로 그를 상대했다. 베크베르트는 브라운이 도착하자마자 그에게 달려들어 과연 당원으로 남을 수 있을지 잘 생각해보는 게 좋을 거라고 위협한 뒤 자리를 떴다. 이어서 라그비츠가 몇 시간 동안 브라운을 힐난했다. 그녀는 그의 최근 작품들이 당과 국가를 공격하고, 동독 내 반공산주의자 적들에게 무기를 제공한 것이나 다름없다고 경고했다. 또한 반체제 인사로 낙인찍히고 싶지 않으면, 당에 대한 충성심을 분명히 드러내고 앞으로의 작품을 통해 당에 끼친 손해를 보상해야 한다고 말했다. 브라운은 충격을 받은 듯했다. 그는 동독의 적들이 「미완성 이야기」를 이용한 방식을 생각하면 억울하고 치가 떨린다고 말했다. 그는 그 작품을 다시 쓰겠다고 제안하면서, 다만 사회주의하에서 작가의 의무란 사회질서를 비판하는 것이라는 신념만큼은 포기할 수 없다고 말했다. 라그비츠는 내용을 손보는 것만으로는 충분치 않고, 그의 태도와 행동까지 철저히 바꿔야 한다고 대답했다. 그러자 그는 자신이 마오주의자로 알려지고 비어만과 비교될까 봐 걱정했다고 고백했다. 또 하거가 자신의 이념 성향에 의구심을 갖고 있다는 이야기를 들었다며, 하거는 "자신에게 일종의 우상"과 같은 존재였기 때문에 심히 괴로웠다고 했다. 브라운과 라그비츠는 이 만남을 비밀에 부치기로 하고, 다음 만남에서 이야기를 계속해가기로 한 뒤 대화를 마쳤다. 브라운은 쿨투어와, 특히 라그비츠와 정기적으로 만나고 싶다고 했다. 라그비츠는 보고서 끝부분에 브라운의 태도를 평가하면서 그가 순진하고 스스로에게 확신은 없지만, 사회주의에 대한 잘못된 관점은 끈질기게 고수할 것이라고 강조했다. 또한 그가 갑작스레 태도를 바꿀 것 같지는 않지만, 출당 조치를 하겠다며 위협하거나 쿠바 여행에 대한 기대를 활용해 계속해서 철저히 통제해야 한다고 덧붙였다.[107]

브라운은 1976년 2월 쿠바에 갔지만, 그곳에서의 경험이 「게바라」

가 문제없이 출판되게 해주지는 못했다. 카스트로Fidel Castro가 고향에서 관료 체계를 책임지는 동안, 볼리비아에서 게릴라 활동을 벌이며 혁명을 이끈 게바라Ché Guevara를 영웅시한 초고 내용에서 별로 달라진 점이 없었던 것이다. 이는 혁명 정신이 경직화되는 데 대한 비판으로 읽힐 수 있었다. 브라운은 「레닌의 죽음」에서 레닌의 죽음을 극화 ─ 1971년에 작가동맹의 격분[108]을 일으켰던 대담한 작업이었다 ─ 하려다 좌절된 경험이 있었기 때문에 역사를 문학으로 재구성하는 것과 신성불가침의 인물을 무대에 올리는 것이 얼마나 민감한 작업인지 알고 있었다. 엄밀히 고증된 역사 서술이 아님을 드러내려는 의도로, 그는 볼리비아에서 게바라가 사망하는 장면으로 막을 열고자 했다. 그다음에 카스트로와 함께했던 과거 시점으로 돌아갔다가, 안정된 쿠바를 뒤로하고 소총을 움켜쥔 채 새로운 혁명 전선으로 힘차게 나아가는 장면으로 끝을 맺었다. 1976년 7월에 라이프치히 대학에서 이 작품을 시연했는데, 그 결과가 좋지 않았다. 쿠바와 볼리비아에서 온 학생 몇몇이 카스트로를 묘사한 방식에 분노해 쿠바 대사관에 고발했던 것이다. 그들은 게바라를 타마라 붕케Tamara Bunke의 연인이라고 한 완전히 허구적인 설정도 받아들이지 못했다. 타니아라는 이름으로 더욱 잘 알려진 타마라 붕케는 아르헨티나에서 동독인과 폴란드인 부모 사이에 태어났으며, 1966~67년에 볼리비아에서 게바라와 함께 게릴라 투쟁을 한 인물이었다. 얼마 지나지 않아 하거는 브라운이 대폭 수정하지 않는다면 공연을 금지할 것을 권고하는 메모를 받았다.[109]

　브라운은 이후 9개월 동안 당국과 협의를 진행하는 한편, 원고를 다시 쓰려고 노력했다. 하거는 7월에 브라운과 만난 자리에서 "여러 이념적 문제"를 해결하려면 인물과 구성을 바꿔야 한다고 경고했다.[110] 브라운은 결국 카스트로 캐릭터를 수정하고 사랑 이야기를 줄였으며, 공산당에 대해 나쁜 인상을 줄 수 있는 구절도 삭제했을 뿐만 아니라, 심지어 게바라를 돈키호테 같은 인물로 설정하고 전투가 아닌 천식 때문에 사망한 것으로 바꿔버렸다.[111] 라그비츠와 쿨투어는 당 지도부와 합의한 후 1977년 봄 시즌 도이체스 테아터에서의 공연과 희곡집 출판을 허가해주었다.[112] 리허설은 빠르게 진행되었다. 그러나 첫 공연일을 13일 남겨두고, 쿠바 대사가 격렬히 항의해왔다. 그는 이 작품에 역사적 오류가 많고, 특히 게바라를 카스트로의 적이자 "쿠바 혁명의 트로츠키"로 설정했다는 점을 지적하며 불만을 드러냈다.[113] 또한 당시 동독에 거주하던, 타마라의 폴란드인 어머니 나디야 붕케가 (게바라와 마찬가지로 타마라 역시 볼리비아에서 살해당했다) 도이체스 테아터로 난입해 연극이 딸에 대한 기억을 더럽힌다고 항의했으며, 외무부에서도 "우리 당의 국제 노선"에 모순되는 연극이라며 우려를 표시했다.[114] 이렇게 정치적 압박과 기관의 반발이 심해지자 결국 호네커가 개입할 수밖에 없었다. 그는 당 중앙위원회 문화 분과로부터 상세한 보고를 받고, 녹색 펠트펜(호네커가 보고서를 읽었음을 표시하기 위해 각 페이지 상단 오른편 구석에 이니셜을 남길 때 쓰던 펜)으로 보고서의 중요한 부분에 밑줄을 쳤으며, 결국 3월 23일에 공연을 무기한 연기하라는 지시를 내렸다.[115]

같은 날 브라운은 호네커에게 급히 서한을 보냈다.

존경하는 호네커 동지,
제 생의 전환점이 될지도 모르는 시기라 동지께 이렇게 편지를 씁니다. 진심으로 드리는 말씀입니다.

도이체스 테아터와 드레스덴 국립극장에서 공연될 예정이었던 「게바라」의 리허설을 취소하신 것은 독단적인 처사이며, 당을 위한 제 작품 전체를 문제 삼는 것과 다름없습니다. [……]

저는 수년간 제 작품이 극장에서 상연되지 못하도록 행해진 조치에 대해 침묵을 지켜왔습니다(최고의 연출가 십여 명이 이를 증언할 수 있습니다). 또한 「레닌의 죽음」 상연을 금지한 것(그리고 제 마음속 양심의 가책)에 대해서도 침묵을 지켰습니다. 저는 「게바라」 공연 금지를 받아들일 수 없으며, 제가 글을 쓰고 있는 이 사회로부터 뿌리째 뽑혀 나가는 듯한 느낌을 받습니다. 이를 당에 알리는 것은 제 의무라고 생각합니다. 발밑에 땅이 없다면, 어떻게 서 있을 수 있겠습니까? 제 작품이 이 나라와 전 세계의 공산주의 운동에 미치게 될 긍정적인 영향은 포기할 수도 있습니다. 그렇지만 이 탄압이 (베를리너 앙상블과 대중에게) 가져올 부정적인 영향에 대한 책임은 함께 지지 않겠습니다.[116]

호네커는 이 문제를 하거에게 넘겼다. 이튿날 하거는 브라운을 만나고 와서 이 극작가의 심리 상태를 보고했다. 상태는 좋지 않았다. 브라운은 "거칠고 무례한" 서한을 충동적으로 써 보낸 걸 후회했다(호네커는 보고서의 이 단어들에 밑줄을 그어두었다). 하지만 이 서한에는 그의 절망감이 드러나 있었다. 만일 외교 정책에 따라 어떤 연극이 상연될지가 결정된다면, 문화는 그 보루를 잃게 되는 셈이고, 예술은 당에서 분리될 것이며, 문학은 권력을 비판하는 임무를 멈추게 될 터였다. 그리고 브라운은 문학을 완전히 포기할 수밖에 없을 것이었다. "그는 자신의 작품이 무의미해질까 봐 두려워함"(호네커

는 이 문장에 밑줄을 그었다). 그에게 문학을 포기하다는 건 '무인'*이
될 수밖에 없다는 의미나 다름없었다.[117]

더 많은 만남과 메모가 이어졌다. 하거와 그의 비서 에리카 힝켈
은 브라운의 한탄을 계속해서 들어주었다.[118] 하거의 브레히트식 드
라마투르기에 관한 설명에 만족하지 못한 쿠바 대사는 무대에서 역
사를 오독한 것에 대한 집중포화를 멈추지 않았다. 철저하게 브레히
트 추종자였던 베를리너 앙상블 단원들은 시간과 예산의 손실에 슬
픔을 감추지 못했으며, 이런 상황을 인지한 서방 언론은 정치석·외
교적·문화적 실패에 대한 보도를 쏟아냈다. 그럼에도 쇼는 계속되지
못했다. 「게바라」는 「레닌의 죽음」과 같은 길을 걸어야 했다. 브라운
은 이 참사에서 회복되자 다른 작업, 특히 『힌체-쿤체-소설』과 같은
소설로 눈을 돌렸는데, 이 작품은 이후 「게바라」보다 더 큰 논쟁을
불러일으켰다.[119]

소설: 출판과 폐기

「게바라」를 둘러싼 고군분투보다 더욱 험난한 과정이었던 『힌체-
쿤체-소설』 출판의 역사는 동독 말기 모든 영역에서 검열이 어떻게
작동했는지를 보여준다.[120] 1968년에 바이마르에서 공연되기도 했던
희곡 「한스 파우스트」는 이후 많은 단계를 거쳐 여러 형식으로 진화

---

* unperson: 조지 오웰George Orwell이 『1984』에서 쓴 표현으로, '정치적으로 존재가 지워진
사람'을 가리킨다.

했다.[121] 그러다 1981년에 최종적으로 소설 형식을 취하면서, 브라운의 작품 대다수를 관통하는 주제의 정점을 보여주게 되었다. 작품은 고위급 기관원인 쿤체와 그의 운전기사인 힌체를 대비시키며 특혜를 받는 당 엘리트와 삭막한 삶을 사는 보통 사람 사이에 존재하는 거리를 드러낸다. 쿤체는 호화롭게 장식된 (심지어 핵폭탄이 터질 경우를 대비한 대피소까지 있는) 집에 살면서 비공개 회의에 참석하고 당을 대표해 공식 행사에 모습을 드러내면서 시간을 보내지만, 정작 그가 가장 열을 올리는 일은 여자 뒤꽁무니를 쫓아다니는 것이다. 힌체는 낡은 아파트에 살면서, 관용차인 타트라 자동차 뒷좌석에 앉은 쿤체가 여자를 쫓으라고 지시하면 그에 따른다. 쿤체를 움직이게 하는 것은 혁명에 대한 열정이 아니라 포식자의 욕정이다. 힌체는 충실한 하인으로서 함께 권력을 남용하고, 심지어 아내인 리사까지 쿤체와 공유하기에 이른다. 리사는 어쩔 수 없이 이용당하지만 결국에는 두 남자를 상대로 승리를 거두는데, 이는 쿤체가 제공했던 당의 후원과, 삶에 대한 통제권을 되찾겠다는 본인의 결심 덕분이었다.

  매우 대담한 이 플롯은 통일사회당과 권력 독점 문제를 정면으로 공격한 것처럼 보일 수도 있었다. 하지만 브라운은 정교한 형식적 장치 ─ 특이한 문장부호와 문장구조, 시점의 전환, 화자의 개입(여기서 화자는 등장인물이면서 작중에서 벌어지는 일에 대한 책임이 자신에게는 전혀 없다는 식의 태도로 독자를 대한다) ─ 를 사용함으로써 독자가 그렇게 단순한 결론을 내리지 못하도록 유도한다. 그는 원고 전반에 걸쳐 "나는 이해하지 못한다. 묘사할 뿐이다"라고 단언하면서, 모든 것이 "사회의 이익을 도모하기 위해" 벌어지고 있다는 주장을 능청스럽게 반복한다. 브라운은 이야기를 더욱 복잡하게 만들기 위해 문학적 암시 속에 주제를 숨기기도 한다. 하인-주인 관계는 『돈 키호테*Don Quixote*』『돈 조반니*Don Giovanni*』, 그리고 디드로가 쓴 『운명 론자 자크*Jacques le fataliste*』의 주제를 차용한 것이다. 특히 『운명론자 자 크』는 여러 지점에서 명시적으로 연상된다. 브라운은 디드로를 따 라 자신의 작품을 '갈란트로만Galantroman,' 즉 철학적이면서도 에로틱 한 판타지라고 소개한 바 있다. 더욱이 힌체와 쿤체는 디드로의 작품 『라모의 조카*Neveu de Rameau*』에 나오는 '나Moi'와 '그Lui'처럼 같은 사람 의 다른 측면으로 해석될 수도 있다. 독일어로 힌체와 쿤체는 평범한 사람을 의미한다. 영어로 치면 톰, 딕, 해리 등과 유사한 것이다. 그 리고 힌체와 쿤체라는 이름을 서로 바꿔 써도 아무런 상관이 없다는 사실은 그들의 관계를 하인과 주인 관계로만 볼 수 없게 하는 효과를 지닌다.

따라서 브라운은 자신의 작품을 동독 정권을 대상으로 한 정치적 풍자로 해석하는 것처럼 잘못된 것은 없다고 주장할 수 있었다. 자신 은 진보 문학의 한 종류인 '현실 사회주의' 정신에 따라 책을 썼고, 보통 사람들이 살아가는 삶을 비판적으로 관찰하여 충실히 묘사했을 뿐이며, 이는 언제나 "사회의 이익을 도모하기 위한" 것이라고 했다. 물론 현대적인 문학 기법 역시 진보적인 것이었다. 이로 인해 동독 문단에서는 새로운 글쓰기 방식에 대한 논의가 활발히 이루어졌다. 철 지난 사회주의 리얼리즘 관습에 매여 있는 것은 동독 문화를 퇴보 시키는 일이었다. 이러한 논쟁은 당내 강경 보수파의 공격으로부터 브라운을 보호해줄 수 있었다(실제로 그러했다). 이렇듯 현란한 수사 로 작품 속 불온한 내용을 그럴듯하게 포장했음에도 불구하고, 세 개 의 에피소드에서만큼은 그 어떠한 변명도 통하지 않았다. 첫번째 에피소드는 쿤체가 서독의 한 도시(초고에서는 함부르크였다)로 임무를 수행하러 떠나는 모습을 그린 것이다. 성性에 집착하던 그는 사창가로 직행하는데, 그곳에서 돈을 내면 바로 성이 제공되는 걸 보고 자본주의에 장점이 있다는 생각을 하게 된다.[122] 두번째 에피소드는 로자 룩셈부르크Rosa Luxemburg와 카를 리프크네히트Karl Liebknecht를 추모하는 통일사회당 집회에서 당 정치국 사열대 뒤편에 앉은 쿤체의 공상을 묘사한 것이다. 그는 '카를과 로사'를 비롯한 과거 영웅적 혁명가들의 유령이 나타나자 이에 고무된 군중이 혁명 정신을 무너뜨린 장본인인 사열대의 늙은 기관원들을 겨냥해 봉기를 일으키는 장면을 상상한다.[123] 세번째는 군비 경쟁과 평화운동에 대해 힌체와 쿤체가 대화를 나누는 에피소드로, 이는 동독의 국방·외교 정책에 이의를 제기하는 것이었다. 쿤체가 최근 미국이 서유럽에 중거리 미사일을 배치했으니 그 공격을 저지하기 위해 군비를 확장해야 한다고 주장하자, 힌체는 자원을 무기에 투입하여 '평화'를 보장하는 방법은 그 비용을 감당할 수 없다고 대답한다. "그런 방법은 진보를 가로막고 번영을 망친다."[124] 이 세 가지 에피소드가 검열관들에게 가장 많은 비난을 받은 부분이자, 원고가 출판사에서 당 정치국까지 정식으로 절차를 밟으며 올라가는 동안 브라운이 가장 끈질기게 삭제를 거부한 부분이었다.

이 원고는 동독의 출판계를 구성하는 모든 조직을 거치며, 그 조직에 소속된 다양한 직종의 관계자 — 작가, 편집자, 출판사 발행인, 외부 심사위원, 출판총국 검열관들, 당 중앙위원회 내 이데올로기 수호자들, 작가동맹 회원들, 문예지 비평가들, 그리고 최종적으로는 국가수반 — 를 통과해야 했다. 이 모든 과정에 4년이라는 시간이 걸렸다.

또 출판사, 출판총국, 당 고위층 세 단계에서 협의를 거쳐야 했다. 폴커 브라운은 이 모든 과정에 직접 참석했으나, 대부분의 결정은 그의 작품보다 자신을 보호하는 데 더욱 열중했던 사람들에 의해 그의 등 뒤에서 이뤄졌다.

브라운은 1981년 7월 16일 할레에 있는 미텔도이처 출판사에 원고를 제출했다. 이후 1년간 대표인 에버하르트 귄터를 비롯한 여러 편집자와 함께 삭제할 부분에 대해 협의하고, 수정 작업을 계속했다. 그가 가장 신뢰하는 친구들에게도 평가를 부탁했는데, 특히 문학자인 디터와 질비아 슐렌슈테트 부부, 유명 작가인 프란츠 퓌만과 크리스타 볼프로부터 많은 도움을 받았다. 1982년 7월에 편집자들은 수정된 원고에 대해 두 건의 내부 보고서를 작성했다. 그들은 동독에서 특히 훌륭한 문필가 중 한 사람으로서 명성을 떨치고 있는 브라운에게 존경심을 드러냈지만, 원고에는 문제가 있다고 지적했다. 정교한 서사 기법으로 풍자적 요소를 모호하게 감췄다는 점을 감안하더라도 "동독의 현실"에 대한 그의 해석은 받아들일 수 없다고 강조했다.[125] 그래서 "정치적·이념적으로 [······] 수용 불가한" 몇몇 구절을 삭제하자고 그를 설득했고,[126] 그 결과 12월에는 1984년 출판 계획에 충분히 포함될 만하다고 판단되는 원고를 완성할 수 있었다. 다만 출판총국에 보내 최종 인쇄 허가를 받으려면 삭제할 부분이 더 있기는 했다. 브라운의 담당 편집자인 히네르크 아인호른Hinnerk Einhorn은 출판사 보고서를 통해 이 상황을 요약했는데, 조심스레 긍정적인 입장을 취하면서도 책에 "사회주의적인 당성이 너무 약하다"고 경계심을 드러냈다.[127]

원고가 출판총국 검열관들을 통과하려면 당성이 강하게 드러나게

끔 수정되어야 했다. 따라서 아인호른은 1983년 1월부터 10월까지 브라운과 여러 차례 만나 더 많은 양보를 받아내려 했다. 브라운은 일부 표현을 수정하는 데는 동의했지만, 실질적인 부분, 특히 아인호른이 수용 불가라고 생각한 세 개의 주요 에피소드만은 양보하지 않았다. 이에 대한 조율이 불가능하다고 여겨질 즈음, 브라운의 친구들인 디터 슐렌슈테트와 한스 카우프만Hans Kaufmann이 개입했다. 뛰어난 문학자인 그들은 작품 초고의 가치를 높게 평가하면서도 출판사의 곤란한 상황을 이해했다. 10월 10일에 그들은 브라운의 아파트에서 만나 타협점을 제시했다. 브라운은 사창가 장면을 좀더 약하게 바꾸고 다른 몇몇 구절도 다시 쓰는 데 동의했다. 그리고 대표 에버하르트 귄터와 편집장 헬가 두티, 그리고 아인호른은 미텔도이처 출판사를 대표하여 다른 두 개의 에피소드는 브라운의 뜻에 따르기로 했다. 그들은 수정된 원고를 책임지고 출판하겠다고 약속하고, 출판총국을 더욱 수월하게 통과할 수 있도록—다른 한편으로는 당내 비판으로부터 자신들을 보호하기 위해—슐렌슈테트와 카우프만에게 원고 심사 보고서 두 건을 추가로 작성해달라고 요청했다.

브라운의 친구들은 출판사에 필요한 것을 꼼꼼히 다 챙겨주었다. 사전에 자신들의 전략을 조율한 뒤, 편집자들의 주장을 보강하고 출판총국 검열관들이 제기할 법한 이의를 예측함으로써 출판이 성사될 수 있도록 준비해주었던 것이다. 또한 대가다운 솜씨로 『힌체-쿤체-소설』이라는 한 편의 문학작품을 치밀하게 분석한 다음 작가로서 브라운이 지닌 역량에 찬사를 보내는 한편, 브라운이 쓰고자 했던 바가 크게 훼손되지 않는 수준—그가 참을 수 있는 수준—에서 적절히 내용을 삭제할 것을 권했다. 슐렌슈테트는 이 일을 매우 능숙하게 처리했다. 그가 새로 쓴 보고서를 원고 발문으로 덧붙이기로 브라운과 의견 합의까지 볼 정도였다. 보고서는 일종의 '독서 안내'로 기능하여, 독자들이 바람직한 방향으로 책을 받아들이도록 이끌 터였다. 또한 브라운의 정교한 예술적 기교가 사회주의 이상을 드높이고 일탈과 권력 남용 행위를 풍자하기 위해 쓰인 것이라는 사실을 독자들이 이해할 수 있게 도울 터였다.[128]

동독에서는 검열을 시행하다가 까다로운 경우가 생기면 일종의 공작이 펼쳐지곤 했다. 관련 부서의 표준 절차를 따르기보다는 비밀리에 타협점을 모색하는 막후 협의가 있었던 것이다. 사실, 『힌체-쿤체-소설』이 이 정도 협의 단계에 이를 수 있었던 것도 1년 전 회프케와 브라운이 비밀리에 합의한 결과였다. 슐렌슈테트의 아파트에서 가진 은밀한 만남에서 회프케는 출판 허가에 동의하고, 그 대가로 브라운이 가장 신랄한 몇 구절을 다듬기로 약속했던 것이다. 하지만 브라운은 이후 몇 달 동안 아인호른을 비롯해 미텔도이처 출판사 내 이데올로기 수호자들을 만족시킬 수 있을 정도의 자기 검열을 충실히 이행하지 않았다.[129] 어쨌든 10월 10일에 이루어진 타협으로 이 마지막 문제는 해결되었고, 1984년 1월에 헬가 두티는 출판사에 요구되는 형식상의 절차를 모두 마치고 『힌체-쿤체-소설』 원고를 다음 단계, 즉 검열관들의 승인을 받기 위해 출판총국으로 보냈다.

그녀는 표준 절차에 따라 서류를 준비했다. 수정된 원고, 총 네 건의 심사 보고서, 그리고 편집자들의 "고되고 길었던 작가와의 고투"[130]를 강조해 직접 작성한 출판사 보고서 등이 있었다. 그녀는 자신들이 많은 부분을 덜어내자고 브라운을 설득했지만 중요한 구절들을 삭제하도록 하는 데 실패했다며, 이 부분에 대해 자세히 적어두었

다고 설명했다. 그의 비타협적인 태도로 인해 어려운 결정을 내려야
만 했다. 브라운은 동독에서 가장 중요한 작가 중 한 사람으로 해외
에서도 주목을 받고 있다. 그런 만큼 그에게서 더 이상의 양보를 받
아낼 수는 없었다. 그렇지만 슐렌슈테트와 카우프만의 설득력 있는
주장도 있는 만큼 "여전히 반대 의견이 존재하지만" 어쩔 수 없이 출
판을 추천한다.[131] 방어적으로 작성된 보고서의 메시지는 명확했다.
출판사 직원들은 뛰어난 전문성을 바탕으로 맡은 바 임무에 충실했
으며, 그 시점부터 『힌체-쿤체-소설』은 출판총국의 문제라는 것이
었다.

출판총국에서 해당 문서를 담당했던 사람은 순문학 부서 책임자
인 클라우스 젤비히Klaus Selbig였다. 그는 귄터로부터 미텔도이처 출판
사에서는 이 책 때문에 생길 어려움에 대해 책임질 수 없다고 경고하
는 내용의 편지를 받았다.[132] 그래서 그는 몇몇 동료 검열관에게 원고
를 보낸 뒤, 회프케에게 비슷한 내용의 편지를 썼다. 그들은 원고 ─
그리고 미텔도이처의 편집자와 외부 심사위원 들의 견해 ─ 를 읽으
며, 출판총국이 "정치적이면서 문화-정치적인" 어려운 결정을 내려
야 하는 곤란한 상황에 처했다는 걸 깨닫게 되었다.[133] 사실, 그 결정
은 순문학을 담당하는 평범한 검열관들이 내리기에는 너무나 어려운
것이었다. 결국 회프케가 결정을 내려야 했다.

이때쯤 회프케는 브라운에게 약속했던 대로 이미 출판을 결심한
상황이었다. 관련된 논의에서도 찬성 쪽 의견이 우세했다. 서구에 있
는 동독 감시자들이 탄압의 징후가 포착되기만 하면 곧바로 공격하
려고 주시하고 있었던 데다가, 서독의 주어캄프 출판사에서 무삭제
본 출판을 준비하고 있었기 때문이다. 만일 동독판이 온전하게 출판

되지 않으면 이는 더 큰 스캔들로 비화될 게 분명했다. 더욱이 이렇게 많은 갈등 끝에 브라운에게 굴욕을 안긴다는 건, 그와 그를 존경하던 재능 있는 젊은 작가들을 적으로 돌리는 일이었다. 그런데 인내심의 한계를 드러낸 브라운이 출판을 승인하라고 회프케를 압박하는 사이, 당 중앙위원회에서 1984년에는 문제를 일으킬 소지가 있는 서적은 어떤 것도 출판하지 말라는 명령이 내려왔다. 1984년은 '기념의 해'로, 공화국이 1949년에 수립된 이래 사회주의를 성공적으로 실천해온 지난 35년을 축하해야 하는데, 그사이에 어떠한 잡음도 있으면 안 된다는 것이었다. 『힌체-쿤체-소설』은 이미 그해 출판 계획에 잠정적으로 포함되어 있었다. 그래서 회프케는 또 다른 외부 심사위원 한 명에게 검토를 요청하면서 승인을 보류했다. 심사위원으로 위촉한 사람은 당내 강경파이자 국가와 법률 연구원 소속의 문학 전문가인 베르너 노이베르트Werner Neubert였다. 회프케의 계산은 당내 보수파에게 자문을 구함으로써 자기 자신을 보호하려 했던 것으로 보이지만, 이는 잘못된 판단이었다. 노이베르트가 맹렬하게 비난하고 나섬으로써 이 원고의 운명이 그 어느 때보다 복잡해졌던 것이다. 노이베르트는 슐렌슈테트와 카우프만의 정교한 해석이 있음에도 이 책의 근본적인 결함, 즉 "사회주의적 당성"의 결여는 여전히 문제라고 지적했다.[134]

노이베르트의 보고서가 출판총국에 도착하자 젤비히는 타격이 큰 만큼 책을 출판하면 안 될 것 같다고 회프케에게 조언했다. 그러나 회프케는 그 보고서를 이용해 브라운에게 더 많은 양보를 받아내기로 결심하고, 미텔도이처 출판사의 귄터와 아인호른을 통해 일을 진행했다. 결국 원고는 다시 수정에 들어가게 되었다. 브라운과 아인호른은 또다시 논쟁적인 에피소드를 두고 씨름을 벌였다. 브라운은 재차 완강히 추가 삭제를 거부했다. 결국 브라운과 회프케가 다시 은밀히 만나 합의를 이끌어냈다. 브라운은 일부 추가 수정에 동의했고, 회프케는 1985년 1월 4일에 마침내 출판 승인을 내주었다. 책은 여름에 출판하기로 결정되었다. 편집자, 발행인, 검열관 들은 모든 과정을 세심하게 기록했다. 그 모든 서류에 담긴 메시지는 동일했다. 브라운을 적으로 돌려서는 안 된다, 스캔들로 비화되는 건 막아야 한다, 그리고 무엇보다 관련된 누구도 당 노선을 지키지 못했다는 이유로 비난받아서는 안 된다, 왜냐하면 헬가 두티가 또 다른 출판사 보고서에서 강조한 대로 "우리는 고되고 길었던 노력을 통해 반드시 고쳐야 한다고 생각한 부분에 대해 추가 수정을 요구했지만, 작가가 받아들이지 않았"[135]기 때문이다.

이러한 변론이 당의 권력자들을 설득할 수 있을지는 미지수였다. 왜냐하면 그 시점에 『힌체-쿤체-소설』의 역사는 잔인할 만큼 정치적인 새로운 국면으로 접어들었기 때문이다. 이 책의 초판은 7월 22일에 모든 동독 출판사가 거래하는 라이프치히 근처의 도매 유통 센터에 입고되었고 몇 주 뒤 서점에서 보이기 시작했다. 회프케는 충격을 완화하기 위해 8월 13일과 20일 두 차례에 걸쳐 문화 주간지인 『벨트뷔네Die Weltbühne』에 직접 쓴 서평을 기고했다. 슐렌슈테트의 '독서 안내'에 나온 대로, 그는 문학적 우수함을 강조하고 사회 비평에 대해서는 두루뭉술하게 넘어가는 식으로 책에 대한 반응을 유도하려 했다.[136] 당내 강경파들은 이에 넘어가지 않았다. 그들 중 일부는 당 중앙위원회 경제 담당 비서를 맡고 있는 권력자 귄터 미타크Günter Mittag에게 이 책에 대해 격렬히 항의했다. 정통 공산주의의 보루 역할을 하는 당 아카데미Parteihochschule Karl Marx 원장인 쿠르트 티트케Kurt Tiedke도 8월 21일 항의의 뜻을 밝혔다. 이는 당 정책에 대해 뻔뻔하게 날조된 조잡한 설명을 늘어놓은 소설이며, 이 출판을 허가해준 결정이 개탄스럽다는 내용이었다.[137] 진정서 형식을 취한 비판 글 세 건이 미타크에게 전달되었으며, 다른 정치국원들에게도 비슷한 항의가 들어갔던 것으로 보인다.[138] 그들이 거의 동일한 방식으로 같은 주장을 했던 걸 보면, 이는 조직적인 행동이었을 가능성도 있다.

진정서의 내용은 가장 거슬리는 구절을 인용하고 당의 관점으로 본 해석을 덧붙이면서, 책 원고 내용을 일일이 지적하는 것이었다. 그들은 도대체 이 소설을 어떤 식으로 읽어야 하냐고 반문했다. 그들이 봤을 때 이 책은 디드로에게서 영감을 받아 쓴 가벼운 풍자가 아니라 당과 당의 정책에 대한 전면적인 공격이었다. 브라운은 핵심적인 메시지를 감추기 위해 정교한 문학적 장치를 사용했다. 그러나 쿤체를 부도덕한 기관원으로 묘사한 것만 봐도 브라운이 말하고자 하는 바는 분명했다. "이런 인간들이 우리를 지배한다"[139]는 것이었다. 소설의 모든 것 ― 지저분한 생활 환경, 공허한 삶, 팽배한 비관주의 ― 이 동독에서 실천되고 있는 사회주의의 폐단에 대한 고발로 귀결된다. 브라운의 풍자를 농담으로 치부해서는 안 된다. 예를 들어 당 엘리트의 정신 상태와 특권에 대한 다음과 같은 농담을 독자들이 어떻게 받아들이겠는가? "그들은 모든 사람을 생각했다. 그러니 자신들에 대해서도 생각해야만 했다. 그들은 최고의 인간들이었다. 그렇다고 해서 그들이 최고의 것을 가질 수 있었는가?"[140] 이건 재밌는 게 아니다. 명예를 훼손하는 것이다. 책 곳곳에 나와 있는 이와 유사한 구절들이 동독을 계급사회인 것처럼 묘사한다. 최상위 계급에 있는 당원들이 자신들 아래에 있는 노동자 대중을 착취한다는 것이다. 그 구절들은 동독이 혁명의 근원을 저버렸다는 주장이나 다름없다. "전체적으로 브라운은 사회주의 혁명이 쇠했고, 이제는 의미가 없다는 인상을 준다."[141] 브라운을 옹호하는 슐렌슈테트와 회프케의 주장도 모순적이다. 이 책을 받아들이면 프란츠 퓌만, 귄터 데 브로인, 크리스타 볼프 등 후기 부르주아 문학에 대한 방임을 이용해 브라운과 같은 방식으로 당의 정통성에 도전해온 다른 작가들에게까지 영향을 미칠 수 있다.[142] 『힌체-쿤체-소설』건은 단순히 소설 한 편의 문제가 아니라 전반적인 문제의 징후로, 즉 동독의 이념적 근간을 둘러싼 투쟁의 문제로 다뤄져야만 했다. 당 중앙위원회에서는 이 투쟁이 궁극적으로 권력에 대한 문제 제기라고 경고하는 메모가 돌았다. 이 문제를 풀기 위해서는 토론의 중심을 원고 해석에서 정치 문제로 옮겨올 필요가 있었다. 그리고 결국 정치적인 행동을 취해야만 했다.

파장이 커지자 검열관들은 스스로를 보호하기 위해 최선을 다했다. 미텔도이처 출판사는 자신들의 행위를 정당화하기 위해, 브라운의 원고에서 문제가 되는 부분을 삭제하고자 편집자들이 4년간 기울인 노력에 대해 장문의 보고서를 작성했다. 자신들의 노력 덕분에 『힌체-쿤체-소설』의 사회 비판은 본질상 건설적인 것으로 바뀌었다—마르크스주의 용어로는 "비적대적 모순"에 한정되었고, 궁극적으로 **당파적**이게, 즉 당의 원칙을 충실히 따르게 되었다—는 주장이 담겨 있었다.[143] 클라우스 젤비히도 출판총국 동료들을 옹호하기 위해 비슷한 보고서를 썼다(심지어 아예 똑같은 구절도 있었다). 자신들은 그 책에서 "논란의 여지가 있어서 수용할 수 없는 정치적·이념적"[144] 요소를 다수 삭제하고자 했지만, 브라운이 이 모든 요구를 거절했다는 내용이었다. 그들은 고심 끝에 출판을 거부하는 것보다는 불완전한 형태로나마 내는 게 낫다는 결론을 내렸는데, 출판을 거부하게 되면 브라운의 창조력이 꺾이고 동독의 문화정치학에 대한 평판을 해칠 수 있었기 때문이다. 이 보고서는 호프만을 통해 하거에게 전달되었다. 이와 동시에 하거는 미타크로 추정되는 또 다른 사람이 반대 측 주장을 정리해서 작성한 문서를 받았다. "이 책은 끔찍하고 조악한 작품으로, 우리 당과 국가의 정책 전반을 최악의 방식으로 왜곡하고 많은 측면에서 공격을 퍼부었다."[145] 9월 첫 수 동안에 이와 관련된 모든 문서가 하거의 집무실로 쏟아져 들어왔다. 이제 하거가 결정을 내려야 할 때였다. 그는 오랫동안 브라운을 당내 옹호자들과 함께 격려하고 지원해야 할 "뛰어난 인재"로 여겨왔다.[146] 하지만 용인될 수 없는 구절을 둘러싸고 갈등이 지속되자, 하거는 브라운의 풍자가 이미 여러 차례 허용할 수 있는 한계를 넘었던 사실을 상기했다.[147] 이번 『힌체-쿤체-소설』은 그 한계를 한참 넘어섰기 때문에 당 중앙위원회의 몇몇 실력자를 화나게 했던 것이다. 어떻게 해야 할까?

9월 9일, 하거는 책의 유통을 금지했다. 라이프치히 유통센터에 남아 있던 책(4,295부)의 출고가 제한되었고, 서점에 있던 책(6,670부)은 모두 서가에서 사라졌다.[148] 대략 3,700부 정도가 판매된 상황이었는데, 그중에는 9월 26일로 예정된 '출판 기념행사'에서 내놓기로 한 250부도 포함되어 있었다. 브라운은 기념행사에서 대부분이 "젊은 지식인들"인 청중 앞에서 신중하게 자기 검열을 마친 발언을 할 수 있도록 허가받은 상태였다.[149] 당국은 이 행사가 예정대로 진행되는 것을 허가했지만, 책은 이미 품절되었다고 주장했다. 자신들이 탄압을 가했다는 사실을 인정하지 않기 위해서였다. 몰수한 책들은 전부 재생지로 만들어졌을 가능성이 높았다. 이미 출판된 책의 유통을 금지할 때 흔히 취해지던 조치였다. 그런데 서독에서 주어캄프 판이 출간되었다. 출판총국의 허가를 받아 진행된 것이었다. 이에 따라 탄압을 부정하거나 기만하는 것이 불가능해졌다. 책이 품절 상태이고, 일시적으로 판매가 중단된 것이라는 뻔한 거짓말에 속을 사람은 없었다. 당 지도부는 추가 조치를 취해야만 했다.

9월 9일에 판매 금지 명령이 하달되는 동안, 우르줄라 라그비츠는 하거에게 또 다른 문서를 보냈다. 그녀는 쿨투어의 동료들과 함께 책 원고를 꼼꼼히 분석했다고 설명했다. 책을 받아들일 수 없는 이유는 정교한 말장난 때문이 아니었다. 브라운은 당의 지도적 역할과 국가의 진보적인 정책, 그리고 동독에서 실천되고 있는 사회주의의 정통성 자체를 부정하고 있었다. 특정 에피소드 — 특히 룩셈부르크와 리프크네히트의 정신을 받들어 민중 봉기가 일어나는 환상이라든지, 군비 경쟁과 평화운동에 대한 대화 — 는 충성스러운 당원들이 결코 받아들일 수 없는 수준이었다. 오래전부터 브라운의 일탈적인 경향에 주목해온 라그비츠는 반反기관원이라는 주제가 그의 전 작품에 드러나 있으며, 『힌체-쿤체-소설』에 이르러 정점을 이루고 있다는 사실을 깨달았다. 브라운은 비난받아 마땅했다. 또한 작가동맹과 통일사회당 베를린 지부의 간부들 앞에서 직접 이 문제를 해명하도록 조치해야 했다. 그들은 브라운을 당에서 제명하고, 더 나아가 문화부 장관인 한스-요아힘 호프만이 추가 징계 조치를 내려야 한다고 권고할 수 있었다. 그와 동시에 이 소설에 대한 어떤 서평도 일간지에 신지 못하도록 금지하고, 『노이에 도이체 리테라투어』와 『바이마러 바

이트레게 _Weimarer Beiträge_ 』 등 유력지에는 이 소설을 맹공격하는 비평을
게재해야 했다.[150]

해당 문서에 따르면 회프케의 행동은 브라운보다 더 용서받지 못
할 짓이었다. 그에게는 올바른 문학이 대중에게 전달되도록 해야 하
는 책임이 있었기 때문이다. 1985년 출판 계획을 두고 쿨투어와 논의
하는 과정에서 그는 이미 그 책에 대한 반대 의견을 들은 바 있었다.
하지만 그는 출판 계획에서 이를 빼고, 쿨투어나 문화부와 상의하지
도 않은 채 독자적으로 출판 허가를 내주었다. 회프케는 이러한 파격
행위를 벌인 근거로 슐렌슈테트와 카우프만의 원고 심사 보고서를
내세웠지만, 노이베르트의 비판적인 보고서는 무시했으며, 『벨트뷔
네』에 기고문을 실어 브라운(실제로는 자기 자신)을 옹호했다. 이 기
고 역시 쿨투어의 허가를 받은 게 아니었다. 이 모든 행위는 "심각한
정치적 과실"이고, "현실 사회주의를 음해함으로써 적들에게 우리를
공격할 수 있는 무기를 제공해준 것이나 다름없었다."[151] 이러한 잘
못된 행위를 모른 척할 수는 없었다. 어떻게 징계할지는 당의 결정에
달려 있었다.

9월 16일에 하거는 회프케를 소환해 해명하라고 했다. 이 자리에는
호프만도 왔고, 쿨투어에서는 라그비츠를 대리해 프란츠 헨첼이 참
석했다. 하거는 특히나 제11차 당대회가 준비되고 있는 시점에 그렇
게 당을 비방하는 작품의 출판을 허가한 것을 어떻게 정당화할 수 있
겠느냐고 질문을 던졌다. 회프케는 브라운이 원고를 수정하게 하려
고 노력한 과정을 장황하게 설명했다. 마지막 합의에서까지 몇몇 중
요한 부분을 삭제하는 성과를 거뒀다고 했다. 그리고 더 이상 수정이
불가능한 단계에서 브라운과의 합의를 깨고 모든 부정적인 결과를

받아들일지, 아니면 책을 출판하고 비판을 받아들일지 양자택일할 수밖에 없었다고 답했다. 하거는 동독의 사회주의에 대해 적의를 드러낸 브라운의 책 구절을 다수 인용하면서 회프케의 주장을 반박했다. 그는 이 소설의 지배적인 주제는 당 엘리트층에 대한 공격이라고 단언했다. 힘없는 민중이 밑바닥에서 고통받고 있을 때, 당 엘리트층은 사회의 상층부에서 특권을 누리고 있다는 조소였다는 것이다. 이는 도저히 받아들일 수 없는 사회 풍자였고 국가에 대한 악질적인 모독이었다. 이날 모임에 대한 보고서 뒷부분에는 일련의 해결책이 적시되어 있었는데, 여기에는 언론을 통해 『힌체-쿤체-소설』을 폄훼하는 작업을 벌일 것, 출판총국의 감시 기능을 확대하기 위한 정책을 마련할 것, 문화계에서 당의 기강을 바로잡을 것 등이 포함되었다.[152] 하거는 보고서를 호네커에게 보냈고, 호네커는 중요한 부분에 밑줄을 친 뒤 이를 철해 두었다. 아마도 예정되어 있는 정치국과의 회의 때 사용할 의도였던 것으로 보인다.[153] 이후 회프케는 당으로부터 호된 질책을 받았다(기관원으로서의 경력에 큰 타격을 입을 정도였다). 젤비히는 출판총국에서 해고되었고, 브라운은 작가동맹의 비평가들과 대면해야 했다. 하지만 『힌체-쿤체-소설』이 공식적으로 금지되지는 않았고, 브라운도 공개적인 질책을 받지 않았다. 아마도 정권에서 더 이상 스캔들이 나는 걸 원치 않았기 때문일 것이다.

브라운은 작가동맹 이사회 회의에 두 차례 나가 회원들을 마주해야 했다. 강경한 회원들이 상당수 참석한 회의였다. 9월 26일 회의에서 하거는 80명의 회원 앞에서 동독 문학의 위기 상황을 개괄적으로 보고했다. 그는 해결해야 할 문제의 사례로 『힌체-쿤체-소설』을 들었다. 또 특히 올바른 문화정치학을 실현하려면 작가와 당의 관계가 개선되어야 한다고 설명했다. 참가자들 대부분이 그 소설을 읽지 않은 상황이었지만, 몇몇 사람이 사회주의 리얼리즘 경향 강화와, 최근 출판물에서 나타나고 있는 "체념과 비관"조의 문체 지양이 얼마나 중요한지에 대해 목소리를 높였다. 비난의 대상이었던 브라운은 매 단계에서 당국과 협의했으며, 자신의 글이 사회주의를 부정하는 것이라는 일부 비평가의 주장은 받아들일 수 없다고 답변했다. 하거는 이 논쟁을 요약해서 호네커에게 보고했다. 보고서 끝부분에는 "정치적인 결함"을 폭로하여 『힌체-쿤체-소설』의 영향력을 줄이기 위해 작가동맹에서 더 애써야 한다는 조언이 첨가되어 있었다.[154] 12월 12일에 브라운은 작가동맹 회원 54명이 참여하는 더욱 적대적인 모임에 나가야 했다. 당내 강경파인 클라우스 야르마츠를 필두로 20명의 발제자들이 『힌체-쿤체-소설』을 공격했다. 그런데 이번에는 브라운이 묵묵히 앉아 비난이 자신을 휩쓸고 가도록 내버려 두었다. 이 사회 의장으로 또 다른 강경파 일원이었던 헤르만 칸트Hermann Kant가 답변을 요청하자, 브라운은 비난에 대한 답변을 거절하고 자기방어 차원에서 그저 출판사 및 문화부와 협력했다고만 말했다. 논쟁을 피하고, 수그러들지 않던 동독 언론의 공격을 참고 견디겠다는 의도가 분명해 보였다.[155] 상황이 진정되자, 출판총국에서 새로운 편집본을 허가할 가능성이 대두되었다. 그 이전의 문학 관련 스캔들 때에도 그렇게 처리된 바 있었다. 검열관 인터뷰 때 그들은 내게 '뜨거운' 작품 출판으로 논란이 생기면 시간이 지나가길 기다려야 하고, 그런 다음에야 새로운 수정판을 무사히 허가해줄 수 있게 된다고 말했었는데, 그 말이 바로 이런 의미였다.

논란이 가라앉는 동안, 브라운은 세심하게 주의를 기울여 사람들을 흥분시킬 만한 발언을 한마디도 하지 않았다. 그는 베를린 예술원에서 소란을 일으키지 않고 낭독회를 치렀다. 그는 동독 당국의 허가를 받아 서독에도 몇 차례 모습을 드러냈는데, 그곳에서 언론은 『힌체-쿤체-소설』을 "양 독일 간의 폭탄eine deutsch-deutsche Bombe"이라 부르며 크게 다루었다.[156] 브라운은 언론의 접근을 막은 채 프랑크푸르트 도서전과 퀼른에서 낭독회를 열었다. 하거 — 그리고 당연히 비밀경찰 — 는 그의 공식 일정에 대해 낱낱이 보고받았다.[157] 모든 면에서 동독 당국이 '폭탄'의 악영향을 최소화하는 데 성공한 것처럼 보였다. 브라운을 처벌하지 않고 오히려 서독에 가는 것까지 허락함으로써, 물의를 일으킨 작가도 관대하게 다룬다는 걸 증명한 듯했다. 결국 그들은 『힌체-쿤체-소설』을 금지하지 않았다. 단지 억누르려고 했을 뿐이었다. 그들은 이를 비밀리에 실행했고, 이에 성공할 경우 새로운 수정본까지 관대하게 내줄 수 있다는 가능성까지 열어놓았다.

검열은 어떻게 끝났는가

『힌체-쿤체-소설』의 운명이 어떻게 될지 모르는 가운데 세상은 변화하기 시작했다. 1985년 3월에 미하일 고르바초프는 소비에트 연방 공산당의 당권을 장악하고, 글라스노스트glasnost(개방)와 페레스트로이카perestroika(개혁) 정책을 시행했다. 1986년 제27차 당대회와 체르노빌 폭발 참사 이후, 글라스노스트 — 처음에는 단순히 공적인 일에 대한 공개 토론을 가리키는 모호한 용어였다 — 는 정보의 자유와 공개를 향한 움직임을 의미하게 되었다. 1988년 6월에 당은 정치 활동 통제를 중단했다. 폴란드에서 자유 노조는 권력 구조를 변화시켰다. 지하 출판물이 곳곳으로 퍼져나갔다. 소비에트 제국이 와해되기 시작했지만, 동독에서는 아직 스탈린 체제에서 유래한 당의 독재 체제가 완고히 버티고 있었다.

많은 일이 벌어졌기 때문에 1988년 1월 27일에 『힌체-쿤체-소설』의 제2판 인쇄 허가가 나왔을 때는(인쇄 부수는 상대적으로 적은 1만 부였다) 별다른 주목을 받지 못했다.[158] 하거는 미벨도이처로부터 요청받은 회프케가 건의를 해오자 인쇄 허가를 내주었다. 마침내 책이 서점에 진열되었을 때, 당내에서 아무런 반응도 없었을 뿐 아니라 이 책에 주목하는 이도 전혀 없었다.[159] 그동안 비슷한 스캔들을 일으킨 다른 책들 — 특히 크리스토프 하인의 『호른의 죽음 *Horns Ende*』과 귄터 데 브로인의 『새로운 영광』 — 도 있었다. 이 책들의 출판도 같은 과정을 거쳐야 했다. 제작과 유통의 모든 단계에서 검열관들과 씨름해야 했던 것이다.[160] 1987년 말이 되자, 이제 검열 자체가 문제시되기 시작했다.

작가들은 베를린에서 11월 24일부터 26일까지 사흘간 열린 작가 동맹 총회에 대규모로 모여 자신들의 일을 둘러싼 모든 측면에 관해 논의했다. 이는 중대한 사건이었다. 호네커, 정치국원 여섯 명, 그리고 30개국에서 온 대표단이 개회 행사에 참여했다. 하거, 회프케, 라그비츠, 그리고 슈타지에서 나온 수많은 감시자가 그 자리에 있었음에도 상황은 계획했던 대로 흘러가지 않았다. 11월 25일에는 데 브로인이 자신의 발표 순서가 오자 당시 메클렌부르크에서 칩거하고 있던 크리스타 볼프의 편지를 읽었다. 그 편지는 동맹 회원들에게 비어만 사건, 반체제 인사들의 추방, 재능 있는 작가들의 망명, 그리고 동독에 남은 사람들에 대한 제재 등을 떠올리게 했다. 편지를 다 읽은 뒤 데 브로인은 그중에서도 가장 심각한 제재가 바로 검열이라며 비난의 목소리를 높였다. 동독에서는 검열의 존재를 인정하지 않고 있었기 때문에 그는 용어에 대한 의미 없는 논쟁을 피하고자 검열을 가리켜 "인쇄 허가제 시행Druckgenehmigungspraxis"이라고 지칭했다.[161] 그는 당장이 어렵다면 최소한 몇 년 이내에라도 이 제도를 폐지하라고 요구했다. 책의 운명이 더 이상 비밀리에 결정되어서는 안 된다. 책에 대한 책임은 전적으로 작가와 출판사가 져야 한다. 문화예술 작품은 온전히 공개되어야만 한다.

그날 앞서 열린 또 다른 행사에서는 크리스토프 하인이 더욱 대담한 발표를 했다.

출판 허가 과정, 국가의 감시, 즉 간단하고 명확히 말하자면 출판사와 책, 발행인과 작가에 대한 검열은 시대착오적이고, 무용하며, 모순적이고, 인간성에 반한 것이며, 민중을 거스르는 짓이고, 불법이므로 처벌받아야 마땅한 일이다.[162]

하인은 검열을 즉시 폐지할 것을 요구했다. 그리고 그 대신 새로운 제도를 도입해야 한다고 주장했다. 예를 들면 독립적인 출판사, 조작 없는 도서 비평, 독립적인 극장, 자유로운 일간지, 해외여행 자유화 등이었다. 그는 서구에서 주류를 이루는 출판 방식을 옹호하지는 않았다. 천박한 베스트셀러와 쓰레기 같은 책들을 선호하는 독점적인 시장의 힘에 지배되고 있다고 생각했기 때문이다. 그는 동독을 "독자들의 나라Leseland," 특히 "책을 읽는 독자들의 나라Buchleseland"라고 여겼다. 그가 볼 때 동독의 출판물은 고급한 문화를 창출한다는 목표에 부합하고 있었다.[163] 동독은 계속해서 사회주의 원칙에 충실해야 하고 문화적 제도를 지원해야 하지만, 국가에 의한 통제는 중단해야 했다.

동독의 지식인들이 이렇게 대담한 목소리를 낸 건 처음 있는 일이었다. 물론 연설을 하는 것과 제도를 변화시키는 것은 별개의 문제였다. 총회 이후에도 동독 출판계의 제도적인 구조는 그대로 남아 있었다. 베를린 장벽 — 공식 문서에서는 여전히 "반파시즘 방어벽"이라고 쓰였다[164] — 은 여전히 견고하게 버티고 서서, 영원히 계속될 것만 같은 냉전 속에서 적대하는 양 진영을 갈라놓고 있었다. 하지만 주변의 여론 분위기가 바뀌고 있었다. 어느 정도는 모스크바에서 불어오는 새로운 바람에 호응하는 모양새였다. 당 지도부는 이에 따른 변화가 필요하다는 사실을 깨닫게 되었다.

회프케와 하거는 1988년 2월 18일에 만나 앞으로 취할 정책에 대해 결정을 내렸다. 그들은 원고를 심사하는 책임을 출판총국에서 각 출판사로 넘겨야 하겠지만, 그런 정책이 문제를 일으킬 거라는 데 의견을 같이했다. 그러니 전체적인 건 여전히 연간 계획에서 조율되어야만 했다. 각 출판사에서 한 해 동안의 출판 계획을 출판총국으로 보내오면, 총국에서 작업을 지시하고 종이와 인쇄소 사용을 통제하게 될 것이었다. 이 모든 것은 "복잡하고 느린 [······] 관료적인 수단"을 사용하지 않은 채 시행되어야 했다. 하지만 어떻게? 회프케와 하거는 대체로 일이 순조롭게 진행될 것이라고 믿었다. 자신들의 예상대로라면 계획된 출판물의 99퍼센트는 문제를 일으키지 않을 것이기 때문이었다. 문제가 있는 경우는 대부분 출판사 선에서 해결할 수 있을 터였다. 특정 작가와 일할 때는 긴밀하게 하라고 지시를 내려야 했다. '검열'이라는 말이 나와서는 안 되었다. 물론, 일부 작가는 이런 체계에서 배제되어야 했다. 예를 들어 루츠 라테나나 모니카 마론의 작품은 그 어떤 것도 인쇄되어 나올 수 없어야 했다. 출판사에 상대적인 자율성을 부여한다 하더라도 인쇄 허가에 대한 최종 결정권은 계속해서 출판총국이 쥐고 있어야 했다.[165]

이날의 회의 기록을 보면, 제도를 책임지는 위치에 있는 사람들이 변화의 필요성을 인정하면서도 동시에 이를 거부하고 있다는 인상을 준다. 그들은 원칙적으로는 '검열'의 존재를 계속해서 부정해왔지만, 실질적으로는 이를 강화하고 있었다. 무엇보다도 그들은 손에 쥔 권력을 놓지 못했다. 그들이 이런 모순을 해결할 수 없었다는 점은 9개월 뒤 열린 회의 기록에서도 여전히 드러난다. 하거가 회프케에게 어떠한 "자유화"도 용납되어서는 안 된다고 말했던 것이다.

국가는 권리를 포기해서는 안 되며, 출판사 대표는 국가에 책임을 다해야 한다. 관련 문제를 출판총국에 보고하는 것은 그의 의무이고, 또한 [출판총국은] 출판사에 원고를 제출하라고 요구할 수 있다. [당의] 문화정치적 노선은 장기적인 계획 및 출판사와 편집자의 책임감으로 지켜져야 한다. 각 출판사는 앞으로 부담이 늘어나고, 책임 또한 커질 것이라는 점을 인지해야 한다. 이러한 접근 방식을 통해 민주적인 방식이 적용되고 지나친 중앙화가 방지될 것이다.[166]

회프케는 최선을 다해 이러한 정책에 대해 설명했다. 그는 1988년

6월 28일에 작가동맹과 회의를 열고, 1989년 출판 계획을 보고하면서 인쇄 허가를 받기 위한 새로운 과정을 강조하여 소개했다. 최종 결정은 계속해서 출판총국이 내릴 테지만, 그 과정은 매우 신속히 진행될 것이며 출판사에 원고와 심사위원 보고서를 비롯한 전체 서류를 제출하라는 요구는 하지 않을 것이다. 신중히 논의해야 할 사안만 요청하는 것으로도 충분하다. 동맹의 일부 회원들은 출판사에 지나치게 권한을 많이 넘기는 데 의구심을 드러냈지만, 회의에 참석했던 폴커 브라운은 새로운 정책을 "권력 배분의 모범적인 사례이자 [……] 사회민주주의의 실현"이라며 반겼다.[167]

그즈음에도 브라운은 당국과 힘겨운 협상을 벌이고 있었다. 『힌체-쿤체-소설』 건과는 별개로 새로운 원고 초안과 연극 제작 문제를 둘러싸고 갈등이 생겼던 것이다. 브라운은 시집인 『서서히 삐걱거리는 아침Langsamer knirschender Morgen』의 원고가 조금이라도 덜 삭제된 상태에서 나올 수 있게 해달라고 요구했다. 그 시집에는 미텔도이처 편집자들과 출판총국의 검열관들이 4년이나 시간을 끌 정도로 논쟁적인 시편들이 수록되어 있었다. 1987년에 이 갈등은 최악의 상황을 맞게 되었다. 그의 원고에 인쇄 허가가 내려졌다가 철회되었던 것이다. 브라운이 하거에게 보낸 항의 서한에 적힌 대로 시집의 "정치적 측면" 때문이었다. 브라운은 서독의 주어캄프에서 비검열판을 출간하겠다고 강하게 몰아붙였고, 하거는 결국 양보할 수밖에 없었다.[168] 1987년 5월에는 동독의 한 극단이 그의 희곡인 「니벨룽겐Nibelungen」을 서독에서 공연하려 했으나 당국이 허가하지 않았고, 그러자 브라운은 또다시 하거에게 항의했다. 이번에는 하거가 반대한 게 아니었다. 그럼에도 공연은 취소되고 말았다. 바이마르 국립극장 소속 배우들이 라이제카더Reisekader ── 동독 밖으로 여행할 수 있는 허가를 받은 사람 ── 가 아니었고, 정부가 서방으로 탈출하려는 시민들을 어떻게든 막으려고 가능한 모든 수단을 취하고 있었기 때문이다.[169] 1988년 2월에는 정반대 상황이 발생했다. 브라운이 또 다른 희곡인 「유럽 통과Transit Europa」의 초연을 보고 실망하여 이후 공연을 취소하고 싶어 했던 것이다. 그런데 이번에는 하거가 이를 반대했다. 왜 그랬을까? 그가 정치국 동료인 귄터 샤보프스키Günter Schabowski에게 보낸 문서를 보면, 서방의 적들이 공연 취소를 또 다른 문화 탄압의 사례로 받아들이는 것을 막고 싶어서라고 설명하고 있다. 하거는 브라운에게 전화를 걸어 부탁했고, 브라운은 공연을 몇 번 더 하는 데 동의해주었다.[170]

검열도 계속되었고 권력 체계에도 변화가 없었지만, 다음과 같은 일화를 보면 작가와 당국의 관계에 새로운 분위기가 형성되고 있었음을 감지할 수 있다. 사소해 보이는 사례지만, 브라운이 하거에게 편지를 쓸 때는 늘 정중한 태도를 보였는데 어느새 꽤 편안한 말투를 사용했다는 점이다. 호칭도 존칭인 '지Sie'에서 친밀한 '두Du'로 바뀌었다. 이는 브라운이 1971년에 선처를 호소하며 처음 보낸 편지에서 "가장 존경하는 동지 하거 교수님"이라고 부르며 사용했던 정중한 문체와는 매우 거리가 먼 것이었다.[171] 1988년이 되자 다른 작가들의 편지는 때로 다소 건방져 보이기까지 했다. 작가동맹의 주요 회원인 라이너 케른들은 근동을 배경으로 한 모험소설 『혼합된 사회Eine gemischte Gesellschaft』를 두고 출판사와 출판총국을 상대로 지난한 협상을 벌이고 있었다. 결국 소설 내용이 외교 문제에 관한 당의 노선에 어긋난다는 이유로 인쇄 허가가 거부되었다. 케른들은 하거에게 무례한 편지를 보냈다. "이 나라 국민이 무엇을 읽을 수 있는지 없는지를 어떤 특정 부서에서 일하는 한 사람이 결정하는 상황에서 내가 굳이 수 개월간 써온 작품을 포기해야 할 이유가 있는지 잘 모르겠습니다."[172] 군사소설 전문 작가였던 한스 슈나이더 역시 국방부의 누군가가 『테스노 사건Der Fall Tessnow』에 나오는 공화국 국경 수비대 관련 에피소드가 "정치적·이념적" 이유로 수용 불가하다며 제2판의 인쇄를 막자 같은 방식으로 항의했다. 2년이나 걸려서 집필한 책의 출판을 어떻게 관료가 막을 수 있는가? 그는 하거에게 편지를 보내 따졌다. "이토록 냉혹하고 부당한 처사"에 화가 머리끝까지 났으니, '검열관' 역할을 맡았던 반대자를 직접 대면하게 해달라고 요청하는 내용의 편지였다.[173] 존재하지 않는 것으로 되어 있는 검열 문제로 작가가 정치국원에게 편지를 보내 항의한다는 것은 10년 전만 하더라도 상상조차 할 수 없는 일이었다. 1980년대 말에 들어서면서 동독에도 변화가 일었던 것이다. 이러한 변화는 일상적인 인간관계 속에서 눈에 띄지 않게 일어났다. 낡은 체제는 여전히 남아 있었지만, 변화의 흐름 속에서 여러 가지 일의 방향이 결정되고 있었다. 검열은 폐지되지 않았지만, 작가와 검열관 들은 한마음으로 새로운 자유가 널리 퍼지길 기대하고 있었다.

동독의 국제 펜클럽은 1989년 3월 1일 열린 회의에서 체코슬로바키아의 바츨라프 하벨을 구금한 것에 항의하는 결의안을 통과시켰다. 클라우스 회프케는 이 회의에 참석해 결의안에 서명했다. 5일 후, 그는 당 중앙위원회 문화 분과에 있는 오래된 정적으로부터 비난을 받아야 했다. 우르줄라 라그비츠가 두 사람 간의 충돌에 관해 하거에게 제출한 보고서에 따르면, 회프케는 자신의 행위를 정당화하면서 이에 대해 체코 대사에게 설명하겠다고 제안했다. 하지만 라그비츠는 회프케가 사회주의 동맹국의 내정에 간섭했다는 것과 펜클럽의 결의안에 서명한 일이 적들의 프로파간다에 이용될 수밖에 없다는 것은 부인할 수 없는 사실이라고 주장했다.[174] 회프케는 자신이 모종의 징계를 받을 거라고 예상했을 것이다. 사실 나중에 그는 쿨투어에 있는 라그비츠의 동료 중에 자신이 심어놓은 정보원이 있었다고 고백한 바 있다.[175] 하지만 그에게 내려진 징계는 비교적 가벼웠는데, 아마도 그가 에리히 호네커에게 솔직한 심정을 담은 편지를 보내 자신의 행위에 대해 전적으로 책임지겠다는 태도를 취했기 때문일 것이다. 아울러 그는 하벨에 대한 부당한 대우에 항의한 것은 전적으로 정당했고, 자신이 이 항의를 지지했다고 해서 작가들에 대한 동독 정부의 처우에 부당한 측면이 있음을 암시하는 건 결코 아니라고 주장했다. 결국 회프케는 몇 주간 정직 처분만 받았고, 정치국에서는 그가 건강 문제로 몇 주 쉰다고 발표했다.[176]

새롭게 형성된 관대한 분위기는 동독에서 검열이 사실상 종식되었다는 것을 의미했을까? 그렇지 않다. 당국은 "정치적·이념적" 이유로 서적 출판을 계속 막았으며, 이는 그들이 주고받은 서신이나 보고서에 잘 드러나 있다.[177] 1987년 4월에 하거와 호네커는 라 파시오나리아*로 잘 알려진 돌로레스 이바루리의 회고록 『스페인이 그립다Mir fehlte Spanien』의 출판을 중단시켰다. 이 책이 우파 유러코뮤니즘에 물들어 있다는 얘기를 들었던 것이다.[178] 그해 5월 하거와 회프케는 클라우스 맘마흐의 저서 『레지스탕스 1939~1945 Widerstand 1939 bis

---

* La Pasionaria: '열정의 꽃'이라는 뜻으로, 돌로레스 이바루리의 필명이었다.

1945』 4,100부의 유통을 막았다. 출판총국 검열관들이 제2차 세계대전 중 나치스에 반대하던 공산주의자 레지스탕스들에 대한 문제적인 표현을 발견하지 못한 게 화근이었다.[179] 1989년 7월에 출판총국은 에리히 항케의 『인류는 마지막 장을 쓰고 있는가*Schreibt die Menschheit ihr letztes Kapitel?*』에 대한 인쇄 허가를 거부했다. 마르크스주의적인 성격이 부족해서가 아니었다. 오히려 교조적인 마르크스주의로 인해 나토의 제국주의적·군국주의적 성격이 평화적 공존을 추구하는 당의 노선과 배치될 정도로 과장되어 있었기 때문이었다.[180] 디닐 그라닌의 『그들은 그를 우어라고 불렀다*Sie nannten ihn Ur*』(영어로는 『들소*The Bison*』라는 제목으로 출판되었다)는 유전학자 니콜라이 티모페예프-레숍스키의 삶을 그린 책으로, 소비에트 체제하에서 과학과 정치의 관계를 부정적으로 재현했음에도 1987년 출간 이후 소비에트 연방에서 자유롭게 유통되었다. 그런데 소련에서 허용된 작품을 동독 당국은 버거워했다. 출판총국으로부터 인쇄 허가를 받고 1만 5천 부가 발행되었지만, 1988년 6월에 유통이 금지되었다. 이후 이 책의 재고는 1989년에 유통 금지 조치가 해제될 때까지 라이프치히의 창고에 보관되어 있어야 했다.[181]

검열은 결코 멈추지 않았다. 심지어 비교적 관대한 시기였던 동독 말기에도 멈추지 않았다. 작가들은 '정치적·이념적' 이유로 원고가 반려되는 것에 대해 계속해서 불만을 드러냈다. 발행인들은 여전히 '뜨거운' 작품으로 위험을 감수하려 들지 않았다. 출판총국은 인쇄 허가를 내주지 않았고, 당 지도부는 권력을 놓게 된 마지막 순간까지도 당 노선에 맞지 않는 작품의 출판을 막기 위해 개입했다. 초기에 그랬던 것처럼, 그리고 앞으로도 영원히 그럴 것처럼, 모든 단계에서 협상, 합의, 저항, 타협의 과정을 거쳐야 했다. 그렇다면 동독의 검열에 마침내 종지부를 찍게 한 것은 무엇인가? 베를린 장벽의 붕괴다. 1989년 11월 9일에 장벽이 무너지자마자, 정부는 와해되었고 당은 분열되었으며 국가는 무너졌다. 내가 클라라-체트킨 거리 90번지에 위치한 사무실에 찾아갔을 때는 아무런 할 일도 없이 책상 앞에 앉아 상황을 이해하려고 노력하다가 생면부지의 외부인을 만나 자신들의 경험을 이야기해주던 검열관들만 남아 있었을 뿐, 검열 제도는 전혀 작동하지 않았다.

결론

　권위주의 체제 세 곳의 검열에 대해 알게 된 지금, 이 책의 첫머리에 남겨두었던 질문을 다시 논의해보는 게 좋을 듯하다. 검열이란 무엇인가? 이는 타당한 질문이지만, 프랑스인들이 '잘못 던져진 질문 questions mal posées' ── 잘못된 방향에서 답을 찾게끔 유도할 수 있는 질문 ── 이라고 부르는 개념적 함정의 범주에 속한다. 검열을 지나치게 엄격히 정의하면, 맥락과 상관없이 모든 곳에서 같은 방식으로 작동하는 자율적인 현상으로 이해될 수도 있다. 그러한 경우, 역사학자들은 검열을 물자체物自體로 다루고, 마치 혈액 순환을 따라 추적할 수 있는 방사성 물질인 것처럼 하나의 정치적 통일체 내에서만 연구하고자 하는 유혹을 느끼게 된다. 민족지학적 접근은 그러한 위험을 피하도록 해주며 검열을 모든 종류의 제약과 관련지음으로써 그 개념이 축소되지 않도록 해준다.

　검열을 그저 하나의 개념으로 축소하는 건 그로 인해 고통받은 사

306

람들의 경험과 대비된다. 작가, 인쇄업자, 서적상, 중간상인 들은 코와 귀, 손이 잘리는 고통을 감수해야 했다. 그들은 공개적인 장소에서 차꼬를 찬 채 모욕을 당했고, 뜨거운 쇠붙이로 낙인이 찍히는 형벌을 받았다. 여러 해 동안 배에서 노를 저어야 하는 형을 선고받기도 했다. 또 총살형, 교수형, 참수형, 화형에 처해졌다.[1] 이런 잔혹한 행위는 대부분 근세 시대 출판인들에게 가해졌다. 이 책을 위해 참고한 자료에서는 그러한 행위를 발견할 수 없었다. 하지만 앞에서 살펴본 사례들을 보면 더 가벼운 처벌도 심한 고통을 줄 수 있다는 사실을 알 수 있다. 보나퐁은 정치적인 우화(『타나스테』)를 썼다는 이유로 한 수녀원에 13년 동안 갇혀 있어야 했다. 무쿤다 랄 다스는 선동적인 노래(「하얀 쥐의 노래」)를 불렀다는 이유로 3년 동안 '가혹한 감금'을 당해야 했다. 발터 얀카는 눈 밖에 난 작가(루카치)의 작품을 출판했다는 이유로 5년 동안 독방에 수감되어야 했다. 이러한 처벌을 그저 제약 정도로 간주하고, 표현에 한계를 설정하는 다른 모든 제한이나 억압과 같은 선상에서 볼 수도 있다. 하지만 감금이라는 제약은 시장의 힘과는 다르게 작동한다. 이는 권력을 독점한 국가에서 가하는 것이다. 만일 어느 출판사에서 내 원고를 거절하면, 나는 다른 출판사를 찾아볼 수 있다. 결국 책을 못 낼 수도 있고, 자본주의의 엄청난 무게에 짓눌리는 듯한 느낌을 받을 수도 있다. 반면 독재국가에서는 그러한 대안 자체가 차단된다. 바스티유, 만달레이의 찌는 듯이 더운 감옥, 구소련의 강제수용소 굴라크에서는 항의조차 할 수 없었다.

모든 국가가 동일한 방법으로 제재를 가한 것은 아니다. 그들의 조치는 자의적이었지만, 표면상으로는 늘 적법한 절차를 밟는 듯 포장되었다. 바스티유에서 나온 문서에서 놀라운 측면 가운데 하나는 수감자들이 법적인 보호를 받지 못했던 시절이었는데도 경찰이 엄정한 심문을 통해 단서를 찾아 유죄를 입증하고자 노력했다는 사실이다. 영국령 인도에서 열린 재판도 늘 예상되었던 뻔한 판결을 선고했지만, 주변 환경이 주는 압박감 속에서 영국 법에 의한 통치를 구현하고 비록 허구일지라도 출판의 자유를 수호하는 모습을 보이기 위해 정교한 형식을 취했다. 베를린에서 열린 양카 관련 재판은 다른 종류의 의식이었다. 숙청의 시작과 당의 노선 변화를 알리기 위한 스탈린주의 특유의 보여주기식 재판이었던 것이다. 시민권이 보장되지 않는 체제에서 적법성 여부를 결정한 것은 당의 노선이었다. 동독의 검열관들이 원고를 검토할 때도 당 노선을 따라야 했다. 그들은 그 과정에서 당 노선과 원고를 해석해, 원고 내용이 당 노선에 부합하는지 판단해야 했다. 특정한 구절을 놓고 작가 또는 다른 검열관과 벌이는 논쟁은 결국 해석에 관한 것이었다. 사실 세 체제 모두에서 검열은 의미를 둘러싼 투쟁이었다. 검열에는 실화 소설을 해독하는 일이나 산스크리트어 문법을 두고 논쟁하는 일, 또는 피카레스크 소설의 행간을 읽어내는 일이 포함될 수 있었다. 그러나 확실한 것은, 검열에는 늘 해석을 둘러싼 논쟁이 수반된다는 사실이다.

논쟁을 벌일 때면 독자들의 반응을 고려해야 했다. 이는 오늘날 문학 이론가들이 선호하는 주제이자 검열관들이 항상 마주해야 했던 실질적인 문제였다.[2] 원고에 대한 판단은 검열의 본질적인 측면으로, 원고를 실제로 검토하는 행위였다. 종종 해석을 두고 의견 대립이 있기도 했다. 뿐만 아니라 원고에 대한 서로 다른 판단이 권력투쟁으로까지 이어질 수 있었기 때문에 국가 내 정치 활동의 측면도 있었다. 『정신론』 『닐 두르판』 『힌체-쿤체-소설』의 경우에서 볼 수 있듯이 때로는 세상이 다 아는 스캔들로 비화되기도 했다. 이러한 사건이 종종 발생했기 때문에 권력자들은 책이 — '사교계'의 교양인이건, 시골 지역의 농장주이건, 프렌츠라우어 베르크 지역의 학생이건 간에 — 대중에게 전달되었을 때 어떤 영향을 미칠지 지속적으로 계산해야 했다. 문서 보관소에는 이러한 영향과, 독자들이 원고에 대해 토론하고 낭독하고 공연하면서 보인 반응에 대한 보고서가 다수 포함되어 있었다. 그중 일부는 국가의 각기 다른 분야에서 원고에 대한 해석이 어떻게 변형되고, 또 어떻게 서로 겹쳐졌는지를 보여준다. 예를 들어, 디터 슐렌슈테트가 『힌체-쿤체-소설』을 읽고 해석해서 작성한 문서를, 클라우스 회프케가 읽고 그에 대해 자신의 해석을 곁들여 또 문서를 작성하면, 그것을 우르줄라 라그비츠가 읽고 자신의 설명을 덧붙여 문서를 작성하고, 그 문서를 쿠르트 하거가 읽었을 때처럼 말이다.

나치 독일에서 망명한 인물로 뛰어난 철학자이자 문학가인 레오 슈트라우스Leo Strauss는 검열에 대해 매우 영향력 있는 연구를 진행한 바 있다. 그는 검열관들이 이단적 원고의 행간에 숨은 의미를 읽어낼 능력을 갖추지 못한 어리석은 사람들이라고 주장했다.[3] 이 책은 그 반대의 결과를 보여준다. 검열관들은 숨겨진 의미의 뉘앙스까지 인지했을 뿐만 아니라 출판된 원고가 대중 사이에서 어떠한 반향을 불러일으킬지까지 파악하고 있었다. 동독의 경우 검열관들이 높은 교양 수준을 지니고 있는 건 전혀 놀랄 만한 일이 아니었다. 그들 중에 작가, 학자, 비평가 등이 포함되어 있었기 때문이다. 18세기 프랑스에서는 저명한 작가들이 검열관으로 활동하기도 했고, 인도에서는

'현지인'들의 풍속을 잘 아는 지역 관리들이나 학식 있는 도서관 사서들이 토착어 문학을 감시했다. 검열을 무지한 관료들이 자행한 노골적인 억압으로 보는 건 오해다. 검열은 엄청나게 다양한 방식으로 이뤄졌지만, 일반적으로 재능과 훈련을 필요로 하고 사회질서에 대한 깊은 이해를 바탕으로 하는 복잡한 과정이었다.

검열에는 긍정적인 측면도 있었다. 프랑스 검열관들의 승인은 해당 도서가 왕실의 특허를 받을 만큼 우수하다는 보증이나 다름없었다. 그들의 허가문은 오늘날 책 뒤표지에 쓰이는 홍보용 추천사와 비슷했다. 인도 행정청의 비밀 '도서 목록' 16항은 때로 현대의 서평처럼 보였고, 자신들이 감독하던 책을 극찬하는 경우도 많았다. 동독의 편집자들은 검열관 역할을 수행하는 동안 자신들이 검토하는 원고의 질을 향상시키기 위해서 많은 노력을 기울였다. 심사 보고서를 작성하던 전문가들이나 출판총국의 검열관들도 마찬가지였다. 출판총국 검열관들은 당 중앙위원회 문화 분과 소속 기관원들을 교양이 없다는 이유로 무시했으며, 그들에 맞서 연간 계획을 지키려고 했다. 이념과 관련된 기능을 한 건 사실이지만, 원고를 수정하는 작업은 개방된 사회에서 전문가들이 하던 편집 과정과 유사하게 진행되었다.

또한 검열관과 작가 사이에서 오늘날 파리, 런던, 뉴욕의 출판사에서 볼 수 있는 작가-편집자 관계보다 더욱 긴밀한 협력이 이뤄지기도 했다. 몇몇 프랑스 검열관은 작가들과 너무나 긴밀히 작업을 하다가 사실상 공동 집필 수준에 이르는 경우도 있었다. 검열관들이 작성한 허가문은 책에 인쇄되었기 때문에 자신들이 추천한 원고 본문으로부터 분리될 수 없었다. 출판업을 관장하던 행정기관은 책에 대한 허가문, 특허문, 헌사 등을 철저히 점검했고, 이 모든 글은 책의 일부로 포함되었다. 인도 행정청 관료들은 토착어 문학에 대해 비판적인 시각을 견지하면서도, 언젠가 유럽 소설 같은 작품을 쓸 수 있을 거라는 믿음을 주던 작가들에게 때때로 지원금이나 상을 주며 격려했다.[4] 동독의 소설에는 처음부터 끝까지 검열관들이 개입한 흔적이 남아 있었다. 그 소설들은 쓰고 또 다시 쓰는 과정을 거친 협업의 결과물이었다. 일부 검열관은 작업의 대부분을 자신들이 했다고 불평하기도 했다.

협력은 협상을 통해 이루어졌다. 권위주의 체제 국가에서 작가들은 자신들이 작품 활동을 하는 현실 세계가 국가의 대리인들이 모든 출판물을 통제하고 탄압할 수 있는 힘을 가진 곳이라는 사실을 이해하고 있었다. 대부분의 통제는 이 책의 주제인 책이 아니라 신문을 비롯한 기타 언론 매체에 집중되었다. 하지만 책도 빈번하게 권력의 독점에 위협이 되었고, 이는 관계 당국뿐 아니라 베르사유, 런던, 베를린의 고위 관료를 포함한 체제의 최상부에까지 심각하게 받아들여졌다. 협상은 모든 단계에서 진행되었지만, 특히 원고가 모양을 갖추기 시작하는 초기 단계에서 가장 활발히 이뤄졌다. 물론 검열이 출판 사후에 행해지는 억압이었던 영국령 인도에서는 이런 과정이 없었다. 18세기 프랑스에서도 체제 밖에서 유통되었던 출판물은 이런 과정을 거치지 않았다. 하지만 합법적인 또는 준합법적인 작품을 출판할 때면 볼테르조차 검열관, 그들의 상급자, 영향력 있는 중개인, 경찰 들과 협상 과정을 거쳐야 했다. 그는 권력기관을 다루는 방법을 잘 알고 있었고, 자신에게 유리한 방향으로 능수능란하게 그들을 이용했다.[5] 에리히 뢰스트나 폴커 브라운 등의 동독 작가들에게는 협상이 곧 출판 과정일 만큼 중요한 일이었다. 때로는 원고를 쓰는 데보다 원고를 놓고 실랑이를 벌이는 데 더 많은 시간을 보냈다. 양측은 모두 주고받기의 본질을 잘 이해하고 있었다. 그들은 같은 게임에 참여해, 그 규칙을 받아들이고, 상대방을 존중한다는 생각을 공유했다.

때로 작가들은 무력하게 피해를 당하기보다는 협상에서 유리한 입장에 서기도 했다. 18세기 프랑스에서는 작가가 후원자를 활용해 서적출판행정청에 압력을 가했다. 그들은 묵인조차 받지 못할 경우 인쇄를 위해 네덜란드나 스위스로 원고를 보냈다. 프랑스 당국은 해외에서의 출판으로 자국 경제에 손실이 발생하는 것을 매우 유감스러워했다. 인도의 작가들은 이러한 대안이 없었지만, 대신 캘커타의 총독과 각을 세우고 있던 런던의 영국 의회 의원들이나 인도성 관료들에게 지원을 호소하곤 했다. 동독의 작가들도 비슷한 전략을 활용했다. 특히 반체제 인사로 알려져 관심을 끌 경우에는 그러한 전략이 더욱 효과적이었다. 그들은 서독에서 책을 출판하겠다고 으름장을 놓을 수도 있었고, 논란을 일으킴으로써 탄압과 검열 없이 문화의 다양성을 수호한다고 주장하는 동독의 위선을 폭로할 수도 있었다. 하지만 작가와 검열관의 관계에서 적대적인 속성만 과장해서는 안 된다. 적이 벗이 되는 경우도 많았던 것이다. 협상 과정에서 그들은 공식적인 제도의 범위 안에서도 작동하는, 사람들의 관계망에서 벗어나지 못했다. 그 관계망은 인간적인 체계로서, 국가의 논리를 노골적으로 드러내는 수단이었던 검열의 엄격성을 누그러뜨렸다. 프랑스에는 법체계에 허술한 구멍이 있었고, 인도에는 제임스 롱과 같은 동조자의 지원이 있었으며, 동독에는 (연간 계획에 일부러 남겨둔 빈칸 등을 포함해) 융통성을 발휘할 수 있는 빈틈이 존재했다. 이런 것들은 검열이 이뤄지는 데 다양한 방식으로 영향을 미쳤다.

최소한 이 책에서 살펴본 세 체제에서는 작가와 검열관 사이에 협력과 협상, 공모가 이루어진 경우가 많았다. 그런 만큼 검열을 단순히 창작과 탄압 사이의 대립으로 규정하는 것은 잘못이다. 체제 내부에서, 특히 검열관의 관점에서 보자면 검열은 출판과 다름없는 활동이었다. 검열관들은 자신들이 출판을 가능하게 한다고 믿었다. 따라서 그들의 선의를 의심하는 대신, 검열을 체제의 구성 요소로 보고 논의하는 것이 더욱 효율적일 것이다. 어떠한 체제도 순전히 강제에 의해서만 작동할 수는 없다. 심지어 오늘날의 북한이나 1930년대의 소련, 또는 헨리 8세의 폭정이 절정으로 치닫던 영국에서도 마찬가지다. 모든 체제는 열렬한 신봉자를 필요로 한다. 그들의 믿음이 약해지면 권위주의 정권은 제대로 기능하지 못한다. 이 현상은 역사의 발전 과정이기도 하다. 예를 들어 소비에트 연방에서 지식인 계급 사이에 냉소주의가 번졌던 건 제국이 붕괴해간다는 것을 드러내는 징후였다. 나는 동독의 검열관들이 동독이 무너진 뒤에도 국가의 방침을 옹호하는 모습을 보고 놀란 적이 있다. 프랑스 앙시앵레짐하의 검열관들도 그 체제가 지녔던 가치 기준, 무엇보다도 특허 체계의 원칙에 동의하고 있었다. 자랑스러운 왕실 검열관 자격으로는 결코 승인하지 않았을 종류의 소설을 썼던 크레비용 피스의 사례에서 알 수 있듯이, 심지어 그것이 자신들의 가치관과 어긋날 때조차 마찬가지였다. 영국령 인도의 판사들과 도서 목록을 작성했던 인도인 사서들에게 자유주의는 제국주의와 완벽하게 양립할 수 있는 것이었다. 한 문화 체계에서 모순되는 요소들이 양립한 것 자체가 '현지인들'에 대한 지배력이 행사되고 있었음을 증명하는 것이라고 나는 믿는다. 종교는 모순을 직면하고 그 모순을 중재하는—예를 들면, 신도들이 악과 고통을 경험하는 중에도 자비로운 창조주에 대한 믿음을 잃지 않도록 하는—능력으로부터 힘을 갖게 된다고 할 수 있는데, 그와 유사했던 것이다.

권위주의 체제하에서 불만이나 불신이 커져갔던 점도 과소평가해서는 안 되겠지만, 나는 검열관과 작가가 함께 출판 활동에 대한 책임을 공유하고 있었다는 사실을 인정하는 것 역시 중요하다고 생각한다. 이 책에 나오는 세 가지 사례에서 살펴봤듯이 출판이란 단지 허구적인 작품 창작 활동에 한정된 것이 아니었다. 출판은 모든 종류의 글쓰기와, 책을 생산하고 유통하고 소비하는 과정에서 이루어지는 모든 종류의 업무를 포함하는 것이었다. 저자는 초기 과정에서 단한 가지 역할만 했다(저자는 원고를 쓰고 편집자, 디자이너, 인쇄업자가 책을 만들었다). 그리고 독자는 그 반대편 끝에서 해당 도서의 성과를 결정했다. 그 사이에는 각양각색의 중개인이 개입했는데, 그들 각각은 출판 체계 외부에서 출판과 관련을 맺은 이들이었다. 예를 들면, 마부(『타나스테』는 베르사유에서 나오는 마차 속에 숨겨진 채 파리로 밀반입되어 독자들에게 전해졌다), 지방 관리(그들이 제공한 정보는 인도의 도서와 관련된 '보고서'에 수록되었다), 또는 정기간행물의 편집인(이들은 『힌체-쿤체-소설』에 대한 반응을 조작하기 위한 서평을 게재했다) 등이 있었다. 그런데 출판은 이들 모두를 넘어 더 큰 맥락, 예를 들어 18세기 계몽주의와 프랑스 문화의 확산, 19세기 제국주의 강대국의 경쟁과 민족주의 세력의 저항, 20세기 후반 냉전 체제 양자간의 권력투쟁 등의 차원에서 이뤄졌다. 또한 각 체제의 출판은 문화적으로 고유한 성격을 지니고 있었다. 각 체제 특유의 상황과 그들이 명확하게 정해둔 핵심 원칙이 반영된 문화 체계—부르봉 왕조 프랑스의 경우에는 특허 체계, 영국령 인도에서는 감시 체계, 공산주의 국가인 동독에서는 계획 체계 — 에 종속되어 있었던 것이다.

이제까지 세 체제하의 출판 활동에 대해 간략히 정리했지만, 그곳에서 있었던 권력의 남용을 정당화하기는 힘들다. 각 체제에서 권력은 다양한 형태로 출판 활동의 모든 부분에 침투했고, 출판을 사회질서를 형성하는 하부 체계로 가둬두었다. 그렇다면 우리는 일부 후기 구조주의 이론가의 입장으로까지 나아가서 권력의 표현이라는 맥락에서 검열을 이해해야 하는 것일까? 또 마르크스주의자들이 이해하는 시장이나, 프로이트주의자들이 연구하는 무의식을 포함해 모든 종류의 제약이라는 맥락에서 검열을 바라봐야 하는 것일까? 나는 그렇게 생각하지 않는다. 검열이라는 개념이 모든 것을 포괄한다면, 아무런 의미도 없을 것이다. 검열을 대수롭지 않은 것으로 여겨서는 안 된다. 나도 권력이 다양한 방식으로 행사되고 있다는 데 동의한다. 하지만 국가가 독점적으로 행사하는 권력(또는 일부 경우에 종교 단체 같은 권위 있는 곳에서 행사하는 권력)과 사회 곳곳에 편재되어 있는 권력을 구분하는 것이 중요하다고 생각한다. 내가 이해하는 검열은 본질적으로 정치적이며, 국가에 의해 행사되는 것이다.[6]

그래서 나는 상대주의적 입장에 위험할 정도로 가까이 다가갔다가 돌아서곤 했다. 마치 민족지학자들이 현장에서 자신들의 원칙에 반하는 '현지인'의 관행을 마주쳤을 때 그러하듯 말이다. 검열에 대한 인류학적 접근이 문화적으로 뚜렷이 구분되는 범주, 예를 들면 미국 수정헌법 제1조에 아로새겨진 표현의 자유에 대한 권리 같은 것에 대한 신념과 조화를 이룰 수 있을까? 인류학자들은 때때로 폴란드와 체코 사이의 국경을 넘는 두 마리의 개처럼 서로 상반되는 방향으로 이끌리는 듯한 기분을 느낀다. 1970년대 폴란드인들 사이에서 회자되던 농담이다. 체코 개가 폴란드 개에게 물었다. "너는 왜 체코슬로바키아로 가는 거니?" 폴란드 개가 말했다. "배를 채우고 싶어서. 그런데 너는 왜 폴란드로 가는 거니?" 체코슬로바키아에서 온 개가 대답했다. "난 짖고 싶어서." 표현의 자유는 가혹한 세상에서 잘 살아가려는 욕구와 그 가혹함에 맞서 저항하려는 욕구처럼 서로 상반되는 욕구를 충족시켜야 한다.

이 문제를 정리하는 데 도움을 얻기 위해서 최근의 독재 정권하에서 검열을 경험했던 작가들의 증언을 참고할 수 있다. 더 오래된 증언들로는 예를 들어 19세기 중반의 유명한 책 『러시아 검열관의 일기 Diary of a Russian Censor』나, 『폴란드 검열 흑서 The Black Book of Polish Censorship』처럼 공산국가에서 유출된 문건 등을 참고할 수 있다.[7] 한편 큰 성취를 이룬 몇몇 작가의 회고록을 보면, 검열이 자신들에게 미친 영향에 대해 어떻게 생각하고 있었는지를 알 수 있다. 특히 연구자들이 접근하기 어려운 정신적 영역, 즉 자기 검열에 대해서도 확인할 수 있다.

알렉산드르 솔제니친이 소비에트 연방에서 추방되고 나서 이듬해인 1975년에 출판한 『참나무와 송아지 The Oak and the Calf』를 통해 그의 경험을 살펴보자. 독자들은 그 책을 펼치며 광야에서 외치는 예언자의 목소리를 마주하게 될 거라고 기대한다. 그 기대는 솔제니친이 자신을 예레미야*로 묘사하기 때문에 충족될 것이다. 그런데 이 놀라운 기록에는 그의 회고담이 다수 수록되어 있다. 스탈린주의 사회에

---

* Jeremiah: 기원전 7세기경에 활동한 유대 왕국의 예언자. 신을 거역하는 유대인들의 죄를 날카롭게 비판하고, 예루살렘의 파괴와 유대 민족이 겪게 될 고난을 예언했다.

서 출판이 권력 체계로서 어떻게 기능했는지에 대한 날카롭고 정확하며 풍자적이고 사회학적으로 의미심장한 관찰 내용이 포함되어 있는 것이다. 그는 굴라크에 수용되었던 시절부터 이야기를 풀어간다. 강제수용소에서 8년간 노역해야 했던 시절, 그는 자신을 둘러싸고 있던 끔찍한 상황을 기록한다. 그는 석방된 이후 교사로 비참하게 살면서도 글쓰기를 계속한다. 자신이 어떤 글도 출판할 수 없다는 사실을 알기 때문에 고립된 상태지만 완전한 자유 속에서 글을 쓴다. 그의 글은 그가 사망하고 한참이 지난 뒤에야 읽힐 수 있을 것이다. 그럼에도 철저히 비밀로 해야 한다. 그는 쓰고 싶은 내용을 외워두었다가, 얇은 종잇조각에 단숨에 써 내려간 뒤 이를 돌돌 말아 병에 넣은 뒤 땅에 묻는다. 그는 원고를 쓸 때마다 계속해서 가장 안전하고 예상하기 힘든 장소에 숨긴다. 그런데 놀랍게도 흐루쇼프가 1961년 제22차 당대회에서 스탈린의 폭압이 지나쳤다고 맹렬히 비난한다. 또 소비에트 연방에서 가장 영향력 있는 문예지인 『노비 미르_Novy Mir_』의 편집장 알렉산드르 트바르돕스키Aleksandr Tvardovsky가 앞으로 좀더 대담한 원고도 출판할 준비가 되어 있다고 공언한다. 솔제니친은 위험을 감수하기로 결심한다. 그는 순화된 형식으로 원고를 다시 쓴 다음, "이반 데니소비치의 하루"라는 제목으로 종국에는 굴라크의 잔혹성에 대한 침묵의 벽을 깨뜨리게 될 작품을 『노비 미르』로 보낸다.

이 지점에서 솔제니친의 이야기는 일종의 사회학으로 전환된다. 그는 문예지의 모든 편집자와 그들의 대립, 자기방어적인 책략, 그리고 자신이 그들 한가운데 설치한 폭탄을 제거하기 위해 애쓴 그들의 노력에 대해 기술한다. 당 중앙위원회 소속의 당료로 지적이지만 음험한 구석이 있던 알렉산드르 데멘티예프Aleksandr Dementyev는 계속된 편집회의에서 계략을 꾸미고 방해 공작을 편다. 이에 트바르돕스키도 갈팡질팡한다. 소작농 집안 출신의 진실한 시인인 트바르돕스키는 "작가의 도덕적 의무에 대한 열렬한 신념을 바탕으로 러시아 문학 출판 방향을 최우선적으로 지지해온" 인물이었다. 하지만 "당이 곧 진리"라는 주장을 강요받고 있다는 생각도 가지고 있었다.[8] 결국 그는 자기 자신을 포함해 이 원고에 의구심을 품고 있던 직원들을 설득한 뒤, 솔제니친과 함께 원고를 한 줄 한 줄 검토하며 수정할 내용에 대한 협상을 진행한다. 솔제니친도 이느 정도는 수정할 마음이 있다. 책을 출판하는 데는 장애물이 있고, 그걸 통과하려면 원고를 고쳐야 하는 게 현실이라는 걸 그도 이해하고 있기 때문이다. 이후 과정은 사본 유출, 권력 상층부에서의 비밀스러운 대화, 흐루쇼프의 별장에서 그를 앞에 두고 진행된 원고 낭독, 그리고 간부회의 Presidium(정치국)의 승인 등으로 이어진다. 아무런 정보도 받지 못했던 정식 검열관들은 교정쇄를 보고 충격에 빠진다. 하지만 책이 인쇄되고, 마지막 순간에 중앙위원회가 이를 승인했다는 사실을 통보받은 뒤에는 칭찬을 늘어놓는다. 이 작품은 일대 선풍을 일으켰고, 솔제니친이 준비한 다른 책들 역시 뒤따라 출판될 수 있었다. 하지만 그에 수반되는 수정 작업을 하고 싶지 않았던 솔제니친은 출판을 유보한다. 그는 그것이 전략적 실책이었다고 회고한다. 1964년에 브레즈네프Leonid Brezhnev가 흐루쇼프의 뒤를 이어 집권하면서 기회가 사라졌기 때문이다. 나아가 스탈린주의의 새로운 물결이 현실을 그대로 드러낸 문학을 탄압하면서, 이미 유명해져 있던 솔제니친은 망명을 선택할 수밖에 없었다. 이 이야기는 방대한 양의 문건을 근거로 세부적인 내용까지 생생하게 다루지만, 기자의 폭로처럼 보이지는 않는다. 표현의 자유에 대한 서구식 시각을 들먹이지도 않는다. 러시아식 표현을 빌리자면, 그의 이야기는 문학을 진실의 운송 수단으로 보는 예언자적인 시각을 명확히 드러낸다.[9]

밀란 쿤데라Milan Kundera는 다른 표현 양식 — 풍자적이고 지적이며, 수백 년 동안의 유럽 문학을 깊이 의식하는 — 으로 글을 쓴다. 그 역시 체코슬로바키아에서 스탈린주의식 체제가 붕괴될 조짐을 드러낼 정도로 완화되다가 다시 부활하면서 검열을 정면으로 맞닥뜨리게 되었고, 그로 인해 결국 망명을 선택할 수밖에 없었던 작가다. 1960년대 체코슬로바키아에서는 공산주의 정권의 강압에도 문학을 비롯한 예술, 특히 영화가 다시 활기를 띠고 있었다. 당은 알렉산드르 둡체크Alexander Dubček가 제1서기가 된 1968년 1월에 "인간의 얼굴을 한 사회주의"를 세우고자 했던 개혁론자들에게 굴복했다. 검열은 프라하의 봄으로 알려진 개혁의 물결 속에서 폐지되었다가, 8월에 벌어진 소련의 침공 직후에 재개되었다. 그 1년 전인 1967년 6월에 작가동맹은 총회를 열었는데, 돌이켜보면 이는 프라하의 봄의 서막과 같았다. 총회의 포럼 행사에서 쿤데라를 비롯한 작가들은 더 많은 자유를 요구했다. 쿤데라는 총회에서 문학을 "국가의 존립"을 가능케 하는 생명력이자 "국가의 실존적인 질문에 대한 해답"이라고 일컬으며, 볼테르를 인용한 뒤 자연권을 강조하며 검열을 비난하는 내용의 연설을 했다.

동등한 권리를 누리는 자유로운 의견의 교환을 통해서만 진실에 다가설 수 있다. 검열의 방법이나 용어가 아무리 조심스럽다 하더라도 사상과 표현의 자유를 침해하는 것은 이 세기의 수치이자, 경계를 넘

어 나아가고자 하는 이 나라 문학의 손발을 얽어매는 사슬이다.[10]

이 성명이 인쇄될 수 있었을까? 체코의 『노비 미르』라 할 수 있
는 『리테라르니 노비니Literární noviny』는 이 성명을 포함한 총회 회의록
을 검열 폐지를 촉구하는 결의안과 함께 출판하려고 했다. 이는 동독
의 출판총국과 유사한 조직인 '중앙출판위원회'의 검열관들이 볼 때
는 지나친 시도였다. 그들은 출판을 불허했고 『리테라르니 노비니』
의 편집장인 두산 함시크Dusan Hamsík와 편집위원들을 소환했다. 곧 동
독 중앙위원회 내 쿨투어에 해당하는 체코 중앙위원회 이념 분과장
인 프란티세크 하블리체크Frantisek Havlícek까지 참석한 회의가 열렸다.
함시크의 설명에 따르면, 그날 회의는 『리테라르니 노비니』가 인쇄
하려던 모든 글을 대상으로 한 격렬한 언쟁으로 번졌다. 물론 쿤데라
의 연설문이 가장 큰 문제였다. 쿤데라는 직접 회의에 참석해, 모든
문장과 쉼표 하나까지 한 줄 한 줄 짚어가며 하블리체크와 논쟁했다.
그는 쉽사리 협상을 거부할 수 없었다. 작가들이 자신들의 성명서가
출판되어 대중이 스탈린주의에 저항하는 계기가 되기를 바라고 있
었기 때문이다. 그는 어떤 부분에서는 뜻대로 하고 어떤 부분에서는
양보했는데, 그러면서도 이는 "모든 검열에 반대하는 내용의 원고를
또다시 검열하는 부조리한 처사"라는 주장만큼은 내내 굽히지 않았
다.[11] 결국 그는 가까스로 자신이 쓴 글 대부분을 지킬 수 있었다. 하
지만 회의장을 떠나며 비참한 심정을 느꼈다. "내가 왜 굴복해야 할
까?" 그는 함시크에게 불평했다. "그들이 나를 바보로 만들도록 내
버려 두었다. [……] 모든 타협은 더러운 것이다."[12] 얼마 지나지 않
아, 당 중앙위원회에서 전화를 걸어와 타협을 받아들일 수 없다고 전

해왔다. 회의록 출판은 무산되었다. 쿤데라는 오히려 깊이 안도했다.

함시크는 이 일화를 이야기하며 쿤데라를 "까다로운 사람"[13]이자, 그 정도에 관계없이 정치권력과 공모하는 데 역겨움을 느낄 만큼 굽히지 않고 자신의 예술에 몰두하는 작가로 묘사한다. 하지만 위기가 닥쳤을 때 그는 당이 문학을 장악한 현실을 타개하기 위해 솔제니친처럼 기꺼이 자신의 글을 다듬으려고 했다. 쿤데라도 문학을 국가 정체성을 확립하는 힘으로 이해하고 있었다. 물론 유럽 문명의 발전이라는 보다 폭넓은 관점에서 문학을 바라보기도 했지만 말이다.[14] 어쨌든 그에게 문학이란 모든 것을 초월할 만큼 중요한 것이어서, 모든 스탈린주의 정권에서 문학의 존명을 결정한 협상과 타협을 참을 수가 없었다. 심지어 저항을 위해서일 때조차, 독재와 공모하는 건 자신을 부정하는 것이나 다름없었다.

타협과 공모로 진실성이 훼손되는 데 대한 괴로운 심정은 노르만 마네아Norman Manea의 이야기에서도 드러난다. 그는 1980년대에 공산주의 국가인 루마니아의 검열관들을 상대해야 했다. 니콜라에 차우셰스쿠Nicolae Ceaușescu가 소비에트 연방의 영향권 밖에서 전체주의 정권을 수립했던 시기였다. 마네아는 양쪽 세력 — 정부 내에서 자신들의 목적만 추구하는 부패하고 약삭빠른 관료들, 그리고 당이 완전히 지배하는 체제에서 출세하려고 애쓰던 야심 찬 작가들 — 모두에게 "인간적 현실"[15]이 있었다고 주장했다. 그러한 작가 가운데 한 사람으로서 마네아는 자신을 둘러싼 전체주의를 신중하고 완곡하게 비판하는 내용이 포함된 소설 『검은색 봉투*The Black Envelope*』로 새로운 전기를 마련하고자 했다. 소설에서 검열이 폐지된 상황을 가정했다는 이유로 그는 검열관이 작성한 보고서조차 받을 수 없었다. 그에게 전달된 건 검열관이 검토한 원고 사본뿐이었다. 원고의 80퍼센트가량에 삭제나 수정 표시가 되어 있었는데, 그 이유에 대한 설명은 전혀 없었다. 마네아는 원고가 반려된 이유를 찾기 위해 애를 쓰며 광범위한 수정 작업을 진행했고, 전과 같이 출판사를 통해 원고를 제출했다. 수정된 원고도 또다시 아무런 설명 없이 거절되었다. 이 교착상태에서 벗어날 방법은 없는 듯 보였다. 마네아는 고심 끝에 수를 내서 '외부' 심사위원에게 원고를 보냈다. 전직 베테랑 검열관으로 지인들을 통해 알게 된 인물이었다. 이렇게 공식적인 제도 바깥에서 개인적인 인적 네트워크를 통해 일이 진행되는 경우도 있었다. 마침내 현직 검열관이 아닌 사람이 작성한 검열 보고서가 마네아에게 전달되었다. 날카롭고 이성적인 해석과 함께 대폭 수정을 권고하는 내용의 보고서였다. 마네아는 고통스러웠지만, 그렇게 해야만 자신이 문학계에 계속 존재할 수 있는 희망이 있었기 때문에 "상황 판단이 빠른 검열관 선생님"[16]의 충고를 받아들였다. 전략은 먹혀들었고, 책은 완판되었다. 하지만 그 성공 이후 마네아는 망명을 선택해야 했다. 1988년에 마네아는 미국으로 이주하여 그곳에서 '자유' ─ 각종 제약은 없었지만, "시장의 냉혹한 원칙"[17] 등에 따라 스스로 타협할 것을 요구하는 복잡한 체계 ─ 를 찾게 되었다. 그는 민주주의에서 자유를 누리는 데는 어려운 현실이 뒤따른다는 걸 인정하면서도, 자신이 루마니아에서 겪었던 것과는 본질적으로 구별되는 차이점이 있다고 주장했다. 그는 『검은색 봉투』에서 삭제 요구를 받아들였던 부분을 돌아보며, 중요한 구절을 들어냈다는 사실보다 타협과 공모의 전 과정, 그리고 자신이 치러야 했던 대가를 더욱 유감스럽게 생각했다. 결국 그는 이렇게 결론지었다. "검열 사무소가 승리했다."[18]

다닐로 키슈Danilo Kiš 역시 공산주의 국가인 유고슬라비아에서 비슷한 경험을 했다. 유고슬라비아 역시 동독, 체코슬로바키아 또는 루마니아보다 정도는 덜했지만 스탈린주의 체제가 자리 잡은 나라였다. 키슈는 검열에 대응하던 자신의 노력을 회상하며 검열의 보이지 않는 특징을 강조했다. 즉, 출판사 발행인과 편집자 들이 자신들의 전문적인 역할과 함께 검열관으로서의 역할도 수행하면서 행사하던 비공식적인 압력과, 무엇보다도 전체 과정에서 위력을 발휘하던 자기 검열에 대해 지적한 것이다. 그는 작가 본인이 불러온 내면의 검열관은 작가의 분신이었다고 썼다. "작가의 어깨에 올라앉아 초벌 원고에 개입해 이념상의 실수를 저지르지 못하게 하는 분신이다. 이 검열관-분신과 싸워 이기는 것은 불가능하다. 그는 신과 같이 모든 것을 알고 모든 것을 보고 있다. 왜냐하면 그는 작가 자신의 머릿속, 작가 자신의 두려움, 작가 자신의 악몽에서 탄생했기 때문이다."[19]

체스와프 미워시Czesław Miłosz는 폴란드 지식인들이 어떻게 "무의식적인 내면 통제"[20]로서의 검열에 스스로 종속되었는지를 설명하며 이에 대한 논의를 확장했다. 폴란드는 제2차 세계대전을 겪고 나서 새로운 무기, 즉 스탈린주의식 변증법으로 오랜 적국이었던 러시아에 정복당했다. 이에 지식인들은 무력에 의해서가 아니라 그 상황에서 스스로 의미를 찾아야 할 필요에 의해 공산주의 독트린에 대한 동조를 내면화하게 되었다는 것이다. 폴란드 지식인들은 역사적 참상을 너무나도 가까이에서 경험했기 때문에 현실감각을 상실한 상태였다. 친구들이 학살당하고 바르샤바가 파괴되는 걸 직접 목격한 사람들이 어떻게 전쟁 앞에서 전위 문학에 대한 논쟁이 의미 있다는 생각을 견지할 수 있으며, 또 일부 서방 세계에 존재했던 활기찬 전후 세계관 —— 예를 들면 노먼 록웰Norman Rockwell이 그린 『새터데이 이브닝 포스트The Saturday Evening Post』 표지 그림에서 엿보이는 따뜻한 세계관 —— 을 가질 수 있었겠는가? 소비에트식 변증법적 유물론은 어떻게 역사가 거대한 물결 속에서 현실을 변형하고 있는지를 설명했다. 그 물결은 이미 중앙 유럽을 삼켜버렸고, 곧 파리와 런던을 잠기게 할 것이며, 끝내는 미국의 속물들을 익사시킬 터였다. 1930년대와 1940년대 문단에서 미워시와 함께 활동했던 '알파'와 같은 작가들은 정권의 공식적인 입장을 수용해서 정신적 위안과 물질적 지원을 얻었다. 미워시는 그들이 전체주의 정권의 통제에 굴복한 상황을 설명하기 위해 가명을 써서 그들의 내면생활과 외부 생활의 궤적을 묘사했다.* 그에게 또 그들에게 전환점이 되었던 건 '사회주의 리얼리즘'의 도입이었다. 미워시는 사회주의 리얼리즘을 미학적인 지침을 넘어 전체주의 독트린으로 이해했다. 이는 그에게 "인간 실존의 기반에 놓인 믿음과 관련된 문제였다. 문학의 영역에서 사회주의 리얼리즘은 모든 시대를 통틀어 작가에게 주어져왔던 본질적 과제 —— 독자적 시선으로 세상을 응시하고, 자신이 본 그대로의 진실을 이야기하며, 그럼으로써 사회 전체의 이익을 위해 끊임없이 감시하고 감독하는 것 —— 의 수행을 가로막는다."[21] 미워시는 이러한 문학의 사명에 전념하기로 결심하고 스탈린주의가 절정으로 치닫던 1951년에 망명했다. 그가 자신의 나라와 문화로부터 절연하겠다고 한 결심은, 그의

---

* 미워시는 1953년에 발표한 에세이 『사로잡힌 영혼Zniewolony umysł』에서 실존하는 폴란드 작가를 모델로 알파, 베타, 감마, 델타라는 이름을 붙여, 전체주의 정권의 통제에 각기 다른 방식으로 대응하는 예술가의 네 가지 유형을 제시했다. 알파의 모델은 예지 안제예프스키 Jerzy Andrzejewski(1909~1983)이다.

표현을 빌리자면, 철학적이기보다는 감정적인 것이었고, "뱃속에서 치밀어 오르는 반감"이었다. 하지만 이는 "사상의 자유를 지키겠다는"[22] 결의의 표출이기도 했다.

소비에트 체제를 떠나 망명한 이들이 '자유'와 '진실'을 외쳤을 때 그들은 수정헌법 제1조의 보장을 호소하거나 철학자로서 발언한 게 아니었다. 그들은 특정한 환경에서 작용하던 힘, 즉 억압적인 정치 체제에서 출판물의 성격을 결정하던 힘으로서의 검열을 경험한 대로 묘사하는 과정에서 그러한 단어를 사용했을 뿐이다. '표현의 자유'라는 말은 부당한 탄압에 반대하는 규범이 되었다. 이는 모든 종류의 제약에 적용되는 것이 아니었다. 비록 수많은 제약이 작가들의 삶에 영향을 미쳤지만 말이다. 그 작가들에게 자유란 침해를 경험한 뒤에야 의미를 갖게 된 원칙이었다. 물론 경험은 다양했고, 그러한 다양성으로 인해 모든 경험을 망라하는 보편적인 명제를 찾는 건 요원한 일이다. 남아프리카공화국의 아파르트헤이트 체제하에서 이뤄진 검열처럼 가까이서 연구되어온 경험도 각양각색이다.[23] 심지어 소비에트 체제에서 일부 작가들은 시베리아 수용소 내 강제 노동 등을 포함한 자신들의 경험을 서술하면서도 검열관들의 구체적인 지시에 따라 쓰고, 다시 쓰고, 삭제하고, 편집하는 모습을 보이기도 했다. 자신들을 진실로 인도해줄 당의 능력을 믿었기 때문에 자진해서 그렇게 했던 것이다.[24]

'진실'이나 '자유' 같은 단어가 소비에트 제국에서 이뤄진 검열의 복잡한 특징을 논의하는 데 적합한 것 같지는 않다. 그 체제에서 망명한 이들은 그러한 추상적 개념을 사용하면서도 자신들이 목격한 역사적 사건들을 가볍게 다루지 않았다. 반대로 그들은 끊임없이 협상과 절충이 필요했다는 점을 강조했다. 당 노선이 변화하면 작가들은 자신들이 문학이라고 알고 있는 세계의 험난한 현실을 헤쳐나가려고 시도하면서 작품의 방향을 바꿨다는 이야기였다. 또한 그들은 서구인들이 '자유세계'라고 부르는 곳에서도 문학에 제약이 있다는 사실을 알고 있었다. 그들의 경험은 자유가 상대주의적 개념이라는 주장의 근거가 되는 것일까?

헤겔과 달리 나는 역사에 절대자가 존재한다는 데 의문을 갖고 있다. 모든 사건에는 맥락이 있고, 모든 행위는 제약으로 둘러싸여 있다. 스탈린주의 정권하에서 침묵을 강요당하거나 스스로 침묵을 선택한 작가들의 증언을 진지하게 받아들이는 것이 그들의 경험을, 책을 출판하는 데 어려움을 겪었던 모든 사람들의 경험과 동일시하는 것은 아니다. 또한 20세기에 침묵을 강요했던 방식이 다른 시대와 장소에서 입을 틀어막았던 방식들과 일치한다고 보는 것도 아니다. 역사학자에게 과거의 각기 다른 시기에 있었던 부당성의 정도를 계산할 능력은 없다. 하지만 우리는 가치판단을 피할 수 없으며, 우리의 가치관이 우리의 이해를 흐리게 할 수 있다는 걸 인정할 수 있어야만 한다. 개념적 틀이 우리의 이해를 형성한다는 사실을 우리가 인정하고 있듯이 말이다. 검열의 역사에 대한 접근 방식을 설명하면서 반의어 — 규범적/상대적, 경험적/이론적, 자유주의적/후기구조주의적 — 를 묶어볼 수 있겠지만, 이를 통해 경험의 복잡한 특징들을 제대로 다룰 수는 없다. 나는 양자 중에 굳이 하나를 골라야 하느니 아예 논의의 토대를 전환하는 쪽을 택하겠다.

민족지학의 관점에서는 검열을 전체론적으로 다루면서 여러 제도에 스며들어 있고, 인간관계에 영향을 미치며, 정신 속 잠재 활동에까지 이르는 통제 체계로 여긴다. 민족지학적 역사학은 이처럼 넓은 시야를 확보함으로써 다양한 사회에서 검열이 이뤄지는 다양한 방식을 제대로 평가할 수 있다. 그러한 관점은 검열을 구체화하거나, 여러 권리선언에 대한 위반이라는 식의 뻔한 말로 그 개념을 축소하지 않을 수 있게 해준다. 그렇다고 해서 그러한 선언들의 타당성에 이의를 제기하는 것이 아니라 그것을 문화 체계의 요소로서 진지하게 다루는 것이다. 하지만 학문적 연구를 위한 공평한 경쟁의 장을 조성하기 위해 모든 차이점을 없애지는 않는다.

인류학자들은 '현지인'의 이질적인 관점을 이해하기 위해서는 스스로의 관점을 보다 또렷하게 의식하는 방식으로 대화를 나눠야 한다는 점을 이미 오래전부터 파악하고 있었다.[25] 역사학자는 문서 보관소에서 자료를 찾다 보면 섬뜩한 탄압의 사례를 마주하게 된다. 나는 이 책에서 그중 일부 사례를 기술하면서 검열관들이 자신의 일을 수행한 방식과 검열이 실제로 작동한 방식, 그리고 검열이 권위주의 체제 안에서 기능한 방식에 대해 설명하고자 했다. 검열의 작동에 대해 연구하면서 나는 세계에서 우리가 살고 있는 이 특정 지역, 역사에서 우리가 존재하는 이 특정한 순간에 다른 동료 시민들과 공유하고 있는 원칙을 더욱더 존중해야 한다는 걸 배웠다. 나는 수정헌법 제1조가 미합중국의 헌법이 미치는 관할 구역 경계 밖까지 확장되지 않는다는 것을 알고 있다. 하지만 "수정헌법 제1조의 신성함"[26]을 조롱하는 똑똑한 자들의 무시에도 아랑곳하지 않고, 나의 동료 시민들과 함께 마음을 다해 표현의 자유에 대한 권리를 믿는다. 우리는 이해하기 위해 노력하는 동시에 필요할 때는 저항해야만 한다. 특히 정부가 우리의 모든 움직임을 주시하고 있는 듯한 오늘날에는 더욱 그래야 한다.

감사의 말

이 책은 2014년 1월 영국 국립도서관에서 했던 파니치 강의Panizzi Lectures 내용을 발전시킨 것이다. 처음으로 파니치 강의를 했던 D. F. 매켄지 교수를 추모하며 그에게 이 책을 바친다. 나를 초청해준 파니치 재단과 영국 국립도서관 관계자 여러분에게 감사드린다. 또한 1960년대부터 내가 방대한 양의 문서 자료를 통해 검열관, 저자, 경찰 관리 들을 추적하는 데 도움을 준 아르스날 도서관과 프랑스 국립도서관의 사서와 직원 분들에게도 감사를 전하고 싶다. 베를린 지식연구소는 1989~90년과 1992~93년에 특별 연구원 자리를 내주었다. 나는 늘 연구소와, 소장 볼프 레페니스를 비롯한 연구소 식구들에게 감사하고 있다. 졸파이크 네스터는 동베를린에서 미로처럼 복잡했던 동독 공산당, 즉 독일사회주의통일당 중앙위원회 문서 더미에서 실마리를 찾는 데 도움을 주었다. 그레이엄 쇼는 런던에 위치한 영국 국립도서관에서 인도 행정청 관련 문서를 뒤질 때 전문가다운 안내를 해주었다. 그리고 W. W. 노턴 출판사의 훌륭한 편집자로 나와 마음이 잘 맞았던 스티븐 포먼, 갈리마르 출판사에서 책을 내기 위해 이 원고를 프랑스어로 번역하면서 문장의 질을 높여준 장-프랑수아 세네에게 감사를 전한다. 프랑스어판에는 영어판에 실리지 않은 이론적인 문제에 대한 몇몇 논의가 포함되어 있다. 더불어 이 책에 나오는 인용문 중 원래 프랑스어로 쓰인 문서의 원문을 읽고 싶다면 프랑스어판을 참고하면 되며, 마찬가지로 독일어판에는 독일어 인용문의 원문이 수록되어 있다. 이 인용문들의 영어 번역은 모두 내가 직접 한 것이다.

주

서론

1   John Palfrey, "Four Phases of Internet Regulation," *Social Research* 77(2010년 가을), pp. 981~96. 사이버 공간을 자유로운 공간으로 본 관점의 사례로 다음 글을 참고하라. John Perry Barlow, "A Declaration of the Independence of Cyberspace," https://www.eff.org/cyberspace-independence에서 열람 가능.

2   Marc Bloch, "Pour une histoire comparée des sociétés européennes," in Marc Bloch, *Mélanges historiques*, vol. 1(Paris, 1963), pp. 16~40 참고.

3   Aleksandr Solzhenitsyn, *The Oak and the Calf: Sketches of Literary Life in the Soviet Union*(New York, 1980; 초판: 1975), p. 33.

4   관련 문헌을 개관하려면 다음 책을 보라. *Censorship: A World Encyclopedia*, ed. Derek Jones, 4 vols.(London and Chicago, 2001).

5   Reinhold Niebuhr, *The Children of Light and the Children of Darkness: A Vindication of Democracy and a Critique of Its Traditional Defence*(New York, 1944) 참고.

6   미국 수정헌법 제1조: "연방의회는 국교를 정하거나, 자유로운 종교 활동을 금지하거나, 표현의 자유나 출판의 자유, 국민이 평화롭게 집회할 권리, 불만 사항의 해결을 위해 정부에 청원할 권리를 제한하는 법률을 제정할 수 없다."

7   Stanley Fish, *There's No Such Thing as Free Speech, and It's a Good Thing, Too*(New York, 1994), p. 111.

8   Robert Bellah, *The Broken Covenant: American Civil Religion in Time of Trial*(Chicago, 1992).

9   *The Correspondence of John Locke. Electronic Edition*, Intelex Past Masters, vol. 5, p. 78.

10   John Milton, *Areopagitica*(Rockville, Md., 2008), pp. 57, 61.

11   자유사상가인 디드로가 표현의 자유를 지지했다는 건 확실하다. 하지만 *lettre de cachet*(왕의 전제적 명령)에 따라 수감될 위험과 파리 서적상 및 인쇄업

자 조합이 통제하는 출판 시장의 압력에 노출되어 있는 작가로서, 당대 출판 산업의 문제를 지적하는 견해 정도만 피력할 수 있었다. 디드로의 견해는 그로부터 약 100년 전에 밀턴이 표한 의견과 공통점이 많았다. 다만 디드로는 유력한 출판업자들에게 더욱 심하게 의존했다. 다음 책을 참고하라. Denis Diderot, *Lettre sur le commerce de la librairie*, ed. Jacques Proust(Paris, 1962).

12 허버트 버터필드의 설명에 따르면, 휘그주의는 역사를 자유주의의 승리처럼 보이는 현재를 향해 반동적인 요소를 넘어 진행되어온 필연적인 진보의 과정으로 해석했다. Herbert Butterfield, *The Whig Interpretation of History*(London, 1931). '휘그 역사학Whig history'은 너무 단순하고, 휘그주의 문화 내에서만 유효하며, 정치적인 편견을 가지고 있다는 이유로 비웃음을 받아왔지만, 윌리엄 크로닌은 최근 발표한 논문에서 이를 재검토할 가치가 있다고 주장했다. William Cronin, "Two Cheers for the Whig Interpretation of History," *Perspectives on History* 50, no. 6(2012년 9월), online edition, ISSN 1556-8563. 물론 지속적인 진실 추구에 대한 검열에 반대하는 역사관이 자유주의에 제한되거나 휘그주의일 필요는 없다. 가장 잘 알려진 검열 연구서 중에는 보수주의 철학자인 레오 스트라우스가 쓴 책도 있다. Leo Strauss, *Persecution and the Art of Writing*(Glencoe, Ill., 1952). 그 책은 내가 이 책에서 옹호하고 있는 종류의 '역사주의'에 대해 명백히 거부하고 있다.

13 Fish, *There's No Such Thing as Free Speech*, pp. 102~19. 법률학자들은 때로 'free' 라는 형용사의 쓰임이 구별된다는 점을 강조한다. 자유로운free 발언과 공짜free 맥주 사이의 차이처럼 전자는 법률에 의해 보호받고 또 법적 제약에 구애받는 행위를 가리키며 후자는 생산물의 가격과 관련되어 있다. 따라서 표현의 자유freedom를 옹호한다는 것—또는 인터넷에서 자료에 자유롭게free 접근하는 것—은 경제적·사회적 현실을 무시하는 것도 아니고, 피시가 조롱했던 무지한 이상주의로 퇴행하는 것도 아니다. 다음 책을 참고하라. Lawrence Lessig, *Free Culture: How Big Media Use Technology and the Law to Lock Down Culture and Control Creativity*(New York, 2004).

14 포스트모더니즘 이론을 염두에 둔 검열 연구로는 다음의 글들을 보라. Michael Holquist, "Corrupt Originals: The Paradox of Censorship," *Publications of the Modern Languages Association* 109(1994), pp. 14~25; Sophia Rosenfeld, "Writing the History of Censorship in the Age of Enlightenment," in *Postmodernism and the Enlightenment: New Perspectives in Eighteenth-Century French Intellectual*

History, ed. Daniel Gordon(New York, 2001). 또한 다음에 수록된 글들을 보라. *Censorship and Silencing: Practices of Cultural Regulation*, ed. Robert C. Post(Los Angeles, 1998); *Censorship and Cultural Regulation in the Modern Age*, ed. Beate Müller(New York, 2004); *The Administration of Aesthetics: Censorship, Political Criticism, and the Public Sphere*, ed. Richard Burt(Minneapolis, 1994).

15 '두꺼운 묘사' 개념에 대해서는 Clifford Geertz, *The Interpretation of Cultures: Selected Essays*(New York, 1973), pp. 3~30 참고.

제1부 부르봉 왕조 프랑스: 특허와 억압

1 계몽주의에 관한 영어권의 유명한 글 중에서 이런 경향을 다룬 사례로는 다음과 같은 것들이 있다. Kingsley Martin, *French Liberal Thought in the Eighteenth Century*(London, 1962; 초판: 1929), pp. 95~102; George R. Havens, *The Age of Ideas: From Reaction to Revolution in Eighteenth-Century France*(New York, 1955), pp. 9, 27~28; Peter Gay, "Voltaire against the Censors," in Peter Gay, *Voltaire's Politics: The Poet as Realist*(New Haven, 1959); Peter Gay, *The Enlightenment: An Interpretation*(New York, 1969), vol. 2, pp. 69~79.

2 이러한 질문들은 특히 책의 역사와 관련이 있는데, 그에 관한 연구는 이제 막 전반적인 역사를 이해하는 데 영향을 미치기 시작했다. 책의 역사를 개괄하려면, 파니치 강의Panizzi Lectures 제1강을 참고하라: D. F. McKenzie, *Bibliography and the Sociology of Texts*(Cambridge, 1999).

3 Bibliothèque nationale de France, ms. fr. 22137~22152. 문서 목록 중 첫 세 개에는 검열관들이 말제르브에게 제출한 '판단서'가 검열관의 이름에 따라 분류되어 있다. 나머지 열두 개의 목록에는 많은 '판단서'를 포함해 잡다한 종류의 문서가 섞여 있다. 이 많은 문서는 모두 말제르브가 서적출판행정총감을 맡았던 1750년에서 1763년 사이의 것들이다. 그는 계몽사상가의 벗 또는 보호자로서 관대하고 유연하게 규칙을 적용했던 것으로 잘 알려져 있다. 하지만 출판업계 감독에 개입하고자 하는 성직자, 대학, 고등법원을 상대로는 국가의 권위를 일관되게 주장했다. 말제르브의 후임인 앙투안 드 사르틴(1763~74)은 대체로 그의 관대한 정책을 이어받았지만, 그 이후 총감들부터는 억압의 시기가 나타나기도 했다. 특히 르 카뮈 드 네빌Le

Camus de Néville(1776~84)은 악명이 높았다. 나는 '아니송-뒤페롱Anisson-Duperron' 컬렉션에 대한 표본조사를 마쳤고, 1769년에서 1789년 사이의 문서는 모두 읽으려 노력했지만, 이 책에서는 말제르브 재임 기간 중에 일어난 사례만 다룰 것이다. 이 컬렉션에 대한 상세한 설명은 Ernest Coyecque, *Inventaire de la Collection Anisson sur l'histoire de l'imprimerie et la librairie principalement à Paris(manuscrits français 22061~22193)*, 2 vols.(Paris, 1900) 참고. 필자가 보기에 18세기 프랑스의 검열에 대한 연구 중에서 가장 뛰어난 것은 Raymond Birn, *Royal Censorship in Eighteenth-Century France*(Stanford, 2012)이다. Nicole Herrmann-Mascard, *La Censure des livres à Paris à la fin de l'Ancien Régime, 1750~1789*(Paris, 1968)은 이 분야 연구에 한 획을 그을 만한 획기적인 저술인 J.-P. Belin, *Le Commerce des livres prohibés à Paris de 1750 à 1789*(Paris, 1913)에서 많은 영감을 받았다. 최근 들어 훌륭한 저술이 많이 나오고 있다. 특히 다음 저술들을 참고하라. William Hanley, "The Policing of Thought in Eighteenth-Century France," *Studies on Voltaire and the Eighteenth Century* 183(1980), pp. 265~93; Barbara Negroni, *Lectures interdites: Le travail des censeurs au XXVIIIe siècle, 1723~1774*(Paris, 1995); Georges Minois, *Censure et culture sous l'Ancien Régime*(Paris, 1995); Edoardo Tortarola, *Invenzione della libertà di stampa: Censura e scrittori nel Settecento*(Rome, 2011). 필자 역시 서적 출판행정청과 관련된 문서를 연구해 두 편의 논문을 발표한 바 있다. Robert Darnton, "Reading, Writing, and Publishing in Eighteenth-Century France: A Case Study in the Sociology of Literature," *Daedalus*(1971년 겨울), pp. 214~56; Robert Darnton, "Censorship, a Comparative View: France, 1789— East Germany, 1989," *Historical Change and Human Rights: The Oxford Amnesty Lectures 1994*(New York, 1994), pp. 101~30.

4 게이노스 신부Abbé Geinos(1750년 11월 24일), Bibliothèque nationale de France, ms. fr. 22137, document no. 103.

5 라그랑주 드 체시외Lagrange de Chécieux(1759년 9월 6일), ms. fr. 22138, no. 2.

6 시몽Simon(1752년 5월 2일), ms. fr. 22139, no. 113. "이 원고의 문체는 주제에 어울릴 만큼 웅장하고 화려하지 않습니다. 하지만 간략하면서도 성실하게 서술되어 있고, 분석이 대체로 제대로 이뤄져 있어 모든 사람이 읽을 만한 훌륭한 장점이 있습니다. 전체적으로 이 원고는 분석 내용과 관련된 흥미로운 역사적 사실을 풍부하게 곁들여 설명하면서 독자에게 교훈을 주는 격언과 재

미를 주는 일화도 담고 있습니다. 이 원고를 인쇄하는 데 문제가 될 만한 이유를 발견하지 못했기 때문에 인쇄를 승인해야 한다고 생각합니다."

7 예를 들면 드 마레유de Mareille(1752년 5월 4일), ms. fr. 22138, no. 111, *Vie de Grotius*에 관한 보고서.

8 라그랑주 드 체시외(1757년 11월 6일), ms. fr. 22152, no. 190.

9 푸셰 신부가 작성한 보고서(작성일 미상), ms. fr. 22137, no. 90.

10 데기네즈Déguignez가 작성한 보고서(작성일 미상), ms. fr. 22137, no. 135.

11 르 블롱Le Blond(1752년 10월 2일), ms. fr. 22138, no. 38. 파르시외Parcieux는 유사한 보고서(작성일 미상)에서 수학 원고의 승인을 거부했다. "어떤 규칙이나 해법을 찾을 수 없는 산수 문제가 혼란스럽게 뒤섞여 있습니다. 문제 양도 엄청나게 많습니다. [……] 저자는 리무쟁 출신 일꾼이 회반죽을 섞는 방식으로 문제를 풉니다. [……] 원고를 처음부터 끝까지 다 봐도 배울 게 하나도 없습니다. 만약 뭔가를 배운다 하더라도, 매우 부정확한 내용일 것입니다. 이렇게 설명이 형편없는 책들은 이미 너무 많습니다." ms. fr. 22139, no. 3.

12 작성자 및 작성일 미상의 보고서, ms. fr. 22140, no. 12.

13 드라빌Delaville(1757년 11월 23일), ms. fr. 22138, no. 19: "감식력과 안목이 결여된 편서입니다. [……] 이 저작물의 내용과 형식에서 혐오스러움을 느낍니다."

14 푸셰Foucher(1754년 1월 17일), ms. fr. 22137, no. 94.

15 레몽 드 생알빈Rémond de St. Albine(1751년 4월 29일), ms. fr. 22138, no. 78. 한 희곡 작품의 승인을 거부하면서 그 이유를 이렇게 설명했다. "이 희곡은 내용이 너무 진부합니다. 그 결점은 대화문의 매력으로도 상쇄할 수 없습니다. 전체적으로 문체에 문제가 있고, 심지어 문법상의 오류도 여러 군데 눈에 띕니다. 작품 도처에 각운이 잘못 쓰인 경우가 많은데, 섬세한 독자라면 모두 거슬린다고 느낄 것입니다. 독자들이 주목할 가치가 없는 작품들이 범람해 프랑스 문학의 명예를 실추시키게 두어서는 안 됩니다. 그것이 바로 이 작품의 인쇄를 허용할 수 없는 이유입니다."

16 기루아Guiroy(1753년 7월 24일), ms. fr. 22137, no. 136. 이 밖에도 반얀선주의 원고를 거절한 문서(작성자 및 작성일 미상) 역시 직설적이다. 원고의 내용은 완벽히 정통적이지만 "원고 전체가 횡설수설하고 있고, 논증이 허술하며, 표현이 장황하고, 문장 다수는 프랑스어라고 할 수도 없습니다." ms. fr. 22140, no. 17.

17 시몽이 작성한 보고서(작성일 미상), ms. fr. 22139, no. 107. "이 소설은 형편 없이 쓰였고, 문체가 좋지 않으며, 대부분의 용어가 부정확하고, 프랑스어가 올바르게 구사되어 있지 않습니다. 이 짧은 이야기는 현실성이 전혀 없으며, 이야기 속 유치한 모험은 독자들을 즐겁게 할 만큼 흥미롭지 않습니다. 대중을 위한 최소한의 유용성이나 교훈을 찾을 수 없으므로 승인을 거부하겠습니다."

18 드 부갱빌De Bougainville(1751년 8월 26일), ms. fr. 22137, no. 33.

19 같은 글.

20 C. G. de Lamoignon de Malesherbes, *Mémoires sur la librairie et sur la liberté de la presse*(1809, 원고 작성은 1788; 재출간: Geneva, 1969), p. 300.

21 1777년 8월 30일에 출판업을 통제하는 법령이 공표되면서, '단순 허가'라는 새로운 범주가 만들어졌다. 이는 특허가 만료된 원고를 재출간하기 위한 비독점적 권리를 승인하는 것이다. 법령은 특허를 취득한 저자의 권리를 명백히 밝히고 있다. 특허는 저자와 저자의 상속인이 영구적으로 소유할 수 있었다. 하지만 저자들은 대부분 자기 원고를 출판하는 서적상에게 특허를 양도했다. 그러한 경우, 1777년 칙령은 특허 존속 기간을 저자가 생존해 있는 동안과 최소 10년으로 제한했다. *Arrêt du Conseil d'Etat du Roi, portant règlement sur la durée des privilèges en librairie. Du 30 août 1777* 참고. 이 문서는 다음 책에 재수록되었다. Antoine Perrin, *Almanach de la librairie*(Paris, 1781). 이 책은 다음과 같이 재출간되어 있다. *Almanach de la librairie*(Aubel, Belgium, 1984; 서문은 Jeroom Vercruysse).

22 이 사례와 관련한 서신이나 보고서는 ms. fr. 22138, nos. 151, 160, 161, 168과 ms. fr. 22149, nos. 18~24에 흩어져 있다.

23 마리니 후작이 퐁세 드 라 그라브에게 보낸 편지(1755년 4월 17일), ms. fr. 22149, no. 65: "헌정사를 받아들인다는 건 그 책에 공식 허가를 내주는 것과 다름없습니다." 이 사건과 관련된 문서는 ms. fr. 22149, nos. 59~74에 있다.

24 몽크리프가 퐁세에게 보낸 편지(1755년 10월 13일), ms. fr. 22149, no. 67: "폐하께서 행정 업무를 맡긴 사람들의 동의 없이는 예술에 관한 어떤 원고도 승인할 수 없는 제 상황에 대해 알려드리게 되어 영광이라는 말씀만 반복해서 드릴 수밖에 없습니다. 저는 그들에게 간청하지도 않고, 그들이 그런 원고에 대한 의견을 드러낼 때 반박하지도 않습니다."

25 퐁세가 말제르브에게 보낸 편지(1755년 10월 21일), ms. fr. 22149, no. 69. 몽

크리프가 그에게 했던 말을 알리고 있다. "저는 그게 검열관으로서 저의 의무라는 것을 알고 있습니다. 하지만 마리니 후작의 뜻을 거역하지는 않을 것입니다. 그분께서는 이 책의 출판을 원치 않는다는 뜻을 내비치셨습니다."

26 같은 글.

27 검열관들에 대해 제대로 된 사회학적 연구를 하는 것은 18세기 프랑스 작가들에 대한 사회적 배경을 기술하는 것만큼이나 어려울 것이다. 자료가 불완전하고 정돈되어 있지 않기 때문이다. 그래도 검열관 명단이 매년 발행되던 『왕실 연감Almanach royal』에 정리되어 있어서, 프랑스 국립도서관Bibliothèque nationale de France의 아니송-뒤페롱 컬렉션에는 그들의 이력에 대한 흔적이 꽤 남아 있다. 윌리엄 핸리는 이러한 문서 등을 활용해 정확한 인명사전을 준비하고 있다. 이 사전이 완간되면 앙시앵레짐의 마지막 50년 동안 활동한 모든 검열관에 대한 본격적인 인물 연구가 가능해질 것이다. William Hanley, *A Biographical Dictionary of French Censors, 1742-1789*(Ferney-Voltaire, 2005), vol. I(A-B).

28 디드로의 『백과전서』와 그 뒤를 이은 『방법론 백과전서Encyclopédie méthodique』에 글을 쓴 사람들의 사회적·직업적 특성에 대해서는 다음 책을 참고하라. Robert Darnton, *The Business of Enlightenment: A Publishing History of the Encyclopédie, 1775~1800*(Cambridge, Mass., 1979), pp. 437~47.

29 "Mémoire sur l'état ancien et actuel de la librairie, présenté à M. de Sartine, directeur général de la librairie et imprimerie, par les syndic et adjoints en charge au mois de mars 1764," Bibliothèque nationale de France, Collection Anisson-Duperron, ms. fr. 22063, fol. 136 verso.

30 테라송이 말제르브에게 보낸 편지(1758년 3월 5일), ms. fr. 22146, no. 61: "총감님, 게다가 전 현재 책들을 검토하고 있지 않습니다. 다게소 대법관님께서 저에 대한 호의로 손수 저를 [검열관] 명단에 올려두셨습니다. 여러 이유가 있었는데, 제 아버지가 오랫동안 검열관이었던 것도 그중 한 가지 이유였습니다. [그분의 의도대로] 아직 진행되지 않았고, 저는 다른 일에 전념하고 있는 상황입니다."

31 이 수치는 『왕실 연감』에 나온 명단에 기초한 것이다. 그런데 더 이상 검열을 하지 않는 사람들의 이름이 계속 올라오는 경우도 있었기 때문에 이 수치는 대략적인 것이다. 검열관을 집단으로서 다룬 가장 최근의 연구는 다음 논문이다. Catherine Blangonnet, "Recherche sur les censeurs royaux et

leur place dans la société au temps de M. de Malesherbes"(Ecole des Chartes, 1975). 이 논문을 찾을 길이 없어서, 필자는 다음 두 권의 책에 요약된 내용을 참고했다. Daniel Roche, "La Censure," in *Histoire de l'édition française: Le livre triomphant 1660-1830*, ed. Roger Chartier and Henri-Jean Martin(Paris, 1984), p. 91; Raymond Birn, *La Censure royale des livres dans la France des Lumières*(Paris, 2007), pp. 101~31. 비른Birn의 책에는 그 외에도 추가적인 내용이 다수 수록되어 있다. 같은 자료를 바탕으로 한 필자의 연구도 비른의 결론 가운데 많은 부분이 사실임을 입증한다. 검열관 수와 관련해 조금 다른 통계자료를 보려면 다음 책을 참고하라. Robert Estivals, *La Statistique bibliographique de la France sous la monarchie au XVIIIe siècle*(Paris, 1965), p. 50.

32 Estivals, *La Statistique bibliographique de la France sous la monarchie.* 여러 유형의 출판 허가 요청이 서로 다른 등록부에 등재되었기 때문에 통계 결과가 달라질 수밖에 없다. 이 문제에 대한 논의와 추가적인 양적 분석을 보고 싶다면, 다음 책에 수록된 글들을 참고하라. *Livre et société dans la France du XVIIIème siècle*, ed. François Furet(Paris, 1965 and 1970). 복잡한 사항들을 고려해야 하는 특허와 묵인 요청 건에 대한 정리를 보고 싶다면, 다음 글을 참고하라. Henri-Jean Martin, "Une croissance séculaire," in *Histoire de l'édition française*, vol. 2, *Le livre triomphant 1660-1830*, ed. Roger Chartier and Henri-Jean Martin(Paris, 1984), pp. 97~100.

33 5막 3장: "내 글이 권위, 종교, 정치, 도덕, 권력자, 유력 기관, 오페라, 연극 제작, 주요 인사만 다루지 않는다면, 난 검열관 두세 명의 확인만으로 무엇이든 자유롭게 출판할 수 있었지."

34 Max Weber, "The Development of Bureaucracy and Its Relation to Law," in *Max Weber: Selections in Translation*, ed. W. G. Runciman(Cambridge, 1978), pp. 341~56. *Le Grand Robert de la langue française*(Paris, 2001), vol. 1, p. 1755에 따르면 '관료제bureaucratie'라는 용어는 1759년에 사망한 경제학자 구르네J.-C.-M.-V. de Gournay가 만들었다. 또한 다음 책도 참고하라. Ferdinand Brunot, *Histoire de la langue française des origines à nos jours*(Paris, 1966), vol. 6, pt. 1, pp. 445~47. Louis-Sébastien Mercier, in *Tableau de Paris*(Amsterdam, 1783; 개정판: ed. Jean-Claude Bonnet, Paris, 1994), vol. 2, p. 572. 이 책에는 '관료제'라는 제목의 장이 있는데, 일반 국민의 시선이 미치지 않는 곳에서 국가 공무원이 임의로 행사하는 권한에 대해서 강조하고 있다. "관료주의. 내

각 부서의 다양한 사무실에서 근무하는 평범한 서기관들의 광범위한 권한을 간결하고 효과적인 방식으로 명명하기 위해 최근 만들어진 단어. 그들은 자신들이 직접 기안하거나 사무실 먼지 더미 밑에 쌓여 있던 수많은 계획들을 마구잡이로 진행한다. 개인적인 기호나 관심에 따라 진행하기도 한다."

35 18세기 프랑스 행정의 불합리한 면에 대한 분석은 다음 책들을 참고하라. Marcel Marion, *Les Impôts directs sous l'Ancien Régime: Principalement au XVIIIème siècle*(Paris, 1910); Herbert Lüthy, *La Banque protestante en France, de la Révocation de l'Edit de Nantes à la Révolution*(Paris, 1959); J. F. Bosher, *French Finances 1770-1795, from Business to Bureaucracy*(Cambridge, 1970).

36 Pierre Grosclaude, *Malesherbes: Témoin et interprète de son temps*(Paris, 1961). 말제르브가 주고받았던 서신을 보면, 집무실은 목요일마다 출판업과 관련된 갖가지 사무를 보려는 사람들로 붐볐다. 예를 들어 다음 서신들을 참고하라. 말제르브가 툴루즈 대주교에게 보낸 편지(1763년 8월 17일), ms. fr. 22150, no. 62; 말제르브가 세몽빌Semonville에게 보낸 편지(1760년 2월 14일), ms. fr. 22146, no. 87.

37 이러한 용어에 대해서는 Brunot, *Histoire de la langue française*, vol. 6, pt. 1, p. 445 참고.

38 몽크리프가 말제르브에게 보낸 편지(1775년 11월 4일), ms. fr. 22138, no. 159.

39 검열 지시서에 자신의 판단을 적어 돌려보낸 사례로 다음 문서를 보라. 보즈Boze가 말제르브에게 제출한 보고서(1751년 2월 28일), ms. fr. 22137, no. 38. 이와 비슷한 다음 문서도 참고하라. 세쿠세Secousset가 말제르브에게 제출한 보고서(1752년 1월 2일), ms. fr. 22139, no. 98.

40 검열 과정에 대한 이러한 설명은 말제르브와 검열관들이 주고받은 서신 이곳저곳에 나타나는 의견들을 참고한 것이다. 특히 다음 서신들을 참고하라. 밀레Millet가 말제르브에게 보낸 편지(1755년 2월 28일, 5월 26일); 밀레가 파리 대주교에게 보낸 편지(1755년 12월 9일), ms. fr. 22138, nos. 137, 138, 139; 말제르브에게 보낸 편지(작성자 미상, 1753년 3월 24일), ms. fr. 22137, no. 91; 라시코Rassicod가 말제르브에게 보낸 편지(1750년 12월 24일), ms. fr. 22139, no. 18; 시몽이 말제르브에게 보낸 편지(1755년 10월 1일), ms. fr. 22139, no. 135; 르 블롱이 말제르브에게 보낸 편지(1752년 10월 2일), ms. fr. 22138, no. 37; 부사넬Boussanelle이 말제르브에게 보낸 편지(1761년 2월 21일), ms. fr. 22146, no. 43; 말제르브가 뷔레Buret에게 보낸 편지(1762년 6월 22일),

ms. fr. 22150, no. 103; "Rapports et décisions" 시리즈, ms. fr. 22140, nos. 80~109. 1781년에 특허를 받는 정식 과정에 대한 묘사는 Perrin, *Almanach de la librairie* 참고.

41 뷔레가 말제르브에게 보낸 편지(1762년 7월 9일), ms. fr. 22150, no. 115.

42 라 빌La Ville 신부가 말제르브에게 보낸 편지(1756년 8월 8일), ms. fr. 22138, no. 12. "역사와 정치에 관련된 원고가 제 책상 위에 수북이 쌓여 있습니다. 그중 대부분은 내용과 형식 면에서 가치가 없습니다. 그러니 제가 그 원고들에 짧고 피상적인 관심밖에 줄 수 없는 건 당연한 일입니다."

43 푸셰(1754년 8월 25일), ms. fr. 22137, no. 97: "영혼과 로크 씨를 연상케 하는 그 지식의 원천에 대해 쓰인 엄청나게 긴 원고를 검토하고 있다. [……] 내가 볼 때 내용은 매우 좋다. [……] 그럼에도 많은 부분을 삭제하고 또 수정해야 한다. 내게는 부담스러운 노동이자 글쓰기 작업이다. 역사책과 선집 만세!"

44 시몽(1752년 8월 30일), ms. fr. 22139, no. 134.

45 라 팔름(작성일 미상), ms. fr. 22138, no. 11; 테르시에Tercier(1751년 2월 1일), ms. fr. 22139, no. 144; 바르텔미Barthélemy(작성일 미상), ms. fr. 22137, no. 8; 카위사크Cahusac(작성일 미상), ms. fr. 22137, no. 45.

46 코트레Cotteret(1756년 9월 9일), ms. fr. 22137, no. 57.

47 볼테르가 합법적·비합법적 출판 체계를 활용한 사례에 관해서는 René Pomeau, *Voltaire en son temps*, 신판, vol. 1(Oxford, 1995), pp. 799~800, 810~11 참고.

48 말제르브가 오베르에게 보낸 검열 지시서(1759년 3월 18일), ms. fr. 22142, no. 17. 전쟁부의 한 관료가 쓴 『군사 연대기*Chronologie historique militaire*』도 검열관 선택과 관련해서 유사한 사례였다. 벨일 원수의 요청에 따라 말제르브는 외무부의 한 관료에게 검열 지시서를 발급했다: 말제르브가 벨일에게 보낸 편지(작성일 미상), ms. 22143, no. 87. 스트라스부르 대학교의 한 교수는 알자스에 대한 책을 집필한 뒤 말제르브에게 그 지역의 특색을 이해할 수 있는 알자스 사람이 원고를 검열할 수 있게 해달라고 요청했다. 말제르브는 알자스 사람 명단과 함께 저자가 선호하는 사람에게 검열 지시서를 보내겠다는 답장을 보냈다: 말제르브가 쇼플랭Schoepflin에게 보낸 편지(1761년 4월 6일), ms. fr. 22142, no. 1.

49 퐁트넬Fontenelle(1750년 10월 2일), ms. fr. 22137, no. 85.

50 "Travail du 30 septembre 1754"라는 제목의, 서적출판행정청 내 결정에 대한

문서, ms. fr. 22140.

51 피카르데Picardet, canon of Saint-Jean-de-Dijon(1763년 8월 2일), ms. fr. 22148, no. 51. 이 서신 상단에는 "검열 지시서를 미쇼 씨에게 보냈음"이라는 메모가 적혀 있었다.

52 몽크리프Moncrif(작성일 미상), ms. fr. 22138, no. 167.

53 몽크리프(작성일 미상), ms. fr. 22143, no. 81, 몽크리프는 라 봄La Baume 신부가 그의 원고 *La Christiade*를 검열한 게 자신임을 알게 되었다고 불만을 토로했다. "검열관의 정체가 저자에게 알려지면 더 이상 자유롭게 판단할 수 없습니다. 라 봄 신부가 제 손에 자신의 운명이 달려 있다는 내용의 편지를 보내왔습니다."

54 데파르시외Déparcieux(1753년 11월 29일), ms. fr. 22152, no. 109.

55 밀레(1756년 7월 16일), ms. fr. 22138, no. 144.

56 말제르브는 달랑베르에게 긴 편지를 보내 자신이 견지하고 있는 관용과 불편부당의 원칙에 대해 설명했다. 그는 계몽사상가들과 대립했던 주요 인물인 엘리-카트린 프레롱Elie-Catherine Fréron의 원고에 대해 조치를 취해달라는 요청을 거부했다. 사상 차원에서 이뤄지는 논쟁을 제한하고 싶지 않다는 게 그 이유였다. 이 편지 전문은 다음 책에 수록되어 있다. Negroni, *Lectures interdites*, pp. 60~61.

57 말제르브는 저서인 『서적 출판업에 대한 회고*Mémoires sur la librairie*』에서 검열 감독에 대해 설명하며, 원고가 교회, 왕, 도덕 또는 특정 개인을 모욕하지 않는 한 사상의 자유로운 교환이라는 원칙을 지키려 했다고 주장했다. Malesherbes, "Second mémoire," in *Mémoires sur la librairie*, 특히 pp. 83~90 참고.

58 세나크Sénac가 말제르브에게 보낸 편지(작성일 미상), ms. fr. 22143, no. 36; 바롱이 말제르브에게 보낸 편지(1755년 12월 31일), ms. fr. 22143, no. 35.

59 마르실리Marcilly(1755년 11월 7일), ms. fr. 22138, nos. 111, 112.

60 타네보Tanevot(1752년 10월 12일), ms. fr. 22139, no. 141.

61 아르세르Arcere 씨의 『라로셸의 역사*Histoire de la Rochelle*』에 대한 보고서(작성자 및 작성일 미상), ms. fr. 22140, no. 16: "이 원고는 전반적으로 연설 투의 문체로 쓰여 있습니다. 때로는 매우 과장되고, 거드름 떨기도 하며, 무엇보다 신조어가 너무 많습니다―역사란 간결하고 고매한 양식으로 쓰여야 하는데, 이 원고는 그렇지 않습니다. 비록 자신이 맡은 책의 문체를 수정하는

게 검열관의 일은 아니지만, 그럼에도 너무나도 기이해 보이는 표현들이 있어서 그중 가장 이상해 보이는 몇 군데에 연필로 표시를 해두었습니다. 저자가 그 부분에 주의를 기울이기로 약속했습니다."

62 몽크리프는 『오페라의 역사*Histoire de l'Opéra*』 원고를 거절하면서 말제르브에게 다음과 같은 메모(1751년 8월 18일, ms. fr. 22138, no. 150)를 남겼다. "저는 이 원고를 승인할 수 없습니다. 부디 다른 검토자를 지명해주십시오. 저자에게 몇 가지 수정을 제안했지만, 그가 거부했습니다."

63 몽크리프(1755년 11월 4일), ms. fr. 22138, no. 159. 몽크리프는 오페라 「피쿠스와 카넨테Picus et Canente」 대본의 서막 부분에서 루이 15세에 대한 찬사가 불충분하다는 것을 발견했다. 그는 저자인 리부아르 드 테랄브Rivoire de Terralbe에게 "서막을 삭제해야 하며, 이 사심 없는 비평을 기꺼이 받아들여야 합니다"라고 전했다.

64 말제르브는 동정심 많은 검열관이 "불쌍한 글쟁이를 돕기 위해서" 한 책력을 승인해주려고 하는 데 개입했다: 작성일 미상의 편지, ms. fr. 22141, no. 151. 또한 몽크리프가 말제르브에게 보낸 메모(1751년 4월 1일), ms. fr. 22138, no. 149도 참고하라. 몽크리프는 *Dialogues et fables allégoriques*라는 원고를 승인해주었다: "제가 일부 문제되는 내용을 삭제했기 때문에 이 원고에는 도덕에 반하는 부분이 없습니다. 그 정도가 제가 말할 수 있는 최선입니다. 하지만 저자는 수입이 없습니다. 그는 이 우화들을 써서 300리브르를 벌고 있습니다. 그러니 그 우화들을 출판할 수 있게 묵인을 내리는 관용을 베풀어주십시오. 시는 전반적으로 형편없고, 우화의 주제도 대부분 비현실적이어서 이 원고에 승인을 내리는 것은 말도 안 됩니다. 하지만 이 책은 형편없는데도 읽는 독자들이 있는 다른 많은 책들처럼 결국 사라지게 될 것입니다." 크레비용 피스라고 알려진 클로드-프로스페르 졸리오 드 크레비용Claude-Prosper Jolyot de Crébillon은 중요한 소설가이자 검열관이었는데, 그 역시 저자들에게 동정심을 많이 느꼈다. 그는 통상 수명이 짧은 작품만 경찰 허가를 받을 수 있게 조율해주었다. 다소 미화되어 있지만 크레비용의 사례에 대해서는 다음 글을 참고하라. Louis-Sébastien Mercier, "audiences," *Tableau de Paris*, vol. 1, pp. 804~808.

65 푸셰(1762년 8월 24일), ms. fr. 22148, no. 110.

66 푸셰(1755년 12월 20일), ms. fr. 22137, no. 98. 푸셰는 말제르브에게 원고가 두 부분으로 나뉘어 왔다고 설명했다. 첫 부분에 대해서는 "기꺼이 승인하려 했

습니다. 하지만 두번째 부분에서 중단할 수밖에 없었습니다. 승인할 수 없는 문단을 다수 발견했습니다. 또한 저자가 저의 요구 사항을 받아들이지 않기로 결정했기 때문에 저는 그에게 원고를 돌려보내면서, 그 원고를 승인할 수 없으며 그가 허가를 받는 일에 더 이상 개입하지 않겠다는 의사를 전했습니다."

67 코트레(1756년 9월 9일), ms. fr. 22137, no. 57; 말제르브가 살몽Salmon에게 보낸 편지(1760년 5월 23일), ms. fr. 22148, no. 23.

68 슈발리에 뒤 플레시Du Plessis가 말제르브에게 보낸 편지(1763년 7월 10일), ms. fr. 22150, no. 131. 그는 이 편지에서 검열관에 대한 불만을 토로했다. "저는 열정적인 검열관의 승인을 받기 위해 그를 불쾌하게 한 구절을 삭제하겠다고 제안했습니다. 따라서 그와 합의한 조건을 충족한 셈입니다. 하지만 이 신사는 삭제에 찬성하고 싶지 않으며 [그를 불쾌하게 한 구절들을] 더 부드럽게 수정해야 한다고 주장하면서 저를 더욱 괴롭히고 있습니다. 전 더 이상 고치지 않을 것입니다. [······] 제가 이 박해자에게 당한 것만 같은 기분입니다." 뒤 플레시가 말제르브에게 보낸 편지(작성일 미상), ms. fr. 22150, no. 132 또한 참고하라.

69 *Traité démonstratif de la quadrature du cercle*의 저자가 말제르브에게 보낸 편지(작성일 미상), ms. fr. 22138, no. 71.

70 Daniel Roche, "La Censure," in *Histoire de l'édition française: Le livre triomphant 1660-1830*(Paris, 1984), vol. 2, p. 83.

71 다음 책들을 참고하라. J.-P. Belin, *Le Commerce des livres prohibés à Paris de 1750 à 1789*(Paris, 1913); Robert Darnton, *The Forbidden Best-Sellers of Pre-Revolutionary France*(New York, 1995). [한국어판: 『책과 혁명: 프랑스혁명 이전의 금서와 베스트셀러』, 주명철 옮김, 알마, 2014.]

72 이와 관련된 내용은 서적출판행정청과 파리 서적상과 인쇄업자 공동체 관련 문서 보관소에서 다수 발견된다. 하지만 그보다 말제르브의 『서적 출판업에 대한 회고』에서 가장 잘 드러난다. Malesherbes, *Mémoires sur la librairie*, pp. 86, 177. 검열관들도 이러한 시각을 공유했는데 그 사례로 다음 문서를 참고하라. 살리에가 말제르브에게 제출한 보고서(1750년 12월 28일), ms. fr. 22139, no. 80. 그 검열관은 경제적인 이유에서 온건한 프로테스탄트 작품에는 비공식적인 용인이 주어져야 한다고 주장했다: "매일같이 상당한 돈이 네덜란드에서 인쇄되는 책들을 구입하는 데 쓰이고 있습니다. 도덕이나 종교에

대놓고 반하지 않는 작품을 용인해주는 건 국가에 크게 공헌하는 것이라고 생각합니다."

73 이러한 업무 협조의 많은 사례가 다음 시리즈에 있다. "Rapports et décisions," ms. fr. 22140, nos. 80~109. 또한 다음 문서들도 참고하라. 아르장송 백작이 말제르브에게 보낸 편지(1755년 2월 11일), ms. fr. 22140, no. 72; 마쇼가 말제르브에게 보낸 편지(1756년 7월 19일), ms. fr. 22143, no. 138; 말제르브가 프라슬랭 공작에게 보낸 편지(1763년 1월 3일), ms. fr. 22144, no. 142; 말제르브가 아르장송 백작에게 보낸 편지(작성일 미상), ms. fr. 22147, no. 54.

74 "Acceptations et refus d'éloges et de dédicaces"로 분류된 일련의 문서들을 참고하라(ms. fr. 22140, nos. 18~54).

75 *Mélanges philosophiques par M. Formey*에 관한 보고서(작성자 및 작성일 미상), ms. fr. 22140, no. 3.

76 밀레의 메모(작성일 미상), ms. fr. 22140, in "Rapports et décisions."

77 *Lectures interdites*, p. 195에서 바버라 네그로니Barbara Negroni는 각양각색의 사후 검열로 비난받은 모든 책 가운데 64퍼센트는 얀선주의와 관련이 있고, 8퍼센트는 철학 서적일 것으로 추정한다.

78 라드보카Ladvocat(1757년 11월 16일), ms. fr. 22138, no. 33. 한 검열관은 이신론에 대한 프로테스탄트적인 논박도 받아들였다: 밀레(1758년 11월 6일), ms. fr. 22138, no. 141. 하지만 다른 검열관은 종교적인 관용을 논하는 프로테스탄트 원고의 승인을 거부했다: *Questions sur la tolérance*에 관한 부결서(작성자 및 작성일 미상), ms. fr. 22149, no. 121.

79 데파스Depasse(1757년 10월 19일), ms. fr. 22139, no. 12. 장-앙리-사뮈엘 포르메Jean-Henri-Samuel Formey의 책 『자연법의 원칙들Les Principes du droit naturel』에 대해 이렇게 썼다: "결혼에 관해서 변경되어야 한다고 주장하는 몇 가지 원칙을 제시하고 있다. 하지만 저자는 자신의 신앙에서 받아들여지는 교리에 따라 의견을 개진하고 있다. 이러한 측면에서 그가 말하고자 하는 바가 위험하다고는 생각지 않는다."

80 드 로름De Lorme(1752년 4월 13일), ms. fr. 22138, no. 61. 한 예수회 회원이 *Réfutation d'un livre publié par feu M. l'évêque de Mirepoix sous le titre de Défense de la grâce efficace par elle-même*의 재출판을 요구했는데 거절되었다는 내용의 문서(작성일 미상), ms. fr. 22140, in "Rapports et décisions" 파일, no. 80~109: "대법관께서 이 주제에 대한 새로운 책 출판 허가는 타당하지 않다고 생각하

쉽니다." 정리되지 않은 파일에서 문서의 위치를 지목하는 건 어려운 작업이다.

81 루슬레Rousselet가 작성한 미서명 문서(작성일 미상), ms. fr. 22139, no. 70. 검열관들의 모임을 기록한 1745년 8월 17일 자 문서("Rapports et décisions," 페이지가 매겨져 있지 않다)에는, 얀선주의 관련 원고를 거부한 이유에 대해 다음과 같이 설명되어 있다. "이러한 책들은 화만 돋을 뿐이다."

82 *Exposition des vérités chrétiennes et des moeurs de ce siècle*에 관한 탐포네 Tamponnet의 부결서(작성일 미상), ms. fr. 22139, no. 150: "저자의 의도는 칭찬할 만하지만 안타깝게도 그 의도를 실현할 솜씨가 부족하다. 그는 이신론자들과 논쟁하고 싶어 한다. 하지만 체계도, 원칙도, 어법도 부족한 상태다. 나는 그의 원고가 무용할 뿐만 아니라 심지어 유해하다고 생각한다. 종교를 옹호하는 논리가 빈약한 책을 낸다는 건 은연중에 종교의 권위를 폄훼하는 격이기 때문이다."

83 코트레(1751년 5월 26일), ms. fr. 22137, no. 54. *Théologie curieuse, ou questions recherchées extraites des Saintes Ecritures*라는 원고 승인을 거부하면서 코트레는 다음과 같이 언급했다: "이 원고에서 저자가 종교에 관한 문제를 다루는 방식은 설득력이 없다. 그의 주장은 미약하고, 영혼을 깨우칠 수 있는 방식으로 제시되지 않는다. 더군다나 그 작품은 형편없이 쓰였다. 나는 이 원고가 전혀 유용하지 않다고 생각한다." 르 루쥬Le Rouge 신부도 같은 이유로 *Exhortations sur l'Eucharistie*라는 원고 승인을 거절하는 보고서(1751년 3월 4일), ms. fr. 22138, no. 45를 제출했다: "장 구분도 제대로 되어 있지 않고, 체계도 통일성도 부족하다. [장들은] 반복적인 구절로 채워져 있는데, 해당 장의 주제와 관련이 없다. 표현도 진부해서, [종교의] 신비적 웅장함에는 한참 못 미친다. [……] 종교에 해가 될 수 있는 무용한 작품으로 대중에게 부담을 줘서는 안 된다."

84 몽크리프(1755년 11월 4일) ms. fr. 22138, no. 159. 몽크리프는 보고서(작성일 미상), ms. fr. 22138, no. 162를 통해 프랑스군의 승리에 대한 책에서 일부 단락을 삭제해야 한다고 주장했다. 왕을 향한 찬사에서 받아들일 수 없는 언어를 사용했다는 게 그 이유였다.

85 테르시에(1758년 3월 25일), ms. fr. 22141, no. 2.

86 살레Salley(1759년 4월 11일), ms. fr. 22139, no. 94.

87 말제르브가 프라슬랭 공작에게 보낸 편지(1763년 1월 3일), ms. fr. 22144, no.

142.

88 벨일 원수가 말제르브에게 보낸 편지(1760년 8월 25일), ms. fr. 22147, no. 188.

89 장-바티스트 마쇼 다르노빌이 말제르브에게 보낸 편지(1753년 5월 5일), ms. fr. 22149, no. 110. 1750년 8월에 마쇼는 평민뿐만 아니라 귀족과 성직자에게 도 "20분의 1" 세제를 도입하려고 시도했다. 하지만 이 시도는 곧 엄청난 반발을 불러일으켰고 결국 실패로 끝나고 말았다. 성직자들의 반대가 가장 큰 이유였다.

90 『클레멘스 11세의 삶*Vie de Clément XI*』에 묵인을 내어준 것은 예외적인 경우 였다. 그 배경에는 루슬레가 1751년 12월 23일에 말제르브에게 보낸 추천장 이 있었다(ms. fr. 22139, no. 67): "그 원고에 고등법원을 공격할 수 있는 내용 은 전혀 없습니다. [……] 세 군데 정도만 부분적으로 다시 쓰면 될 것 같습니 다."

91 보나미Bonamy(1755년 12월 18일), ms. fr. 22137, no. 23.

92 라보르Lavaur라는 이름의 한 검열관은 "도덕에 반하는 것으로 보이는 몇몇 일화 때문에" *Bibliothèque amusante*에 들어갈 책 한 권에 대해 승인을 거부하 는 내용의 메모(작성일 미상), ms. fr. 22141, no. 96를 말제르브에게 보냈다. 말제르브는 다른 검열관을 배정했고, 그 검열관은 원고를 승인했다.

93 드 파스De Passe(1753년 7월 16일), ms. fr. 22139, no. 9: "이 원고의 몇몇 부분은 상스럽고, 조금도 감추는 게 없을 만큼 지독히 외설적이다. 나머지 부분도 우스꽝스러운 허구이며, 아무런 매력이나 유용성이 없는 생각으로 가득하다. 저자가 이렇게 도덕을 공격하는 것은 물론, 문장도 형편없고 아무런 흥미도 유발하지 못하는 원고를 검열받겠다고 제출한 데는 조롱하려는 의도가 있는 것이라고 확신한다."

94 드 라 아예De La Haye(작성일 미상), ms. fr. 22138, no. 11.

95 부도 신부Abbé Boudot(1754년 9월 10일), ms. fr. 22137, no. 27.

96 테르시에(작성일 미상), ms. fr. 22144, no. 203.

97 들라가르드Delagarde(1758년 1월 2일), ms. fr. 22143, no. 93.

98 드 실루엣De Silhouette(1753년 5월 5일), ms. fr. 22140, no. 26.

99 기루아 신부가 말제르브의 비서에게 보낸 것으로 보이는 편지(1751년 10월 25일), ms. fr. 22137, no. 135.

100 시몽(1752년 2월 23일), ms. fr. 22139, no. 128.

101 Malesherbes, *Mémoires sur la librairie*, pp. 91~92. 또한 pp. 58, 101~102, 206에

나오는 비슷한 언급도 참고하라.

102 예를 들어 루슬레는 *Le Mot et la chose*라는 소설 원고를 승인하는 보고서 (1751년 10월 30일), ms. fr. 22139, no. 69에서 다음과 같이 썼다: "원고 안의 모든 요소가 사려 깊고 질서 정연합니다. 제가 볼 때는 플롯에 등장하는 인물과 관련해서 어떠한 차용이 있는 것 같지 않습니다. 따라서 이 원고에 불만을 제기할 사람도 없을 것으로 보입니다. 다만 혹시 그런 사람이 있다 해도 그건 저자가 감당해야 할 몫입니다. 왜냐하면 제가 아는 사람 중에 그게 사실이든 아니든 관계없이 원고에 나오는 모험을 감행할 만한 이는 아무도 없기 때문입니다." 경찰들이 '차용'에 가졌던 강박에 대한 논의는 Robert Darnton, "Vies privées et affaires publiques sous l'Ancien Régime," *Bohème littéraire et Révolution*(Paris, 2010), pp. 113~34 참고.

103 근세 시대 도서 출판과 통제와 관련한 모든 측면을 개괄하고 있는 책으로는 *Histoire de l'édition française*, ed. Roger Chartier and Henri-Jean Martin, 2 vols.(Paris, 1982~84) 참고.

104 『정신론*De l'Esprit*』 사건에 대한 많은 설명 가운데 특히 다음 글을 참고하라. Didier Ozanam, "La Disgrâce d'un premier commis: Tercier et l'affaire de *De l'Esprit*(1758~1759)," *Bibliothèque de l'Ecole des Chartes*, 113(1955), pp. 140~70; David W. Smith, *Helvétius: A Study in Persecution*(Oxford, 1965). 말제르브는 국가 권위를 침해하려는 고등법원의 시도에 대한 자신의 견해를 드러낸 바 있다. Malesherbes, *Mémoires sur la librairie*, pp. 58~74.

105 해당 시기의 전반적인 상황에 대해서는 Dale Van Kley, *The Damiens Affair and the Unraveling of the Ancien Régime, 1750-1770*(Princeton, 1984) 참고.

106 Isambert, Jourdan, and Decrusy, *Recueil général des anciennes lois françaises*(Paris, 1821~33), vol. 22, pp. 272~74.

107 필자는 『백과전서』의 경제적인 측면에 대해서 *The Business of Enlightenment*에서 이미 논한 바 있다. 특히 2장과 7장을 참고하라.

108 예를 들어 Malesherbes, *Mémoires sur la librairie*, pp. 85~86 참고.

109 말제르브는 『정신론』과 『백과전서』를 둘러싼 위기에 대해 전반적인 견해를 언급했다. Malesherbes, "Premier Mémoire," *Mémoires sur la librairie*, pp. 57~74.

110 1759년 이후 가장 시끄러웠던 사건은 이조아르J.-B.-C. Isoard가 쓴 『자연의 철학*De la Philosophie de la nature*』 출판이었다. 이는 볼테르의 영향을 받아 쓴 논문으로, 이조아르는 데릴 드 살Delisle de Sales이라는 필명으로 그 책을 냈

다. 데릴은 특허를 받길 희망하며 자신에게 호의적이었던 검열관 크레티앵 Chrétien 신부에게 원고를 제출했다. 그런데 데릴은 크레티앵 몰래 무삭제본을 출판하고자 시도했고, 이 문제로 두 사람은 크게 언쟁을 벌였다. 데릴은 두번째 검열관을 설득하고 또 속이기까지 해 책을 낼 수 있었고, 계속해서 후속 원고를 집필했다. 결국 이 사건은 세상을 떠들썩하게 만든 논쟁으로 확대되었다. 크레티앵은 검열관으로서 자신의 역할을 다했다고 변론하며 데릴의 기만행위를 비난했다. 그 책은 성직자 총회와 샤틀레 재판소의 결정에 따라 1775년에 사형 집행인에 의해 불태워졌다. Pierre Malandain, *Delisle de Sales philosophe de la nature(1741-1816)*(Oxford, 1982) 참고.

111 여기 언급된 모든 소도시에는 스위스의 출판사이자 도매상인 소시에테 티포그라피크 드 뇌샤텔Société typographique de Neuchâtel과 거래하는 서적상들이 있었다. 이 서적상들 가운데 당시 프랑스 서적상 명단을 총망라한 것으로 추정되는 『서적 출판업 연감*Almanach de la librairie*』(Paris, 1781)에 나와 있는 것은 없었다. 소시에테 티포그라피크 드 뇌샤텔과 그곳의 거래망에 대한 논의를 보려면 필자의 저서 두 권을 참고하라. Robert Darnton, *The Forbidden Best-Sellers of Pre-Revolutionary France*; *The Corpus of Clandestine Literature in France, 1769~1789*(New York, 1995).

112 이 문단에 나오는 정보의 출처는 훌륭한 저술인 다음 책이다. Thierry Rigogne, *Between State and Market: Printing and Bookselling in Eighteenth-Century France*(Oxford, 2007). 또한 스위스 소재 뇌샤텔 대학 공립도서관에 소장된 소시에테 티포그라피크 드 뇌샤텔에 관한 자료를 대상으로 필자가 수행한 연구에서도 정보를 가지고 왔다.

113 경찰의 불시 수색에 관해서는 Robert Darnton, *The Forbidden Best-Sellers of Pre-Revolutionary France*와 필자의 또 다른 저서 *Edition et sédition: L'Univers de la littérature clandestine au XVIIIe siècle*(Paris, 1991)을 참고하라. 후자의 책에는 필자가 영어로 출판하지 않은 많은 정보가 담겨 있다. 필자는 데므리의 출판물 경찰 업무에 대해 다음에서 다룬 바 있다. Robert Darnton, "A Police Inspector Sorts His Files: The Anatomy of the Republic of Letters," in *The Great Cat Massacre and Other Episodes in French Cultural History*(New York, 1984). [한국어판: 『고양이 대학살: 프랑스 문화사 속의 다른 이야기들』, 「제4장 한 경찰 수사관은 그의 명부를 분류한다: 문필 공화국의 해부」, 조한욱 옮김, 문학과지성사, 1996.]

114 파리의 경찰에 대한 최신 연구로는 다음 책들을 참고하라. Jean-Baptiste-Charles Le Maire, *La police de Paris en 1770: Mémoire inédit composé par ordre de G. de Sartine sur la demande de Marie-Thérèse d'Autriche*, ed. Antoine Gazier(Paris, 1879); Nicolas de La Mare, *Traité de police, où l'on trouvera l'histoire de son établissement, les fonctions, et les prérogatives de ses magistrats...*(Amsterdam, 1729); Jacques Peuchet, *Encyclopédie méthodique: Jurisprudence tome neuvième: Contenant la police et les municipalités*(Paris, 1789, 1791).

115 이어지는 이야기는 바스티유 기록 보관소에 있는, 많은 정보가 담긴 한 서류 파일에 기초한 것이다. Bibliothèque de l'Arsenal, Archives de la Bastille, ms. 11582.

116 이어지는 인용의 출처는 세 번에 걸쳐 이뤄진 보나퐁 심문 조서 사본이다. 같은 곳, fol. 55~57, 79~80, 115~16. 본문에 표시한 대로 대화의 일부를 최대한 원문과 가깝게 요약했다(따옴표는 넣지 않았다). 모든 심문 조서가 그렇듯이 원문은 과거 시제("질문했다" "답변했다" 등)로 작성되어 있다.

117 같은 곳, fol. 20. 필자는 아르스날 도서관에서 이 책의 사본을 찾아보았다: *Tanastès: Conte allégorique par Mlle de xxx*(The Hague, 1745), 8 B.L. 19489. 이 사본에는 우화 속 등장인물 뒤에 숨겨진 실제 인물들의 이름이 적힌 해설문이 포함되어 있었다.

118 서적 감독관 피에르-오귀스트 구필Pierre-Auguste Goupil이 치안총감 장-샤를-피에르 르누아르Jean-Charles-Pierre Lenoir에게 제출한 보고서(1774년 12월 14일), Bibliothèque de l'Arsenal, Archives de la Bastille, ms. 12446. 이어지는 설명은 유난히 방대한 이 문서철에 근거한 것이다.

119 같은 곳.

120 구필이 르누아르에게 제출한 보고서(1775년 1월 18일), 같은 곳.

121 같은 곳.

122 "Interrogatoire de la nommée Manichel dite la Marche à la Bastille"(1775년 1월 27일), 같은 곳.

123 라 마르슈La Marche가 바스티유에서 르누아르에게 보낸 편지(1775년 1월 28일), 같은 곳.

124 구필이 르누아르에게 제출한 보고서(1775년 1월 25일), 같은 곳.

125 바스티유 행정장교가 르누아르에게 보낸 편지(1775년 2월 2일), 같은 곳.

126 구필의 전임자인 조제프 데므리가 1771년 4월과 5월에 걸쳐 캉, 루앙, 알랑

송, 생말로에서 벌인 불시 수색에 대한 자세한 설명은 다음 문서를 참고하라. Bibliothèque nationale de France, ms. fr. 22101.

127 구필과 세농의 불시 수색 결과 "보고서Procès verbal"(1775년 2월 20일), Archives de la Bastille, ms. 12446.

128 구필과 세농의 불시 수색 결과 "보고서Procès verbal"(1775년 2월 23일), 같은 곳.

129 라 롱드가 르누아르에게 제출한 보고서(1775년 2월 26일), 같은 곳.

130 드소주가 자신에게 금서를 공급한 왈에게 보낸 편지들(1773년 4월 22일, 6월 24일, 7월 24일, 8월 6일)을 참고하라. 왈은 드소주에게 보낸 편지(1773년 7월 20일)에서 이미 화물을 보냈으니 생제르맹앙레 성에 있는 비밀 창고에서 찾아가라고 언질했다. 그 화물에는 『샤르트뢰 수도원의 문지기, 동 B○○○의 이야기』 16권, 『떠돌이 창녀La Putain errante』 148권, 『여학교L'Ecole des filles』 148권 등 총 448권이 포함되어 있었다. 이 모든 문서는 바스티유 기록 보관소에 있다(ms. 12446).

131 "Description des livres saisis sur le sieur Manoury"(1775년 2월 25일), 같은 곳. (이 문서는 훼손된 부분이 많고, 하단은 아예 사라져버렸다. 바스티유 습격 때 사람들이 밟아서 그렇게 되었을 가능성도 있다.) 본문에 이어져 나오는 목록에서 마지막 세 개 작품은 모푸가 기존 고등법원의 정치권력을 무너뜨리기 위해 고안하여 사법체계에 설치한 상급 법원conseils supérieurs을 암시한다. 루이 16세는 1774년 왕위를 계승한 뒤 고등법원을 원래대로 복원했다.

132 조제프 데므리가 작성한 메모(작성일 미상), Bibliothèque nationale de France, ms. fr. 22100, fol. 244.

133 그 자체로도 하나의 연구 주제가 될 수 있는 데므리의 1771년 임무에 대한 문서는 프랑스 국립도서관에 다수 보관되어 있다(ms. fr. 22101). 마누리는 데므리의 임무와 그로 인해 자신이 입은 피해에 대해 소시에테 티포그라피크 드 뇌샤텔에 보낸 여러 편지에서 언급했다. 그중 눈여겨볼 만한 건 1771년 12월 16일, 1778년 9월 27일, 1781년 11월 26일에 보낸 편지다. 하지만 마누리가 말하는 수치는 매번 달랐다. 자신의 사업 기반이 견고하다는 것을 선전하기 위해 손실 규모를 과장했을 것이다. 1781년 11월 26일 편지에서 그는 이렇게 썼다. "우리 모푸 정부가 성가시게 굴어서 내가 1771년에만 4만 리브르를 손해 봤다는 사실을 알립니다." 이 편지들에는 그가 벌인 활동에 대한 많은 정보가 포함되어 있다. 이 편지들은 뇌샤텔 대학 공립도서관의 소시에테 티포그라피

크 드 뇌샤텔 문서 자료에 포함된 마누리 사건 기록에서 찾을 수 있다.

134 마누리가 레코르셰 부인에게 보낸 광고지(1775년 1월 20일), Archives de la Bastille, ms. 12446.

135 가브리엘 르뇨Gabriel Regnault가 마누리에게 보낸 편지(1775년 2월 7일), 같은 곳.

136 마누리가 소시에테 티포그라피크 드 뇌샤텔에 보낸 편지들에는 그가 프랑스 및 해외의 서적상과 거래한 내용이 다수 언급되어 있다. 필자는 마누리가 벌인 사업의 이러한 측면에 대해 저서인 *Edition et sédition*, pp. 98~104에서 이미 다룬 바 있다.

137 르 바롱Le Baron이 마누리에게 보낸 편지(1774년 3월 22일, 6월 6일), Archives de la Bastille, ms. 12446. 캉 출신의 르 바롱은 마누리의 친구였다. 그는 런던으로 이주한 뒤 한 인쇄소에 취직했다. 그 인쇄소는 보마르셰가 루이-발랑탱 고스망Louis-Valentin Goesman과 붙었던 유명한 송사에 대해 회고한 내용을 담고 있는 *Mémoires pour servir à l'histoire du Parlement de Paris*라는 책과 샤를 테보 드 모랑드Charles Théveau de Morande가 뒤바리 부인의 명예를 심각하게 훼손했던 *Mémoires secrets d'une femme publique*라는 책 등을 찍어낸 바 있었다. 훗날 모랑드는 보마르셰의 중재로 프랑스 정부로부터 돈을 받고 그 책들을 없애버렸다.

138 가브리엘 르뇨가 마누리에게 보낸 편지(1775년 2월 7일), 같은 곳. 르뇨가 언급한 책들은 다음과 같다: 『세 사기꾼에 관한 논설*Traité des trois imposteurs*』, 모세, 예수, 무함마드를 '세 사기꾼'이라고 비방하는 악명 높은 반종교적인 작품; 『샤르트뢰 수도원의 문지기, 동 B○○○의 이야기』, 외설적이면서 교권에 반대하는 내용을 담고 있는 베스트셀러; 『시간의 오류에 대한 신학적인 사고*Pensées théologiques relatives aux erreurs du temps*』, 반종교적인 소책자; 『시테르의 신문*La Gazette de Cythère*』, 뒤바리 부인의 명예를 훼손하는 추문을 담은 책으로, 르뇨가 『뒤바리 백작부인의 생애에 대한 정확한 이야기*Précis historique de la vie de Mme la comtesse du Barry*』라는 제목으로 다시 인쇄한 작품; 『모푸아나, 또는 모푸 경의 사적인 비밀 편지*Maupeouana, ou correspondance secrète et familière de M. de Maupeou...*』, 모푸 내각에 반대하는 작품 선집; 『매춘부*La Fille de joie*』, 존 클리랜드John Cleland의 『매춘부의 회고록*Memoirs of a Woman of Pleasure*』 번역서.

139 마누리가 소시에테 티포그라피크 드 뇌샤텔에 보낸 편지(1775년 10월 4일),

뇌샤텔 대학 공립도서관의 소시에테 티포그라피크 드 뇌샤텔 문서.

140 바틸리오 레네가 소시에테 티포그라피크 드 뇌샤텔에 보낸 편지(1777년 11월 7일), 같은 곳.

141 드소주가 마누리에게 보낸 편지(1775년 1월 11일), Archives de la Bastille, ms. 12446. 모푸 내각은 1774년 5월 10일 루이 15세가 사망하면서 해산되었지만, 그를 공격하는 서적은 루이 16세의 취임 이후에도 광범위하게 판매되었고 경찰에 집중적인 단속을 받았다.

142 드소주가 마누리에게 보낸 편지(1775년 1월 15일), 같은 곳.

143 라 마르슈가 아버지에게 보낸 편지(1775년 3월 5일), 같은 곳. 라 마르슈의 사건 기록에 있는 모든 편지는 수령인에게 하나도 전달되지 않았다. 다른 수감자들의 편지들도 마찬가지였다.

144 구필이 르누아르에게 제출한 보고서(1775년 1월 24일, 1월 25일), 같은 곳.

145 르누아르가 라 브릴리에르La Vrillière에게 보낸 편지(작성일 미상), 같은 곳. 라 브릴리에르는 그 편지 여백에 "이 청원에 동의함"이라고 메모한 뒤 바스티유로 전달했고, 한 관리도 "1775년 3월 26일 명령에 따라 가능함"이라고 적어놓았다. 이 사건은 비록 비천한 일개 부키니스트bouquiniste와 관련된 것이었지만, 왕까지 직접 관심을 가졌다. 1775년 1월 26일에 내무대신이자 바스티유 책임자였던 라 브릴리에르 공작은 치안총감 르누아르에게 다음과 같은 내용의 서신을 보냈다. "폐하께 라 마르슈라는 여자를 체포했다고 보고드렸소. 폐하께서는 단호히 이를 승인하셨고, 이 사건을 [적극적으로] 파헤쳐서, 가능하다면 본보기로 삼을 수 있기를 바라셨소."

146 바스티유 행정장교가 르누아르에게 제출한 보고서(1775년 3월 30일), 같은 곳.

147 르누아르는 회고록으로 출판하고자 했던 원고 초안에서 구필의 체포와 사망에 대해서 언급했다. 이는 오를레앙 시립도서관에 있는 그의 문서 목록(ms. 1422)에 포함되어 있다. 필자는 이미 다음 책에서 구필의 이력에 대해 두루 언급한 바 있다. Robert Darnton, *The Devil in the Holy Water, or the Art of Slander from Louis XIV to Napoleon*(Philadelphia, 2010), chap. 9.

제2부 영국령 인도: 자유주의와 제국주의

1 자유주의와 제국주의가 거리가 멀고, 사실상 양립 불가능한 '주의'였음이 잘
   설명된 예로, 대단히 영향력 있는 교과서인 다음 책을 참고하라. R. R. Palmer
   and Joel Colton, *A History of the Modern World*, 2nd ed.(New York, 1965), pp.
   432~33, 615~22. 필자는 영국령 인도의 경우에는 이 둘이 같은 현상의 분리
   할 수 없는 양면이라고 주장하고 싶다. 이 글은 1994년과 1995년에 걸쳐 영
   국 국립도서관에서 동양 및 인도성 관련 컬렉션을 오랜 기간 연구한 뒤에
   작성한 것이다. 이 기간 동안 호의를 베풀어주고 도움을 준 그레이엄 쇼에
   게 감사를 전한다. 이 글에는 두 편의 구본舊本이 있는데, 각각 다음과 같다.
   Robert Darnton, "Literary Surveillance in the British Raj: The Contradictions
   of Liberal Imperialism," *Book History* 4(2001), pp. 133~76; "Book Production
   in British India, 1850~1900," *Book History* 5(2002), pp. 239~62. 초고에 대
   해 유익한 비평을 해준 분들 중에 기안 프러카시Gyan Prakash, 프리야 조시
   Priya Joshi, 마이클 캐튼Michael Katten, 아닌디타 고시Anindita Ghosh에게
   감사를 전한다. 나는 이 글에서 논의된 주제의 상당 부분을 다루고 있는 아
   닌디타 고시의 뛰어난 저서에서 많은 것을 배웠다. Anindita Ghosh, *Power
   in Print: Popular Publishing and the Politics of Language and Culture in a Colonial
   Society, 1778-1905*(New Delhi, 2006). 책의 역사 분야에서 학문적 가치가 있
   는 훌륭한 논의로는 Graham Shaw, "The History of Printing in South Asia: A
   Survey of Research since 1970," *Leipziger Jahrbuch zur Buchgeschichte* 7(1997),
   pp. 305~23 참고.

2 라나지트 구하의 고전적인 글을 참고하라. Ranajit Guha, "The Prose of
   Counter-insurgency," in *Subaltern Studies*, ed. Ranajit Guha(Delhi, 1983).

3 James Long, "Returns Relating to the Publications in the Bengali Language in
   1857, to Which Is Added a List of the Native Presses, with the Books Printed
   at Each, Their Price and Character, with a Notice of the Past Condition and
   Future Prospects of the Vernacular Press of Bengal, and the Statistics of the
   Bombay and Madras Vernacular Presses"(Calcutta, 1859), in Oriental and
   India Office Collections, British Library, V/23/97. 이후의 참고문헌은 별
   도로 명시하지 않은 한 모두 이 문서들을 따른 것이다. 롱에 대한 정보
   는 인도에서 출판된 다음 책에 실린 글을 참고하라. *Dictionary of National*

Biography(Calcutta, 1973), vol. 2, pp. 416~17. 더불어 다음 책도 참고하라. Geoffrey A. Oddie, *Missionaries, Rebellion and Protonationalism: James Long of Bengal, 1814-87*(London, 1999). 롱이 벵골 문학에 대해 조사한 내용은 다음 글에서 논의되고 있다. Tapti Roy, "Disciplining the Printed Text: Colonial and Nationalist Surveillance of Bengali Literature," in *Texts of Power: Emerging Disciplines in Colonial Bengal*, ed. Partha Chatterjee(Minneapolis, 1995), pp. 30~62.

4 Long, "Returns," p. vi.

5 같은 글, pp. xii, xiv에서 인용.

6 같은 글, pp. xx~xxi.

7 같은 글, p. xlviii.

8 같은 글, p. xlix.

9 같은 글, p. xxvi.

10 같은 글, p. 31.

11 같은 글, p. xv.

12 같은 글, p. xiv.

13 같은 글, p. xv.

14 Donald Serrell Thomas, *A Long Time Burning: The History of Literary Censorship in England*(London, 1969); *The Cambridge History of the Book in Britain*, vol. 5, *1695-1830*, eds. Michael F. Suarez, S.J., and Michael L. Turner(Cambridge, 2009), pp. 128~29, 834~36. 물론 1792년 명예훼손에 관한 법률이 통과된 이후에도, 영국의 관계 당국은 자신들이 위험하다고 보거나 자코뱅주의에 동조한다고 판단한 수많은 출판물을 탄압했다. 하지만 1795년 반역 및 선동 행위에 관한 법률이 통과되자 선동적인 명예훼손보다는 반역을 이유로 하여 급진적인 출판물에 대한 탄압을 정당화했다.

15 존 윌크스John Wilkes와 1760년대의 급진적인 운동에 대해서는 다음 책을 참고하라. John Brewer, *Party Ideology and Popular Politics at the Ascension of George III*(Cambridge, 1976).

16 *Trial of the Rev. James Long, for the Publication of the Nil Darpan, with Documents Connected with Its Official Circulation*(London, 1861), India Office, W 977. 『닐 두르판』 사건에 대해서는 "Tracts. Indigo, 143" 및 인도성 문서 보관소 V/23/95에 흩어져 있는 관련 문서들도 확인하라. 또한 다음 책도 참고하라.

The History of the Nil Darpan, with the State Trial of J. Long... (Calcutta, 1861), British Library 5318.c.4. 이 희곡의 제목이 『닐 다르판*Nil Darpan*』으로 번역된 경우두 있다.

17 *Nil Durpan, or the Indigo Planting Mirror by Dinabandhu Mitra. Translated from the Bengali by a Native*(Calcutta, 1972), 서론, p. xxxiv. 편의를 위해 모든 인용은 제임스 롱의 재판과 관련된 광범위한 문서를 싣고 있는 이 책에서 가져왔다. 원본은 주 16에서 인용한 인도성 문서 보관소에 있다. 1859~60년 농민들의 봉기를 소재로 한 이 희곡에 대해 설득력 있게 분석한 다음 글을 참고하라. Ranajit Guha, "Neel-Darpan: The Image of a Peasant Revolt in a Liberal Mirror," *Journal of Peasant Studies* 2(1974년 10월), pp. 1~46.

18 영국인들이 인종주의적으로 바부들을 경멸한 사례는 1880년 『배너티 페어 *Vanity Fair*』에 실린 글에서 찾을 수 있다. 이 글은 다음 책에 재수록되기도 했다. "H. E. The Bengali Baboo," in George R. Aberigh-Mackay, *Twenty-One Days in India*(London, 1914), pp. 37~45.

19 *Nil Durpan*, p. 101.

20 같은 책, p. cvi.

21 이어지는 이야기는 캘커타 대법원에서 열린 '여왕 대 롱' 재판 절차를 기초로 한 것이다. 그 내용은 같은 책, pp. 103~86에 기록되어 있다.

22 같은 책, p. 107.

23 같은 책, p. 113.

24 같은 책, p. 155.

25 같은 책, p. 167.

26 Michel Foucault, *Power/Knowledge: Selected Interviews and Other Writings, 1972~1977*, ed. Colin Gordon(New York, 1980); Michel Foucault, *Surveiller et punir: Naissance de la prison*(Paris, 1975). 두번째 책의 영어판 제목은 *Discipline and Punish: The Birth of the Prison*(New York, 1995)인데, 여기서 'surveiller'를 '규율discipline'로 번역한 것은 오역이다.

27 이어지는 논의에서 영국령 인도의 복잡성과 그에 대한 방대한 출판물을 충분히 다룰 수는 없다. 이 주제를 개괄하려면 다음 책을 참고하라. Stanley Wolpert, *A New History of India*(New York, 1993). 더 오래되긴 했지만 더 자세하게 설명한 책도 있다. Percival Spear, *The Oxford History of Modern India, 1740~1975*(Delhi, 1989). 보다 많은 해석과 개념을 제시하는 책은 다

음과 같다. Ranajit Guha, *Elementary Aspects of Peasant Insurgency in Colonial India*(Delhi, 1994); *Selected Subaltern Studies*, eds. Ranajit Guha and Gayatri Chakravorty Spivak(New York, 1988).

28 C. A. Bayly, "Knowing the Country: Empire and Information in India," *Modern Asian Studies* 27(1993), pp. 3~43; C. A. Bayly, *An Empire of Information: Political Intelligence and Social Communication in North India, c. 1780-1880*(New York, 1997).

29 엔필드 소총 탄약통이 세포이 항쟁을 촉발하는 역할을 했다는 점에 대해서는 일부 역사학자들 사이에서 논쟁이 있지만, 최소한 소문만으로도 중요한 요인이 되었다는 건 공통된 의견인 듯하다. Wolpert, *A New History of India*, pp. 233~34; Guha, *Elementary Aspects of Peasant Insurgency in Colonial India*, pp. 262~63 참고.

30 물론, 영국령 인도의 많은 관료, 그중에서도 특히 지방 관리들은 민중을 이해하려고 많은 노력을 기울였고, 가난한 이들을 측은하게 여겼다. 인도어에 대해 상당한 수준의 지식을 가지고 있었던 한 지방 관리의 절망이 상세히 그려진 다음 책을 참고하라. John Beames, *Memoirs of a Bengal Civilian*(London, 1984).

31 Bernard S. Cohn, "The Census, Social Structure and Objectification in South Asia," in *An Anthropologist among the Historians and Other Essays*(Delhi and Oxford, 1987).

32 "An Act for the Regulation of Printing Presses and Newspapers, for the Preservation of Copies of Books Printed in British India, and for the Registration of Such Books," Act No. XXV of 1867 in India Office, V/8/40. 인도 행정청 문서에는 이 법률이 '서적 출판과 등록에 관한 법률'이라고 쓰인 경우가 많다.

33 *Bengal Library Catalogue of Books*(이하 *BLCB*), 『캘커타 관보*Calcutta Gazette*』의 부록으로 인쇄, 1879년 2사분기, Z Y CH.

34 모든 인용문의 출처는 1879년 *BLCB*이다. 책 제목으로 인용문을 찾을 수 있다.

35 "Testimony of John Stuart Mill before the Select Committee of the House of Lords, 21 June 1852," *Parliamentary Papers, 1852-53*, vol. 30. 영국 제국주의가 인도 내에서 지녔던 자유주의적이고 공리주의적인 측면에 대해서는 다음 책

들을 참고하라. Ronald B. Inden, *Imagining India*(Oxford, 1990); Eric Stokes, *The English Utilitarians and India*(Oxford, 1959).

36 이 복잡한 주제에 대해 더 자세한 설명을 보려면 주 26에서 언급한 책 같은 일반적인 역사서를 보라. 또한 특정 주제에 대해 더 많은 정보를 얻으려면 다음과 같은 연구서들을 참고하라. David Kopf, *British Orientalism and the Bengal Renaissance*(Berkeley, 1969); Sudhir Chandra, *The Oppressive Present: Literature and Social Consciousness in Colonial India*(Delhi, 1994); Homi Bhabha, *The Location of Culture*(London, 1994).

37 이 인용문들의 출처는 당시 사서였던 존 로빈슨John Robinson이 준비한 1871년 *BLCB*이다. 목록에 나온 순서대로 인용했다. 관련된 책은 다음과 같으며, 제목은 음역 또는 번역된 것이다. 『브루제슈우리라는 제목의 시 *Brujeshwuree Kabuy*』 『달*Rujuneekantu*』 『시의 꽃*Kabyukoosoom*』.

38 인도 지역 도서 목록 중에서 벵골의 도서 목록이 가장 분량이 많았다. 분기마다 출간되었고, '벵골 도서관 사서와 도서 목록 관리자' 자격으로 수석 사서의 서명이 되어 있었다. 수석 사서는 다음과 같다. 1867년부터 1878년 10월까지 존 로빈슨(이 시기에 짧은 기간 동안이지만 R. J. 엘리스R. J. Ellis와 로버트 로빈슨Robert Robinson이 잠시 맡기도 했다), 1878년 10월부터 1879년 6월까지 윌리엄 롤러, 1879년 6월부터 1887년 10월까지 춘데르 나트 보스, 1887년 10월부터 1895년 1월까지 하라프라사드 샤스트리Haraprasad Shastri, 1895년 1월부터 1907년 3월까지 라젠드라 찬드라 사스트리Rajendra Chandra Sastri. 의견란은 1901년에 삭제되었다. 1902년과 1905년에는 형식이 다소 간소화되어 서적 제목이 음역어 대신 원어 그대로 표기되었다.

39 *BLCB*, 1880. 도서 목록에 페이지 번호가 매겨져 있지 않기 때문에 인용문을 확인하려면 해당 연도 목록에서 작품 제목으로 찾아야 한다. 이 경우엔 『수렌드라-비노디니 나타크*Surendra-Binodini Nátak*』로 찾으면 된다. 참고문헌에 'pro. nos.,' 즉 진행번호progress numbers가 부여되어 있는 경우도 일부 있다.

40 중부 지역 라이푸르 정부 관료의 아들인 하리나트 데는 라이푸르 고등학교, 캘커타의 프레지던시 칼리지, 그리고 케임브리지 대학의 크라이스트 칼리지에서 수학했다. 케임브리지 대학에서는 고전 졸업시험에서 1등급을, 중세 및 근대 언어 졸업시험에서 2등급을 받았다. 이후 캘커타의 제국 도서관 사서로서, 벵골 도서관 사서와는 달리 영국령 인도 전체를 관할하게 되었다. 따라서 특정 지역의 도서 목록을 담당하지는 않았다. Oriental and India Office

Collections, British Library, P/7587, pro. nos. 201, 237~43 참고.

41 *BLCB*, 1874.

42 *BLCB*, 1879: 『유익한 가르침*Hita-shiksha*』.

43 *BLCB*, 1878. 물론 책이 정말로 앞뒤가 맞지 않았을 수도 있다. 인도인 사서들은 전임자였던 영국인 사서들만큼이나 이해할 수 없는 글에 대해 거리낌 없이 경멸감을 드러냈다. 라젠드라 찬드라 사스트리는 1900년 *BLCB*에 *Astray Siddhanta Chandrodaya Va Svarup Damodar Gosvamir Karcha*에 관해서 이렇게 적었다: "비슈누교의 가장 난해하고 비밀스러운 교리에 대한 담론을 운문으로 표현했다. 도저히 이해할 수 없는 용어와 신비주의로 가득한 작품이다."

44 현지 전통 의술에 대한 호의적인 의견은 1878년 *BLCB*에서 찾을 수 있다. 당시 존 로빈슨은 『인도의 특성과 의료 체계*Deshiya prakriti o chikitsa*』에 대해 다음과 같이 칭찬했다: "유럽의 의술 및 치료 체계는 그 나라 현지인들의 체질에 맞지 않는다. 그들이 비장을 매우 조심스럽게 다루는 것과 관련이 있다." 일부다처제에 대해서는 1871년 *BLCB*에 실린 『일부다처제 폐지 여부에 대한 결정*Buhoobibahu Rahityarahityu Neernuyu*』을 참고하라. 종교에 대해서는 1874년 *BLCB*에서 우호적인 평을 받았던 『크리슈나에 대한 헌신의 진실*Krishna Bhakti Sar*』과, 이 책과는 반대로 "우상을 숭배하는" 힌두식 기도 때문에 비난받았던 『아삼 지방 아이들을 위한 두번째 교훈서*Assamya Larar Ditya Shikhya*』를 참고하라.

45 『칼리 여신 숭배의 달빛*Moonlight of the Worship of the Goddess Kali*』에 대한 의견, *BLCB*, 1879.

46 *BLCB*, 1878. 『라마야나』와 『베단타*Vedanta*』에 대한 의견은 1871년 *BLCB*에 실린 『추방된 시타*Nirbasita Seeta*』에 대한 검토서 및 1900년 *BLCB*에 실린 『스리고팔 바수 말리크의 펠로십 강의*Sriyukta Babu Srigopal Basu Malliker Phelosiper Lekchar*』와 『난해한 자아 인식*Nigurha Atma-darsan*』에 대한 검토서에서 찾을 수 있다.

47 한 예로, 1871년 *BLCB*에 실린 『부부데브의 관례*Bhubudeb Puddhuti*』를 참고하라. 도서 목록에는 싸구려 출판물에 대한 방대한 양의 정보가 수록되어 있다. 그럼에도 유럽과는 달리 이에 대한 연구가 거의 없는 실정이다. 필자가 아는 한도 내에서 이에 대한 연구서는 다음의 한 권뿐이다. Anindita Ghosh, *Power in Print*.

48 *BLCB*, 1875.

49 같은 곳.

50 『라마의 숲속 거주지*Rama-vanavas-natak*』, BLCB, 1879.

51 예를 들어 1900년 BLCB에 실린 다음과 같은 언급을 참고하라: "『시아버지의 딸*Thakur-Jhi*』은 [······] 좋은 교육을 받고 좋은 성품을 지닌 히랄랄이라는 이름의 청년이 주벽으로 인해 어떻게 망가지는지, 그리고 누나의 자기희생적 노력으로 어떻게 구제되고 교화되는지를 다룬 이야기다. [······] 누나의 헌신으로 히랄랄은 시련과 역경의 시기를 견뎌내고 결국 내재되어 있던 올바른 성품을 되찾는다."

52 헤어 오일 제조업체인 쿤탈린과 모히야에서 출판한 이러한 범죄소설은 1908년 BLCB에 여러 편 등장한다.

53 『아름다운 며느리 또는 한 부인의 교육*Ranga Bau Va Sikshita Malila*』, BLCB, 1900.

54 예를 들어 다음 책을 참고하라. 『단편 모음집*Galpa-guchchha*』, in BLCB, 1900.

55 『스와르날라타*Swarnalata*』(고유명), in BLCB, 1881.

56 『지고의 진리에 대한 담론들*Paramartha Prasanga*』, in BLCB, 1900.

57 도서 목록에는 정기간행물에 대한 별도의 공간이 있었다. 1873년에는 새로운 문예지 『벵골의 거울*Bangadarshan*』의 간행을 이렇게 환영했다: "매우 우수한 문예지로, 편집자와 기고자 모두 가장 뛰어난 벵골 작가들이다."

58 『비나*Vina*』, in BLCB, 1900.

59 1900년 BLCB에 실린 비디아사가르의 『산키아 철학*Sankhya Darsan*』의 의견란에서 서구 사상과 인도 전통 철학을 결합하려는 시도를 향한 의구심을 읽을 수 있다: "산키아 철학의 원리에 대한 대단히 흥미롭고 독창적인 해설이다. 카필라의 경구를 주된 근거로 삼고 있으며, 이 주제를 바라보는 관점이 일반적인 저자들과는 근본적으로 다르다. 전통적인 해석을 유럽 작가들의 글에서 영향을 받은 듯한 관점과 사상으로 대체하려는 이러한 시도는 언제나 의심의 눈초리로 바라봐야 한다. [······] 이 책이 명징한 사고와 면밀한 추론, 그리고 정직하고 용기 있게 진실을 향해 헌신하는 자세를 보여준다는 건 부인할 수 없을 것이다. 이 정도 수준의 글은 오늘날 활동하는 다른 벵골 작가들에게서는 찾아보기 힘들다. 작가의 때 이른 사망은 벵골 문학에 큰 손실이다."

60 BLCB, 1900.

61 같은 곳.

62 같은 곳. 이 목록에 실린 『그림으로 보는 그리스-터키 전쟁Sachitra Gris Turaska-Yuddha』과 『라마찬드라, 트레타 시대의 화신Tetavatar Ramachandra』에 대한 의견 역시 참고하라. 그 이전 목록에서도 비슷한 의견을 찾아볼 수 있다. 특히 1878년 목록이 두드러진다.

63 19세기 인도 토착어 문학의 광범위한 정치적 측면에 대해서는 다음 책을 참고하라. Sudhir Chandra, *The Oppressive Present: Literature and Social Consciousness in Colonial India*(Delhi, 1994).

64 『시집*Kavitavali*』, in *BLCB*, 1879.

65 예를 들어 1876년 *BLCB*에 실린 『감옥을 비추는 거울*Jel Darpan Natak*』의 의견란을 참고하라: "이 작품은 두 주요 인물이 등장해 바로다의 구이크와르 Guikwar 사건에 대해 대화를 나누는 것으로 시작한다. 여기에는 정부가 그 사건에 취한 조치를 비판하는 언급도 포함되어 있다. 조금 더 읽어 핵심 부분으로 들어가면, 민사범 교도소에서는 온갖 특전이 허용되지만, 일반 형사범 교도소에서는 교도관들이 수감자들을 무자비하게 학대하는 장면이 대조적으로 묘사된다. 현지인 의사는 친절하고 인정 많은 인물로 그려지지만, 공공 의사와 치안판사 들은 수감자들을 매질하는 매정하고 잔인한 인물로 재현된다. 이 희곡은 알리포르, 제소르, 부르드완, 나라일, 반쿠라 교도소 내 장면으로 구성되어 있다. 제소르 교도소는 수감자들을 잔인하게 다루는 곳으로 악명이 매우 높고, 이곳의 한 수감자가 교도소에서 채찍질을 당한 뒤 사망하는 장면도 포함되어 있다." 또 다른 사례는 다음과 같다. 『바라나바트에서의 숨바꼭질*Baranabater Lukochuri*』, in *BLCB*, 1874; 『수렌드라-비노디니 나타크』(고유명), in *BLCB*, 1875; 『샤라트 사로지니, 나타크*Sharat Sarojini, Natak*』(고유명), in *BLCB*, 1876.

66 『차 재배 농장주의 거울*Cha-kar Darpan Natak*』, in *BLCB*, 1875: "이 희곡은 차 재배 농장주와 암라amlah(인도 법정에서 근무하는 관리—옮긴이) 들의 무자비한 탄압과 잔혹함을 보여주며, 자신들이 지배하는 곳에서는 그러한 비통한 상황을 용인하면서도 다른 곳에서는 노예제도를 폐지하고자 하는 영국 정부를 조롱한다."

67 『계몽을 위한 디딤돌*Sabhyata Sopan, Drishya Samajchitra*』, in *BLCB*, 1878.

68 1876년 *BLCB*에 수록된 전형적인 몇몇 예시들은 다음과 같다. 『노예제의 굴레*Dasatwa-shrinkhala*』: "타국 체제에 행동과 의지가 종속된 인도인들의 굴레를 그린다." 『어머니 인도는 귀중한 보석을 잃어버린 뱀과 같다*Manihara-*

phani Barat janani』: "외국인들의 손아귀에 들어가 신음하고 있는 인도를 그린다."『지식의 빛*Gyandipika*』: "인도의 법과 행정에 대한 담론, 현재의 부족한 점들을 지적한다."

69 『영국인들의 미덕에 대한 설명*Ingraj Goonu Burnun*』, in *BLCB*, 1871. 또한 영국인들이 "전신, 증기선, 철도, 사법제도 등을 도입해준 것"을 찬양하는 다음 책도 참고하라.『운문*Satik Pauchali*』, in *BLCB*, 1876.

70 『왕자*Rajputra*』, in *BLCB*, 1876. 반反무굴적 관점에서의 인도 역사에 대해서는 다음 책을 참고하라.『인도의 이슬람교도들*Bharathe Jaban*』, in *BLCB*, 1874: "영국인들이 인도를 구하러 오기 전까지 이슬람교도들의 폭정에 시달려야 했다. 그들은 소와 브라만을 죽이고 여자들을 겁탈했다."

71 『영국인들의 뛰어난 재능*Inraj Pratibha*』, in *BLCB*, 1910.

72 『인도 이야기*Bharat Kahini*』, in *BLCB*, 1900: "그들[인도인들]은 자신들의 종교가 가진 기본 원칙에 충실해야 하고, 영혼 없이 단지 서구 문화의 형식을 모방하는 것에 맞서야 하며, 사회 및 종교 개혁 문제에서 극단적인 급진주의를 피해야 한다. 국민회의의 활동은 의심할 여지 없이 좋은 일이지만, 단지 정치적 소요만 일으킨다면 이 나라를 구할 수 없다. 사람들이 더 열심히 일하고 군말은 좀 줄인다면, 정부에선 그들에 대해 더 높게 평가할 것이다. 이 책은 훌륭한 정신으로 쓰였고, 영국의 통치가 가져다주는 혜택에 노골적으로 감사를 표한다."

73 예를 들어 다음 책을 참고하라.『신의 섭리를 따르는 사람*Daiva-lata*』, in *BLCB*, 1879: "작가는 [······] 영국인들의 정의로운 통치를 찬양하며 그들이 인도를 오랫동안 지배해주기를 희망한다. 또한 모든 인도인이 영국의 통치로부터 받은 혜택에 감사해야 한다고 말한다." 당연히 영어로 쓰인 다음 책에도 이러한 주제가 나타나 있다. *High Education in India*, in *BLCB*, 1878.

74 *BLCB*, 1879.

75 예를 들면 『사라트-사시*Sarat-Sashi*』(고유명)는 1881년 *BLCB*에 다음과 같이 묘사되어 있다: "주인공은 젊은 벵골인 바부다. 그는 영어를 알고, 카스트와 미신의 속박에서 벗어나려 하며, 애국적인 열망을 품은 현실적인 박애주의자다. 또한 관의 부패와 악행을 폭로하고, 신문에 기사를 쓰며, 모든 종류의 독재와 탄압을 증오한다. 간단히 말해, 작가가 꿈꾸는 이상적인 벵골 지식인 모델이라고 할 수 있다."

76 『이것이 문명화라는 것인가*Is This Called Civilization?*』, 영어로 번역된 벵골

희곡: *BLCB*, 1871.

77 1900년 *BLCB*에서 사서는 『사업의 끝*Kajer Khatam*』을 "현지인 입장에서 쓰인 익살극"이라고 규정하고, 다음과 같이 적어두었다. "'영국에서 돌아온' 신사가 영국인처럼 구는 데 대한 조롱은 널리 퍼져 있다."

78 예를 들어 다음 책을 참고하라. 『인도의 해방, 또는 단돈 4아나*Bharat-uddhara, athaba chari-ana matra*』, in *BLCB*, 1878(아나: 영국령 인도의 화폐 단위—옮긴이): "작가는 이른바 벵골 지식인들의 군사적 열망을 조롱한다. 그들은 용기나 힘이 전혀 없으면서도 조국의 비참한 상황을 견디지 못하고, 발언을 할 때마다 늘 외국의 지배를 끝내야 한다는 열망을 표출한다. [······] 작가는 작품 곳곳에서 벵골인들의 특성, 즉 음주벽이 있고, 겁이 많으며, 행동이 서투르고, 장황하게 떠들기를 좋아하는 데다, 얄팍하다는 점을 지적한다."

79 『인도의 여제*Bharat-Ishwari*』, in *BLCB*, 1877.

80 예를 들어 다음 책을 보라. 『행복의 거울*Sukhamukur Kavya*』, in *BLCB*, 1878: "아리아인 후손들의 나약하고 퇴보한 현 상황, 외세에 대한 굴복, 그리고 무절제한 음주벽을 강한 어조로 지적하고 있다." 1878년 *BLCB*에 등록된 다음 두 권의 책도 참고하라: 『상상의 꽃*Manas Kusum*』『고통 속의 인도*Bharate dukh*』.

81 『아리아인*Aryua Jati*』, in *BLCB*, 1900: "오늘날 힌두 사회에 서구식 교육이 미친 영향은 명백하게 유해한 것으로 확인되었고, 이에 맞서 민족정신을 함양하며 힌두교 내 각기 다른 종파 사이에 형제애를 키우기 위해 힌두 종교 단체를 설립해야 한다는 주장이 제기되었다."

82 『시인의 내레이션*Kavi-kahini*』, in *BLCB*, 1876. 또한 다음 책도 참고하라. 『애국심을 고취하는 노래들*Swadeshanurag-uddipak Sangita*』, in *BLCB*, 1878.

83 Darnton, "Literary Surveillance in the British Raj," pp. 147~49; "Book Production in British India," pp. 248~62, 주 1에서 인용한 바 있음.

84 같은 글, 벵골 관련 단락. 1890년까지 출판업자들은 도서 목록에 등록하기 위해 납본한 신간 부수에 따라 도서 대금을 수령했다. 1890년 이후, 도서 목록 관리자들은 법적 의무가 있음에도 신간 등록을 피하려는 경향이 높아지고 있다는 사실에 주목했다. 그럼에도 도서 목록에 집계되는 전체 도서 생산은 19세기 내내 지속적으로 증가했다. 1898년은 예외였는데, 도서 목록 관리자들은 1897년에 유행한 전염병의 영향으로 약 5퍼센트가 감소했다고 추산했다. 필자는 마드라스, 봄베이, 벵골, 북서 지방의 1878년 「출판물 관련 보고

서」의 통계자료를 분석해왔다. 이 자료에 따르면 1878년에는 모두 3,847종이 출판되었고, 이 수치는 1898년 5,322종인 것과 비교된다. 인도 아대륙 전체와 관련된 통계자료는 없지만, 당시 인도 전역에서 출판되는 도서 가운데 이 네 지역에서 나오는 게 압도적인 다수를 차지한다는 점을 종합해보면, 19세기에 걸쳐 인도 전역에서 대략 20만 종의 도서가 출판되었던 것으로 보는 게 적절한 추산이라고 판단된다.

85 "Publications Registered at Curator's Office, Allahabad during the Year 1869," in "Selections from the Records of Government, North-Western Provinces"(1870), V/23/129.

86 1874년 보고서는 인도 아대륙의 다른 지역에 있는 영국 관할 당국에도 마찬가지로 자신들의 우월성을 믿고 인도를 깔보는 태도가 있었음을 보여준다: "Reports on Publications Issued and Registered in the Several Provinces of British India during the Year 1874," V/23/28. 아우드(옛 식민지 시절 철자로는 아바드Avadh)에서 작성된 보고서에는 종교나 시 같은 전통적인 장르를 제외하고는 출판물이 거의 존재하지 않는다고 명시되어 있다. 북서 지방(오늘날 대략 우타르프라데시주 및 우타라칸드주와 겹친다)에서 작성된 보고서에는 학교 교과서를 제외하고는 출판물이 거의 발견되지 않는다고 쓰여 있다. 마이소르와 쿠르그에서 작성된 보고서에는 지역 내 다양한 거리 공연을 위해 쓰인 소책자 이외에는 관심을 가질 만한 것이 없다고 적혀 있다. 그리고 펀자브에서 작성된 보고서는 "해당 연도에 조금이라도 의미 있는 출판물은 나오지 않았다"고 직설적으로 결론짓고 있다. 정치적인 선동에 불만을 토로하는 내용도 없었다. 마드라스 보고서에는 "올해 정치 항목에는 한 줄도 적을 게 없었는데, 이는 아마도 우리가 매우 평온한 시대에 살고 있기 때문일 것이다"라고 쓰여 있다. 봄베이에서 작성된 보고서에는 외설적인 우르두어 출판물 두 종을 제외하곤 유감스러운 것이 아무것도 없다고 적혀 있다: "검토한 출판물의 전반적인 논조는 도덕과 영국에 대한 충성 면에서 문제될 것이 없었다." 1870년 북서 지방에서 작성된 보고서는 "아직은 지성적인 문화가 정글의 일부를 얼기설기 개간해놓은 수준밖에 안 된다"고 결론을 맺고 있다: "Publications Received at Curator's Office, Allahabad during the Year 1870," V/23/129.

87 인도 정부 내무부 공식 기록 가운데 정치 관련 '기밀'문서에 따르면, 당국은 20세기 초 민족주의자들의 소요가 있던 시기에 선동적인 문학의 유입을 매우

362

경계했던 것으로 보인다: P/7587, P/7590, P/7875, P/8153, P/8430, P/8431. 하지만 이 문서들을 잘 읽어보면 영국인들이 이해하는 식의 선동과 관련된 경우는 비교적 드물었다. 예를 들어 1906년 11월, 경찰은 카이로에서 봄베이의 벤디 바자르 시장에 있는 서적상 M. A. 제테카르M. A. Jetekar에게 운송되었던 서적 및 정기간행물 세 상자를 압수했다. 대부분의 서적은 종교 및 법률에 관한 아랍어 논문이었는데, 한 잡지의 기사 중에 이집트인들에게 영국인 정복자들을 타도할 것을 촉구하는 내용이 있었다. 심문 과정에서 제테카르가 "존중할 만한" 상인이라는 게 밝혀졌고, 그는 해당 잡지 구독을 취소하겠다고 약속한 뒤 석방되었다: P/7587, pro. no. 258. 1908년에 봄베이 관료들은 V. D. 사바르카르V. D. Savarkar가 1857년 세포이 항쟁에 대해 쓴 책의 유통을 막기 위해 우편물을 압수할 수 있는 특별 권한을 부여받았다: P/8153, pro. nos. 23~27. 1909년에 퐁디셰리에 있던 프랑스 당국은 영국의 조치에 기꺼이 협조하겠다고 했지만, 마드라스에서 자신들의 영토로 들어온 『인디아India』 등의 잡지 인쇄는 용인해주었다. 인도성의 비밀문서에 따르면, 프랑스인들은 영국인들에게 "출판의 자유라는 주제에 대해서 프랑스 입법부가 허용하는 한계"에 관해 설교하는 것을 즐겼다: 민토가 몰리에게 보낸 편지(1809년 4월 1일), P/8153, pro. nos. 44~52. 하지만 이 서신이 퐁디셰리가 18세기 유럽의 암스테르담이나 제네바에 비견할 만한 금서의 본산이었다고 암시하는 것은 아니다.

88 1878년에 영국은 '보도금지법'(지방어언론법the Vernacular Press Act)을 공포해 지방 언론에 제약을 가했는데, 이는 제2차 영국-아프가니스탄 전쟁에 대한 비판을 억누르기 위한 것이었다. 이 법은 인도인들 사이에서 격렬한 저항을 불러일으켰다. 언론의 자유가 '현지인'에게는 없고 영국인에게만 존재한다는 것을 시사하는 법이었기 때문이다. 하지만 이 법은 1880년에 캘커타에서 리펀Ripon 경이 리턴Lytton 경의 뒤를 이어 총독으로 부임하고, 런던에서 글래드스턴이 디즈레일리Benjamin Disraeli의 뒤를 이어 총리로 취임한 뒤 폐지되었다.

89 이러한 설명은 무엇보다 영국 국립도서관의 동양 및 인도성 컬렉션에 있는 문서들에 기초한 것이다. 그렇지만 다음 두 권의 책도 참고했다. Sumit Sarkar, *The Swadeshi Movement in Bengal, 1903-1908*(New Delhi, 1973); Peter van der Veer, *Religious Nationalism: Hindus and Muslims in India*(Berkeley, 1994). 이 밖에도 인도 정사正史에서도 도움을 받았다.

90 덴질 이벳슨Denzil Ibbetson의 공문(1907년 4월 30일), P/7590, pro. no. 183:

"펀자브인들은 뱅골인들보다 확실히 히스테리를 덜 부린다. 하지만 동양인들의 단점에서 자유롭지는 않다. 우리가 이해하기 힘들 정도로 잘 속고, 전통적으로 자신들의 정부가 사익하다고 믿는 경향이 있으며, 자극하기는 힘들지만 한번 자극받으면 감정적이 되어 광분한다. 그리고 정치 선동가들의 목적에 놀라울 만큼 쉽게 반응해 행동으로 옮긴다."

91 허버트 화이트Herbert White 경의 공문(1907년 8월 1일), P/7590, pro. no. 69.

92 H. J. 스태니언H. J. Stanyon의 공문(1907년 7월 28일), P/7590, pro. no. 71.

93 나그푸르 지구 행정관의 공문(1907년 8월 7일), P/7590, pro. no. 71.

94 다음 공문들을 참고하라. 북서 국경 지역에서 보낸 공문(1907년 7월 29일), P/7590, pro. no. 72; 동뱅골 및 아삼 지역에서 보낸 공문(1908년 3월 24일), P/7875, pro. no. 24; 마이소르에서 보낸 공문(1909년 9월 1일), P/8430, pro. no. 65.

95 민토가 몰리에게 보낸 편지(1907년 7월 11일), P/7590, pro. no. 31: "출판의 합법적인 기능을 어떤 식으로든 저해하는 것은 우리의 의사가 아닐뿐더러, 우리의 전반적인 정책 기조에도 반하는 것입니다. 하지만 공공의 안전이 위협받을 경우, 행정부는 개입할 권리를 가져야 합니다. [……] 여기에서 출판의 자유에 대해 의문을 가질 필요는 없습니다. 단지 반감을 불러일으키려는 목적에서 나온 출판물에만 개입하고자 하는 것입니다."

96 코튼 경이 몰리의 정책이 가진 약점을 매우 효과적으로 파고들었기 때문에 몰리는 그의 질문에 불안해하며 자신을 방어하는 데 도움이 될 만한 추가 정보를 인도에 요청했다: 몰리가 민토에게 보낸 편지(1907년 7월 5일), P/7590, pro. no. 31; 몰리가 민토에게 보낸 편지(1910년 4월 25일), P/8430, pro. no. 55. 다음 공문에 수록되어 있는 관련 정보 또한 참고하라: 공문(1908년 7월 29일, 10월 22일, 12월 17일): P/8153, pro. nos. 15, 21, 36; 그리고 민토와 몰리가 주고받은 서신들이 수록된 다음 도서를 참고하라: *India, Minto and Morley, 1905-1910; Compiled from the Correspondence between the Viceroy and the Secretary of State by Mary, Countess of Minto*(London, 1935).

97 1908년 5월 2일 켈커타에서 있었던 급습에 대한 보고서를 참고하라(P/7875, pp. 625, 971).

98 봄베이 정부에서 보낸 공문(1909년 7월 30일), P/8430, pro. no. 65.

99 총독 집무실에서 보낸 공문(1910년 6월 17일), P/8431, pro. no. 159.

100 P/7875, pro. no. 95. 정부는 톨스토이의 에세이를 번역한 『위대한 톨스토이가

힌두교도에게 보내는 편지*Ek Hindu pratye Mahan Tolstoy no Kagal*』의 수입 역시 불허했는데, 이는 청년 M. K. 간디M. K. Gandhi가 남아프리카공화국에서 소책자 형태로 제작한 것이었다. 벵골 정부의 통역사는 간디에 대해 설명하며 다음과 같이 경고했다. "평화를 사랑하고 철저히 소극적으로 저항하는 척하지만, 그는 분명히 인도에서 영국인들을 몰아내고 싶어 하고, 지배 국가에 대한 평화나 선의를 가르칠 의도는 없이 감정에 치우친 발언만 거침없이 쏟아내고 있다": P/18431, pro. no. 69. 훗날 경찰은 간디의 구자라트어 소책자인『힌두 스와라지*Hind Swaraj*』사본을 몰수했다. 이에 대한 반응으로 그는 인도 정부에 영어 번역본을 보내며 다음과 같이 말했다. "전적으로 정부를 돕기 위해서다. 이는 내가 정부의 행위, 또는 정부가 기초하고 있는 방식을 인정한다는 뜻이 결코 아니다. 내 부족한 의견으로는, 모든 인간에게 자신이 선택하는 의견을 견지할 권리가 있고, 물리적 폭력을 행사하지 않는 한 그 의견을 실행할 권리가 있다": 간디가 인도 정부에 보낸 편지(1910년 4월 16일), P/8431, pro. no. 96.

101 편자브의 M. W. 펜턴M. W. Fenton의 공문(1909년 6월 11일), P/8153, pro. no. 145.

102 편자브 지방의 선동적인 출판물에 대한 보고서(1909년 5~7월), P/8153, pro. nos. 145~53.

103 P/8431, pro. nos. 117~34와 P/8153, pro. nos. 89~94에 나오는 사례를 참고하라.

104 1860년 인도 형법 124A항, 6장, p. 424의 주요 법문은 다음과 같다: "발화되거나 읽히기 위해 쓰인 글, 기호, 시각적 또는 기타 다른 표현을 사용해 영국령 인도에 법에 의거해서 수립된 정부를 향한 반감을 조장하거나 조장을 시도하는 이는, 무기한 또는 일정 기간의 유배형에 처해질 것이며, 벌금형이 추가될 수 있다. [······]": V/8/319. 이어지는 '해설'은 반감의 의미를 명확히 하고자 했지만, 그다지 성공적이지는 않았다. "정부의 권위에 복종하고자 하는 이가 정부의 정책에 대해 불만을 드러내는 것은 반감이 아니다." 선동과는 아무런 관련이 없는 pp. 292~93의 별도 조항에서는 외설적인 도서와 인쇄물의 판매를 금지하고 있다.

105 틸라크 재판 두 건과 관련된 문서는『출판 및 선동에 관한 법률*Law Relating to Press and Sedition*』에 재수록되었다. 이 편찬서는 1915년에 G. K. 로이G. K. Roy가 정부를 위해 마련한 것이다: V5597. 첫 재판에서 변호인 측은 '반감'이라는 단어가 터무니없이 모호하다는 주장을 펼쳤지만, 판사는 그 단어를 광

의로 해석했다.

106 "1898년 인도 개정 형법," 같은 책, p. 11. 이 법에는 "여왕 폐하의 국민 가운데 다른 계급 간의 적대감 또는 증오심을 소상하거나 조장을 시도하는 이"는 중벌에 처할 것을 규정하는 새로운 조항, 153A항도 추가되었다. 153A항은 기본적으로 힌두교도와 이슬람교도 사이의 적대 행위를 예방하려는 의도로 신설됐지만, 이후 인도인들이 영국인들에게 모욕적인 언사를 할 경우 처벌하는 데 사용되었다.

107 "1910년 인도 출판법," 같은 책, p. 45.

108 연극공연법과 신문법의 법문은 각각 같은 책, pp. 8~10과 pp. 35~38을 참고하라.

109 아래 인용한 시의 전문과 재판 관련 문서의 출처는 P/8431, pro. nos. 144~64이다.

110 R. 네이선R. Nathan이 동벵골 및 아삼 정부에 보낸 문서(1907년 7월): 마이멘싱 지구에서의 소요에 대한 보고서(1907년 4~5월), P/7590, pro. no. 58.

111 모든 인용문을 포함해 이어지는 설명의 출처는 P/7875, pro. nos. 42~44이다.

112 P/8153, pro. nos. 110~17.

113 노래 가사와 두 재판에 대해 이어지는 설명의 출처는 P/8153, pro. nos. 112~31이다.

114 이는 1909년 2월 23일에 캘커타의 치안판사였던 T. 손힐T. Thornhill이 바부인 키란 찬드라 무커지Kiran Chandra Mukerjee에게 『접근Pantha』이라는 제목의 벵골어 책을 쓴 죄로 18개월의 징역형을 선고하면서 인용한 스트레이치 판사의 말이다: P/8153, pro. nos. 89~94. 많은 다른 치안판사들과 마찬가지로 손힐 역시 베다 신화를 깊이 연구해야만 했다. 하지만 판결은 쉽게 내렸다: "본 판사는 이 소책자가 증오와 모욕을 일으키고 인도의 정부를 향한 반감을 조장하려는 의도에서 쓰이고 출판되었다는 결론에 어렵지 않게 도달했다."

115 이 판례는 또 다른 노래책 『반데 마타람 산기트Bande Mataram Sangit』의 출판과도 관련이 있었다. 이 책을 엮은 라마니 모한 다스Ramani Mohan Das는 1909년 5월 19일 124A항 위반으로 유죄를 선고받았다: P/8153, pro. nos. 43~47.

116 P/8153, pro. nos. 110~17.

117 P/8431, pro. nos. 60~65.

118 이 인용 및 이어지는 인용의 출처는 재판 의사록, P/8153, pro. nos. 112~31이

다.

119 P/8153, pro. no. 142.

120 같은 곳. 그리고 인도 행정청 관리가 작성한 유사한 보고서들도 참고하라. P/8153, pro. nos. 135~47.

121 P/8153, pro. nos. 112, 115, 142.

122 P/8430, pro. no. 103.

제3부 공산주의 동독: 계획과 박해

1 필자는 베를린 장벽이 무너지고 동독이 붕괴한 상황에 대해 개괄적으로 설명한 책을 출판한 바 있다. Robert Darnton, *Berlin Journal 1989~1990*(New York, 1991). 제3부(pp. 193~217)는 검열관들과의 인터뷰와 작가와 출판 관련 기관에 대한 보고서를 정리한 것이다. 검열관들과의 인터뷰 내용을 수록한 구본은 "Aus der Sicht des Zensors: Von der Überwachung der Literatur," in *Lettre Internationale* 3, no. 10(1990년 가을), pp. 6~9.

2 Theodor Constantin, *Plaste und Elaste: Ein deutsch-deutsches Wörterbuch*(Berlin, 1988), pp. 27, 67 참고.

3 출판사 목록은 동독의 공식 자료집인 *Verlage der Deutschen Demokratischen Republik*(Leipzig, 1988)에 정리되어 있다.

4 *Zensur in der DDR: Geschichte, Praxis und "Ästhetik" der Behinderung von Literatur*, ed. Ernest Wichner and Herbert Wiesner(Berlin, 1991), p. 53.

5 같은 책, pp. 75, 81.

6 특히 Wichner and Wiesner, *Zensur in der DDR*을 참고하라. 또한 다음의 책들도 참고하라. *"Literaturentwicklungsprozesse": Die Zensur in der DDR*, ed. Ernest Wichner and Herbert Wiesner(Frankfurt am Main, 1993); Siegfried Lokatis, "Verlagspolitik zwischen Plan und Zensur: Das 'Amt für Literatur und Verlagswesen' oder die schwere Geburt des Literaturapparates der DDR," *Historische DDR-Forschung: Aufsätze und Studien*, ed. Jürgen Kocka(Berlin, 1993); Simone Barck and Siegfried Lokatis, *"Jedes Buch ein Abenteuer": Zensur-System und literarische Öffentlichkeiten in der DDR bis Ende der sechziger Jahre* (Berlin, 1997); Simone Barck and Siegfried Lokatis, *Zensurspiele: Heimliche*

Literaturgeschichten aus der DDR(Halle, 2008); *Das Loch in der Mauer: Der innerdeutsche Literaturaustausch*, ed. Mark Lehmstedt and Siegfried Lokatis (Wiesbaden, 1997). 이 글들은 모두 도서 검열과 출판 관련 기관에 대한 것으로, 언론이나 다른 매체는 다루지 않고 있다.

7 "Protokoll der Sektorenleiterberatung vom 1-/12/84," Abteilung Kultur, ms. 32704, Archiv der Parteien und Massenorganisationen der DDR. 이어지는 논의는 전적으로 공산당 중앙위원회, 그중에서도 특히 쿠르트 하거 사무실 ("Büro Hager")과 문화 분과("Abteilung Kultur")에서 작성한 문서에 기초한 것이다.

8 라그비츠가 하거에게 제출한 보고서(1981년 11월 11일, 10월 11일), ms. 34935.

9 라그비츠가 하거에게 제출한 보고서(1983년 7월 7일), ms. 34870. 이 통계는 동독 소설 중에서도 순문학으로 분류되는 작품에 한정된 것이다. *Verlage der Deutschen Demokratischen Republik*에는 1985년의 전체 출판 규모가 6,471종, 1억 4460만 부로 나와 있다. 1988년 전체 출판 규모는 6,500종, 1억 5천만 부로 추정된다. 이는 인구 한 명당 책 여덟 권 수준인 것으로, 동독은 전 세계에서 서적 출판이 가장 많이 이뤄지는 국가에 속해 있었다고 할 수 있다.

10 라그비츠의 관료적인 문체는 그녀가 하거에게 보낸 1983년 4월 18일 자 메모에서 특히 잘 드러난다. "Information zu aktuellen Fragen des thematischen Plans für die Buchproduktion 1983," ms. 34870.

11 많은 작가를 포함해 동독 내 유명 인사들에 대한 기본적인 정보를 알고 싶다면 다음 책을 참고하라. *Wer War Wer in der DDR*(Berlin, 2010).

12 라그비츠가 하거에게 보낸 문서(1982년 3월 1일), ms. 32709.

13 이러한 비공식적인 의사소통의 또 다른 예는 라그비츠가 하거에게 보낸 메모 (1984년 4월 16일), ms. 32709에서도 찾을 수 있다. 이 메모에는 동독에서 가장 유명한 작가인 크리스타 볼프를 상대하는 어려움, 문예지 『의미와 형식 *Sinn und Form*』에 대한 비판, 해외여행 요구라는 민감한 주제에 대한 공개 토론을 막아야 할 필요성, 불만을 품고 있는 젊은 작가들과의 문제 등이 언급되어 있다.

14 Protokoll der Sektorenleiterberatung(1984년 3월 28일), ms. 32704.

15 Protokoll der Sektorenleiterberatung(1984년 2월 6일), ms. 32704.

16 Protokoll der Sektorenleiterberatung(1984년 4월 23일), ms. 32704. 또한 Protokoll(1984년 5월 22일), ms. 32704도 참고하라.

17 "Notiz. Arbeitsbesprechung des Genossen Hager mit Genossin Ursula Ragwitz und Genossen Hans-Joachim Hoffmann am 24-11-82," ms. 42325.

18 하거와 회프케의 회의에 관한 보고서(1988년 2월 18일), ms. 42325.

19 같은 곳.

20 회프케가 하거에게 보낸 편지(1983년 10월 31일), ms. 30344. 모니카 마론 은 흥분한 상태로 하거에게 서방으로의 여행을 허가해달라고 요청한 바 있다 (1983년 2월 23일 자 탄원서, ms. 33512).

21 회프케가 하거에게 보낸 편지(1983년 10월 31일, 10월 6일, 10월 10일), ms. 30344. 회프케는 10월 31일에 하거에게 길고 자세한 서신을 보내, 두 사람 이 함께 전략적인 결정을 내려야 하는 중요한 회의에 앞서 그가 미리 고민해 볼 수 있도록 다양한 출판계 문제에 대한 정보를 제공했다. 회프케는 일반적 인 얘기로 서신을 시작했다. 동독 최고위층 수준에서 문화예술을 논할 때 나 타나는 전형적인 방식이었다: "최근에 동독 문학을 읽으며 이념과 세계관의 측면에서 많은 생각이 들었습니다. 그에 대한 제 생각을 […] 말씀드리려 합니다." 그렇게 운을 띄운 다음, 저명한 반체제 작가인 슈테판 하임 처리 문 제 등 민감한 사안을 꺼내놓았다. 하임은 당국으로부터 허가를 받지 않고 서 독에서 작품들을 출판한 바 있었다. "데어 모르겐 출판사는 『슈바르첸베르 크Schwarzenberg』라는 제목의 소설 원고를 가지고 있습니다. 동봉한 출판총 국 순문학 부서 동지들의 보고서에 적힌 대로 우리 공화국에서 [이 소설의] 출판은 불가능합니다. 심지어 작가와 이 문제를 토론하는 것조차 아무런 의 미가 없어 보입니다. 반소비에트주의에 관한 원고이기 때문입니다. 1945년에 일시적으로 소련과 미국 어느 쪽 군대에도 점령되지 않았던 슈바르첸베르크 주변 지역의 몇몇 일화가 역사적으로 왜곡되어 있습니다."

22 회프케가 하거에게 보낸 편지(1983년 10월 10일). 또한 회프케가 1983년 10월 6일에 힐비히를 만난 결과를 적은 '메모'(작성일 미상), ms. 30344.

23 회프케가 하거에게 보낸 편지(1983년 10월 31일), ms. 30344. 이미 몇 달 전 당국에서는 『디 차이트』 구독을 허가해달라는 브라운의 요청을 거절한 바 있 었다. 회프케는 일부 당원들의 반대가 예상되었음에도 그 결정을 번복해달라 고 건의했다.

24 예를 들어 "진정서, 1985"라는 제목의 파일 안에 있는 명단과 관련 서류를 참 고하라(ms. 42258).

25 베를린의 동독 극작가동맹 서기장 발터 포크트Walter Vogt가 페터 헬트Peter

Heldt에게 보낸 편지(작성일 미상), ms. 36835/1.

26 에리카 힝켈이 하거에게 보낸 문서(1973년 12월 20일), ms. 36835/1.

27 키르슈기 그라크Kraak 시장에게 보낸 편지(1975년 3월 18일). 이 편지의 사본은 키르슈가 에리카 힝켈에게 보낸 편지(1975년 3월 18일), ms. 36835/1에 포함되어 있다.

28 키르슈가 하거에게 보낸 편지(1984년 12월 31일); 라그비츠가 하거에게 보낸 문서(1985년 2월 27일), ms. 36835/1. 정치국원인 헤르만 악센Hermann Axen 은 1987년 3월 3일에 하거에게 서신을 보내, 키르슈가 최근 작가동맹의 문예지인 『노이에 도이체 리테라투어』를 통해 발표한 몇 편의 시에 대해 항의했다: "제 생각에 이 '시들' 중 일부에는 우리 국가와 지도부를 직접적으로 공격하고 비난하는 내용이 명백히 담겨 있습니다. [……] 이런 공격을 작가동맹의 문예지에 수록하고, 오일렌슈피겔 출판사에서 출판해줘야 합니까?"

29 라그비츠가 하거에게 제출한 보고서(1983년 3월 23일), 그리고 라그비츠가 힐비히와 그의 시집 『목소리, 목소리』에 관해 작성한 보고서(1982년 12월 14일), ms. 38787.

30 당 중앙위원회 문화 분과에서 하거에게 보낸 문서(1984년 1월 12일), ms. 38787.

31 라그비츠가 하거에게 보낸 메모(1982년 12월 14일), ms. 38787.

32 예를 들어 라그비츠가 하거에게 보낸 힐비히에 관한 보고서(1983년 3월 23일), ms. 38787 참고. 라그비츠는 이 보고서에서 레클람 출판사에 "현실 사회주의에 반하는 표현들"을 포함하고 있는 『목소리, 목소리』 수정본을 받아들여서는 안 된다고 경고했음을 밝히고 있다.

33 1976년에 혜름린은 비어만 사건에서 맡았던 역할로 인해 당으로부터 '견책' 처분을 받았다. 1985년 3월 20일에 작가동맹 회장이었던 헤르만 칸트는 호네커에게 서신을 보내 혜름린이 지난 9년간 공화국의 정책을 꾸준히 옹호해왔으므로 징계를 풀어달라고 요청했다. 또한 동맹 이사회에 이 문제를 토론에 부치지 말고, 징계를 푸는 게 낫겠다고 권고했다. 해묵은 상처가 다시 드러날 것을 우려해서였다. ms. 36835.

34 혜름린이 하거에게 보낸 편지(1983년 3월 17일), ms. 38787.

35 라그비츠가 하거에게 제출한 보고서(1983년 3월 23일), ms. 38787.

36 회프케가 하거에게 보낸 문서(1985년 3월 6일), ms. 38787.

37 하거가 호프만에게 보낸 문서(1985년 8월 8일), ms. 36835/1. 1985년 초반 힐

비히는 자신의 산문집 『편지Der Brief』 원고를 놓고 동독 출판사인 레클람과 어려움을 겪었다. 그는 이미 서독의 피셔 출판사에서 허가 없이 그 책을 출판한 바 있었다.

38 헤름린이 호네커에게 보낸 편지(1985년 10월 19일), ms. 36835/1.

39 힐비히가 호네커에게 보낸 편지(1985년 8월 26일), ms. 36835/1.

40 하거가 호프만에게 보낸 문서(1985년 10월 17일), ms. 36835/1. 호프만은 하거에게 보낸 1985년 9월 22일 자 편지에서 힐비히가 허가 없이 서독에서 『편지』를 출판했고, 심지어 "지금까지 그가 써온 원고의 내용이 공화국에서 기대하는 문화적·정치적 방향과 일치하지는 않지만" 그에게 비자를 발급해줄 것을 건의했다.

41 폴커 브라운의 『힌체-쿤체-소설』에 대한 적대적인 보고서의 예시로는 라그비츠가 하거에게 보낸 1985년 9월 9일 자 보고서를 참고하라. 아래 주 150에 인용되어 있다.

42 이 용어는 일반 대중들이 하거에게 보낸 일부 편지에서 가져온 것이다. 이 편지들은 다음과 같은 제목의 문서철 세 권에 묶여 있다. "Standpunkte, Meinungen... aus der Bevölkerung," 1987~89, ms. 42280/1, 42280/2, 42280/3. 출판총국이 폴커 브라운의 시집 『우리, 그리고 그들이 아닌 이들』에서 삭제해야 한다고 주장했던 시 중 한 편의 제목은 「벽Die Mauer」이었다. 출판총국에서 하거에게 제출한 보고서(작성자 미상, 1971년 2월 15일), ms. 36834/1.

43 라그비츠가 하거에게 보낸 문서(1981년 12월 23일), 여기에는 1981년 12월 20일 자 항의 서한도 포함되어 있다(ms. 32747). 당 중앙위원회 문화 분과는 1981년 10월 1일에 선집과 그 저자들에 대한 장문의 보고서를 작성했다. 또한 취해야 할 조치에 대해 권고한 세 건의 보고서도 작성했다. 이 문서들은 ms. 32747에 함께 철되어 있다.

44 쿨투어에서 작성한 문서(작성자 및 작성일 미상)에서 인용. 이 문서는 ms. 32747에 철되어 있다.

45 "예술원의 후원을 받아 (선집 형태로) 책을 출판하길 희망하는 작가들에 대한 향후 정책 구상," 당 중앙위원회 문화 분과에서 작성한 문서(작성자 미상, 1981년 11월 6일), ms. 32746.

46 선집 모임에 관해 당 중앙위원회 문화 분과에서 작성한 보고서(작성자 미상, 1982년 1월 27일), ms. 32746.

47 "Information zum Literaturgespräch am 29-10-81," ms. 32747에 선집 관련

문서들과 함께 철되어 있는 보고서(작성자 미상).

48 주 45에서 인용한 "향후 정책 구상." 이 문서에는 선집과 관련된 30명의 작가들에 대한 유사한 묘사가 포함되어 있다.

49 안데르손의 스파이 행위에 대해 가장 잘 설명한 저술은 다음과 같다. Joachim Walther, *Sicherungsbereich Literatur: Schriftsteller und Staatssicherheit in der Deutschen Demokratischen Republik*(Berlin, 1996), pp. 639~42.

50 라그비츠가 호네커에게 제출한 보고서(1981년 4월 3일), ms. 32747.

51 당 중앙위원회 문화 분과에서 작성한 문서(작성자 미상, 1981년 6월 29일), ms. 32747. 라그비츠는 서독 방송의 주장에 대한 반박문 초안을 작성했다. 이 반박문은 호네커의 이름으로 발표될 예정이었다: 라그비츠가 하거에게 보낸 문서(1981년 4월 6일), ms. 32747.

52 라그비츠가 하거에게 보낸 문서(1982년 12월 9일), 보고서 첨부, ms. 32746.

53 당 중앙위원회 문화 분과에서 작성한 문서(1982년 11월 12일), ms. 32746. 하거를 비롯한 핵심 당원들을 위해 작성된 이 문서에는 동독의 출판물과 그 문제, 그리고 동독 독자들의 수요 등에 대한 심도 있지만 교조적인 진단이 내려져 있다. 또한 다음과 같이 당시 작가들과 겪던 어려움을 분석한 내용도 포함되어 있다. "저자들의 마르크스-레닌주의 교육이 부족하고, 사회주의 현실에 대한 이해가 매우 협소한 것이 정권 흠잡기식의 작품이 범람하고, 그들이 파괴적인 방식으로 작품 활동을 하고 있는 이유임. 복잡한 형식화는 저자들의 동독에 대한 현실 참여가 사회주의와 유리된 관점에서 비롯될 때, 예를 들면 이상과 현실 사이의 관계에 대한 인본주의 또는 주관주의의 소부르주아적인 관념에서 비롯될 때 나타남."

54 주 45에서 인용한 "향후 정책 구상."

55 당 중앙위원회 문화 분과에서 작성한 제목 없는 문서(1981년 11월 6일), ms. 32746. '문화예술센터Literaturzentren'는 실제로 설립되어 보통 8~50명 정도의 회원을 모집했다. 하지만 당 중앙위원회 문화 분과 보고서(1982년 10월 12일), ms. 32746에 따르면 그다지 효율적으로 운영되지는 못한 것으로 보인다.

56 이러한 조치는 라그비츠가 하거에게 보낸 문서(작성일 미상), ms. 32747에 설명되어 있다.

57 브라운이 1994년 3월 1일 베를린에서 강연할 때 나눠 준 인쇄물에서 발췌한 문장이다. 브라운은 1983년 6월 20일에 자신의 노트에 이를 적어두었다.

58 미텔도이처 출판사는 1980년대 동독 소설 분야에서 가장 중요한 출판사로, 소설, 시, 에세이, '프롤레타리아-혁명적인 순문학,' 경문학, 기타 장르 등 광범위한 출판 활동을 벌였다. *Verlage der Deutschen Demokratischen Republik*, p. 45 참고.

59 Erich Loest, *Der Zorn des Schafes*(Munich, 1993 ed.), pp. 38, 229.

60 Erich Loest, *Der vierte Zensor: Der Roman "Es geht seinen Gang" und die Dunkelmänner*(Stuttgart, 2003), p. 30.

61 *Die Schere im Kopf: Über Zensur u. Selbstzensur*, ed. Henryk M. Broder(Cologne, 1976).

62 이는 만프레트 예거의 해석이다: "*Literaturentwicklungsprozesse,*" pp. 28~47. 또한 1987년 작가동맹 총회에서 크리스토프 하인이 검열 폐지를 요구하며 자기 검열에 대해 언급한 내용도 참고하라: *X. Schriftstellerkongress der Deutschen Demokratischen Republik: Arbeitsgruppen*(Berlin, 1987), p. 229. 우베 콜베는 동독 붕괴 이전의 경험을 회상하며 "자기 검열은 실재적이고, 가장 강력한 검열이다"라고 언급했다: *Fragebogen: Zensur. Zur Literatur vor und nach dem Ende der DDR*, ed. Richard Zipser(Leipzig, 1995), p. 225.

63 Joachim Seyppel, "Der Porzellanhund," in *Zensur in der DDR*, pp. 25~26. 또한 같은 책, pp. 27~28에 실린 베른트 바그너Bernd Wagner의 글도 참고하라.

64 Ministerium für Kultur, HV Verlage und Buchhandel. 미텔도이처가 출판총국에 제출한 방대한 양의 문서는 DRI.2188 및 DRI.2189에 철되어 있다. 각 문서는 출판사에서 인쇄 허가Druckgenehmigung를 받기 위해 제출한 작품의 작가 이름에 따라 분류되어 있다. 필자는 DRI 시리즈에 있는 다른 출판사 서류들도 확인해보았다. 다른 연구자들에게 특히 DRI.2189에 있는 귄터 데 브로인에 대한 54쪽 분량의 문서와 그의 소설 『새로운 영광』을 찾아볼 것을 추천한다.

65 당 중앙위원회 문화 분과에서 1978년 9월에 작성한 것으로 추정되는 문서(작성자 및 작성일 미상), ms. 32747. 이 문서에는 노이에스 레벤 출판사의 발행인과 수석 편집장이, 완성된 것으로 추정되는 원고를 검토한 뒤에 야콥스에게 이념적인 이유로 수용할 수 없다고 거절한 상황이 설명되어 있다: "특히 기본적인 이데올로기 개념의 결함, 개인과 사회제도 간의 비변증법적인 대립, 사회주의에 대한 잘못된 이미지, 소설 속 일부 등장인물의 행위 동기에 대한 의문점 등이 지적되었음."

66 아른트Ahrndt 관련 문건, DRI.2189. 이미 언급했듯이 문서들은 작가 이름으로 찾을 수 있게 정리되어 있었다.

67 플리거Flieger 관련 문건, DRI.2189.

68 브란트슈트너Brandstner 관련 문건, DRI.2189.

69 하머Hammer 관련 문건, DRI.2189.

70 브룬스Bruns 관련 문건, DRI.2189. 헬가 두티는 출판총국에 제출한 보고서(1984년 5월 29일)에서 원고의 문학적 약점에 대해 자세히 논의한 뒤 다음과 같이 결론을 내린 바 있다. "출판사 입장에서는 많은 절충이 이뤄져야 했음."

71 치불카Cibulka 관련 문건, DRI.2189.

72 레머Rähmer 관련 문건, DRI.2188.

73 라이노브스키Reinowski 관련 문건, DRI.2188.

74 예를 들어 에베르스바흐Ebersbach 관련 문건, DRI.2189 참고.

75 횐치-하렌트Höntsch-Harendt 관련 문건, DRI.2189.

76 퀴네Künne 관련 문건, DRI.2189.

77 예를 들어 범죄소설 『탄탈로스Tantalus』에 관한 하인츠 크루셸Heinz Kruschel 관련 문건, DRI.2189, 그리고 범죄소설 『어떤 날부터 그다음 날까지Von einem Tag zum anderen』에 관한 게르하르트 셰르플링Gerhard Scherfling 관련 문건, DRI.2188 참고.

78 헤르츠베르크Herzberg 관련 문건, DRI.2189.

79 예를 들어 다음 문건에 실린 그녀의 메모를 참고하라. 빌리 마잉크Willi Meinck 관련 문건, DRI.2188.

80 멘싱Mensching 관련 문건, DRI.2188.

81 노바크Nowack 관련 문건, DRI.2188.

82 『뱀나무: 모잠비크로의 여행Der Schlangenbaum: Eine Reise nach Moçambique』에 관한 우르줄라 퓌셀Ursula Püschel 관련 문건, DRI.2188.

83 『백작의 침대Das Grafenbett』에 관한 울리히 슈파이텔Ulrich Speitel 관련 문건, DRI.2188.

84 『카랄라우치를 찾아서Suche nach Karalautschi』에 관한 엘리자베트 슐츠-젬라우Elisabeth Schulz-Semrau 관련 문건, DRI.2188.

85 예를 들어 다음 문서를 참고하라. 『마르틴 루터는 무엇을 가져다주었는가? Was haben wir von Martin Luther?』에 관한 울리히 헤롤트Ulrich Herold 관련 문건, DRI.2188.

86 *Stasi-Akten zwischen Politik und Zeitgeschichte: Eine Zwischenbilanz*, ed. Siegfried Suckut and Jürgen Weber(Munich, 2003), p. 161.

87 뢰스트는 문건에서 많은 부분을 인용해 『양들의 분노*Der Zorn des Schafes*』라는 책을 출판했다. 특히 이 책, pp. 84, 148을 비롯해 다음 책에 실린 추가 설명 또한 참고하라. *Die Stasi war mein Eckermann: Mein Leben mit der Wanze* (Göttingen, 1991).

88 슈타지와 지식인들을 다룬 많은 작품 중에서 다음 책을 참고하라. Walther, *Sicherungsbereich Literatur*, p. 21. 이 책에는 크리스타 볼프가 맡았던 역할이 기록되어 있다. 그리고 다음 책도 참고하라. Sonia Combe, *Une société sous surveillance: Les intellectuels et la Stasi*(Paris, 1999). 크리스타 볼프가 슈타지에 협조한 사실은 1993년 1월 21일 자 『베를리너 차이퉁*Berliner Zeitung*』 기사를 통해 처음 드러났고, 1993년 1월 25일에 『슈피겔*Der Spiegel*』에서 후속 기사를 내보낸 뒤, 다양한 독일 매체에서 광범위하게 다뤄졌다. 슈타지가 볼프를 감시한 내용도 42권에 달하는 분량이었다. 1992년에 한 동독인 친구는 슈타지 파일에 필자에 대한 문서도 있었다고 얘기해주었다. 그 문서에 필자는 "진보적인 젊은 부르주아"라고 적혀 있었다.

89 이어지는 논의는 다음 책들에 기초한 것이다. Walter Janka, *Schwierigkeiten mit der Wahrheit*(Reinbek bei Hamburg, 1989); Janka, *Die Unterwerfung: Eine Kriminalgeschichte aus der Nachkriegszeit*(Munich, 1994).

90 양카는 감옥에서 심각할 정도로 건강이 악화되었다. 그러나 결국 다시 건강을 회복해 번역과 영화 작업을 병행했다. 재수감 위험 때문에 그는 1989년 10월 28일 하이너 뮐러Heiner Müller를 비롯한 몇 사람이 도이체스 테아터에서 낭독회를 열기 전까지 자신의 경험에 대해서 공개적인 발언을 하지 않았다. 이날 발언한 내용은 차후에 『진실을 둘러싼 어려움*Schwierigkeiten mit der Wahrheit*』이라는 제목의 책으로 출판되었다.

91 *Die Unterwerfung*, pp. 27~28.

92 같은 책, pp. 50~51.

93 이어지는 논의는 뢰스트의 다음 책 두 권에 기초한 것이다. *Der Zorn des Schafes*; *Die Stasi war mein Eckermann*.

94 *Der Zorn des Schafes*, p. 96.

95 호네커는 사회주의를 위해 헌신한다는 전제만 있다면 '금기는 없다'는 유명한 말을 남겼다. "Wenn man von der festen Position des Sozialismus ausgeht,

kann es meines Erachtens auf dem Gebiet von Kunst und Literatur keine Tabus geben": Martin Sabrow, "Der unterschätzte Diktator," *Der Spiegel*(2012년 8월 20일). 이 말은 1971년에서 1989년 사이 작가들이 당의 관리들에게 보낸 편지에 자주 인용되었다. 하지만 1980년대에 인용했던 이유는 주로 검열에 의한 탄압이 계속되는 데 대한 실망감을 표현하기 위해서였다. 예를 들어 라이너 케른들은 하거에게 보낸 편지(작성일은 미상이지만, 하거가 1988년 1월 7일 수령한 것으로 되어 있다. ms. 42313)에서 출판총국이 자신의 소설 『혼합된 사회』를 반려한 일에 대해 항의하면서 이렇게 적었다. "저는 제8차 당대회에서 우리 사회의 예술과 문학에 금기는 없어야 한다고 결론 내렸던 것을 아직 기억하고 있습니다." 에리히 뢰스트도 호네커의 '유명한 말'에 대한 환멸감을 언급하기도 했다. *Der Zorn des Schafes*, p. 60.

96 비어만 사건에 대한 많은 설명 가운데 다음 글을 참고하라. Derek Fogg, "Exodus from a Promised Land: The Biermann Affair," in *The Writer and Society in the GDR*, ed. Ian Wallace(Fife, Scotland, 1984), pp. 134~51. 또한 이 사건에 대해 가장 흥미롭게 설명한 건 비어만 본인의 책이다. *Wie man Verse macht und Lieder: Eine Poetik in acht Gängen*(Cologne, 1997), chap. 7.

97 1984년 7월 4일 자 『라 스탐파*La Stampa*』에 실린 인터뷰 번역문, ms. 32747. 당 중앙위원회 문화 분과를 위해 번역되었다.

98 이 책에서 자세히 다룰 수는 없지만, 하거 사무실 서류 파일 중 다른 연구자들이 흥미를 느낄 만한 문서 목록을 제시하고자 한다. mss. 38788(폴커 브라운, 귄터 데 브로인); 36834(폴커 브라운); 39000(크리스타 볼프); 38786(크리스타 볼프, 모니카 마론); 39005(프란츠 퓌만); 38787(에르빈 슈트리트마터); 38789(모니카 마론, 하이너 뮐러); 36835(크리스토프 하인). 크리스타 볼프는 크리스텔 베르거Christel Berger와의 논의에서 자신이 동독에서 맡고 싶은 역할에 대해 이야기했다. 이는 1985년 10월 20일 자 문서, ms. 39000으로 우르줄라 라그비츠와 쿠르트 하거에게 보고되었다. 그녀는 베를린에서 멀리 떨어진 메클렌부르크 보제린 마을에서 창작 활동에 전념하고 싶지만, 동독의 문화적·정치적 생활에서 배제되고 싶지는 않다고 말했다. 또한 실질적인 문제에 대해 토론하는 것은 불가능할지 몰라도, 에리히 호네커가 조언한 대로 통일사회당 당원으로 남기를 희망하며 당이 자신을 제명한다고 해도 이해할 수 있다고 했다.

99 회프케는 1992년 11월 14일 마그데부르크의 강연에서, 크리스타 볼프가 출판

총국을 설득해 삭제된 부분에 말줄임표를 넣었다고 알려진 소문이 사실임을 확인해주었다. Höpcke, "Glanz und Elend der DDR-Kultur," p. 8(회프케는 타자로 친 이 글을, 필자에게 보내는 1994년 7월 14일 자 편지에 동봉해 보내주었다.)

100 *Kassandra: Vier Vorlesungen: Eine Erzählung*(Berlin and Weimar, 1987; 초판: 1983), p. 110.

101 "1983년 8월 22일 크리스타 볼프와 나눈 대화에 관한 보고서," 회프케가 하거에게 보낸 것으로 추정되는 문서, in ms. 38786/2: "볼프에게 '카산드라'에 관한 세번째 강연에서 어떻게 나토와 바르샤바 조약 기구를 똑같이 취급하고, 일방적인 군축이라는 생각(독일민주공화국판에서는 삭제된 단락)을 언급할 수 있었는지 질문함. 본인은 그녀의 논리를 받아들일 수 없고, 그녀가 그러한 생각을 할 수 있다는 게 이해되지 않았음. 크리스타 볼프는 자신의 글에 드러난 의견에 반대하는 관점이 있다는 걸 잘 알고 있다고 했음. 그리고 그런 관점에 대해 생각에 생각을 거듭했지만, 결국 일방적인 군축이 탈출구라는 결론에 도달했다고 했음."

102 폴커 브라운과 그의 가장 유명한 소설 『힌체-쿤체-소설』에 대한 많은 연구 중에서 특히 다음 책들에 주목하라. *Volker Braun in Perspective*, ed. Rolf Jucker (Amsterdam and New York, 2004); Kai Köhler, *Volker Brauns Hinze-Kunze-Texte: Von der Produktivität der Widersprüche*(Würzburg, 1996).

103 브라운이 독일 바이마르 국립극장의 수석 문예감독이었던 지그리트 부슈 Sigrid Busch에게 보낸 편지(작성일 미상). 이 편지의 사본이 아르노 호흐무트 Arno Hochmut가 하거의 비서인 에리카 힝켈에게 보낸 편지(1969년 5월 7일), ms. 36834/1에 동봉되어 있다.

104 출판총국이 작성한 문서(1971년 2월 15일), ms. 36834/1. 당 중앙위원회 과학 분과장 요하네스 호르니히Johannes Hornig가 하거에게 보낸 메모(1971년 2월 22일), ms. 36834/1도 참고하라.

105 하거가 라그비츠에게 보낸 편지(1983년 11월 2일), ms. 36834/1.

106 당 중앙위원회 문화 분과 회의록(1976년 1월 7일), 라그비츠가 하거에게 보낸 편지(1976년 1월 9일), ms. 36834/2에 포함되어 있다.

107 라그비츠가 하거에게 보낸 문서, "1976년 1월 9일에 폴커 브라운 동지와 나눈 대화에 관한 보고서," ms. 36834/2. 이 보고서는 작가들과 당 사이의 관계가 당 중앙위원회 차원에서 어떻게 받아들여지고 있었는지 매우 상세하게 보여

준다. 라그비츠는 이렇게 적고 있다.

그에게 당원의 입장에서 최근 두 편의 출판물 「기억의 기록Gedächtnis-protokoll」과 「미완의 역사Unvollendete Geschichte」 문제를 어떻게 처리할 것인지 물었습니다. 그리고 많은 당원 동지가 당황하고 또 일정 부분 분노한 상태에서 우리에게 문제 제기를 해왔다고 전했습니다. 일이 이렇게 커진 것은 그 시와 소설에 당과 국가의 정치에 대한 공격이 포함되어 있기 때문이며, 또 적들의 반응 때문이기도 합니다. 폴커 브라운은 [적들에게] 반공산주의 선전을 위한 소재를 제공했으며, 동시에 그도 이른바 반체제 인사의 대열에 합류하게 되었습니다.

저는 브라운에게 이제 확실한 본인의 입장을 밝혀야 할 때가 되었다는 점을 분명히 해두었습니다. 당을 향한 그의 마음 자세를 신뢰할 수 있도록 만들고, 적의 억측을 확실히 부인할 수 있도록 그의 공개적인 입장 표명이 필요합니다. 앞으로 출판할 책에서도 당연히 믿을 만한 모습을 보여줘야 합니다.

저의 어조는 차분하고 전문가답지만 단호했습니다.

폴커 브라운은 적이 자신을 이용한 방식에 충격을 받았고, 그런 걸 원한 적이 결코 없으며, 공개적으로 자기 변론을 하고 싶다고 했습니다. 그가 우리의 현실과 작가의 역할에 대해 전적으로 공상적이고 혼란스러운 견해를 가지고 있다는 건 분명해 보였습니다. 그는 충분히 이해하지 못했거나, 자신의 독특한 관점에서 비롯된 이야기를 많이 했습니다. 그의 생각에 따르면 문학은 비판적이면서 동시에 건설적인 기능을 수행해야 하는데, 그것은 그에게 중요한 문제였습니다. 그는 작가가 이 사회에 더 비판적으로 접근할수록 더 건설적으로 사회 변혁에 기여하는 것이라고 주장했습니다. 그는 그런 건 사례들, 즉 실제 이야기들을 재현할 때에만 가능하다는 관점을 지니고 있었습니다.

그 지점에서 저는 환경과 실제 일어난 사건들, 그리고 작가의 견해와 평가—즉, 문학을 통해 일반화하는 과정 속에서 그가 유지해야 할 입장과 책임—사이에는 차이가 있다는 점을 자세하고 또 분명하게 이해시키고자 노력했습니다.

108 아르노 호흐무트가 하거에게 보낸 편지(1971년 1월 20일), ms. 36834/1. 1971년 1월 12일과 20일에 열린 작가동맹 회의에서 브라운을 옹호했던 작가는 슈테판 하임과 크리스타 볼프 두 명뿐이었다. 브라운은 4년 뒤 계간지『호

박씨*Kürbiskern*』에 발표한 시 「기억의 기록」 때문에 작가동맹 회의에서 비슷한 방식으로 다시 공격을 받았다. 다음 문서를 참고하라. 베를린 지부 당 비서 콘라트 나우만Konrad Naumann이 호네커에게 제출한 보고서(1975년 5월 12일), ms. 36834/2. 브라운은 자신을 변호하면서 볼프 비어만의 입장에 상관하고 싶지 않다고 말했다: "그 경우가 그에게 일어날 수 있는 최악의 상황이었을 것이다. 그가 그 입장을 받아들이지 않았기 때문이다."

109 하거에게 보낸 문서(작성자 미상, 1976년 7월 15일)와 같은 날 전달된 작성자 미상의 '메모Aktennotiz,' ms. 36834/1.

110 브라운과 하거의 만남에 대한 문서(1977년 7월 5일), ms. 36834/1. 하거는 브라운에게 원고를 수정하여 게바라의 역할이 당을 향한 비판이라는 오해를 사지 말라고 이야기했다. "진실은 객관적으로 마르크스-레닌주의 혁명 이론의 재현에 놓여 있다. 그러니 등장인물과 그들의 행위를 통해 분명하게 드러나야 한다."

111 수정 내용은 당 중앙위원회 문화 분과가 호네커를 위해 준비한 두 건의 문서에 기술되어 있다. 호네커는 이 문서에 이니셜을 표시해두었다. 제목에 "정보"라고만 적힌 첫번째 문서는 1977년 3월 22일 자이고, "폴커 브라운의 「게바라」에 대해서"라는 제목의 두번째 문서는 1977년 3월 23일 자다. 이 문서들은 ms. 36834/2에 함께 포함되어 있다. 브라운은 1977년 4월 29일에 설명을 곁들인 편지와 함께 마지막 장면을 대폭 수정한 원고를 하거에게 보냈다(ms. 36834/1). 필자가 확인한 바로는, 브라운이 낸 어떠한 책에서도 이 원고는 발견되지 않는다.

112 당 중앙위원회 문화 분과에서 작성한 문서(작성자 미상, 1976년 12월 15일), ms. 36834.1).

113 1977년 3월 25일 하거와 쿠바 대사 니콜라에 로드리게스Nicolae Rodriguez의 만남에 대한 보고서(작성자 미상, 1977년 3월 28일), ms. 36834/1.

114 당 중앙위원회 국제관계 분과장 파울 마르코프스키Paul Markowski가 호네커에게 보낸 문서(1977년 3월 4일). 에리카 힝켈이 1977년 4월 4일에 하거의 사무실에서 있었던 회의에 대해 작성한 보고서, ms. 36834/1를 보면 이 위기에 관한 좀더 자세한 내용이 적혀 있다.

115 "폴커 브라운의 「게바라」에 대해서" 문서(1977년 3월 23일), ms. 36834/2; "정보"라는 제목의 문서(1977년 3월 22일), ms. 36834/2.

116 브라운이 호네커에게 보낸 편지(1977년 3월 23일), ms. 36834/2.

117 "Gespräche mit Volker Braun am 24/3/77," 하거가 호네커에게 제출한 보고서 (1977년 3월 25일), ms. 36834/2.

118 연극 공연이 취소된 후 작성된 많은 문서 중 가장 흥미로운 것은 1977년 3월 31일 브라운과 하거의 만남에 대해 힝켈이 초안을 작성한 '회의록'(1977년 4월 5일), ms. 36834/1이다. 회의록에 적힌 대화 기록을 보면, 하거는 쿠바 혁명을 제국주의에 맞선 투쟁의 승리로, 그리고 라틴아메리카 전체 여론을 위해 엄청나게 중요한 사건으로 옹호해야 할 필요성에 대해 강조했다. 브라운이 카스트로를 묘사한 방식은 이와는 반대되는 것이었다. 더욱이 그의 희곡은 '현실 사회주의'에 대한 극좌파의 공격을 지지하는 것처럼 보이며, 따라서 동독의 상황상 받아들일 수 없는 것이었다. 이런 주장에 대해 브라운은 "혁명적 이상(최종 단계)과 현재 한 개인에 의해 [재현된 것처럼] 실현 가능한 것 사이의 거리를 그리는 것은 작가로서 자신의 권리"라고 맞섰다. 하거는 브라운의 게바라가 "사이비 혁명가처럼 무책임한 말"을 내뱉고 있으며, 그 희곡은 "(비어만의) 극좌파의 주장"에 우호적이라고 주장하며 이의를 제기했다. 브라운은 원고를 다시 개고하겠지만, 만일 공연이 무기한 금지된다면 도덕적인 문제에 봉착하게 될 거라고 말했다: "그렇게 되면 그는 (공연되지 않는 작품의 작가이기 때문에) 도이체스 테아터에 고용되어 월급을 받을 수 없으며, 대중의 질문에 더 이상 응답할 수 없는 상태이므로 그들에게서 멀어져야만 한다."

119 공연 금지와 관련해 이미 언급된 것 외에 가장 중요한 문서들로는 다음과 같은 것들이 있다. 작성일은 적혀 있지 않지만 1977년 3월 31일 만남 이후에 브라운이 하거에게 보낸 편지. 이 편지에서 브라운은 작업을 계속할 수 있을지 여부에 대해 좀더 긍정적으로 생각하게 되었다고 밝히고 있다; 1977년 4월 4일에 하거의 사무실에서 열린 회의에 대해서 에리카 힝켈이 초안을 작성한 '회의록.' 이 회의에는 도이체스 테아터 관계자, 당 중앙위원회 문화 분과 위원, 그리고 문화부의 관료 들이 참석했다; 그리고 힝켈이 하거에게 보낸 문서 (1977년 6월 1일, 6월 24일). 이 문서에는 브라운이 연극의 미래에 대해 걱정하며 걸어온 전화 내용이 담겨 있다. 이 모든 문서는 ms. 36843/1의 연극 관련 문건 사이에 뒤죽박죽 포함되어 있다.

120 이어지는 논의는 주로 하거의 사무실과 당 중앙위원회 문화 분과의 서류 파일, 특히 주로 mss. 34377, 36834/1, 36834/2, 38787, 38788에 기초한 것이다; 하지만 미텔도이처 출판사에서 작성한 훌륭한 문서 모음집도 많이 참고했

다. *Ein "Oberkunze darf nicht vorkommen": Materialien zur Publikationsgeschichte und Zensur des Hinze-Kunze-Romans von Volker Braun*, ed. York-Gothart Mix(Wiesbaden, 1993), 이후 *Oberkunze*로 표기.

121 Köhler, *Volker Brauns Hinze-Kunze-Texte*, chaps. 2~3.

122 *Hinze-Kunze-Roman*(Leipzig, 1990; 초판: Halle, 1981), pp. 58~61.

123 같은 책, pp. 36~39.

124 같은 책, p. 119.

125 Holger J. Schubert, "Gutachten"(1982년 7월 12일), in *Oberkunze*, p. 41. 하랄트 코랄Harald Korall이 쓴 심사 보고서(1982년 7월 22일)는 pp. 42~44에 수록되어 있다.

126 『힌체-쿤체-소설』에 대한 문서, 호프만이 하거에게 보낸 편지(1985년 9월 2일), ms. 38788에 포함되어 있다.

127 Hinnerk Einhorn, "Gutachten"(1982년 12월), in *Oberkunze*, p. 52.

128 디터 슐렌슈테트가 에버하르트 귄터에게 보낸 편지(1983년 10월, 작성일 미상); Dieter Schlenstedt, "Arbeitsgutachten"(1983년 10월); Hans Kaufmann, "Gutachten"(1983년 11월 4일), in *Oberkunze*, pp. 62~80. 슐렌슈테트는 발행인, 독자, 브라운, 그리고 작가동맹의 평론가 앞으로 보내는 가상의 편지 형태로 심사 보고서를 다시 작성했다. 이 보고서는 소설(1985년 판, pp. 197~223) 끝부분에 "안경Lesehilfe"이라는 제목으로 수록됐다.

129 동독 붕괴 후 디터 슐렌슈테트와 가진 인터뷰, in *Oberkunze*, p. 229.

130 Helga Duty, "Verlagsgutachten"(1984년 1월 13일), in *Oberkunze*, p. 83.

131 같은 글, p. 84.

132 에버하르트 귄터가 클라우스 젤비히에게 보낸 편지(1984년 1월 13일), in *Oberkunze*, pp. 85~87.

133 클라우스 젤비히가 클라우스 회프케에게 보낸 편지(1984년 1월 28일), in *Oberkunze*, p. 91. 젤비히의 편지에는 브라운의 원고와 문학에 대한 섬세한 이해력이 드러나 있다. 필자는 이것이 출판총국 검열관들의 특징이라 믿는다. 예를 들면 그는 원고를 예리하게 분석하는 과정에서 『운명론자 자크Jacques le fataliste』에 대한 미셸 뷔토르Michel Butor의 해석을 인용하기도 했다.

134 Werner Neubert, "Gutachten"(1984년 7월 13일), in *Oberkunze*, pp. 93~96, 인용 부분은 p. 94.

135 Helga Duty, "Verlagsgutachten"(1984년 12월 11일), in *Oberkunze*, pp.

100~104, 인용 부분은 p. 103. 이 전개 과정에 대해서는 다음 문서들을 참고하라. 젤비히가 회프케에게 보낸 편지(1984년 7월 13일); 젤비히가 브라운에게 보낸 편지(1984년 7월 17일); 귄터가 회프케에게 보낸 편지(1984년 12월 11일); 그리고 출판총국이 작성한 문서(1985년 1월 9일), in *Oberkunze*, pp. 97~114.

136 Höpcke, "Ein komischer Essay Volker Brauns," reprinted in *Oberkunze*, pp. 117~25. 다소 경직된 논쟁에서 회프케는 브라운의 사회 비평이 당시 동독의 계획 경제와 진보 행정의 성공이라는 맥락에 놓여야 한다고 주장했다. 예를 들어 p. 119를 보라.

137 티트케가 미타크에게 보낸 편지(1985년 8월 21일), ms. 34377. 티트케는 1985년 9월 9일에 하거에게도 똑같이 적대적인 내용의 편지를 보냈다(ms. 38788).

138 이어지는 설명은 미타크의 사무실에서 나온 문서에 기초한 것이다(ms. 34377). 문서에 작성자 이름은 없었지만, 수신인은 분명히 미타크로 명시되어 있다. 미타크는 문서마다 자신의 이니셜을 적어두었는데, 아마도 문서를 받아 읽었음을 표시하려고 했던 듯하다.

139 작성자 미상의 문서(1985년 9월 25일), ms. 34377.

140 "Zu dem *Hinze-Kunze-Roman* von Volker Braun," 작성자 미상의 문서(1985년 9월 3일), ms. 34377.

141 작성자 미상의 문서(1985년 9월 25일), ms. 34377.

142 작성자 미상의 문서(1985년 9월 25일), ms. 34377. 이 세 명의 작가 이름을 명시하고, 그들이 "동일한 신념을 가진 이들의 연대 전선Solidaritätsfront Gleichgesinnter"에 속한다고 주장했다.

143 "Zum 'Hinze-Kunze-Roman' von Volker Braun," 미텔도이처 출판사가 작성한 문서(1985년 8월, 작성일 미상), *Oberkunze*, pp. 128~31.

144 젤비히가 작성한 문서(1985년 8월 28일), 호프만이 하거에게 보낸 편지(1985년 9월 2일), ms. 38788에 포함되어 있었다.

145 "Zu dem 'Hinze-Kunze-Roman' von Volker Braun," 작성자 미상의 문서(1985년 9월 3일), 하거가 수신했다는 이니셜 표시가 있음, ms. 38788. 이 문서는 쿤체가 당의 고위 기관원을 대표하는 인물로 인식될 수 있다는 걸 강조한다. 예를 들어 힌체가 타트라 자동차를 주차한 장소는 쿤체가 내무부나 당 중앙위원회와 관련 있는 인물이라는 사실을 암시한다.

146 하거가 라그비츠에게 보낸 편지(1983년 2월 11일), ms. 36834/1.

147 하거가 라그비츠에게 보낸 편지(1982년 7월 7일), ms. 36834/1. 하거는 브라운의 책들에 대해 다음과 같이 언급했다: "브라운은 복잡한 경제나 다른 문제에 대한 이해가 매우 부족하다. 또한 그의 글은 풍자나 유머의 범위를 넘어서고 있다."

148 라그비츠는 하거에게 보낸 문서(1985년 9월 9일)를 통해 『힌체-쿤체-소설』을 금하기 위해 취해진 조치에 대해서 보고했다. 판매 금지에 대해서는 출판총국의 서적 유통 부서 책임자인 H.-G. 하르트비히H.-G. Hartwich가 9월 12일에 더욱 자세한 보고서를 제출했다: Oberkunze, pp. 131~32.

149 출판총국 서적 유통 부서의 잉리트 마이어Ingrid Meyer가 작성한 문서(1985년 9월 27일), 그리고 행사 전날 신중하게 조율한 브라운의 낭독에 대해 히네르크 아인호른이 작성한 문서(1985년 9월 27일), in Oberkunze, pp. 140~43.

150 라그비츠가 하거에게 제출한 보고서(1985년 9월 9일), ms. 38788. 라그비츠는 당무에 대한 의견을 드러낼 때 본인이 사용하는 전형적인 언어로 브라운을 비난했다: "그에게는 중앙의 지도력과 계획, 당과 정부기관의 선도적인 역할이 진정한 민주주의와 공산주의를 달성하는 데 결정적인 장애 요소인 것이 분명하다. 그는 공산주의에 대해 모호하고 공상적인 그림을 그리며 현재를 비판하고 있다. 또한 그로 인해 발전된 사회주의로의 진정한 변증법적 접근을 가능하게 하는 세계관을 획득하지 못하고 있다."

151 같은 곳. 하거의 비서 에리카 힝켈은 하거에게 보낸 또 다른 문서(1985년 9월 11일), ms. 38788를 통해 회프케가 브라운에게서 더 많은 양보를 끌어낼 수 있다는 희망으로 『힌체-쿤체-소설』을 1985년 계획에서 뺐으며, 인쇄 허가는 그가 단독으로 내준 거라는 라그비츠의 주장이 사실임을 확인해주었다.

152 1985년 9월 16일 회의의 "의사록Protokollnotiz," ms. 36834/1.

153 하거가 호네커에게 제출한 보고서(1985년 9월 17일), 원본에는 호네커가 "E.H. 18.9.85"라는 이니셜을 표시해두었다(ms. 38788). 호네커와 정치국 차원에서 이 문제에 대한 추가 논의가 있었던 게 거의 확실하지만, 다른 기록은 찾지 못했다.

154 하거가 호네커에게 제출한 보고서(1985년 9월 27일), ms. 36828. 호네커는 평소 방식대로 중요한 구절에 밑줄을 치고 문서에 이니셜을 표시했다. 또 다른 보고서(작성자 미상, 9월 30일), ms. 42277/1―하거의 사무실에 보관되어 있

었다—에 따르면, 회의 분위기가 브라운에게 적대적이지만은 않았다. 보고서에는 하거의 개입이 확신을 갖게 해주었고, 작업을 이어나갈 수 있도록 격려가 되었다는 브라운의 말이 인용되어 있다.

155 라그비츠가 하거에게 보낸 문서(1985년 12월 17일), ms. 38788에 포함되어 있는 1985년 12월 13일 자 보고서. 『힌체-쿤체-소설』을 폄훼하기 위해 동독 언론에 실렸던 여러 편의 비평문이 Oberkunze, pp. 149~200에 재수록되었다.

156 하거에게 보낸 문서(1985년 9월 13일, 10월 15일, 11월 20일), ms. 38788.

157 같은 곳. 그리고 하거가 귄터 샤보프스키Günter Schabowski에게 보낸 편지(1985년 10월 4일)와 샤보프스키가 하거에게 보낸 편지(1985년 10월 2일), ms. 36834/1.

158 "Lizenzurkunde"(1988년 1월 27일), in Oberkunze, p. 146.

159 힐데 슈미트Hilde Schmidt가 하거에게 보낸 문서(1988년 1월 20일), ms. 42321/2. 하거가 이 문서 하단에 갈겨써 둔 메모대로, 허가는 평소와 다름없이 주어졌다. 호프만은 1987년 7월 14일에 하거에게 편지를 보내 미텔도이처 출판사가 요청한 대로 새 책 출판에 대한 허가가 날 수 있는지 문의했다: Zenzur in der DDR, p. 161.

160 『새로운 영광』과 관련된 몇몇 중요 문서가 다음에 수록되어 있다. Zenzur in der DDR, pp. 143~51.

161 Günter de Bruyn speech in X. Schriftstellerkongress der Deutschen Demokratischen Republik: Plenum(Berlin and Weimar, 1987), p. 128.

162 Christoph Hein, X. Schriftstellerkongress der Deutschen Demokratischen Republik: Arbeitsgruppen, p. 228.

163 같은 책, p. 233.

164 작가동맹 집행위원회 회의록(1987년 6월 24일), ms. 42277/1.

165 하거와 회프케의 회의 관련 문서(1988년 2월 18일), ms. 42325.

166 하거와 회프케의 회의 관련 문서(1988년 11월 14일), ms. 42325.

167 작가동맹 집행위원회와 회프케가 함께한 회의 관련 문서(1989년 6월 28일), ms. 42277/1.

168 브라운이 하거에게 보낸 편지(1987년 7월 17일), ms. 42321/2. 브라운과 회프케의 전화 통화에 대해 힐데 슈미트가 하거에게 제출한 문서(1987년 3월 31일)와 하거와 브라운의 전화 통화에 대한 문서(1987년 7월 17일)에 더 자세한 사항이 적혀 있다. 두 문서 모두 ms. 42321/2에 있다. 또한 Zenzur in der

DDR, pp. 161~65에 수록된 문서들도 참고하라.

169 브라운이 하거에게 보낸 편지(1987년 3월 28일), ms. 42321/2. 브라운은 당국이 허가를 내주지 않자 이를 "분별없고 독단적인 행위gedankenlosen Willkürakt"라고 지적했다. 라이제카더 문제는 호프만이 하거에게 보낸 편지(1987년 3월 27일), ms. 42321/2에 명확히 드러나 있다.

170 하거가 샤보프스키에게 보낸 문서(1988년 2월 4일); 브라운이 하거에게 보낸 편지(1988년 2월 8일), ms. 42321/2.

171 브라운이 하거에게 보낸 편지(1971년 1월 22일), ms. 36834/1. '두Du'라는 호칭이 공산당 당원 동지들 사이에서 관습적으로 사용되었던 건 아니다. Janka, *Schwierigkeiten*, p. 18 참고.

172 라이너 케른들이 하거에게 보낸 작성일 미상의 편지(수령일은 1988년 1월 7일로 적혀 있다), ms. 42313. 이와 비슷하게 작가가 자기주장을 강력히 한 사례가 있는데, 페터 학스Peter Hacks도『의미와 형식』에 발표한 에세이 원고를 수정하라는 요구에 항의한 바 있다. 다음 문서를 참고하라. 힐데 슈미트가 하거에게 보낸 문서(1988년 10월 4일), ms. 42322.

173 슈나이더가 하거에게 보낸 편지(1988년 1월 15일), ms. 42313.

174 회의 관련 문서가 동봉된, 라그비츠가 하거에게 제출한 보고서(1989년 3월 6일), ms. 42322/2.

175 1994년 7월 6일에 베를린 지식연구소에서 열렸던 세미나에서 회프케가 발언한 내용으로, 필자가 세미나에 참석해 받아 적었다. 회프케는 정보원인 울리히 프란츠Ulrich Franz가 라그비츠를 비롯한 쿨투어 사람들이 뒤에서 자신에 대해 나눈 대화 내용을 알려주었다고 말했다. 또 쿨투어에도 저자와 책에 관해 알려주는 비밀 정보원이 있었다고도 했다. 따라서 그와 쿨투어의 회의는 서로 의심하는 분위기 속에서 전개되었다. 그들은 까다로웠지만 예의 있고 적절한 태도를 보였다. 라그비츠는 회의에서 늘 차분한 어조를 유지했다. 그녀를 '악녀Hexe'로 묘사하는 건 잘못이다. 당내 최고위층 인사 가운데 회프케가 강한 어조로 비판한 유일한 인물은 귄터 미타크였다. 회프케에 따르면 그는 타인을 대할 때 야비했고, 노멘클라투라(특권층)를 보호하는 사법 절차가 없었다면 기꺼이 회프케의 경력을 망치려 들었을 것이다. 물론 동독의 다른 많은 주요 인사들처럼 회프케도 권력을 남용했다는 비난에 맞서 스스로를 변호하기 위해 노력해왔을 것이다. 그는 정권이 무너진 뒤 많은 비판을 받았지만, 비판자들에게 답변하는 데 있어 줄곧 자신의 입장을 고수했다.

다음 글을 참고하라. Wolfgang Kohrt, "Als ob die Seele eine Mauer hat: Klaus Höpcke, einst stellvertretender DDR-Kulturminister: Eine deutsche Karriere," *Süddeutsche Zeitung*(1993년 11월 27~28일), p. 11. 그리고 회프케가 자신의 업무 집행에 대해 직접 설명한 글인 "Glanz und Elend der DDR-Kultur"를 참고하라. 이 글은 회프케가 1992년 11월 14일에 마그데부르크에서 했던 강연 원고로, 그는 1994년 7월 14일 자 편지에 동봉해서 필자에게 보내주었다.

176 라그비츠가 하거에게 보낸 문서(1989년 3월 3일); 라그비츠가 하거에게 보낸 문서(1989년 3월 6일); 회프케가 호네커에게 보낸 편지(1989년 3월 3일), ms. 42322/2.

177 회프케가 하거에게 보낸 문서(1989년 7월 20일), ms. 42313.

178 하거가 호네커에게 보낸 문서(1987년 4월 1일), ms. 42313. 하거가 작품을 금할 것을 권한 문서 곳곳에 호네커는 '동의einverstanden'라고 표시해두었다.

179 하거가 호네커에게 보낸 문서(1987년 5월 13일); 회프케가 하거에게 보낸 문서(1987년 5월 14일), ms. 42313. 출판총국은 발행인과 외부 심사위원 2인의 보고서의 추천을 토대로 인쇄 허가를 내주었지만, 검열관 중 한 명인 게르다 바르츠Gerda Barz는 휴가를 이틀 앞두고 업무량이 많아 내용을 읽지 못했다고 시인했다. 책이 출판된 이후, 마르크스-레닌주의 연구소는 하거에게 역사 설명에 오류가 있다고 항의했고, 이에 따라 책은 탄압을 받게 되었다: 게르다 바르츠의 보고서(1987년 5월 14일), ms. 42313.

180 출판총국이 작성한 문서(1989년 7월 17일)가 포함된, 회프케가 하거에게 보낸 문서(1989년 7월 20일), ms. 42313.

181 회프케가 하거에게 보낸 문서(1988년 12월 16일); E. 슈트르나트가 하거에게 보낸 문서(1989년 3월 4일), ms. 42313.

결론

1 가장 유명한 사례는 윌리엄 프린William Prynne의 경우일 것이다. 그는 1634년에 선동죄와 명예훼손죄를 범했다는 이유로 귀가 잘리는 형벌을 받았다. Annabel Patterson, *Censorship and Interpretation: The Conditions of Writing and Reading in Early Modern England*(Madison, Wisc., 1984), pp. 52~127. 오늘날 기준으로는 참혹한 형벌이지만, 프린의 재판 과정에는 그에게 유리한

주장을 수용하는 법적 절차가 포함되어 있었으며, 동시대인들에게는 그다지 충격적이었던 것 같지 않다. 동시대인들의 그러한 시각은 튜더-스튜어트 왕조 시대의 정치 방식에 의해 형성되었다. Mark Kishlansky, "A Whipper Whipped: The Sedition of William Prynne," *Historical Journal* 56, no. 3(2013년 9월), pp. 603~27.

2 독자 반응 비평에 대해 살피려면 다음 책들을 참고하라. *The Reader in the Text: Essays on Audience and Interpretation*, ed. Susan R. Suleiman and Inge Crosman(Princeton, 1980); *Reader-Response Criticism: From Formalism to Post-Structuralism*, ed. Jane P. Tompkins(Baltimore, 1980).

3 Leo Strauss, *Persecution and the Art of Writing*(Glencoe, Ill., 1952). 슈트라우스는 필자가 이 책에서 옹호하고 있는 일종의 '역사주의historicism'를 전혀 받아들이지 않았다.

4 1870년대에 (오늘날의 우타르프라데시주와 우타라칸드주에 해당하는) 북서 지역의 관료인 켐프슨M. Kempson은 "현지인" 문학에 대해 "정글의 일부를 얼기설기 개간해놓은 수준"일 뿐이라고 판단하고 있었지만, 1천 루피의 지원금과 시계 등의 상을 받을 수 있도록 원고를 추천하기도 했다. Robert Darnton, "Book Production in British India, 1850~1900," *Book History* 5(2002), p. 247.

5 Nicholas Cronk, "Voltaire and the Uses of Censorship: The Example of the *Lettres philosophiques*," in *An American Voltaire: Eessays in Memory of J. Patrick Lee*, ed. E. Joe Johnson and Byron R. Wells(Newcastle-upon-Tyne, 2009).

6 이러한 관점에서, 쿠체J. M. Coetzee의 증언을 언급하고자 한다. 검열에 대한 그의 이해는 남아프리카공화국에서 글을 썼던 경험에 영향을 받았다. J. M. Coetzee, *Giving Offense: Essays on Censorship*(Chicago, 1996), 특히 pp. ix~x, 9, 18~19, 185~203 참고. 최근에 이뤄진 일부 연구에서는 후기구조주의 이론에서 파생된 통찰과 엄격한 경험적 연구 방법을 결합하고 있다. 그 예로 다음 책들을 참고하라. Peter McDonald, *The Literature Police: Apartheid Censorship and Its Cultural Consequences*(Oxford, 2009); Deborah Shuger, *Censorship and Cultural Sensibility: The Regulation of Language in Tudor-Stuart England*(Philadelphia, 2006); Jonathan Bolton, *Worlds of Dissent: Charter 77, The Plastic People of the Universe, and Czech Culture under Communism*(Cambridge, MA, 2012).

7   Aleksandr Nikitenko, *The Diary of a Russian Censor*(Amherst, 1975). 이 책의 주요 주제는 출판에 대한 니키텐코 자신의 헌신과 재능 있는 작가들과의 협업 등이었다. 그의 설명은 다음 논문 내용과 배치된다. I. P. Foote, "Counter-Censorship: Authors v. Censors in Nineteenth-Century Russia," *Oxford Slavonic Papers*, n.s., 27(1994), pp. 62~105. 『폴란드 검열 흑서』(New York, 1980; 초판: 1975)의 경우 1970년대와 1980년대 폴란드 검열관들에게 금기시 되었던 용어나 주제의 예를 들기는 하지만, 폭로 내용이 많지는 않다.

8   Aleksandr Solzhenitsyn, *The Oak and the Calf: Sketches of Literary Life in the Soviet Union*(New York, 1980; 초판: 1975), p. 29.

9   같은 책, p. 10.

10 이러한 설명은 다음 책에 기초한 것이다. Dusan Hamsik, *Writers against Rulers*(London, 1971). 이 책에는 쿤데라의 연설문이 수록되어 있다. 인용 부분은 pp. 176, 174~75.

11 같은 책, p. 90.

12 같은 책, p. 93.

13 같은 책, p. 86.

14 같은 책, p. 173.

15 Norman Manea, *On Clowns: The Dictator and the Artist*(New York, 1992), p. ix.

16 같은 책, p. 87.

17 같은 책, p. 89.

18 같은 책, p. 88.

19 Danilo Kiš, *Homo Poeticus*(New York, 1992), pp. 91~92.

20 Czesław Miłosz, *The Captive Mind*(New York, 1953), p. 14.

21 같은 책, p. xii.

22 같은 책, p. x.

23 Coetzee, *Giving Offense: Essays on Censorship*; McDonald, *The Literature Police* 참고.

24 Thomas Lahusen, *How Life Writes the Book*(Ithaca, 1997) 참고. 이 책은 바실리 아자예프Vasilii Azhaev가 쓴 『모스크바에서 멀리*Far From Moscow*』의 출판과 유통에 관한 뛰어난 연구서다. 『모스크바에서 멀리』는 소비에트 극동 지역 에서 파이프라인을 건설하는 과정을 그린 대하소설이었다. 아자예프는 반혁 명적 활동으로 인해 굴라크에 수용되었지만, 이후 열성적인 스탈린주의자로

전향하여 검열관들과 긴밀히 협력했다. 검열관들은 1천 쪽 분량의 원고에서 300쪽을 삭제하고, 200쪽을 수정할 것을 그에게 지시했다. 이 책은 소비에트 독자들 사이에서 큰 성공을 거뒀고, 사회주의 리얼리즘의 고전으로 높은 평가를 받으며 1949년에 스탈린 상을 수상했다.

25 인류학자들 사이에서 '현지인'들의 관점을 이해하는 문제에 관해 이뤄진 논쟁의 사례로 다음 책들을 참고하라. Gananath Obeyesekere, *The Apotheosis of Captain Cook: European Mythmaking in the Pacific*(Princeton, 1997); Marshall Sahlins, *How "Natives" Think: About Captain Cook, for Example*(Chicago, 1995).

26 Stanley Fish, *There's No Such Thing as Free Speech, and It's a Good Thing, Too*(New York, 1994), p. 110.

이미지 목록

옮긴이의 말

세계적으로 저명한 역사학자인 로버트 단턴이 그의 열네번째 저서인 이 책에서 초점을 맞춘 주제는 바로 '검열'이다. 검열을 넓게 정의하자면 표현의 자유를 제한하는 모든 종류의 제약이라고 할 수 있겠지만, 이 책에서 단턴은 가장 영향력이 크다는 이유로 국가기관에 의한 검열에 집중한다. 국가 차원에서 검열을 체계적인 방식으로 수행하게 된 것은 15세기 구텐베르크의 인쇄술이 보급된 뒤의 일이다. 최초의 국가 검열기관은 프랑크푸르트에서 도서전에 출품되는 책을 감시하기 위해 1579년에 설치된 왕실 검열위원회였다. 이후 세계 각국에서는 실질적인 검열기관을 두어 출판을 통제해왔다.

단턴은 그러한 검열기관 가운데 서적출판행정청(18세기 프랑스), 인도 행정청(19세기 영국령 인도), 출판과 도서 상거래 총국(20세기 동독)을 선택해 여러 시대와 대륙에 걸쳐 국가기관이 검열을 수행한 방식을 비교하며 재구성한다. 그가 셀 수 없이 많은 문서를 분류하고

검토하는 지난한 작업을 했던 배경에는 "인쇄 시대에 국가가 그 정
도의 힘을 행사했다면, 인터넷 시대인 오늘날에는 그러한 힘의 남용
을 어떻게 막을 수 있"겠느냐는 질문이 자리한다.

이를 철 지난 질문이라고 치부하는 이들도 있을 것이다. 실제로 오
늘날 대부분의 민주주의 국가에서 국가기관에 의한 검열은 이미 대
폭 축소 내지는 폐지되었다는 의견이 존재한다. 하지만 여전히 권위
주의 체제를 유지하고 있는 국가에서 이뤄지는 검열 사례를 다수 찾
을 수 있을 뿐만 아니라, 민주주의 국가라는 우리나라에서조차 불과
몇 년 전까지 국가기관이 검열을 주도해 건전한(?) 사회를 지켜야
한다는 시대착오적인 발상을 하던 이들이 권력을 쥐고 있었다는 점
을 떠올릴 때 그러한 낙관론에는 성급한 면이 있다고 할 수 있다.

또 누구나 담론장에 참여할 수 있는 인터넷 시대에 이제 검열 자체
가 불가능해진 것 아니냐는 견해도 있다. 그렇지만 정보의 유통이 몇
몇 거대 플랫폼 위주로 이뤄지게 되면서 오히려 검열이 용이하게 행
사될 가능성에 주목해야 한다. 거대 플랫폼은 알고리즘을 통해 특정
정보는 아예 노출되지 않게끔 편집할 수 있기 때문에 현실을 구성하
는 데 있어 절대적인 힘을 행사하고 있다. 이 과정에 국가 권력이 개
입할 경우 검열은 누구도 눈치채지 못하는 사이 은밀하게, 그리고 강
력하게 이뤄질 수 있다.

따라서 단턴의 질문은 여전히 유효하다. 그의 저서답게 학문적인
깊이와 대중적인 재미를 두루 확보하고 있는 이 책은 검열에 대한 흥
미로운 통찰로 가득 차 있다. 단턴은 검열이 어떤 방식으로 이뤄졌든
간에 "권력의 남용을 정당화하기는 힘들다"고 결론짓는다. 국가 권
력이 행사하는 검열은 출판을 넘어 모든 제도에 스며들어 부정적인

영향을 미치기 때문에 치명적이라는 것이다. 또한 단턴은 결론 부분에서 검열을 경험하면서 영혼까지 잠식당할 만큼 고통스러워했던 작가들의 사례를 나열하며, 결국 어떤 생각이 불온하다는 이유로 표현의 자유를 억압하는 국가 권력이야말로 가장 불온한 세력이라는 점을 역설한다.

평생을 '책의 역사' '금서의 역사' 연구에 헌신해온 노학자는 다음과 같은 문장으로 이 책을 마무리한다. "나는 마음을 다해 표현의 자유에 대한 권리를 믿는다. 우리는 이해하기 위해 노력하는 동시에 필요할 때는 저항해야만 한다. 특히 정부가 우리의 모든 움직임을 주시하고 있는 듯한 오늘날에는 더욱 그래야 한다." 검열은 흔히 권력과 저자 사이에서 이뤄진다고 인식되지만, 실은 권력과 저자, 유통자, 독자 사이의 대결이다. 결국 검열은 독자의 읽는 행위를 통해 무력화되는 것이다. 권력이 검열을 자행해 저항해야 할 필요가 생길 때, 검열을 무력화하는 과정 어딘가에는 '우리'가 할 수 있는 역할이 있을 것이다.

찾아보기